Literatura universal

Sabino Méndez Ramos

Literatura universal

EDITORIAL ANAGRAMA
BARCELONA

Ilustración: foto © Penni Smith

Primera edición: marzo 2017

Diseño de la colección: Julio Vivas y Estudio A

© Sabino Méndez, 2017

© EDITORIAL ANAGRAMA, S. A., 2017
    Pedró de la Creu, 58
    08034 Barcelona

ISBN: 978-84-339-9830-9
Depósito Legal: B. 3310-2017

Printed in Spain

Reinbook serveis gràfics, sl, Passeig Sanllehy, 23
08213 Polinyà

cultura. Conjunto de conocimientos que permite a alguien desarrollar un juicio crítico.

leviatán. Monstruo marino fantástico. Cosa de grandes dimensiones y difícil de controlar.

NOTA AL EDITOR

Querido Jorge: Aquí está el manuscrito que me pediste intentando explicar cómo fueron aquellos tiempos. Los detalles que contiene son en casi todo exactos, aunque si, como editor, te queda alguna duda legal, autorizo que se convierta en una novela en clave cambiando nombres y fechas. Para mí, su título será siempre *Literatura universal,* y creo que es la única manera posible de bautizar la época. Estoy seguro de que el departamento de márketing tendrá algo que decir al respecto y posiblemente se barajarán otros títulos de formidable gancho comercial que, inevitablemente, tendrán que ver de una manera u otra con mis guitarras eléctricas, mis mesas de mezclas y mis adicciones. Diles que lo comprendo y que yo también les quiero, pero intenta salvar el título al precio que sea. Creo que es lo único original del libro más que nada debido a su ubicación. El resto —como su nombre bien indica— lo he copiado prácticamente todo de la realidad y los libros.

Ya te habrán contado que no he conseguido persistir en mis intentos de hacerme rico. Siempre me distrae algo. Por tanto, sería muy conveniente para mí negociar un buen pago, previo a la publicación, que me permita mantener el exagerado tren de vida que llevo antes de la debacle.

Espero que tu esposa e hijos estén bien. Dales a leer estas notas algún día. Como dijo alguien, yo ya he cumplido mi parte del trato; he sufrido por mi arte y ahora os toca sufrir a vosotros soportando mi prosa.[1]

1. Stephen Fry, *The Hippopotamus.*

Primera parte

Vida carnal

1

Nada se pierde para siempre. Nada. Repetid con decisión (es importante): nada. La memoria guarda en su seno tesoros que ignoramos y que crecen, se expanden y brillan mejor entre el polvo y la oscuridad.[1] Un día, un visitante ocioso recorre con el índice polvoriento la estantería en busca de un libro determinado y he aquí que el milagro sucede una vez más. Su atención, atraída por otro volumen que descubre inesperadamente, olvida cualquier proyecto inicial, y la bibliotecaria del mostrador ve pasmada cómo se pide en préstamo un libro que no ha sido solicitado en años.

Pocas semanas antes de que yo descubriera una verdad tan simple como ésta, diversas muertes y otras deserciones en el entorno de mis allegados provocaron un momento de soledad inmensa, oceánica, que, sin duda, de alguna manera agrietó al caparazón de olvido que garantizaba mi supervivencia y mi cordura. La fisura no fue grave, pero por ella empezó a escapar una emanación asfixiante de escritura. Hacía poco que uno de los desaparecidos me había dicho de una manera ladina: no escribimos mejor porque probablemente no somos mejores. En los últimos años, yo había visto cómo muchos de mis jóvenes amigos se dejaban el vigor y la obsesión (la salud, al fin y al cabo) en comprobar la veracidad de ese aserto. Ver cómo se disgregaba la vitalidad y la convicción entre los que más quiero,

1. Vladimir Nabokov, *El círculo*.

con toda seguridad ayudó a agrandar las dimensiones de esa grieta.

El proceso de esa quiebra, de esa revisión inesperada, se completó en París –lo recuerdo perfectamente– hace poco más de un año. Leía por entonces a Bolaño, a Juan José Saer[1] y a otros seres queridos. Conservo con extrema nitidez esos días en la memoria: las horas, el color del cielo y la temperatura de las noches. Acababan de hacerme una felación estupenda, cariñosa, audaz, pícara, sofisticadísima, sugestiva; un poco actuada y, a la vez, muy sincera, entre sábanas que parecían carísimas e impolutas, rodeadas de cortinajes que dejaban transpirar la luz gentil del despertar del crepúsculo.

¿Qué más puede pedirse? Todavía la guardo, archivada en mi recuerdo, como una de las mejores de mi vida. Después de ese momento infinito, junto a un Sena que rebosaba vitalidad y hermosura, pleno de juventud nocturna, mi agradable compañera y yo –limpios, duchados, vestidos aún a medias con la ropa interior– notamos un breve momento enfermo de vergüenza y miramos a la noche suave y dulce de pie ante los visillos de la habitación de hotel. Y frente al vacío enorme que nos abandonaba, si poco comprendíamos, aún menos sabíamos qué podíamos transmitirnos. La melancolía, la ternura y el cariño no por ello dejaron de estar presentes, y las siguientes horas continuaron siendo estupendas.

2

La lejanía en el tiempo, que se extendía ante nosotros y a nuestras espaldas, pertenecía al adjetivo *distante*, como la segunda palabra estampada en la cubierta del modesto libro azul escrito por Bolaño[2] que yacía sobre el escritorio al lado de la mesita de noche de nuestra habitación de hotel. Recordé en-

1. Juan José Saer, *El río sin orillas.*
2. Roberto Bolaño, *Estrella distante.*

tonces que Bolaño acababa de morir. Había sido hacía poco, unas semanas atrás, en pleno verano, y yo me había enterado al abrir una mañana el periódico, estirado en el césped junto a la piscina. Supe entonces que si conseguía contagiar al tacto ese tejido mental de erotismo y muerte que nos anima como autómatas, quizá hubiera hecho algo.

Si voy a contar cómo fue, no será, pues, tanto por amor a la historia como por el placer de contarla. Ahora sé que nada se transmite de una manera óptima como no sea infectándolo por contigüidad. Es el placer de tejer –aunque sea por dinero– todo ese mundo de caricias empapadas sobre vulvas arrodilladas en la misma hora que los enfermos duermen fatigados por la noche; hora de dolores que despiertan en medio de la oscuridad, de aire suave sobre la piel y de palabras. Todo ese mundo de, al fin y al cabo, miedo, compasión, dolor, bondad, violencia y erotismo.

Cuando mi dama y yo bajamos del hotel ya era de noche, y los restaurantes abrían sus fauces para tragarnos con un hambre simétrica a la de nuestro ejercicio. Paseando por una acera mojada y tibia, hablamos de esas últimas lecturas que reposaban sobre la mesita de noche. Me preguntó por Bolaño y si le había conocido.

–Sí –contesté–. Le conocí tarde y poco. Ya mayores. Dos años antes de que muriera. Le acompañé charlando a coger un tren. Nos rozamos apenas. Fue una sorpresa ver que nos entendíamos muy bien a causa de una banalidad. Una afición común.

Ella hizo burla de las expresiones ceremoniosas, como siempre hacía, y tardó un poco en preguntar qué pequeñez provocó ese entendimiento. Por eso, cuando contesté, la respuesta ya había empezado a crecer dentro de mí:

–Una bobada. La música rock.

3

Y entonces, del hervor de las evocaciones se desprendió y ascendió una burbuja, un gas envenenado de escritura y cazadoras de cuero.

¡Cómo le gustaba el rock a Bolaño! La burbuja ascendió, se abrió como una flor, y el tráfico y las luces de los coches se detuvieron. Las bocinas dejaron de sonar y, de golpe, la brisa ya no soplaba. Fue como si la burbuja hubiera golpeado y partido en dos una campana enloquecedora de ruido y voces que me acompañaba siempre allí adonde iba. Como si quien arbitra la Totalidad (si es que furriel de tal responsabilidad existe) hubiera decretado un momento de intermedio total en la partida de la vida. En medio de ese silencio repentino que nos detuvo –a mí y a todo lo que me rodeaba– empezaron a fluir, como murmullos, viejos sonidos de una dulzura y una naturalidad largamente olvidadas, que acallaban las zopencas voces y las ensordecedoras e incesantes estridencias que me habían rodeado los últimos años.[1] Los fantasmas de esos recientes desperfectos, sólo por el poder diminuto de las burbujas que ascendían, fueron desintegrados de golpe. Repentinamente, tuve la confirmación tan buscada de que, de una manera verídica, en algún momento había existido una cercanía al blanco; un instante de selva virgen incontaminada que a través de esos murmullos llegaba a mí directamente. Una prueba irrefutable de que el jardín fue en algún tiempo simétrico, y sus colores, limpios y recién estrenados. A la pequeña pompa siguió otra, y otra, y sus eclosiones en la memoria fueron cada vez mayores.

Sí. Era un cambio de clase inesperado, una escalera pequeña y retorcida que, como esa burbuja del recuerdo, ascendía y ascendía hasta las alturas del colegio de monjas que me acogió entre los cinco y los siete años. Alguien me lleva de la mano y me abandona en una amplia buhardilla, junto a seis o siete chiquillos más, al cuidado de una monja pequeña y anciana, arrugada como una pasa. Ella está sentada y yo de pie. Me acerca hasta ella suavemente y mi cadera toca su muslo. Huele a asepsia fresca y viste un luminoso delantal de minúsculas rayas blancas y azules. Tocándome, casi acariciándome, me muestra un cartón desplegable y, a partir de ese momento, se abre un paréntesis de infinito. Descubro que una

1. Evelyn Waugh, *Brideshead Revisited.*

16

consonante y una vocal repetidas forman el nombre de mi madre, descubro la maravillosa cualidad matemática de la combinatoria de sonidos y letras. Estoy totalmente absorto, absolutamente concentrado, fascinado por las inesperadas posibilidades.

Cuando en el futuro llores, cuando la vida duela sin consuelo, evoca con toda la fuerza de tus tripas, diafragma y diccionario los significados que las palabras *vitalidad, risa* y *deseo* llevan a lomos. Una *eme* verde se aparea con una *A* roja por dos veces y, súbitamente, allí está lo que más amamos de nuestro mundo. Cuando la letra roja y la verde se junten por dos veces, seguirás viendo en todo su brillo un mobiliario interior de dicha, tranquilidad, líquidos suculentos y buenas digestiones.

En esas peripecias y acciones simples es donde los poetas alcanzan admirablemente su propósito.[1] Por eso, años después, para mí no será de ninguna manera descabellada la audición coloreada de Rimbaud. Es evidente que la letra *eme* es verde. Nadie puede dudar que mi primera consonante es color grana. La *hache* es de un opaco color ala de mosca; la *ce,* de un coqueto anaranjado. Y en el fulgor de esa media naranja coqueta se encuentra la luz estridente de mañana soleada que rebotaba en el parqué de aquella buhardilla, el cielo claro afuera, la nota sedante del refugio del mandil. El polvo, escaso, brillaba en suspensión en la atmósfera de aquella estancia y, reflejándose ahora en múltiples caras hacia el interior de mi cerebro, me dice que toda esa constelación de luces hace posible comunicarnos ahora mismo.

4

Dándole vueltas a ese recuerdo, tuve entonces la certeza de que, en algún momento de su infancia, Bolaño debía de haber vivido un momento de iluminación parecido. Las viejas cazadoras de cuero se unieron a las letras y regresé aturdido de aquellas

1. Aristóteles, *Poética.*

profundidades. Creo que es el momento de confesarlo: desde pequeño he tenido visiones. Sin embargo, por la época que estoy relatando hacía ya muchos años que no tomaba drogas. Mi compañera debió de notar algo y dijo una frase novelesca:

–¿Qué pasa? Parece que hayas visto un fantasma.

–...

–¿Por qué te callas? ¿He dicho algo malo?

Contesté que no. Comprobé con suavidad el tacto tranquilizador de las llaves del Audi en el bolsillo y le propuse ir a cenar algo a buen precio en la *brasserie* del Hotel Lutetia o acercarnos a tirar un paquete de Gitanes por encima de la valla del 5 de la rue Verneuil. Miré su rostro hermoso, afilada su atención por la oxigenación del deporte que acabábamos de practicar, y sentí claramente que en el borde de todos los cálices colmados de vino triunfa, cincelada, una secreta verdad que debemos saborear.[1]

Como seguía mirándome con curiosidad, le sonreí y, usando un tono zumbón para que no supiera si hablaba en serio o en broma, asentí:

–Sí. Puede decirse que he visto fantasmas.

Pensaba en un tejido mental muy impreciso. Algo muy difuso, hecho de misterio. Sólo sé llamarlo vitalidad, y pretende preguntarse sobre si la vida y la escritura serán verdaderamente, como quieren algunos, inservibles.

5

Decir que Bolaño debió de vivir alguna vez un momento de revelación parecido es fácil y efectista, pero también puede ser sencillamente deducible si usamos lo que conocemos de la vida humana. Pero eso, en caso de que sucediera alguna vez, fue mucho antes de conocerle (a veces tan dulce y tranquilo con su chaquetón de cuero negro, a veces tan seco y rabioso, preparado para morir). Debió de pasar en un tiempo muy leja-

---

1. Omar Khayyam, *Rubaiyat*.

no, mucho antes de que lo tuviera tangiblemente ante mí y habláramos de rock y libros.

Yo también había descubierto el rock veinticinco años atrás, y el día más recordado de esa época de descubrimientos era una jornada amable de principios de un mes de abril. En el norte, debían de estar las ciudades y el país de los hombres cimerios, siempre envueltos en bruma, que el sol fulgurante desde arriba jamás con sus rayos mira.[1] Aquí, en el sur, los caminos silvestres estaban llenos de ginesta, sabina y tomillo que perfumaban la alfombra de pinocha mediterránea. En las cunetas de las carreteras, las adelfas brotaban en todo su esplendor. En los jardines privados, las bienonias, las buganvilias y otras especies importadas regurgitaban todo el color y el verde del que habían hecho acopio durante los meses anteriores. El arroz de las paellas, que había montado guardia en sus cuarteles todo el invierno, esperaba ahora su momento para ofrecerse, táctil, al diente afilado. En algún lugar, lo huelo, había laurel y espliego. Seguro que por todas estas razones era por lo que mi ánimo salivaba, pero principalmente (lo pienso ahora) debía de ser porque yo tenía dieciséis años.

Por aquellos días, los pantalones se estrechaban audazmente en las pantorrillas. Jóvenes con el cabello teñido de color naranja se paseaban por Times Square, y, más que nunca, parecía que el futuro se echaba encima de lo que todo el mundo daba en llamar el presente. Cárdenas y Paco Valls, compañeros de estudios dos años mayores que yo, pasaron a recogerme por mi casa en una máquina descapotable y reluciente como las que sólo se veían en revistas remotas y extranjeras. Les pregunté de dónde la habían sacado.

—Camarada Sáenz Madero, no haga preguntas —dijo Cárdenas—. En la guantera hay una caja de Davidoff, un aroma encapsulado que usted no debe abandonar este mundo sin probar. En la bolsa de plástico que está a sus pies hay un vino blanco cuyo nombre va a tardar años en aprender a pronunciar correc-

1. Homero, *Odisea*, canto XI.

tamente. No hay tiempo que perder. La vida es corta y el saber largo. Le llamo camarada porque ahora mismo vamos a la playa a fundar una célula comunista para nuestro colegio salesiano. El padre prefecto se va a poner como una mona.

Dije que había hecho todos los esfuerzos por leer a Carlos Marx, pero que todavía no había entendido nada. No importa, contestó, estamos apasionadamente del lado del signo de los tiempos. Suba ahí atrás, al salón de los suspiros, no pise la botella y estudie durante el viaje las manchas que adornan por detrás los respaldos de nuestros asientos: cuidado, es semen reseco.

Este tipo de afirmaciones sabía que me impresionaban porque, aunque acababa de desembarazarme de la virginidad, todavía me preguntaba si podían ser groseramente verdaderas. Ellos, cuando yo pretendía investigarlo, se hacían pasar sabiamente por tontos.[1] De una manera precavida les había hecho aparcar lejos de las ventanas de mis padres. La máquina arrancó con mucho ruido de tornillería: era un Renault Caravelle ya viejo en cualquier parte del mundo menos en aquel país polvoriento que acababa de salir de una dictadura. Atravesó la calle reluciente y abandonamos el barrio que se extendía por un extrarradio de Barcelona allí donde la ciudad acababa al pie de unas montañas suaves. Trazando un gran arco que sorteaba por carreteras secundarias los barrios obreros, fuimos a enlazar con la vía principal que, bordeando el mar, subía hacia el norte, hacia Francia y hacia otros países prometedores, civilizados y lejanos.

6

Nuestro amigo Cárdenas es muy rico, dijo Valls –de quien sólo podía ver un trozo de melena y medio cristal de sus gafas de sol girándose–, no me digas que no. Cárdenas, que lo escuchó perfectamente desde el volante porque en aquel descapotable ruidoso no quedaba más remedio que hacerse oír a gritos, le

1. Ovidio, *Fastos*.

miró con media sonrisa agresiva y sus miradas se cruzaron por un momento, felices del vigor de su propio odio. La expresión de esa felicidad fue un buen gruñido de la caja de cambios y un acelerón que casi acaba con el tubo de escape renqueante. Un infiel con gorra de tergal tuvo que apartarse a la cuneta para salvar la vida y su velociclo.

Había conocido a Cárdenas y a Paco Valls en el colegio hacía algo menos de seis meses –un lapso de tiempo que, a esas edades, parece una eternidad–, y no hacía falta que nadie me anunciara su riqueza. Sólo necesitaba fijarme en su aspecto: cortado el pelo al ras sobre los hombros,[1] seguían la moda usando tejidos aparentemente comunes pero de una calidad más refinada que anunciaba a gritos sus posibilidades adquisitivas en las tiendas más caras de la ciudad. Defraudaban así lo justo aquellos esfuerzos igualitaristas de la época, con aire deportivo y estudiado desaliño indumentario. Para aquel año, Cárdenas vestía las intenciones progresistas con la misma entera discreción con que años después llevaría las corbatas Charvet o los zapatos a medida de Savile Row. Su familia dirigía, palmo más, palmo menos, el destino de todo el petróleo, bruto o refinado, que se distribuía en una zona de casi seis millones de habitantes. Varios parientes suyos se apuntaban mutuamente a la cabeza desde los consejos de administración de esa red de distribución. Por lo menos una vez, yo había visto de pasada a su padre cenando solo en el comedor del ático de dos pisos en el que vivían. Fue en una ocasión en que Cárdenas me hizo subir a su habitación para enseñarme unos discos. Nos saludó con un gruñido: un hombre oscuro, moreno y fastidiado.

El origen de la fortuna familiar de Paco Valls, en cambio, no estaba tan claro. A los dieciocho años, hablaba ya varios idiomas, y si no aprobaba su última oportunidad en los exámenes de ese verano, había hecho saber que le esperaba –en el peor de los casos– un puesto de traductor en una oficina europea de la UNESCO. No creo que su familia tuviera menos di-

1. Arquíloco, *Yambos*.

nero que la de Cárdenas, pero las pullas que siempre le lanzaba sobre el tema (y que nunca funcionaban en sentido inverso) creo que tenían que ver no tanto con la fortuna de sus respectivas familias como con el poder en bruto, poder decisorio sobre la vida de otras personas, al menos en aquellos momentos. De la presentación indumentaria de ambos emanaba discretamente la idea de que el placer es el objeto, el deber y el fin de todo ser razonable.[1]

7

Aquellos dos monstruos tenían intimidadas, de un modo que no llamaría físico sino mental, a las cinco clases de todo un curso de la misma edad. Sus notas dejaban mucho que desear, pero, acostumbrados a los matones que torturan por pura envidia a los alumnos más brillantes e indefensos del grupo, fue una agradable novedad ver cómo Cárdenas y Valls los dejaban en paz –prácticamente ignoraban su existencia– y desplegaban un afinadísimo arte en machacar con burlas descarnadas a los individuos que ellos, en su inexplicable complicidad, consideraban grotescos y de mal gusto. Fue cuestión de tiempo que chocaran, por algún matiz de ese tipo, con uno de los primates que en los años anteriores nos había zarandeado a todos en alguna que otra ocasión. Era un ejemplar simiesco, de desagradable hirsutismo en el cogote, que aseguraba conocer todas las películas de artes marciales de la época y practicarlas en privado. La corpulencia de Cárdenas y su mirada helada, perpleja, implacable y dura redujeron en menos de sesenta segundos al primate a la inoperancia en el primer día de un nuevo trimestre junto a la pista de frontón. Instantáneamente, le hizo saber sin una palabra –y todos, no sé cómo, nos dimos cuenta de una manera gestual, sin un solo sonido– que no iba a haber ninguna pelea porque sería ridícula y, además de ridícula, en caso de darse, la

1. Voltaire, *Diccionario filosófico*.

perdería el primate. Todo aquello fue admitido como el signo inequívoco de que estábamos creciendo, y la pareja aumentó su popularidad pero no por ello aflojó en su tiranía.

8

Yo llegaba al colegio por la puerta de atrás, caminando, como hacían aproximadamente la mitad de mis compañeros. El resto del alumnado desembarcaba por la puerta principal a bordo de dos autobuses que los traían de diversas partes de la ciudad. En ese tránsito trashumante de la puerta trasera, a la que se accedía por un pequeño camino entre los campos que desembocaba en una escalera de barandilla metálica llena de piteras, hice mis primeros amigos. Oscilaban entre el melancólico agudo –un ser condenado de antemano, incapacitado para ver las vigorosas ventajas de que tus padres no puedan permitirse pagar el transporte escolar (ventajas como atravesar campos de labor en las orillas de la ciudad, probar tu puntería con las farolas o no tener que pedir permiso para ir al lavabo)– y el enhiesto y vigoroso muchacho que quería superarse a sí mismo para terminar siempre pendiente de saber la nota del compañero por encima de su hombro. La sumisión precoz, su aceptación temprana de aquel mundo futuro que les marcaba lo adulto (una concepción de la obediencia que incluye el sacrificio del intelecto),[1] me separó pronto de mis compañeros.

Exteriormente, nadie notó nada. Era un solitario que no quería estar solo más que a ratos: los ratos que marcaba mi soberanía. Íntimamente, una pequeña voz me decía que aquello no podía ser todo, tenía que haber algo más.

Leía con minuciosidad de apasionado todas la revistas, oficiales y marginales, culturales y contraculturales, que se escribían por la época. Conocía apasionadamente todas sus firmas y sus rincones, sus más pequeños escritores de fondo. Detectaba

---

1. J. A. Marina, *La pasión del poder.*

la aparición de cualquier teoría nueva o nuevo seudónimo, y las noticias del mismo tipo de sus homónimas francesas, inglesas y americanas que pudieran caer en mis manos. Las alemanas eran, para mí, desgraciada y góticamente indescifrables.

El efecto de todas esas publicaciones en mi soledad gozosa empezó a notarse exteriormente sin que yo me diera cuenta apenas. Me peinaba de manera parecida a los protagonistas de remotas fotos y siempre llevaba bajo el brazo alguno de los discos o libros que descubría en sus páginas. Un día, cuando desde esa puerta trasera atravesaba los campos de deporte hacia clase –llevando bajo el brazo los discos que pensaba aportar a una fiesta para impresionar a quien pudiera–, pasé por delante de Cárdenas y Valls, que se sentaban en la barandilla de hierro para observar a los que llegaban. Oí su conversación exactamente porque ellos quisieron que la oyera.

–Qué moderno –decía Valls.

–Muy moderno. Definitivamente moderno. Uy –asentía Cárdenas (o sea que decía que sí, pero con una indudable sorna).

Apenas tuve tiempo de que el asador de mi horno mental girase doce veces,[1] pero por instinto me apliqué a cortar el rubor que ya subía. No recuerdo si lo conseguí, pero sí sé que me obligué a pasar caminando muy despacio y muy cerca de ellos para devolverles la mirada con un ceño despreocupado y despreciativo que, debido a los nervios, me salió más afectado de lo que yo quería. Para mi sorpresa, mi bien medida –aunque probablemente mal ejecutada– reacción los desconcertó más de lo que imaginaba, cosa que parecía imposible en aquellos *dei ex machina* escolares.

Aquel día brillé especialmente en clase. Mis exposiciones, que casi siempre conseguían las mejores notas, estuvieron acompañadas además por una especie de seguridad distanciada, displicente. Luego supe que Cárdenas y Valls habían pedido que les pasaran algunas de las caricaturas de los profesores que yo dibujaba, para verlas con detenimiento fuera de las horas de clase.

1. Lawrence Sterne, *Tristram Shandy.*

Mi facilidad, desde pequeño, para el dibujo, para la música, para imaginar historias y darles apariencia de verosimilitud siempre me había resultado un misterio, y la hubiera cambiado bien gustoso por el tobillo diestro que permite el gol, placer que nunca pude conocer por mucho que me ganara un puesto de suplente en la defensa del equipo de fútbol. Pero lo cierto es que mis invenciones, en cambio, interesaban a todo aquel que las veía, como si hallaran en su elaboración un misterio indescifrable, un misterio que para mí no era tal, pues me parecía una capacidad de lo más natural del mundo. No había conocido otra cosa en el ámbito de mí mismo.

9

Supe ya de muy joven que tenía el genio de la lengua. Era un don para mí modesto pero inexplicable, gratuito, de ancha mirada,[1] que se mostraba como una facilidad para expresar en palabras vivencias genéricas, comunes a todos los hombres. No supe muy bien nunca qué hacer con ese don, ni nunca supe por qué lo tenía. Mucho menos aún, cómo ganarme con él la vida u ordenarla, pero ese desconcierto jugó a mi favor porque, en un principio, no supe cómo ponerlo al servicio de nada y eso me libró de un futuro de vergüenza. Durante mucho tiempo, todas las palabras de las que me enamoré fueron sinceras.

Por tanto, puedo entender otras opiniones al respecto, pero, para mí, el universo y la creación no empezaron hasta las seis horas y dieciocho minutos del 16 de septiembre de 1961, fecha de mi nacimiento. De la misma manera, la era de las grandes civilizaciones tampoco empezó hasta que conocí a Julio Cárdenas y a Paco Valls en la primavera de 1977, casi dieciséis años después de mi primer asalto al mundo. Procedíamos de colegios distintos y pertenecíamos a clases sociales muy diferentes.

1. Hesíodo, *Catálogo de las mujeres.*

Vivíamos en esferas que giraban dentro de otras esferas, de un talante tan lejano que se hallaban separadas por un abismo de conocimientos, experiencia y poder adquisitivo. Mi existencia habría discurrido sospechando que existía un mundo como el suyo –o vislumbrándolo embobado por los resquicios de la televisión desde los suburbios– de no haber sido aquélla una época ambigua, insegura, cambiante en nuestro país, proclive a los sustos, las rebeldías y los alumnos díscolos. Entre los alumnos díscolos, Paco y Cárdenas (dos vengadores de la servidumbre)[1] eran de los más díscolos y habían sido expulsados por sus travesuras (algunas de ellas, pecados graves) de todos los colegios católicos de la ciudad. Finalmente recalaron, durante los dos últimos años de su educación preuniversitaria, en el último escalafón de esa pendiente adonde mis padres –modestos empleados– habían conseguido auparme sometiéndose a grandes esfuerzos y a las más estrictas privaciones.

Cárdenas –incansable repetidor de curso– destacó, en cuanto llegó, tanto por su físico de adulto como por su desparpajo contemplativo, que se resolvía en una permanente sonrisa irónica –nunca se sabía si cariñosa o despectiva– y súbitos accesos de energía liberadora.

10

Un día, al sonar el timbre que anunciaba el final del recreo, lo vi subir las escaleras de hormigón hacia el aula, arrastrando los pies, cantando con buen inglés y voz vigorosa de barítono la letra (sólo reconocible para mí y luego supe que para cuatro más) de un clásico de los Them («Gloria») que en aquellos días había circulado de nuevo en una versión de Patti Smith. Gesticulaba, riéndose, a la vez que aullaba los primeros versos sobre Jesús muriendo por los pecados de alguien que no eran los suyos. Los sacerdotes no dominaban bien el inglés (a pesar de que

1. Juan de Mena, *Laberinto de fortuna,* copla CCXVII.

uno de ellos pretendía darnos clases de ese idioma) y no podían exigir explicaciones. Pese a ello, no perdían su pose de autoridad frente a aquel monstruo moreno, y aunque sospechaban algo, se lo dejaban pasar. Episodios así sucedían constantemente, proporcionándonos risa, complicidad y un ácido buen humor. Sintiéndonos inmortales en la cumbre del florecimiento de la juventud, descubriendo lo infinito de los ofrecimientos del mundo, no se nos ocurrió pensar que toda esa permisividad ignorante nos decía muy poco del mundo de pensamiento en que vivían los curas y que si algún día reaccionaban podríamos quedarnos sorprendidos de la virulencia de su arrebato. Es difícil acostumbrarse a una vida que se pasa en una antecámara, en las escaleras o en los patios.[1] Los curas, la guardia de corps de aquella ideología pseudomágica gracias a la cual se había salvado durante mucho tiempo gran parte del saber de los hombres, tenían unos títulos extrañísimos, como tutor, prefecto, coadjutor, etc. Ahora pienso que nunca supimos, ni siquiera nos preguntamos, qué quería decir la palabra *coadjutor*. Años después sigo sin saberlo. He acudido al diccionario pero no la he encontrado. Soy bastante torpe para estas cosas.

El recuerdo que tengo de Cárdenas aquel día, parado en el segundo rellano de la escalera para bailar coqueta y compulsivamente los dos versos siguientes, es retrospectivamente una de las más puras imágenes de la belleza y el vigor que conservo en mi vida, a pesar de que Cárdenas tuviera ya entonces tendencia a la obesidad, la calvicie prematura y el deslizamiento de cinturón hacia la regatera.

Valls, su constante compañero de fechorías, destacaba entre los demás estudiantes no sólo por su edad avanzada y su físico minúsculo y delicado, sino también por su belleza. Sin duda, era el alumno más seráfico de aquel colegio monumental. Con el rostro armonioso, media melena y camiseta a rayas, su corta talla de miembros diminutos y proporcionados provocaba más de una mirada de tensión comprometedora entre algunos

1. Jean de La Bruyère, *Los caracteres*.

profesores jóvenes que eran seminaristas a punto de recibir las órdenes.

Si Paco Valls era hermoso, Cárdenas era casi un monstruo. Tenía la piel muy oscura y el pelo retirado, ya en la adolescencia, hasta la mitad del cráneo, Usaba gafas pequeñas delante de unos ojos grandes –la peor combinación– y era muy corpulento y aromático, de la raza de Gargantúa. Sólo podía defender todos estos flancos estéticamente desprotegidos con unos dientes blanquísimos y muy bien alineados. A pesar del conjunto, gracias a un lacrimal levemente caído y a un elegante aspecto de fatiga, Cárdenas destacaba ya entre todos los estudiantes en razón de su extraña singularidad. Esa impresión la vi corroborada años después cuando, en su madurez, un gran número de importantes bellezas desfilaron, una detrás de otra y en relativo silencio, por el bidé de su habitación del Hotel Ritz. Para entonces, Cárdenas había tomado posesión de esa pátina tan distinguida que adquiere el hombre el día que deja de temer ser amado por una mujer, pero hay que reconocer que, por sí solo, ese barniz no explica totalmente el aplomo de sus conquistas.

11

El resultado de toda mi voracidad adolescente de lecturas fue que pude reconocer lo que cantaba Cárdenas y por qué lo cantaba. Sabía también, creo yo, que era una especie de contraseña secreta. Si el ojo pudiera ver todos los demonios que pueblan el universo, la existencia sería imposible.[1] Lo miré un poco más intensamente de lo debido, cara a cara, y él aguantó obsesivamente mi mirada con un deje infantil de rabieta y unas gotas de la coquetería más sofisticada y adulta que nunca había conocido hasta entonces. A esa edad, ningún alumno aguantaba otros ojos con tanto detenimiento. Me gustó tanto aquella complicidad que me pregunté si yo sería maricón. Por aquella época,

---

1. Talmud, *Berakhot*, 6.

28

me asustaba mucho –no sé por qué– la posibilidad de ser maricón. Todavía no conocía el dictamen del oráculo Heracles Misógino en la Fócide *(todo lo inevitable lo perdona el dios)*.[1] Para cuando se supo que los maricones no existían, yo ya había descubierto que me gustaban mucho las señoras, y aunque entonces, haciendo un pequeño esfuerzo, tenía la oportunidad de ser homosexual o gay –cosas que daban mucho menos miedo–, me pilló tarde y ya no tuve mucho interés en el asunto. Desde ese día fundacional, y tras el episodio de la barandilla de hierro, Cárdenas y Valls empezaron a aceptar de una manera natural mi presencia cuando me dejaba caer por el grupo que les rodeaba a la hora del bocadillo de media mañana.

12

Y ahora veamos los pupitres dispuestos en seis filas a lo ancho del aula. Se ofrecen a la vista cuatro docenas de masas protoplasmáticas colocadas en virtud de su talla sobre los asientos. 48 mentes ingenuas. Vamos a intentar dotarlas de palabras y corporeidad. Existía por aquel entonces en todos los colegios un ritual, ahora casi desaparecido, que consistía en pasar lista antes de empezar la primera clase de la mañana. Escuchábamos entonces un largo poema en verso libre compuesto por el orden más justo que conoce el ser humano: el orden alfabético. Tenía la crueldad obscena de la democracia porque ponía al descubierto los apellidos cómicos que, dentro de una larga tradición que se pierde en los siglos, provocan luego sobrenombres vejatorios. Así, se descubría que Boris Sanzedón tenía un segundo apellido (Mema) que le iba a acompañar toda su vida escolar como una daga entre los omóplatos. Más hiriente todavía, en una clase que desbordaba testosterona, era por supuesto el de Sebas Mendo, cuya madre le había legado un apellido pleno de posibilidades: Amorzín. Onomástica prometedora para el escarnio que sin

1. Plutarco, *Los oráculos de la Pitia*.

embargo derivó de una manera decepcionante, por causas desconocidas, en dos motes vulgares («El Sebas» o «La Histérica»). Esas risas venían después de haber pasado por Ramón Medinas Bezós, más pequeño y cabezón que el resto de sus compañeros, tras todos los cuales estaba el inocultable judío Moisés Menz Nabodar, quien probablemente habría sido el alumno más cosmopolita de la clase (provenía de una familia venida a menos de origen ruso, arruinada por las crisis latinoamericanas de la época) si no hubiera sido por la presencia de Omar, apellidado Mesas Diez-Bonn, que había nacido en el Líbano, conocido entonces como la Suiza de Oriente. Su padre había ostentado un cargo de cónsul o algo parecido, hasta que cayó en desgracia por firmar visados de tránsito a dos manos para ayudar a escapar a mucha gente de la violencia que se apoderó de la ciudad.

Un alumno se distrae siguiendo con la vista una polilla (debe de ser artista o poeta, el pobrecillo). Ve cómo el insecto se estrella, cabeceando torpemente, contra el cristal de los ventanales. Detecta, oyendo lejanamente los versos, que el último apellido de Omar rima con el de Rozmanes Debón (Ismael, más conocido como Isma) y que, a su vez, éste contiene en las letras de su nombre un motivo floral. Saltando en diagonal por el poema hasta su principio, pasamos sobre Masem Bozornés (Dani), hijo, como yo, del simple proletariado catalán mestizo. Los ojos me convirtieron luego en otra cosa.[1]

Cárdenas se encuentra al principio, justo tras el vasco-catalán Ander Bemisonza Oms, porque hay una desalentadora escasez de *aes* en la clase. Antes que ellos, y abriendo la lista, está Simó, el catalán más agobiado de la clase porque proviene de una familia balear, independentista y etnicista que paradójicamente no ha podido escapar a las mezclas de la emigración regional. Lo anuncia con estridencia su primer apellido, de clara estirpe castellana: Aznar de Benmós. Mi nombre llegaba hacia el final, agradeciendo a la burocracia que, en aras de la brevedad, hubiera sintetizado a una inicial mi segundo nombre de pila, un

1. Garcilaso de la Vega, *Canción IV*.

nombre infrecuente, extravagante y arcaico (con peligrosas resonancias cómicas), de los tiempos en que se usaban los nombres godos en la península. La completa falta de penetración en toda esa clase era para mí una circunstancia muy cómoda.[1] Así, quedé reducido a Simón B. Sáenz Madero, conocido por todos (elipsis a la que contribuí guardando el secreto) como Simón Be.

Para no cansar al lector, sobrevolaremos las *tes* y comprobaremos una llamativa ausencia de *uves,* casualidad infrecuente para encontrarnos en Cataluña. Eso hace que Paco Valls esté, ay, por desgracia, en otra clase, junto a unos cuantos Vendrell, Vila y Vilarasau.

13

En la década de 1960, aquellos viejos colegios católicos, de directores religiosos y profesores laicos, habían visto ampliados sus edificios con prometedoras alas de obra vista y estilo racionalista. La Bauhaus llegaba a nuestro país con más de tres décadas de retraso. Esas ampliaciones de las viejas instituciones fueron levantadas en un momento de optimismo; el país estaba liquidando una ruinosa cerrazón al exterior que había durado dos décadas y que lo había empobrecido todavía más. Las primeras intenciones de integrarse en los movimientos económicos internacionales trajeron las prodigiosas máquinas domésticas del progreso (automóviles, transistores, televisores, tocadiscos) que cambiaron la vida en los hogares. Hasta esa fecha, sólo los muy ricos habían tenido acceso a ellas. Diez años después, a mediados de la década de los setenta, todo ese optimismo había perdido impulso porque la dictadura (un poco suavizada) seguía allí, monótona, opresiva, gris. De ese momento de ilusiones sólo quedaban los edificios de vistoso ladrillo con sus ventanales apaisados, amplios y soleados. También nos dejaba unos relucientes campos de deporte, siempre un poco mal acabados, con

1. Jane Austen, *Emma.*

perspectivas lejanas en las que la vista se perdía por los campos que la ciudad quería conquistar y que ya apuntaban maneras de suburbio. Pero a pesar de esa descorazonadora detención todos sabían que el dictador, tarde o temprano, habría de morir. El castigo sería breve. Muy pronto se habría consumido el fuego y el viento esparcido sus cenizas. Las llamas se irían apagando y con las brasas terminaría la justicia.[1] Mientras tanto, quedaban al menos en nuestro poder aquellos aireados edificios seminuevos, semibienintencionados que, cuando se combinaban con el sol fragante y el olor de los pinos anunciando el largo verano propio de esas latitudes, hacían olvidar la crisis económica en que el petróleo había sumido a Occidente. Una crisis que amenazaba los trabajos sumisos y esforzados de nuestros padres.

Súbitamente, el dictador, ya muy envejecido, empeoró y fue arrastrado de aquí para allá como un pelele por sus propios seguidores. Persiguiendo el objetivo de salvarle, sólo consiguieron torturarle prolongando su agonía. Hubo un momento de desconcierto general en los mercados entre las amas de casa asesinas. Una de ellas, que ejercía de ministro –con bigote y todo–, anunció que el deteriorado *führer* había muerto y los adultos contuvieron el aliento, por ver si toda la maquinaria funcionaba igual sin él.

Para los muy jóvenes, para los adolescentes, para las fieras casi niñas y las criaturas en pos de un criterio, se abrió un momento oceánico, reluciente, donde parecía que el mundo, la vida y todo lo que insinúan podría estar a nuestro alcance. Cuatro o cinco meses después, sonaban las cigarras y entre los pinos se adentraban los primeros grandes calores. Así, de una manera progresiva y puramente infantil –como si todo ese proceso que nos rodeaba correspondiera a una evolución meramente estacional–, fue como empecé a salir algunas tardes con Valls y Cárdenas, buscando correrías, paseando simplemente, persiguiendo proyectos extraños o informaciones que alguien nos había hecho llegar. Y, por ese mismo camino, llegamos

1. Béroul, *Tristán e Iseo.*

aquel día a estar sentados en una máquina ruidosa que atravesaba una mañana resplandeciente y carreteras secundarias, bordeando el mar hacia el norte. Quedaban algo menos de cuatro meses para el final de curso.

14

El sorprendente automóvil descapotable también debía de haber formado parte en algún momento de aquel mundo de optimismo clausurado. Fue inútil todo intento de saber de dónde lo habían sacado. Su fabricación debía de datar de veinte años atrás y se notaba que no había tenido una vida tranquila. Intenté saber más pero Cárdenas acabó con todas mis preguntas diciendo: no sufras, Simón Be, el espectro del afán de conocimiento terminará fascinándote de cualquier manera. Paco se rió de una manera que dejó zanjado el asunto. No tenían el coraje demente necesario para el robo, pero sí la picardía de tomar prestado. Deduje por tanto que, si nos metíamos en algún lío por aquel cacharro, no sería nada demasiado grave. Paramos al cabo de hora y media en un área de servicio de la autopista. Entramos en sus instalaciones muy dinámicos y excitados pero las abandonamos pronto, ahuyentados por el desaliento de las pocas posibilidades que ofrecía el plástico aerodinámico, tan vistoso a la primera mirada.

En conjunto, los descapotables, considerados como máquina y mito, eran un fraude. A la velocidad necesaria para que se encendiera como una llama la cabellera y se sintiera una sensación vigorizante en el rostro y los pulmones, el trémolo atronador del aire tapaba totalmente el sonido de nuestras canciones favoritas en el equipo de música del coche. La sensación era de masticar fantasmas.[1] Si subíamos la capota, la acústica mejoraba, pero se perdía la sensación de libertad, la impresión atrozmente real de estarse hundiendo y fundiendo a toda velocidad en el ambiente físico del paisaje que nos rodeaba.

1. Joan Maragall, *Nausica,* verso 222.

Comentando detalles similares, consumimos el tiempo que tardamos en llegar a una salida que señalaba el fin de la autopista todavía en construcción. Dos o tres cruces de carreteras, una pequeña desorientación (el mar está arriba, la montaña abajo) y un paisaje de matorrales con una cinta de asfalto nos dejaron en una población de urbanismo nuevo que tenía un elegante paseo marítimo. Atardecía. El tráfico era notable. Después de dar dos vueltas presumidas, paseo arriba y paseo abajo, aparcamos en la acera que daba al mar para refrescarnos. Bebimos sentados sobre el capó del coche y sentimos en la piel los últimos rayos de sol y la brisa marina. A nuestras espaldas, mientras aumentaba la luz incierta de esas horas, un próspero hotel nos tapaba las colinas. Nuestros momentos de charla animada estaban salpicados por charcos de contemplación. Valls tenía las manos en los bolsillos de los vaqueros, el calzado deportivo sobre la acera, dejándose apoyar sobre el montículo del faro delantero. Cárdenas se sentaba sobre el capó como un Buda. Siempre indistinguiblemente alerta, desapareció un momento para comprarles un poco de hachís a unos delincuentes juveniles que identificó de lejos. Volvió con su cachaza habitual: sonriente y temerario. Yo, mientras, pensaba en ti, cuándo llegarías, dónde debías de estar, si ya habrías nacido, cómo debías de ser y si te gustarían la música y los libros. Me sentaba en el capó imitando a Cárdenas mientras la luz iba desapareciendo. Cuando pusimos el coche de nuevo en marcha para deslizarnos lentamente por el paseo, el tráfico del viernes nocturno, los intervalos entre coche y coche, el parpadeo de los cambios en los semáforos y el ritmo con que cruzábamos inexorablemente las zonas de luz y penumbra de las farolas se convirtieron en una pauta sensitiva y lógica[1] parecida a la de la escritura. De vez en cuando, la estridencia única y hortera de un luminoso, el estallido de un neón animado, ponía una nota vociferante que también tenía su ritmo imprescindible en la pauta.

1. Robert Louis Stevenson, *Essays on Writing.*

Esa pauta significaba asfalto reluciente por la humedad, palmeras meciéndose, intervalos aceptables entre un vehículo y el siguiente (el tráfico era constante pero aún no habían llegado las aglomeraciones del verano), brisa templada y el reflejo de las luces del tráfico reverberando sobre el suelo del paseo. Se combinaba con el mosaico de los luminosos de los hoteles, los anuncios y las bombillas de las farolas. Entrecerrando los ojos, el resultado cromático que obtiene la memoria es el de un parque de atracciones lunar. Está, por lo demás, el color humano. Los paseantes son escasos pero abnegados. Militantes del buen tiempo. El espíritu del amor reina y gobierna.[1] A falta de más civilización y mejor cultura, lo que alivia a los habitantes de un país que sale de una pobreza pavorosa es el sentido instintivo de naturaleza que, en los lugares bendecidos por el clima, se lleva desde el nacimiento a flor de piel.

En el asfalto, el color humano se proyecta sobre el espectáculo de los coches que se cruzan. Un par de hombres cetrinos, rechonchos, con el camino del rostro oscurecido por la furia, guiaban un gran coche deportivo que hacía que pareciera sucia nuestra propia embarcación. En otro, más modesto, un grupo de jóvenes de ambos sexos miraba animadamente a su alrededor. Me reproché no estar más atento por si aparecías de golpe tú en uno de ellos. Pero no se veía ningún vehículo conducido por amazonas, las míticas exploradoras, única manera de abordar ese sueño que me hubiera parecido posible. Cárdenas y Valls no se preocupaban aparentemente de esas cosas. Veían los demás habitáculos rodantes de una manera más neutra, más objetiva, creo yo. En muchos de ellos, sobre todo cuando el pasaje era mixto, se detectaba la sensación, el bullicio verbal, de quien quiere creer que está viviendo con intensidad aquel punto de aire templado de la noche y una especie de mundo vibrante de experiencia y conocimientos. Si, años después, hubiera sido posible

1. Edgar Allan Poe, *Eleonora*.

preguntarles qué hacían concreta y exactamente para atesorar ese recuerdo, habrían tenido que reconocer, honestamente, que sólo hablar. Pronto, para una gran parte de esa gente (principalmente para una franja de edad concreta), todo cambiaría rápidamente, y en pocos meses pasarían de simples conversaciones a acciones concretas, conductas impensables para ellos pocos meses antes. Desde luego, no son las cosas en sí sino las opiniones sobre ellas lo que definitivamente perturba a los humanos.[1]

Bebíamos pausadamente mientras circulábamos. Paco, que era diabético, apenas probó el alcohol, y entonces el hachís de Cárdenas resultó muy útil. La enfermedad también tuvo su utilidad en el momento en que nos paró la patrulla, al ver las latas de cerveza en nuestra mano. Cuando la policía se mostraba curiosa, era Paco quien se ponía al volante. Su finísima suavidad, que se acentuaba cuando iba narcotizado, presentaba a los funcionarios el aspecto de un conductor torpe, extremadamente apacible, desbordado por las complicaciones de manejar todas aquellas palancas y pedales. Las pupilas inocentes y claras, delicadísimas, le hacían pasar por un chófer candoroso e inhábil por muy idiotas que hubieran sido las maniobras que se había visto perpetrar al coche. Yo, lamentablemente, aún no tenía la edad necesaria para pilotar la nave. La diabetes de Paco era, para nosotros, una más de sus singularidades. Le daba el tono selecto de las pinceladas extrañas, aleatorias, gratuitas. Lo revestía de una peculiaridad a tono con su llamativa belleza y sus conocimientos extravagantes de temas internacionales de última hornada. Todos esos detalles parecían hablar a gritos de la necesidad de un trato especial. Me resultaba imposible desentrañar, aterrizado hacía tan poco en su compañía, si la cristalización de su carácter se debía precisamente a haberse acostumbrado desde pequeño a ese trato especial o a todo lo contrario: a un descuido absoluto de habérselo proporcionado. Me parecía que si alguien podía saberlo era Cárdenas, con quien disfrutaba de gran intimidad. El hecho de que ambos parecieran el depositario de un secreto pro-

1. Epicteto, *Enquiridion*.

fundo sobre el otro aumentaba el misterio y el enigma que provocaba la pareja. Dos héroes derrotados de la noche occidental.[1]

Paramos para cargar más provisiones y, mientras Cárdenas y yo contábamos las escasas monedas en el coche, Valls se acercó hasta un pequeño bar en el lado opuesto de la calzada y entabló conversación con un par de muchachas que estaban a su puerta. Lo vi desde mi asiento e intenté fijar en ello la atención de Cárdenas, que no pareció darle importancia. Me quedé expectante, inmóvil, con la única compañía de Cárdenas, voluntariamente concentrado, inclinado y miope sobre la palma de su mano. Al cabo de un rato, Paco se volvió y dejó bruscamente a las muchachas, que se despidieron de él sonriendo plácidamente mientras se alejaba. Cruzó la calle y nos dio el informe exacto y preciso de las provisiones que podíamos cargar con nuestras pequeñas riquezas. De las chicas no comentó nada y fue imposible averiguar de qué hablaban. Cárdenas, impasible, tampoco preguntó, y yo, aunque mezclé en mis palabras bebidas y muchachas, no obtuve más información; deseé sin embargo tener esa facilidad para conseguir de ellas una sonrisa plácida.

16

El deseo de saber, la sed de riqueza, el mejorar nuestro aspecto para ser aceptados o el intercambio físico de ternura carnal son cosas cuyo anhelo se acrecienta consigo mismas. Cuanto más tienes, más quieres. Nunca parece alcanzarse el límite. Yo creo que entonces todavía estábamos lejos de descubrirlo, pero aunque hablo por mí únicamente con certeza, creo también que ya empezábamos todos a sentir los efectos de esos procesos imperiosos. Puede que ellos supieran algo más que yo en ese sentido, pero, aún hoy, no sería capaz de asegurarlo. En todo lo que vivía con Cárdenas y Valls se hallaba al final cierto

1. Jack Kerouac, *On the Road.*

sabor decepcionante, incompleto, que en justicia siempre me veía obligado a atribuir a la postre a mi persona. No sé qué esperaba de ellos, pero sus actos, sus intereses eran (analizando nuestras diversiones en conjunto) monótonos y vulgares, atrabiliarios, nada diferentes a los de otros compañeros. En todo caso, sus vagabundeos estaban tocados por una conversación y una retórica más interesante y, lo que es más extraño, por una curiosa capacidad de misterio, como si estuvieran más cerca del secreto esclarecedor de un enigma cuyo mecanismo no ponían en marcha porque para ellos mismos era cosa ordinaria. En su compañía, daba la sensación de que el mecanismo podía desatarse en cualquier momento, y, de hecho, ahora que lo pienso bien, creo que en cierto modo fue eso exactamente lo que sucedió, aunque de una manera inesperada e impensable, muy diferente a la que teníamos en mente los adolescentes de nervios más o menos emocionables.

Cuando juzgamos que Playa de Aro ya nos había ofrecido todo lo que podía, Cárdenas, argumentando que no se puede pretender abordar heroicidades sin antes haber aprendido a describir un paisaje,[1] propuso ir a un pueblo muy hermoso a unos cuantos kilómetros de viaje. Hicimos cálculos de tiempo y hora de llegada y, puesto que ninguno estaba cansado, decidimos acercarnos a pesar de que Paco, que era quien conocía más a fondo el lugar y sus gentes, se mostraba escéptico en cuanto a las posibilidades que podía ofrecernos.

17

Después de bordear colinas negras y cruzar campos verdes y una pequeña llanura rodeada de montañas e interrumpida en coquetas secciones por ordenadas filas de árboles, tomamos una carretera revirada que descendía por unas lomas de una oscuridad marrón, peladas y estériles, como el mismísimo infierno de

1. Aulo Persio Flaco, *El aceite de cedro*.

Dante. Cárdenas había subido la capota y se olía de nuevo el mar allá abajo.

Curva tras curva, bajamos durante quince o veinte minutos. Curva tras curva por aquel escenario lunar, mientras en nuestros estómagos chapoteaban los jugos con un vaivén rítmico. Curva tras curva, trazadas reconcentradamente por un Cárdenas que –salvo por alguna mínima vacilación– no parecía que hubiera bebido tanto como había trasegado. La carretera, que parecía descender hacia un yermo, en realidad terminaba con una doble fila de árboles ahusados (cipreses, álamos, chopos, no me dio tiempo a verlo) que abrían paso a la placidez de una línea del horizonte perfecta sobre la que rielaba la luz de un cielo marítimo, tocada de gorro marinero con borla. Abrazando con forma de anfiteatro a esa línea encontramos un pueblo pequeño y marítimo, arreglado para los turistas, con su pequeño café en funcionamiento (lo que llamaban pomposamente el Casino) y una glorieta cuadrangular al borde de la arena, vidriada con marcos blancos, que albergaba una cantina.

Entramos en el Casino. Estaba habitado (poco) por hippies nuevos y viejos habitantes del pueblo. Sentados a una mesa, estaban lo que entonces se llamaba una pareja de enrollados, que venían a ser una especie de modernos de la época con regusto hippie en la vestimenta. Parecía que discutían sin mucho entusiasmo, reconcentrados, aburridos, molestos por algo indetectable. Una discusión de pareja, seguramente (pero ¿había parejas entre los hippies?, qué poco hippie). Valls, que sabía quiénes eran, nos contó que pasaban en el pueblo casi por una especie de expertos espirituales, sin previamente, a la vista de los hechos, tener más contacto con las ciencias visibles que con las ocultas. Si las que estaban al descubierto ya se les daban mal, cabía preguntarse si no serían aún más torpes con las indetectables.[1]

El varón, según contó Paco, había sido detenido por la Guardia Civil años atrás al encontrarse libros prohibidos en un registro de su casa rural. Se confiscó uno de Marx que un ami-

1. Javier Krahe, *Ciencias ocultas.*

go extranjero había dejado allí varios veranos antes, pero que el hippie nunca había leído, no por prevención moral, sino porque era poco dado a la lectura.

18

La conversación y la observación eran nuestras principales herramientas para combatir el aburrimiento. Esperábamos siempre que, por lo menos, algún incidente cómico provocara nuestra complicidad o risa. Como no aparecían con mucha frecuencia ni los incidentes cómicos ni las aventuras trágicas, intentábamos provocarlos afilando al máximo la capacidad de percepción. En ausencia de toda diversión plausible y sensata, lo que terminaba siendo nuestra arma de disfrute (gratis, accesible a nuestra edad y bolsillo y con inesperadas posibilidades) era la crítica de la hipocresía, el autoengaño ignorante y el mal gusto. En el contexto en que vivíamos –un país que salía balbuceante de una oscuridad intelectual de siglos– el material era, como se puede imaginar, inagotable.

La ventaja de dos años en Paco y Cárdenas y su mayor experiencia hacían que los sobresaltos que me provocaban los engrandecieran a mis ojos. Me preguntaba si sería siempre oyente. Sus observaciones incandescentes, restallantes, sonaban como una espada y hacían a veces que me sudaran las entrañas.[1] En los siguientes años, la adquisición de cada vez mayores y más refinados referentes y descubrimientos intelectuales obligaría a reajustar esos sobresaltos con la realidad para justipreciarlos. Un nuevo argumento, el dominio de un tema nuevo o una tierra intelectual inexplorada, hacía que a veces nos pusiéramos a nosotros mismos, unos a otros, en evidencia. Pronto fue parte del juego, y pasaporte imprescindible para ser aceptado en esa patria, el sentido del humor necesario para reconocer con una risa cándida la propia ignorancia y no convertir el conocimiento en

1. Juvenal, *Sátiras*, I.

asunto de orgullo. Hablo de esas edades no manoseadas, cuando para nosotros la minucia estética, eso que otros llaman belleza, todavía era un placer limpio.

19

En aquella hora previa a la cena, el ambiente del Casino era tan letárgico que, antes de acabar la consumición, ya habíamos decidido abandonarlo para probar suerte en el chiringuito acristalado del otro lado del paseo. Al entrar, lo encontramos un poco más animado. En algunas mesas se detectaban los grupos propios del viernes por la noche. La mayoría parecían integrados por recién llegados como nosotros. Únicamente en una mesa pequeña, casi un velador, vimos a un cliente solitario que, por la soltura con que trataba el espacio, daba la impresión de llevar mucho rato calentando la silla. Ante él: whisky, tabaco, un encendedor de plástico, cacharros de escribir y una libreta. Cárdenas le señaló a Valls su presencia y le animó a que lo abordara. Paco parecía indiferente, pero se acercó a saludarlo. El desconocido se puso de pie de una manera eléctrica en cuanto lo reconoció, contento de verle, y el hecho de que la copa que tenía delante no debía de ser la primera parecía tener bastante que ver con ello. Era mucho mayor que nosotros pero nos superaba en infantil entusiasmo. Sin saciar del todo a su parte animal, le concedía lo que no puede rehusarse para que se tranquilizara.[1] Vestía vaqueros, americana de pana y una camisa a cuadros trabajada a alto precio para que diera sensación plebeya. No tenía pelo y se dejaba crecer lo que le quedaba coquetamente en melena hacia atrás. Era característico de aquel tiempo que un atuendo como ése se completara con un trozo de tejido que no se sabía bien si era pañuelo o bufanda y que se dejaba colgar indolentemente. Los cursis (los mismos que usan la palabra *indolente)* lo llamaban *foulard,* y se vio mucho durante las

1. Platón, *República.*

siguientes décadas, siempre al cuello de los artistas viejos para hacer saber a las nuevas generaciones que alguna vez fueron jóvenes y rebeldes. Nos invitó a sentarnos, cada uno con una consumición por cortesía de su bolsillo. Era lo que perseguía Cárdenas, que para eso solía tener los labios bien cosidos.[1] Nuestro anfitrión en cambio hablaba muchísimo, era desprendido y gustaba tanto del halago como del sarcasmo. Cárdenas se dedicó a apretar con insistencia ambos interruptores hasta conseguir una gran complicidad mientras éramos ampliamente invitados. Las carcajadas, los entusiasmos, las frases lapidarias y los chistes crueles provenían de él y de Cárdenas, pero el tempo lo marcaban las suaves sonrisas silenciosas de Paco. Apreciamos en Blanchart (pues ése, efectivamente, parecía ser su nombre) que fuera sensible a esa sonrisa tranquila, de camaradería desconcertada, que cuando aparecía apaciguaba por su propia contemplación. Le iluminaba el rostro con toda la pureza expansiva frente a cualquier construcción del absurdo. No pretendíamos más, por saber que esa expresión era verdadera y conocer que, aunque le aburriera la repetición constante de caras, ambientes y personas, lo que acababas de decir o hacer lo había disfrutado realmente, con cariño, con ternura, que esas palabras eran, para él, a fin de cuentas, de alguna manera imprescindibles.

20

Dada su veteranía, Blanchart parecía también saborear que, más allá de que lo parasitáramos como zorros jóvenes, latiera en nosotros un honrado aprecio por su capacidad verbal. Era amigo de la bravura y la alegría. Por lo que vi, se sentía obligado a informar cíclicamente sobre el personaje que gustaba de interpretar. Se explicaba rápida y elípticamente, y pronto hizo saber que tenía muchísimo dinero, que era arquitecto, exiliado de una parentela que veía con pánico que se pusiera al frente de la

1. Gonzalo de Berceo, *Vida de Santo Domingo de Silos.*

empresa familiar de construcción donde siempre hacía desaguisados. Le sobornaban con una pensión generosa para que mantuviera en estado larvado sus derechos de primogenitura. De todo esto nos dio noticia y para mí fue gran novedad, no en cambio para Cárdenas y Paco. Puesto que la simpatía era mutua y Óscar Blanchart tenía mucho que opinar, proponer y denostar sobre música, libros, arte y política, fuimos invitados a su casa que estaba *aquí cerca*, según dijo, donde su mujer había convocado esa noche a unos cuantos amigos. Yo tenía curiosidad por ver si se trataba de una reunión política o algo parecido, pero la rapidez con que aceptaron Cárdenas y Paco me hizo sospechar que se trataba sólo de una fiesta. Fuimos caminando por el borde de la playa, y cuando ésta giró para morir entre roca y agua, seguimos subiendo por un sendero de escalones excavados en la piedra y retocados a veces con cemento. Al llegar arriba, una terraza tenuemente iluminada y la música que sonaba nos hizo entender que se trataba en efecto de una fiesta en un chalet que se alzaba frente el mar. Un señor obeso, vestido de pescador, abrió la puerta y miró, con manifiesta ferocidad.[1] Era el mayordomo samoano. A pesar de ser su casa, a Óscar no se le esperaba, lo cual no era, por lo que pudimos oír a nuestro alrededor, nada infrecuente. Amaba al poeta catalán Joan Vinyoli –que hacía poco acababa de morir–, a Rilke (del que yo no había leído nada pero sabía quién era), a Hölderlin (de ése sí había leído algo) y mencionaba un nombre anglosajón que no entendí y que luego resultó ser Wallace Stevens. Óscar fue recibido como si se hubiera dignado a abandonar las musas para pisar la tierra, aunque se tratara de su propio hogar. La cena se repartía en platos de papel entre los invitados para que pudieran comer de pie, recostados o en grupos al aire libre. El chalet tenía una amplia, antigua, terraza sobre el mar, y unas ventanas francesas permitían el paso franco a un salón amplio que terminaba con forma de ele en una cocina grande y abierta, renovada recientemente con mobiliario cromado. Allí nos dejó Óscar

---

1. Richmal Crompton, *Travesuras de Guillermo.*

para que su mujer nos diera algo de cena. Ella era una hippie bajita, rubia, latinoamericana, buenísima y con una mirada asustada de infinita paciencia. Nos dejó que nos sirviéramos nosotros de los muchos platos que todavía llenaban la cocina, atendidos por el samoano, quien resultó gordo y simpático. Hablaba bastante bien el español porque había estado un tiempo en Filipinas y nos dijo que el amo era así, que era un gran tipo, que siempre hacía lo mismo, que todos venían a gorronear su whisky y comida para criticar luego su desprendimiento. A nadie disgusta oír que le invitan a comer y a vivir.[1] A continuación, sin transición pasó a hablarnos de cómo era la vida cuando trabajaba en Filipinas y de que él era capaz de echar tres sin sacarla. Nos hizo reír pero huimos enseguida hacia el salón. La música que sonaba la hubiéramos aprobado en cualquiera de nuestras habitaciones, aunque los asistentes fueran bastante mayores que nosotros. Encontramos incluso algunos discos de importación de los que sólo habíamos oído hablar. La media de edad hacía sospechar que probablemente sólo Óscar y alguno más de sus invitados estuviera realmente al corriente de las novedades que traía aquella música. Por su conversación, se deducía que habían intentado, brevemente y con más voluntad que convicción, ser un poco hippies. Se tropezaron con la mala suerte de que el asunto ya iba de capa caída en el mundo moderno cuando ellos empezaron a introducirse, y así no había manera de seguir esas modas que daban tanto trabajo. Había parejas estables e incluso alguna separada, muy civilizada y avanzadamente para la época. Sin embargo, toda hembra que no tuviera la inocencia y el candor básico que mostraba la señora de la casa (aunque fuera probablemente la mayor de las presentes) se nos mostraba para nosotros ajada y un poco repulsiva: fatigada, gastada. Sí que oíamos a nuestro alrededor conversaciones que nos hacían darnos cuenta de todo lo que todavía ignorábamos: entendidos en arquitectura, en arte contemporáneo, en cine, en política o en historia. Nosotros apenas podíamos defendernos bien en el te-

1. Petronio, *Satiricón*.

rreno de la música última, que era lo que, en aquellos tiempos y a aquella hora de la noche, mandaba como innovación.

21

Protegido, al menos mentalmente, por esas armas someras pero de gran valor estratégico, descubrí además que el contacto con Cárdenas y Valls entrenaba en detectar lo falso con mucha más sutileza de la que pudiera imaginarse. El énfasis, la organización gramática y sintáctica del discurso, delataba si quien hablaba conocía realmente el tema o sólo aparentaba saber sobre él. Estábamos ensayando una capacidad muy útil en la vida, pero todo eso lo capté inconscientemente, sin que, en lo que yo creo que debieron de ser dos horas y media, ni me atreviera ni encontrara necesario dirigir la palabra a nadie. Sólo recurrí a intercambios de miradas significativos con Paco (más dulce que nunca aquella noche), mientras exploraba animadísimo, de arriba abajo, los confines de la fiesta. La casa era lujosa pero no exageradamente extensa (creo que a Óscar sus parientes lo estaban timando), y yo absorbía todos los detalles parándome a escuchar al lado de todos los grupos, uno por uno. No parecía posible que alguien fuera a extrañarse de aquel adolescente mudo que se colocaba al lado de ellos para asentir atentamente y participar con los ojos en la conversación, por lo que no hice ningún secreto de mi conducta.[1]

Al final, hubo una pelea muy ruidosa cuando ya se habían empezado a marchar las mujeres que llevaban los mejores trajes. El motivo de la discusión fue una diferencia que tuvo Óscar con uno de los invitados sobre la comida, y, como un loco, empezó a volcar las mesas y taburetes que se encontraban en la terraza para sostener platos. Le ayudó un poeta que aseguraba estar contra la sociedad de consumo. El escándalo terminó por ahuyentar a los pocos trajes caros que quedaban y, aunque los

1. Jean-Jacques Rousseau, *Confesiones.*

más fieles resistían, el ambiente de revolución compasiva era demasiado íntimo como para que nosotros nos sintiéramos cómodos. Paco, que estaba sentado en el pretil de la terraza con un vaso en la mano y el mar a tiro de pupila, dijo que aquello empezaba a ser un mal rollo y que podíamos pensar en movernos. Como siempre, fue Cárdenas quien dio la orden y salimos por la puerta principal, bajando por un sendero de piedra que volvía hasta las calles del pueblo y hasta nuestro coche.

22

En conjunto, podía decirse que la noche estaba resultando muy satisfactoria. Era relativamente pronto y ya habíamos cenado en abundancia, bebido copiosamente y visto una pelea. Cárdenas no tenía suficiente y, mientras alcanzábamos andando el coche, nos contó cómo en casa de Óscar había oído mencionar una fiesta de cumpleaños en una casa importante, de la cual conocía al hijo menor. El inconveniente era que la finca se encontraba precisamente a la salida del pueblo del que veníamos y eso suponía desandar hacia atrás todo lo andado (¿tres cuartos?, ¿una hora de coche?). Aunque era algo a todas luces excesivo, nos pusimos de acuerdo y allá partimos. La vuelta se nos hizo más monótona y esta vez fui yo, ampliado, ensanchado, el que llevó el peso de la conversación reconstruyendo las maravillas que había creído ver. Cárdenas escuchaba con una sonrisa no muy atenta, un ojo a la carretera, y Valls lo saboreaba ebrio, narcotizado, dulzón y distraído –ya que nada es capaz de pasión y acción a la vez si carece de cuerpo[1] y Paco parecía estar incorpóreo entre nosotros–. Había bebido bastante, y eso perjudicaba su organismo. Por aquellos días, se habían puesto de moda brebajes imbebibles muy dudosos. Lo popular iba en alza, y de la misma manera que lo popular siempre gusta de la moral simple y las pechugas formidables (masculinas o femeninas), en las cues-

1. Lucrecio, *De la naturaleza.*

tiones líquidas eso se traducía siempre en sustancias cremosas y dulzonas de las cuales procurábamos mantenernos alejados todo lo posible. Yo aún no entendía de vinos, ni creo que mis compañeros supieran todavía tanto como a veces pretendían. En el fondo, bebíamos relativamente poco, pero ya empezábamos a saber muy bien lo que ingeríamos, y esperábamos que el tiempo y el dinero pusieran algún día ese panorama, en forma de índice, a nuestro alcance, como finalmente terminó sucediendo.

Cuando llegamos a la dirección que buscábamos, encontramos una finca diez veces más rica que la anterior y el doble de descuidada. La entrada era, ya de buen principio, mucho menos prometedora. Se encontraba al pie de la carretera litoral que canalizaba la entrada al pueblo de todo el tráfico de turistas e indígenas. Los coches pasaban ruidosamente, muy seguidos, y el portalón de piedra estaba ennegrecido de humo de escapes. Quedaba aún más oscurecido por encontrarse entre hileras de apartamentos al pie de la carretera; justo donde, entre matorrales y albañales, empezaban a aparecer las primeras aceras del suburbio local. La cerca era una horrorosa imitación de piedra, construida con los minerales autóctonos al alcance de la mano. Al cruzarla, sin embargo, uno se sorprendía de encontrarse en un camino que subía por la ladera suave de una colina de grandes dimensiones. Debido a la proximidad del núcleo urbano, cuyo acercamiento se podía oír minuto a minuto, segundo a segundo, en el murmullo de las carteras de inversión inmobiliaria, uno no podía evitar pensar el precio de aquel gigantesco desaliño de terreno, en una zona de pleno desarrollo turístico en aquel momento.

La verja que habíamos dejado atrás estaba abierta de par en par, despreocupadamente. El descapotable subió petardeando por un bosque sucio de sabinas, pino carrasco y cipreses californianos. En aquella zona crecían silvestres creando caminos desordenados, laberintos: las obras más portentosas del dispendio humano.[1] La mezcla caótica expresaba una total incompren-

1. Plinio el Viejo, *Historia natural.*

sión de la arquitectura de la naturaleza. La preferencia por lo artificial se delataba en que el camino estaba perfectamente asfaltado pero nadie había juzgado conveniente destinar ni siquiera un pellizco para poner un poco de orden en aquel bosque mediterráneo. Era bien conocido que, de no cuidarse, ese bosque sólo entrega sus momentos de brillo cuando cantan las cigarras y la hora de la siesta pesa como una losa sobre el verde claro, reflectante y amarillento. Es justo en esa situación cuando el peligro de incendio es mayor que nunca y un simple cambio del viento puede reducir ese mundo, con un soplo de llamarada, a cenizas pardas, terrosas y calcinadas.

Al final de la pista encontramos una placeta circular con piso de cemento y una fuente. La envolvían las dos alas de un edificio construido con el mismo gusto desafortunado que el muro de la entrada. Imitaciones de piedra, arcos sin pasado, torreones obligados a crecer, tejados bajos frente a aleros inclinados, combinados sin criterio. ¿Alpino o californiano? En definitiva: estilo vulgar-periclitado, una rancia tradición de nuestras costas. Abandonamos el coche en la placeta y, guiándonos por la música y las voces, caminamos bajo un arco que horadaba el ala izquierda del edificio hasta la parte trasera, donde bajo los árboles se levantaba un pabellón de construcción más reciente.

23

El pabellón era un espacio sin paredes, sólo con cristaleras desplazables, de techo alto e inclinado, construido en estilo montañés con mucha piedra, mucho acero y mucho vidrio. Los balaustres aportaban una riqueza de cartón y una sonrisa latina.[1] Allí parecía haberse desarrollado la parte principal de la fiesta. Llegábamos tarde y quedaba poca gente. El lugar debía de

1. Le Corbusier, *Precisiones. Respecto a un estado actual de la arquitectura y el urbanismo.*

haber sido habilitado hacía años como leonera para los niños. Para aquella velada se habían colocado unos cuantos instrumentos que ahora estaban abandonados: una batería y unos amplificadores en la zona central más amplia, una mezcla de instrumentos alquilados y prestados por amigos. La gente era en su totalidad de nuestra edad, pero quedaba poca. No parecían muy interesantes los que quedaban, pero tampoco daba la sensación de que lo hubieran sido mucho más quienes se habían marchado: el lugar estaba desordenado pero demasiado impoluto como para haber sido una fiesta emocionante, nada de la densidad de olores y palabras del lugar del que veníamos. Curiosamente, aunque menos prometedor y más lento, el ambiente que podía palparse era más diáfano, menos viscoso, más diamantino y obvio que aquel que acabábamos de abandonar. Transmitía cierta ingenua claridad y una estúpida nobleza.

Cárdenas encontró enseguida al protagonista del cumpleaños, que era uno de los hijos de los dueños. Éste pareció reverentemente emocionado por verlo allí, de lo cual deduje que la intimidación que provocaba la pareja no se circunscribía al ámbito de los muros del colegio. Nos recibió con unas dulces miradas cordiales que hicieron su camino sin retorno.[1] Parecía saber también de Paco, pero a mí no me conocía y fui presentado. Cárdenas se desenvolvía por aquel espacio con una mirada amplia, dominante, como un comandante supervisando un campamento bajo su mando. Descubrió la bebida de lejos, sin preguntar, y se fue de nuestro lado mientras el anfitrión no dejaba de hablar, cortés, suave, incansablemente. Paco le escuchaba muy fijamente pero como si tuviera la cabeza en otra parte. Nuestro interlocutor, que era muy educado, empalmaba un tema con otro, deseando agradar. Paco desvió la mirada de la conversación por un momento y ya no volvió nunca a colocarla sobre nosotros. Miró a la gente, a la arquitectura de la sala, y descendió sobre ellos, dando una amplia vuelta, como un ave que se posara, con gran naturalidad y soltura. Lo hizo con una

1. Rigaut de Berbezilh, *Atressi con Persavaus*.

suavidad social y un tiempo tan bien medido que el protagonista de la fiesta no se sintió herido en absoluto. Siguió hablando, impasible, dedicándome exclusivamente a mí toda su atención y energía. De golpe, descubrí una cosa nueva y sorprendente: nuestro anfitrión estaba también intimidado hasta cierto punto por mi presencia. El carisma extraño, aquella aura de interés y enigma que parecía perseguir a Valls y Cárdenas, fuera por emanación, rito social o malentendido, parecía que me estaba también impregnando. ¿Era un proceso natural en el que yo estaba adquiriendo un ascendiente, un escudo, un poder y protección de los que andaba tan necesitado? ¿O era simplemente algo más triste: las convenciones de un mundo estúpido, propagandístico y tartufo? ¿Una casualidad de las circunstancias? ¿O la adquisición de un nuevo talento? Y, en ese caso, ¿qué talento? Todas estas impresiones se me adherirían a la epidermis, porque eran puramente sensaciones que la noche, la excitación, el viaje constante y las sustancias ingeridas amplificaban. Me dediqué a disfrutarlas, puesto que dejaban un sabor excitante e innovador en las comisuras de los labios, y no tenía ninguna intención de analizarlas.

24

El anfitrión, a pesar del sesgo desganado e imparable de su charla, resultó ser un buen muchacho, de preocupaciones mesuradas y sensatas. Hizo una broma sobre que los invitados habían repetido de todos los platos y además seguro que se habían llenado los bolsillos de pan.[1] Para guiar la conversación no aflojé en mi posición de poder, pero tuve que ser prudente. Nos beneficiaba el hecho de ser de la misma edad. Cárdenas y Valls eran un poco mayores y eso les hacía (y yo cada día me daba más cuenta de ello) perder una faceta de vulnerabilidad desconcertada, de oferta más desnuda que, de una manera inexplicable, ca-

1. Ramón de España, *Fin de semana*.

racterizaba de cierta inocencia a los de mi edad. Enseguida se dio una complicidad infantil con mi interlocutor, como si compartiéramos una debilidad, que impregnó con una fina capa de viveza su desgana de anfitrión profesional. Charlando, nos dirigimos a los instrumentos que estaban abandonados en ese momento. Los asistentes empezaban a dispersarse y alguien, para aclarar el ambiente, había abierto de par en par las puertas acristaladas que daban a los árboles. La sensación de serenidad y rumor de vegetación contrastaba con el sabor pastoso y decepcionado que tienen los finales de fiesta. Dimos una vuelta alrededor de la batería abandonada y acariciamos tímidamente los tambores que, inevitablemente, siempre llaman la atención de los adolescentes con sus brillos cromados y su carácter de artefacto complicado (un eco de los mecanos de la cercana infancia). Desolado, nuestro anfitrión me enseñó una guitarra eléctrica que parecía haber sufrido algún desperfecto durante la fiesta; una grieta, una pequeña rajadura se veía apenas en la madera del mástil. El muchacho parecía muy contrariado puesto que se la habían prestado especialmente para la ocasión. Me habría gustado tranquilizarlo, lo cual exige remordimiento y pesar, además de requerir necesariamente un sentido de vergüenza y desgracia.[1] Hubiera debido hablarle de todo lo que había leído sobre las rutilantes Stratocaster de la fábrica Fender y las carísimas Gibson Les Paul, guitarras que nunca había tenido en las manos pero de las que sabía que conseguían sonidos compactos y emocionantes. No como aquel cacharro resplandeciente pero inoperante que con toda seguridad algún desaprensivo de tienda musical habría vendido a alguien como una maravilla. La seriedad de su consternación me lo hizo simpático. Empezaba a entender, como Cárdenas, que la simple información, el conocimiento, te hacía un rey en aquel mundo de niños inseguros, cándidos, de grandes medios y descompensados criterios. Mentí para cambiar de conversación diciendo que era una avería de simple reparación; le auguré una larga vida al instrumento, aun-

1. Tanabe Hajime, *Zanged toshite no tetsugaku.*

que me guardé para mí que probablemente sería en el paraíso de las guitarras baratas e inoperantes.

25

Empezaba a refrescar cuando el grupo compacto de los que quedaban se desplazó bajo los árboles hacia la casa principal. Las bebidas se habían acabado y al anfitrión le pareció una afrenta que me fuera a quedar sin copa, así que seguimos a los demás hacia el interior. Cuando cruzábamos bajo el relente de la noche, cobró sentido la extravagante gabardina que nuestro maestro de ceremonias llevaba sobre unos vaqueros y una camiseta. El edificio me impresionó por su amplitud y sus riquezas; sofás caprichosos pero calculadamente desperdigados, estatuas segundo imperio, puertas acristaladas y aparadores blancos con libros; una chimenea que alguien se había ocupado de encender de una manera absolutamente discordante con el tiempo que hacía: cuatro leños ardiendo, secando la humedad, y las grandes puertas francesas abiertas de par en par. La casa parecía desierta y sólo abierta e iluminada para nosotros. Al fondo del salón se veían otras puertas dobles abiertas a un pasillo forrado de madera. En la pared perpendicular, una puerta más pequeña daba a una salita con televisión donde encontramos más bebida (whisky de malta de doce años en frasco tallado) y al resto del grupo reunido en torno a la única hembra que quedaba. Era un rubia bajita y redondeada, con un rictus despectivo que, más que de soberbia, nacía de una disconformidad nerviosa. Mezclaba unas caderas carnales, erguidas, bien hechas para sostener lides de amor,[1] con un movimiento de pupilas arisco y asustado, orgulloso y mandón a la vez. Tenía impresionados a todos los varones que allí se encontraban. Con un más que imperfecto control de sus emociones, ellos parecían dar a entender que ni muertos se les ocurriría dejar traslucir esa impresión que les

---

1. François Villon, *Les regrets de la belle heaumière.*

52

provocaba. Ella disfrutaba (aunque quizá con un punto de inquietud) de la atención de todo aquel círculo de machos jóvenes de semen espeso. De una manera fría y desapasionada, que juzgué hasta perversa, sentí claramente que, de haber querido, tanto Paco como yo habríamos conseguido llevarla a dar un paseo. A Cárdenas ni lo hubiera mirado dos veces, aunque luego seguro que habría comentado a las amigas el atractivo de sus dientes tan blancos.

26

La televisión fue languideciendo sin volumen hasta convertirse en una pantalla gris de nieve blanca y puntos crujientes e irritados. A su vez, las brasas de la chimenea anunciaron, con su himno de irradiaciones regulares, el final de la programación. La rubia tenía una mirada de migraña y dolor de cabeza. Es mejor mirar al cielo que vivir en él: un lugar tan vacío, tan vago...[1] Los machos jóvenes se llamaban la atención entre ellos con esto y aquello, desfalleciendo en sus acercamientos. Paco había desaparecido y Cárdenas liaba un porro (el último, dijo). Entonces apareció Paco, que venía de alguna habitación secreta y escondida, y anunció que nos marchábamos, para desolación del homenajeado, que lo miraba como buscando su aprobación. Nos acompañó hasta el coche alicaído, repitiendo que estaba muy feliz de que hubiéramos acudido y que había disfrutado mucho de su cumpleaños. Eché de menos lo fácil que era proponer juegos apasionantes hacía bien poco, cuando éramos más pequeños. El whisky nos había puesto de excelente humor: comprensivos, benignos, y a mí, cuando menos, mareado. La cabeza empezó a girar en cuanto estuve sentado en el asiento de atrás. Afortunadamente, con un golpe de muñeca, Cárdenas hizo que enseguida rugiera el motor y el frescor de la ventanilla abierta restableció rápidamente mi equilibrio biológico. Corría-

1. Truman Capote, *Breakfast at Tiffany's*.

mos por una carretera que discurría entre campos llanos y oscuros con una luna redonda y tranquila allá arriba. Disfrutamos del silencio mucho rato, en total armonía de pensamientos, hendiendo la noche con los faros bajo árboles que nos cuidaban al pasar. Poco a poco, empezamos a hablar torpemente; Cárdenas aminoró la velocidad y dejamos de ser un peligro para los coches que nos cruzábamos, tan a la deriva por los campos como nosotros. Conversamos entonces suavemente, de esto y lo otro, de la gente vista y del paisaje y los lugares que cruzábamos, sintiendo que nuestras palabras más bobas formaban parte de él, en armonía perfecta con la noche, con el aire que nos rodeaba y con las multitudes, supuestas pero seguras, que, entonces mismo, se iban a dormir, a beber o a vagabundear por todos aquellos kilómetros a la redonda.

27

Buenos días –me dijo la habitación–, llegaste ayer muy tarde, de madrugada. Bajo el efecto del alcohol, no te fijaste en mis vigas desbastadas de madera, mi viejo parqué renovado, trabajado a alto precio, y la ventana baja de dintel ancho. El techo está inclinado, las paredes revocadas de estuco blanco, y por la parte exterior que da a la fachada –un metro a la derecha del ventanal– encontrarás un agujero sin restaurar, donde puede introducirse hasta el pulgar, que corresponde a un disparo de las guerras carlistas, cuando el general Savalls durmió en esta misma habitación en otra cama, otros tiempos, otros sueños. Por eso, por los sueños, te acogí ayer sin mediar palabra; mientras estamos hablando habrá escapado, envidiosa, la edad.[1] La cama es moderna y nueva, de fabricantes suecos. El edredón está alegremente coloreado. Espero que no hayas pasado frío. Eso que oyes remota y clarísimamente es el tictac de un reloj en el amplio zaguán de abajo, que se abre por un lado a una co-

1. Horacio, *Odas,* I, 11.

cina y por otro a un salón oscuro pero acogedor (como en las novelas) también de ventanas bajas. Si toda esta conversación te parece imposible es, sin duda, porque todavía estás bajo efecto de la resaca. Vístete, baja y conoce mis extensiones. En el salón encontrarás los tomos de la obra completa de Pla, encuadernados en rojo por la editorial Destino. Es porque la familia fueron gente de Cambó, nacionalistas catalanes que, sin embargo, apoyaron a los fascistas de Franco quienes luego, por asuntos de negocios, no tuvieron piedad con ellos. Es uno de los secretos de familia que queda feo mencionar. La actitud correcta es ni se dice, ni se esconde. Hola. Has salido de Barcelona, tu feudo de barriadas. Estás en el patio de atrás, el lugar que algunos quieren que se conozca sólo como Cataluña.

La conversación que acabo de transcribir obviamente no se celebró nunca. Pero podría haberse dado porque, por aquellos días, los muros aún me hablaban y el mundo entonaba una extraña música para la cual yo parecía ser la única antena. Tenía la sensibilidad alterada del adolescente. Tú estás aquí, la vida y la identidad existen.[1] Me vestí con ganas de rascarme por dentro y bajé lleno de timidez a tierra extraña. Allí estaban, efectivamente, el reloj y la colección de libros. Sentía la piel áspera y como si el pelo revuelto se encontrara también dentro de mis ojos. Me sentía incómodo y un poco avergonzado pero estimuladísimo, muy alerta, con una voz inaudible que me decía que sólo si me sentía un intruso sería considerado como tal. Una parte adormecida de mi mente parecía convencida de que pronto iba a aparecer el guardián casi medieval de todo aquello para expulsarme del paraíso de las voces preguntándose cómo me había atrevido a entrar allí.

Salía del salón después de curiosear los tomos de la biblioteca cuando me encontré a una criatura pelirroja de pelo largo, muy delgada, apenas sin pecho, moteada de pecas, con una cara alargada en la que destacaban fijas dos pupilas brillantes, impertérritas, de inmóvil color verdoso. Hola, dijo, y siguió quieta,

1. Walt Whitman, *Hojas de hierba*.

allí parada, evidentemente pensando en algo a lo que mi presencia no afectaba en absoluto. Podía haberme deslumbrado con facilidad porque el zaguán estaba lleno de luz al venir desde el salón umbrío, pero no sucedió: yo estaba muy perceptivo ese día. Ella me llegaba un poco más arriba del hombro. Llevaba unos pantalones que se acababan a media pantorrilla.

–Hola.

–Tú debes ser Simón Be. Yo soy Gemma. Cesc ha salido.

–¿Cesc?

–Paco. Paquito. Mi hermano. Han subido todos al mirador para ver los trabajos. Están cortando el bosque. El tío ha vendido parte de los árboles y luego harán una replantación. Hace bueno y han aprovechado para hacer una excursión.

–Ah.

–Será mejor que vayas afuera si quieres desayunar. No sé si te habrán dejado algo. La mesa está al sol.

–Ah. Bien.

–Ayer salisteis y bebisteis bastante, ¿verdad? Llegasteis muy tarde.

–Bebimos un poco –resoplé, y recuerdo con dolor (ahora que soy un chimpancé hirsuto de panza redonda y pobladas cejas) de qué manera me esforcé con mis mejores trucos para interesar levemente, como si no me importara conseguirlo, forzando a que apenas una mirada de travesura pasara por mis párpados. Hay que saber hacer las tonterías que nos pide nuestro carácter.[1] Me rasqué la cabeza y sonreí como si indicara a algún cómplice desconocido que mejor se ahorrara las preguntas. En conjunto, fue un buen trabajo y en aquel momento me pareció que había estado a la altura de las circunstancias.

–Le pido que me deje ir con él. Pero siempre me dice que soy demasiado pequeña y que soy una molestia.

–Oh, bueno, sí. No te preocupes. Es la edad. No te dejes manejar por él. Oye, te tengo que dejar, si no me voy a quedar sin desayuno.

1. Nicolas de Chamfort, *Frutos de la civilización perfeccionada.*

–Ah, sí, claro.

Y allí se quedó inmóvil en el mismo sitio, enmarcada la espalda por la puerta, pensando en sus cosas.

El guardián había aparecido y su espectro se había esfumado al primer combate verbal. La prueba había sido superada con éxito. En aquel momento supe que ya, para siempre, nadie iba a expulsarme de aquel mundo sin dura resistencia. Se alejaba de mí la condena de las habitaciones oscuras y los patios interiores donde tendía la ropa. Sabía que, durante años, tendría que volver a ellos como cuarteles de invierno. Me estacionaría en esos lugares todo el tiempo que fuera necesario para mis propósitos, pero pasarían por mí sin tocarme. Ningún galón adornaría mi poder que no me molestara su brillo.[1]

Ahora sabía que el mundo de los prados verdes, las buganvilias, las motas de césped recién cortado arremolinándose bajo el sol, los emparrados y la luz resplandeciente de la mañana existía, y no sólo en las salas oscuras de los cines. Había convertido al guardián en estatua de sal sólo con una mirada. Mi sensibilidad fresca y lánguida de juventud me decía que había ganado, por mucho que mi cerebro me recordara socarronamente que Gog y Magog habían tenido sólo la apariencia de una niña de catorce años.

Salí al campo verde que bajaba en suave pendiente desde la puerta de entrada. Una mesa blanca estaba puesta al sol entre abejorros que zumbaban, y una, dos, tres, cuatro mariposas revoloteaban de aquí para allá a lo lejos. En la mesa todas la sillas estaban vacías menos una, habitada por una señora mayor con bastón que hablaba un castellano horrible y resultó muy desacomplejada. Me trató de tú como si me conociera, empezó a hablar de su familia, de la circulación de sus piernas, golpeó con el bastón en el suelo repetidas veces y estaba apretándome confidencialmente la rodilla con una mano fuerte cuando vi volver a Paco Valls con un grupo de gente. Iba el primero, un poco adelantado, y con una sonrisa melancólica. Cuando me

1. Lord Byron, *All is Vanity, Saith the Preacher.*

vio, la sonrisa se le iluminó dolorosamente. Creo que también tenía resaca.

Me preguntó si había desayunado bien y comentó lo mal que lo había pasado subiendo por los senderos. El bosque y los campos estaban preciosos, dijo, frescos y llenos de olores, pero el campo no era para él, aseguraba. Él sudaba, decía. Comenté que no había visto a Cárdenas y le pregunté si se había marchado, y Paco hizo un gesto de exagerado escándalo. No, Cárdenas se lo estaba pasando muy bien. Cárdenas sí que sabe pasárselo bien, decía. Ha perseguido a un cerdo y amamantado a un ternero ya. Se ha roto la ropa subiendo hasta un árbol para ver un nido de torcaces. La hembra casi lo ataca y a punto ha estado de caerse. Ha perdido las gafas dos veces y hecho reír a todo el mundo. Yo creo que exageraba, ese cojitranco pícaro.[1] Aún está allá arriba. Ahora bajará.

–¿Sabes? Cuando tenía quince años su padre lo dejó todo un día y una noche solo en sus tierras de Palencia con un alambre y una navaja. Prácticas de supervivencia, decía. Como ha cumplido ya dieciocho, si no aprueba el año que viene y entra en la universidad, amenaza con meterlo en los paracaidistas.

Y, después de beber un poco de zumo, cambió de tema:

–Veo que has hecho buenas migas con la tieta Consol. No te fíes. Es muy lista. Sabe que ayer nos emborrachamos. Siempre le pega con el bastón a Cárdenas. Sus combates son lo mejor de estas visitas. Y –me miró a los ojos detenidamente por un momento– quítate esas gafas de sol.

–¿Tan mal me sientan?

Asintió sin una palabra, sacudiendo la cabeza lentamente.

–¿Qué parezco?

–Una imitación de vampiro neoyorquino o yo qué sé –dijo bromista.

Trajeron más zumo de naranjas recién exprimidas, un vino rancio que picaba en las encías y café. Corté rebanadas del pan oloroso y grande como un balón y las unté en sal y aceite de oliva. Un aceite grueso, denso, aromático, sin refinar.

1. Marcoat, *Mentre m'obri eis huisel.*

–Ponle un poco de chocolate y riégalo con aceite y sal –dijo Paco.

–¿En serio?

–Hazlo –dijo tranquilo, en catalán, sonriendo.

Yo flotaba entre nubes de bálsamo sedante, rodeado de criaturas tiernas y ocurrentes. El aire entraba en mis pulmones con una suavidad de temperatura exacta y a cualquiera que me dirigiera parecían salirle pequeños rayos de sol del pecho. El mundo podía ser feo pero, desde luego, a veces también podía ser muy agradable. Creo que nunca he lamentado tanto el inevitable declinar del sol como en esa jornada.

28

Nos marchamos al día siguiente, tras una gran comida y una larga digestión. Atardecía cuando, después de un corto camino de piedras y una revirada carretera secundaria, el viejo descapotable alcanzó la vía principal, repleta de coches, que llevaba a la ciudad. El tráfico era intenso, con padres taciturnos, madres resignadas y niños aburridos. Desde el asiento de atrás me entretenía en examinar el contenido de los vehículos que circulaban en el carril contiguo. Sólo rodar por una de las primeras autovías que se habían construido en el país (la autopista hacia Francia) ya era emocionante. Alegría, viento de fuego que el pecho respira.[1] En un momento dado, fugaz y espontáneo, nos adelantó una especie de cohete rojo rugiente, un verdadero descapotable del que ni siquiera pudimos distinguir la marca, tan sólo una melena oscura al viento. Nos desviamos de la vía principal y paramos en Lloret para dedicarnos de nuevo a beber todo lo que pudimos. Eran bebidas que parecían, ahora que ya éramos hombres, inocentes y suaves: cerveza y cosas por el estilo. El lugar era deprimente. Un nido de turistas zumbando como un enjambre, con bares descuidados de decoración

---

1. Friedrich von Schiller, *Canto a la alegría.*

abrupta y lujo y emociones impostadas. Nos olvidamos de la psicópata obligación de ser felices que pretendían imponer los gritos, las luces y la música y nos dedicamos a beber, mirar y pasear. No nos importaba la hora en que llegáramos a nuestras casas. No miramos el mar ni por un momento. Cuando ya habíamos vagado por todo el pueblo y no tenía ningún sentido seguir insistiendo aunque el día deba durar hasta la noche,[1] volvimos a tomar el descapotable.

Cárdenas, un poco bebido, febril y concentrado al volante, condujo a gran velocidad con la capota subida por las carreteras ya vacías. Pusimos nuestra vida en sus manos y nos despreocupamos. Hablamos poco y le dejamos conducir en paz. De vez en cuando giraba brevemente la cabeza y contestaba a algún comentario con una sonrisa maníaca, muy tensa, luego volvía a concentrar toda su atención en no fallar ni una maniobra y en el rumor banal e hipnótico del motor, vagando en sus propios pensamientos. Lo miré un par de veces al contraluz de las farolas: la expresión medio a oscuras con algo feroz en la mirada. Nos dejó, sanos y salvos, a cada uno en su casa y desapareció con aquel descapotable que no volvimos a ver nunca más.

29

Los meses siguientes en el colegio fueron de una naturalidad extrema. Por supuesto, yo era joven pero no tonto y sabía que para Valls y Cárdenas aquel fin de semana no significaba lo mismo que para mí. Nos encontrábamos de vez en cuando algún fin de semana en el barrio gótico, dónde íbamos a beber en las tabernas que gustaban a los estudiantes universitarios progresistas. La bebida y la comida eran infectas pero el escenario, una vez ebrios, era hermoso. Paseábamos, cantando solos de guitarra y canciones de rock y gritando para que, de vez en cuando, nos tiraran un balde de agua desde un piso alto e in-

---

1. Boccaccio, *Decamerón*.

somne. Pronto descubrí que no siempre me invitaban a esas excursiones. No sabía por qué, pero era sólo a veces, ocasionalmente, cuando me escogían como compañero de bebida. Otras veces me los encontraba por casualidad, cuando empezaba a sentirme seguro y me decidía a acercarme solo o con un compañero del barrio a esos bares ya conocidos. En esas ocasiones en que nos tropezábamos, nunca parecía molestarles mi presencia. ¿Qué bien me habrían hecho diciéndomelo si con ello me hubieran hecho infeliz?[1] Pero he de reconocer que a veces los miré como a traidores, humillado, sobre todo después de habernos despedido con alegría algunos viernes sin ningún plan por delante para encontrarlos pocas horas después, en absoluta intimidad, acodados a una barra de las que habíamos frecuentado tantas veces.

En esas citas y encuentros fortuitos, fui conociéndolos un poco más. Paco Valls me proponía con más frecuencia acompañarles, aunque con una vulnerabilidad parecida a la desgana. Cárdenas lo hacía menos, ensimismado en su mundo, pero cuando lo hacía era con más calor. Un día Paco me dijo, mientras mirábamos desde la barra cómo Cárdenas bailaba con música de Los Ramones:

—¿Te has tropezado alguna vez con su madre?

—No. Nunca.

—Era una belleza morena hace algunos años. Tendrías que haberla visto. Todo el mundo se preguntaba cómo lo hacía. Achocolatada, alargada, hermosísima. Con unas pestañas que la naturaleza había alargado hasta el sitio donde normalmente sólo llega el pincel. ¡Y después de tener dos hijos! Ahora es una cosa oscura, agobiante, trémula, sin frenos. Y no hace tanto tiempo de eso. ¿Sabes que llama a casa de mis padres después de las diez de la noche cuando su hijo no aparece para la cena? Supongo que somos una llamada entre las muchas que hace. Intenta hablar conmigo; me parece que cree que soy una buena influencia para su hijo. Imagínate.

1. Chikamatsu Monzaemon, *Los amantes suicidas de Sozenaki*.

–¿Y que le pasó?

–Engordó. –Hizo una pausa como si eso fuera suficiente para explicarlo todo y prosiguió–. El padre igual. Un morenazo hermosísimo. Ya sabes. Ahí tienes el porqué del tono oscuro de todos los hermanos, que parecen casi negros. Pero ninguno de los hijos ha heredado esa guapura estilizada del padre. Tenía ya de muy joven las sienes plateadas y ha conservado todo el pelo. Todo su linaje y su familia iban y volvían de la podadera al arado.[1] Por aquel entonces tenía también una dentadura resplandeciente, eso sí que lo ha sacado Cárdenas, esos dientes tan blancos de su padre. Era muy simpático. Lo recuerdo así de las fiestas de cumpleaños de los trece. No hace tanto. Entonces se fumaba casi una cajetilla de tabaco rubio diaria. En una de esas fiestas nos llevó aparte y nos riñó con una voz amenazante y baja, como un matón, por haberle birlado un paquete de Winston de la mesa de los mayores. No sé por qué, pero creo que le dábamos miedo. No recuerdo, desde entonces, haberle vuelto a ver sonriendo. Por esa época empezó a llevar gafas, esas rectas, a él sí que lo has visto. Se ha vuelto una especie de tipo siniestro. Me parece que en lo que se refiere a mí es mucho menos optimista que su mujer.

30

Un fin de semana, acercándose ya las fiestas de semana santa, nos escapamos en tren con destino a una población costera. La excusa perfecta era que en una de esas poblaciones se celebraba una fiesta tradicional que había cobrado nuevo auge con la llegada de la democracia. La gente se disfrazaba y terminaba durmiendo en la playa o en la estación del tren empalmando un día con otro. Mientras se hacían los planes, entre clase y clase, el grupo de compañeros que se apuntaban a la excursión fue creciendo y pronto quedó claro que el objetivo era

1. Marcabrú, *L'autrier jost'una sebissa*.

aguantar hasta el final y alargar ese final hasta el límite máximo posible. Dormiríamos en la playa si el tiempo lo permitía. En sus casas, todo el mundo dijo adónde iba y que llegaría tarde, lo cual era la clase de planteamiento ambiguo que todos los adolescentes usábamos aquellos días de libertades y cambio democrático para explorar los límites de la permisividad familiar. Hacia el pueblo salían trenes cada media hora y, un sábado después de comer, subimos a uno de ellos Paco, Cárdenas, yo y una pareja de amigos de diferentes colegios, ella y él, que, enamorados, buscaban la excursión como escapada y pronto demostraron que lo único que les interesaba era encontrar un lugar para pasar la noche juntos. Primeramente en el propio convoy (uno de los más convenientes por horario) y luego en la estación de llegada, fuimos encontrando compañeros de las diferentes clases hasta formar un buen grupo. El objetivo era explorar las playas de los pueblos que se extendían por la costa sur de la ciudad y cortejar a las bellezas de los alrededores.[1] Comprobar quiénes se habían caído en el último momento de la convocatoria servía como test de la permisividad familiar. En muchos casos el planteamiento ambiguo no había funcionado, presionado por una perentoria demanda de más información. El rubio Ander, que ya tenía novia, no había aparecido por la estación a la hora prevista. Había otras bajas, pero allí estaban Omar, Isma el empollón, Moisés Menz (de manera sorprendente pues era niño de mamá), también el pequeño Ramón, Dani Masem, el gordo De Benmós y el energuménico Sanzedón con sus hermanos. El Sebas se había venido ingenuamente con una guitarra española que conocería un mal final. Comentamos las ausencias más destacadas y bromeamos con Cárdenas sobre el momento en que su madre descolgaría el teléfono, cerca de las nueve o las diez de la noche, y empezaría a bloquear las centralitas y los auriculares de todas las familias de compañeros que figuraran en su agenda. Cárdenas participó deportivamente de la broma, pero no hizo ningún comentario.

1. Beaumarchais, *Le mariage de Figaro.*

31

El pueblo era un río humano de caras pintadas, vestimentas torpes, algún disfraz fastuoso, charangas que desfilaban, entoldados en calles y los primeros homosexuales de kilómetros a la redonda que se atrevían a mostrarse en público tras muchos años: ese conjunto de personas y caracteres de todo orden por los que –más que por cualesquiera otros que hoy nos parezcan de capital importancia– esa época será reconocida por las futuras generaciones.[1] Intentamos un amago de torpe charla política en la playa mientras atardecía. Lo hicimos porque estaba prohibido, aunque nadie tenía mucha idea de cómo empezar. Primer síntoma de juventud: sentir sobra de poderío; en rigor: petulancia. Nos pareció necesario sentarnos en círculo en la arena, y así, además, servíamos de punto de encuentro para los rezagados. La pareja de enamorados ya había desaparecido para cuando llegamos a Bakunin, pero se habían añadido varios de los repetidores, que llegaban tarde. Como no eran muy leídos, no se enteraban muy bien de aquella parte del asunto. La voz cantante la llevaba Isma, que, con las mejores notas de la clase, encontraba en ese momento su hábitat más cómodo. A pesar de su constitución bien formada (de la que sólo le avergonzaba una cabeza muy grande) era circunspecto para las muchachas e inhábil para los ejercicios físicos. Sólo Dani Masem, que había sido elegido delegado de clase, parecía haber tenido las mismas lecturas y era capaz de ponerle objeciones. Lo hacía dócilmente, más para lucir sus conocimientos y demostrar que estaban en el mismo barco que otra cosa. Paco y Cárdenas se aburrieron enseguida del asunto, aunque este último me había demostrado en ocasiones que dominaba, gracias a la biblioteca de su padre, no sólo a Bakunin sino bastante bien a Ernst Jünger, a quien no conocía en aquel momento casi nadie. Paco, por su parte, tanto reconocía no enterarse de nada como te sorprendía con un amplio conocimiento de los ideólogos italianos de última hornada.

1. Juan Benet, *Otoño en Madrid hacia 1950.*

Atendían y seguían la conversación pero sin participar en ella, como distraídos, pendientes a ratos de lo que sucedía más allá del paseo marítimo. Isma no perdía detalle de sus reacciones por el rabillo del ojo, como si aquel ardiente manantial de anarquía fuera lo único que podía amenazar su dominación del sentido común. Omar, notorio y llamativo homosexual en clase ya desde los quince años, desapareció más o menos a la altura de las «condiciones objetivas». Faltaban pocos meses para las primeras elecciones democráticas.

32

Con la excusa de hacer una pequeña hoguera que nos calentara, Paco y Cárdenas se deslizaron hacia segunda fila y liaron el primer porro de la noche. Yo estuve un poco lento de reflejos, porque seguir la charla me interesaba. Paco vino a traérmelo con discreción por la espalda, con una sonrisa pícara. Como no tenía el valor necesario para fumármelo delante de mis compañeros (pura timidez, ya que la delación entre nosotros estaba proscrita), me retiré hacia el fuego que Cárdenas había conseguido hacer crepitar con éxito. Me quedé junto a ellos. Estirados de lado sobre el suelo y viendo desaparecer la luz, nos llegaban a partes iguales el sonido suave de las olas lamiendo la arena de color chocolate y las frases absurdas, dialécticamente parapléjicas, de nuestros compañeros. No puedo reconocer los puntos del horizonte ni puedo mantener mi mente en paz.[1] Las abstracciones importantísimas están siempre colocadas con dificultad y un poco boca abajo en la conversación. Una perífrasis que camina sobre las manos: Cárdenas hace el pino sobre la arena; los ojillos de Paco con su belleza diminuta, de camafeo, están ese día más bromistas y pícaros que nunca, casi secretos, casi perversos, gloriosamente divertidos. Ahora soy yo el que intenta ponerse cabeza abajo por ver si el materialismo histórico

1. Viasa, *Mahabharata: Bhisma Parva.*

se aguanta en pie y es evidente que el porro ya me ha hecho efecto porque sólo me sale una voltereta. Estirado, veo a mis compañeros y me doy cuenta de que cada uno de ellos pertenece a un tipo diferente de lectores. Floto, pero los veo claramente.

33

Por una parte está el lector de carpetas de discos y elepés (hoy los llamaríamos cedés, compacts o páginas web), una proporción del cual se halla dentro de los que están estirados más cerca de mí. Más allá, sentado alrededor del círculo, está el lector de titulares de periódico y algún miembro de su subespecie, el lector de portadas de quiosco. Isma y Dani pertenecen a la categoría de lectores de informes que, tras una oportuna crisálida, pueden pasar en algunos casos a la división de lector de ensayos. Les irá mejor si no desprecian la noble raza del honrado lector de estadísticas, tan apegado a la hermosa realidad y a las matemáticas. Tengo una especial simpatía por el pequeño, orejudo y empollón Ramón Medinas, que pertenece a la familia de los lectores de subtítulos de películas, los cuales, probablemente sin saberlo, comparten un indudable nexo genético con los lectores de sueños, sueños ajenos, como es el vivaz Moisés Menz, que, aunque se siente atraído por la filosofía (para la que no tiene ningunas dotes), tendrá que olvidarla para heredar el negocio familiar. Sin duda, quien progresará más es el lector de anuncios, que sabrá todo lo que se compra y se vende en este mundo y a qué precio. Podría señalar en cuántos de mis compañeros veo una fracción de ese lector fermentando, creciendo, a la espera de que les hagan la pregunta capital del verdadero corruptor de menores («¿Y tú qué quieres ser de mayor?»),[1] pero la timidez, la discreción y la piedad me impiden hacerlo. Poco a poco, muchos de esos anfitriones de fragmentos de lector fueron abandonando el círculo y acercándose a nuestra ho-

1. Rafael Sánchez Ferlosio, *Pecios.*

guera con la excusa de alimentar el fuego. Venían atraídos por el ejercicio físico de buscar leña bajo el aire respirable. Las deserciones fueron cada vez mayores hasta que, con la playa ganada por la primera oscuridad, dejaron correr el comité no sin una mirada de contrariedad de Isma, no se sabe si decepcionado por la frivolidad de sus compañeros o enfadado por nuestro movimiento de distracción pirómano. Fuimos entonces todo el grupo hacia el centro del pueblo y allí, poco a poco, la pandilla se fue fragmentando entre perderse en medio del río humano y entrar a beber en locales saturados y diminutos. Nosotros tres dormimos en la playa, después de una noche de bares sin historia. Cuando fuimos a coger el tren a la mañana siguiente, recuperamos a algunos de los integrantes del grupo que encontramos durmiendo en el suelo de la estación.

De vuelta en la ciudad, comprobamos que, efectivamente, la madre de Cárdenas había provocado un escándalo tremendo buscándolo, llamando a todos los padres de compañeros que figuraban en su agenda, y durante dos semanas sólo pudimos hablar con él en horario de clases.

34

Eufóricos por aquellas horas de libertad provisional, por la fuerza grupal y por la realidad aventurera que la excursión de la playa nos había despertado, comentamos la cercanía de las vacaciones de semana santa y lo que iba a hacer cada cual. Aquel año, aquellas festividades móviles caían muy tarde en el calendario, a finales de abril y ocupando parte de mayo. Se habló de intentar durante ellas una expedición a la semana santa de Sevilla, tierra exótica de la que se contaban maravillas, y se esbozaron muchos proyectos de ese estilo a cual más irreal. La realidad es que esas aventuras todavía estaban muy lejos de nuestras posibilidades. Éramos alumnos, ni siquiera estudiantes, que vivíamos en casas paternas con muy poco margen de maniobra más allá de los sábados por la noche. El cielo está encima del techo, tan azul, tan tranquilo,[1] y mi habitación, pequeña y oscura, da a un patio interior del edificio. Por él me llegan las peleas, las músicas, los diversos acentos de los vecinos y también los ruidos fisiológicos y domésticos de una prepúber enamorada de su tocadiscos con su pequeño cantante de moda enjaulado dentro. Pero, a pesar de todo ese tráfico bullicioso (puramente sonoro porque no hay ángulo de visión), es un mundo tan limitado y abstracto como el de los libros de texto. La página de una revista, recortada descuidadamente y clavada con chinchetas a la pared, muestra un diminuto mapa de ciudades y las principales mansiones de los famosos millonarios de ese tiempo, los barrios donde se ubican y su arquitectura presuntuosa, antigua o moderna. Mi hermano mayor, Jaume, suele reírse de esos recortables cada vez que entra en mi habitación. Él dispone de la más grande y aireada de las dos piezas que nos están destinadas. Un bonito mecano, con piezas rojas, ruedas metálicas y cables de colores, que representa una diminuta grúa en funcionamiento, preside su mesa de los deberes. Quiere estudiar ingeniería. Nunca absorbí su universo de piezas. Yo entendía el mundo como un todo.

La celebración católica de la semana santa, que oscilaba en el calendario según un cálculo de esa religión (tan indescifrable para mí como el mecano de mi hermano), llegaba muy tarde aquel año y tendría lugar en una temporada benigna por su calor. Se celebraría con la primavera ya desatada, durante unas jornadas tibias, luminosas, acogedoras. Eso, al menos, parecía algo prometedor.

35

El fin de semana anterior a esas vacaciones de cuaresma, me invitaron de nuevo a la casa de Palafrugell y vi a Paco bailando sardanas. El sonido se ondulaba en el aire sin cesar, pero paradójicamente ese mismo sonido acentuaba el sentimiento de quietud.[2]

1. Paul Verlaine, *Le ciel est par-dessus le toit.*
2. Shen Congwen, *Calma.*

Los instrumentos tradicionales de la sardana recordaban un intento de emociones wagnerianas en la frecuencia de las cigarras. Según me dijo Paco, eso de los bailes era lo máximo de sí que pensaba entregar al nacionalismo cantonal. Lo hacía desastrosamente mal. Era un baile folclórico más complicado de lo que parece, que exigía estar un poco en forma y concentrarse para contar. Paco lo ejecutaba con una desgana y un descuido hirientes que perjudicaba al grupo. Medio en serio, medio en broma, sus hermanos le reñían en aquellas mañanas de domingo, y aunque nadie parecía tomárselo demasiado en serio, contentos de sus buenos sueños,[1] resultaba que Paco era el que más se ofendía y molestaba por ello.

Recuerdo de ese fin de semana los paseos hasta el centro del pueblo, el vaho de las ollas en la cocina de piedra, el tacto de goma delicuescente del marisco costero, de nuevo el olor de los pedazos de hierba arremolinándose (esta vez en la luz del sol bajo, despedidos por la misma segadora) y el tomate fresco proclamando su afinidad con las encías sonrientes. Debido a mi buen humor, me atreví a hacerle chanza de que se agitara por aquel asunto sin importancia del ridículo baile hierático.

–Tú no lo entiendes porque eres medio charnego, pero yo sé lo que intentan hacer –me dijo un día en catalán.

Pensé que se refería a todo ese ritual encorsetado de los bailes folclóricos y le dije que, de cualquier manera, poco importaba su gimnasia de baile.

–Siempre hay que contar. Hay que saber contar. En el servicio militar, que nos espera si no nos libramos de alguna manera y tú, por familia, tienes más posibilidades de librarte que yo, el cabo primero también sabrá contar y marcar el paso. Nunca he sabido ver, ya me dirás tú, qué ganamos nosotros o la aritmética con ello.

–Tú puedes hablar así. Eres un catalán de Barcelona, mezclado de catalanes y castellanos. Para algunos de los que están aquí, ni siquiera podrías ser considerado un catalán.

---

1. Anónimo, *Cantar de Mio Cid.*

Aunque me daba perfecta cuenta de lo que intentaba decirme, la noticia me sorprendió, porque yo tenía a gala haber nacido en la calle Aribau, una de las principales arterias barcelonesas que vierte su tráfico al Mediterráneo. La familia de mi madre había emparentado con gente de la comarca de Osona y mi propio tío tocaba el trombón en una pequeña orquestina tradicional de ese tipo. A pesar de ello, como Paco, encontraba más grandeza en quien no jura ninguna bandera y, precisamente apartándose de una parte, pertenece al mundo entero.[1]

–¿Quieres decir que tú eres un verdadero catalán? Enséñame tu sangre. Así, a primera vista, no pareces muy diferente a mí.

–¿Diferente? Precisamente eso es lo que quieren que sea. Pero no diferente a mi manera. ¡Diferentes! –se excitaba–. Es lo que precisamente quieren ser y además, eso es lo mejor, en grupo. ¿Cómo se va a ser diferente en grupo? Pero conmigo que no cuenten porque sé muy bien adónde lleva. Y encima son tan pocos. Es tan grotesco. Si supieras. Lo complica todo hasta el aburrimiento. Hoy por hoy, estoy seguro de que ya hay entre ellos más mestizos que lo que imaginan que debe ser un catalán.

–¿Por qué vas a bailar entonces?

–Cuando me enseñaron esos pasos, cuando no tenían significado, fue una época muy feliz. Aún me acuerdo. Yo era un niño y me emocionaba ver cómo aprendía con éxito una especie de truco de los mayores, que, para mí, habían sido hasta entonces como una especie de alienígenas que me hablaban de otro mundo. Es de esa manera como suceden a veces las cosas, cuando una mañana aburrida y legañosa desemboca en una sensación de felicidad. No hace tanto de eso. Todas las mañanas eran de sol y los aromas mucho más fuertes. Siempre que voy con ellos hay un momento en que parece que va a volver todo eso, pero luego se viene abajo y sólo es sudor, monotonía, respiración animal y ridículo. Decepcionante.

En esa discusión que tuve con Paco fue la primera vez que me fue aplicada la palabra *mestizo,* y aunque, años después, ten-

1. Rainer Maria Rilke, *In dubiis.*

dría a gala usarla con orgullo e incluso mi cobardía no sufriría por ello (porque ganaría el prestigio inesperado de la realidad y las circunstancias), he de reconocer que aquel día, si bien no lo exterioricé, me ofendí un poco.

–Pues, con toda franqueza, no te veo demasiado diferente a nadie ni en apetitos ni en fallos. –Me reí–. Por lo menos bailando, eres tan torpe como yo.

Pero no era cierto. Cuando Paco bailaba la música negra que le seducía, era un espectáculo dionisíaco informe, una anécdota, un grito de guerra. Insignificante sin ninguna duda, pero quizá a causa de su elástica belleza, quizá porque era la expresión seca de una complacencia íntima, conseguía momentos de total naturalidad, de animal pequeño jugando satisfecho de su propia vida. No lo hacía para comunicarse ni para expresar nada sino –como algunos trinos de los pájaros– para celebrar su simple complacencia por estar vivo. Es bailando como verdaderamente se hacen las razas.[1] Sería la gracilidad de sus miembros o la frescura muelle de los músculos jóvenes, pero el espectáculo solía ser de gran efecto, al menos entre lo que yo conocía del elemento femenino. Quizá era simplemente porque conseguía con ello momentos de felicidad irrecuperables.

36

A los humanos nos pasará desapercibido, pero el atardecer ha estado preparándose desde poco después de la comida. El muelle de cemento, previamente recalentado por la mañana, cobrará vida cuando aparezca la primera sombra tras un mediodía gregario, implacable e indiferente. Varios grupos de adolescentes en diversos grados de semihuida de casa de sus padres llegarán al puerto en transporte subterráneo (lo cual ya, de por sí, consiste en la primera aventura).

Era el primer sábado de vacaciones de cuaresma. En el

1. Santiago Rusiñol, *Del Born al Plata.*

muelle, desde donde salían los barcos turísticos hacia las islas Baleares, nos encontramos varios alumnos unidos por un mayor o menor grado de complicidad. A mediados de abril, después de descartar el proyecto inicial de Sevilla, se había empezado a fraguar el plan de aquellos grupos. Consistía en viajar a las islas Baleares prolongando la estancia todo lo que se pudiera más allá de los cuatro o cinco días que permitía la semana santa. La travesía se haría en silla de cubierta, una especie de hamaca de madera a la que daba derecho un billete baratísimo, y se dormiría en las playas de la zona usando sacos de excursionista.

Mallorca, Menorca, Ibiza y Formentera. Durante unos meses, probablemente sólo dieciocho de nuestras vidas, fueron nombres que sonaron en nuestros cerebros como si fueran los de una formación de músicos fabulosos. La coma es la clave de todo, no lo olviden.[1]

Había sido, cómo no, a través de Cárdenas y Valls por donde llegaron las primeras informaciones sobre las posibilidades del cercano archipiélago. Las informaciones se moldeaban con forma de paraísos de pasmosas libertades a medida de la imaginación de cada cual. Se contaban rumores misteriosos. Un guitarrista de rock, internacionalmente famoso, había vivido recientemente en esos lugares. Otro famoso músico tenía participación monetaria en un pequeño local de actuaciones en medio de la montaña. No lo visitaba casi nunca, pero había sido visto actuando allí alguna vez con un grupo local. Había playas aún silvestres y solitarias, se decía; también hoteles rutilantes, aguas calmas, caminos en cornisa entre pinos, cuevas de mar, noches estrelladas, decían. Los tres obstáculos principales –conseguir el dinero del pasaje, el equipo necesario y el permiso de los padres– fueron filtrando a la compañía hasta convertirla en un pequeño pelotón operativo. No todos habían podido conseguir el permiso paterno. Por supuesto, de la intención de prolongación y el desenlace ni siquiera en esos casos permisivos se informó. Para nuestro alivio, del grupo que formába-

1. Darío Fo, *Muerte accidental de un anarquista.*

mos no consiguió autorización ninguna hermana indiscreta o compañera, a excepción de Georgina, que estudiaba en un colegio de monjas, vivía con su madre (separada y dedicada al tráfico semilegal de joyas en reuniones con las amigas para tomar café), quien le dejaba manga ancha para salir casi formalmente con Ander, el rubio más grande de nuestro curso. Sobre el mismo muelle reclutamos a dos muchachas más: una morena fresca como el rocío, de mirada vivísima, callada y enigmática, y una adolescente, hija de un directivo de la compañía naviera que viajaba sola porque su familia consideraba aquellas líneas el patio de atrás de su casa. En su territorio propio, debían de pensar, nada malo podía pasarle por mucho que viajara sola, fuera una incorregible habladora (voz divinamente gorjeada)[1] y estuviera empeñada en anunciar con su vestimenta y poses que su proyecto más inmediato para los siguientes años era convertirse lo más pronto posible en algo horrorosamente parecido a una trasnochada George Sand.

37

Noche, pasa deprisa. Horas, corred veloces.

La víspera casi todos nos habíamos ido a dormir como de niños, cuando costaba conciliar el sueño pensando en la felicidad del día siguiente. Una emoción anticipada cada minuto, una masa casi tangible de interrogaciones deliciosas provocada por lo desconocido en su versión confortable, y luego, al día siguiente, todo nuevo.

Nos congregamos un buen número de conocidos. El pelo era largo, las vestimentas informales. Se veían chaquetas de piel vuelta y cómodos polos de deportista, alguna camisa de llamativos colores pop-art y los inevitables aventureros de opereta que se vestían de excursionista. Aparecieron también dos o tres voluntariosos aprendices de hippies que llegaban tarde a todas las batallas de la

---

1. John Milton, *On the Morning of Christ's Nativity*.

historia y casi una docena de progresistas de clase media que ni siquiera se atrevían a intentar ser hippies. Cárdenas y Valls, malignos, predijeron que estos últimos desaparecerían en desbandada en cuanto apareciera la primera sustancia estupefaciente.

Cárdenas había llegado al muelle llamativamente solo, con un saco de dormir militar que acababa de comprar en un rastro. Para no despertar sospechas, había salido de casa muy pronto, con las manos en los bolsillos, como quien va a dar un paseo con los amigos. Pensaba llamar al día siguiente en cuanto desembarcáramos para anunciar dónde estaba y que todo era ya irremediable.

El sol declinaba y los pasajeros se arremolinaban en torno a la pasarela anunciando que no quedaba tiempo, cuando por fin apareció Paco Valls. Llegó con una pareja de amigos, de pelo negro y tez tan blanca como la suya. Vestían vaqueros desgastados y unas cazadoras de cuero absolutamente impropias para el calor de la estación. No llevaban equipaje y caminaban muy lentamente entre los grupos de turistas que se abrían suavemente a su paso.

Valls, delgado y huesudo, de talla pequeña llena de aristas, parecía no haber probado todavía el sol ese año (y así había sido en realidad). Sus dos acompañantes estaban apenas un poco más bronceados. Sorprendía que uno de ellos, tan minúsculo y esbelto como el propio Paco, fuera de la raza de los holandeses comedores de patatas. Quedó explicado cuando se supo, por su perfecto dominio del idioma, que era de ascendencia francesa y familia copta.

Fueron escoltados por miradas diversas, que hubieran podido identificarse perfectamente una a una si la letra poseyera el espíritu y el microscopio del entomólogo: cartas del agua y de las rocas.[1] En esas miradas, con la suave indiferencia de la curiosidad civilizada (demasiado suave, tal vez, como para pasar desapercibida), se podía detectar una repetición de cosas inconscientes. Y un punto de pasmo ante el golpe de efecto de las cazadoras de cuero.

1. Wallace Stevens, *Variaciones en un día de verano*.

74

38

Creo que fue Paco Valls el primer amigo que vi con una cazadora de cuero. Sobre el origen de esa moda del cuero negro existen varias versiones. La más fiable sostiene que empezaron a aparecer hacia 1920 junto con las primeras bicicletas a motor. Cuando el piloto sufría una caída, el duro tejido era una segunda piel que evitaba molestas abrasiones por la fricción contra el suelo. Los ciclistas las habrían adoptado antes si no hubiera sido porque eran pesadas y no transpiraban; cualquier esfuerzo físico estaba contraindicado dentro de aquellas corazas. El pequeño motor de explosión adaptado al cuadro de los biciclos liberó al ser humano de la condena del esfuerzo, pero puso su piel mucho más en peligro ante cualquier caída. Los jóvenes terroristas nazis que querían derrocar la república de Weimar las adaptaron a sus fines combinándolas con los gorros de caucho negro que se fabricaban para los automovilistas. Algunos de ellos llevaban abrigo largo y gorra, ambos de cuero, que sólo dejaban al descubierto la cara.[1] Durante sus algaradas y reyertas, descubrieron que las gruesas cazadoras de cuero negro hacían resbalar sobre ellas el cuchillo del enemigo cuando la punta quería abrir camino al resto del filo, hendiendo la ropa. Los gorros de caucho negro, aunque más vulnerables, les servían para ocultar su identidad. Cuando acabó la Segunda Guerra Mundial y Ataúlfo Pimpler (el caudillo borracho) fue acorralado y ejecutado por las tropas del rey americano sin más ceremonias raticidas en su ultratecnificado refugio de las cloacas de Berlín, nuevos jóvenes inadaptados empezaron a correr en motocicletas, sólo que esta vez al lado opuesto del Atlántico. Muchos eran ya veteranos de la guerra en Europa y en pocos meses habían visto horrores sin cuento y algunas de las más extremas bajezas que puede perpetrar el ser humano. De una manera afortunada para la Historia, esta vez esos grupos disidentes no escogieron para expresarse ninguna ideología política sino cierta anarquía vital: la música,

1. Arthur R. G. Solmssen, *Una princesa en Berlín*.

la errancia y la angustia existencial. Escuchaban jazz-hot con el beat muy acelerado y, en cuanto se enteraron de su existencia, se interesaron también por las grabaciones hechas por blancos de una música negra que pertenecía a los desheredados de aquella tierra. A partir de ese momento, las cazadoras de cuero y las motocicletas quedaron asociadas para siempre al rock'n'roll.

39

Ojos de múltiples facetas, como los de los insectos, fijan ahora su mirada en aquel trío de cazadoras de cuero. Despreocupadamente, con una naturalidad ajena –no sé hasta qué punto verdaderamente ajena– al brote primaveral de miradas que desatan, charlan pausadamente mientras avanzan despacio, muy despacio, con el mentón en alto, la espalda recta, los omóplatos separados.

La cohorte de veraneantes los olvidó pronto, pero era innegable que se había dado un momento de expectación, sin mofa, ante aquella extravagancia de seres extraños, caprichosamente vestidos. El sentimiento en su infinitud y en su particularidad finita.[1] El modelo de chaqueta de cuero que vestía Paco, que empezaba a ser muy difundido por aquellos días en algunos sótanos de la calle Kensington, era del tipo recto, sin ceñidor en la cintura, terminando un poco más allá de donde comenzaba la curva baja de la espina dorsal. En ese punto los vaqueros desgastados, perfectamente adaptados por el uso, tomaban el relevo. Hay quien deduce de estas descripciones que el narrador es un bisexual remilgado y corre a contárselo a su congénere, pero la exactitud no tiene sexo. Y es humillante para mí reconocer, pese al léxico y al séxico del caquéxico, que por la misma pasarela por donde ellos subieron con liviandad regia, treparía yo momentos después, sudoroso, arrastrando el peso de una mochila por cuyos bolsillos no hacía más que perder un rastro de objetos diversos a causa de su mala colocación.

1. Hegel, *Lecciones de estética*.

Cuando por fin dejé la mochila junto a un sillón del salón central del barco (con una retumbante sinfonía de entrechocar de sólidos), comprobé que los demás no habían perdido el tiempo. Cárdenas estaba ya en el bar con la cartera sobre la barra haciendo provisión de bebida. En el centro de la parte techada de cubierta, Paco hablaba con una chica delgada de poco pecho, un poco más alta que él. Sebas la Histérica había entablado conversación, sentados sobre las mochilas, con la espectacular morena que parecía una gota de rocío. Se veía que estaba fracasando ya de entrada por un exceso de simpatía impostada: quería resultar divertido. Los acompañantes de Paco habían desaparecido, pero lo verdaderamente importante se centraba en la muchacha con la que él estaba hablando. Tenía una melena lacia de color castaño que se acercaba al pelirrojo; el color quedaba resaltado por su piel lechosa y por grupos de pecas diminutas colocadas por la genética bajo los ojos. Vestía una camiseta rojo sangre, pana negra y calzado de deporte. Tenía un rictus de labio astuto, desenvuelto, de inteligencia detenida al borde de lo malévolo. En catalán, llamábamos ojo de perdiz a esa mirada nerviosa, de ave alerta (no hay gesto humano propiamente inmotivado),[1] que cuando se da en las mujeres, mezclada con un punto de bondad, es de gran efecto. Ella escuchaba a Paco, como valorándolo, a la vez que por la rapidez casi imperceptible del movimiento de sus pupilas estaba al tanto del elástico cuerpo de mi amigo y del espacio que ocupaban ambos en el aire. No perdía detalle, además, de todo lo que sucedía a su alrededor, como si de una manera espacial e intuitiva supiera dónde se situaba cada persona en aquel salón de cubierta.

Por los ventanales no muy limpios se veían chimeneas borrosas, mástiles, grúas y un pedazo de cielo que empezaba a virar hacia el color cebolla. Viajábamos en barcos de cinco pisos. Paquebotes medios, repintados y oxidados, de promesas turísti-

1. André Gide, *El caso Redureau*.

cas y lujo hortera. El turismo creciente, que llevaba una década inaugurando la modernidad para el país, dejaba huecos en sus intersticios por los que se colaba el adolescente hippie autóctono. Los cinco pisos empezaban en lo alto con dos chimeneas paralelas y una piscina a la que aún no se le había quitado la red, a la espera de los calores. Se hundían luego en la bodega entre un rebaño de camarotes diminutos y atildados, hechos con materiales sintéticos del año en que yo nací. Se veían gotas de humedad corriendo por los cobres y las maderas. El suelo tembló bajo nuestros pies, sacudido por una pequeña vibración interna, y nos separamos del muelle.

41

Mientras navegábamos hacia un horizonte azul verdoso, apilamos las mochilas lo más cerca posible de la proa, tal como sabiamente prescribe la náutica para ineptos. Sentados sobre ellas, probé a hablarle a la muchacha que merecía responder al nombre de Rocío. Era una criatura de formas perfectas, redondeadas donde debían serlo y lisas donde exigía la proporción: tendría muchas ofertas de conversación en la vida. Le hablé con aquel mismo tono inexpresivo que dirigía ella a todo el que se le acercaba. Seguí esa estrategia porque el fracaso de Sebas «la Histérica» había sido total, absoluto, a pesar de lo cual rondaba feliz por las diversas cubiertas. Antes de intentarlo yo, me hubiera gustado dedicarle una especie de discurso heroico de camarada. Una cosa cursi, como de quien parte hacia la muerte: «Tranquilo, muchacho. Eres muy listo, no dejes que te turben. Ah, un consejo: dejad con vida a X;[1] es un hombre valiente y completamente inofensivo. No puedes imaginar qué feliz me siento porque todo ha quedado atrás.»

La muchacha no se llamaba Rocío (aunque los caprichos de la casualidad nos entregan a veces esas artísticas maravillas) sino

1. Ernst von Salomon, *Los proscritos*.

Lucía, un delicioso rastro de alteración eufónica de su fragancia. La elasticidad del óvalo de la cara era lo que provocaba esa idea de humedad matutina. Era una calidad de frescura brillante en la piel que culminaba con unas pestañas donde se sospechaba una gota de ese resplandor matinal cuando está a punto de caer del extremo de la hoja, liberándola de su peso con un golpe elástico. Aunque todas sus proporciones eran prominentes y llamativas, en realidad era de muy poca talla, deliciosamente minúscula. Con sus vaqueros ceñidos, su camiseta impecablemente blanca y un pequeño pañuelo azul desatado al cuello, ofrecía un hilo de frescor lejano que recordaba a Paco, en limpieza, en naturalidad, en aireación moral. Parecía muy despierta. No tuve ningún éxito del tipo que a mí me interesaba, pero conseguí una corriente de fría cordialidad y supe que se había pegado a unos inofensivos como nosotros para evitarse así los asaltos más perentorios y molestos que provocaba su carrocería.

Cenamos bocadillos y, con la oscuridad avanzada, entramos todos en el salón cuando la humedad se hizo insoportable. Había en el cielo pequeñas nubes blancas, inmóviles, que se mostraban oscurecidas al superior blanco de la luna; y el aburrimiento, vagamente extendido, parecía debilitar la marcha del barco y hacer más insignificante aún el aspecto de los viajeros.[1] El billete que habíamos adquirido nos daba derecho a dormitar en alguna butaca del salón principal o en una hamaca de cubierta. Como el barco estaba lejos de mostrar los llenos implacables del verano, todos pudimos encontrar mejor o peor acomodo bajo techo. Las luces del salón se atenuaron y, en algún momento indistinguible, me quedé dormido. De Paco y Cárdenas, ni noticia.

42

Al día siguiente, desembarcamos en la mayor de las islas con el propósito de pasar sólo un día en ella, según el plan dise-

1. Gustave Flaubert, *La educación sentimental.*

ñado por Cárdenas y Paco. Su presencia era necesaria para organizarnos, pero sólo aparecieron pocos minutos antes de que se abriera la puerta que daba a la pasarela: Cárdenas, azorado, y Paco tan tranquilo como siempre. Abandonamos andando el puerto y nos encontramos perdidos en un núcleo urbano más grande de lo que habíamos pensado. Le pregunté a Paco dónde se había metido y sólo me contestó:

–Por ahí.

Me dio cierto coraje pensar que quizá mi pregunta había sonado despechada, pero lo cierto es que a la pelirroja larguirucha no se la veía por ninguna parte. Lamenté no haber estado un poco más atento en el momento del desembarco. Cárdenas, por su parte, estaba raro. Sus réplicas, algunos detalles innecesarios que daba, lo mostraban inseguro y nervioso, movido por una especie de entusiasmo impostado, como si hubiera perdido momentáneamente su habitual aplomo. Se puso a contarme, con una catarata de locuacidad desacostumbrada, los descubrimientos que había estado haciendo por la noche en las diversas cubiertas y lo poco que había dormido. Monopolizado por él, vi de lejos cómo Paco, mientras caminábamos, entablaba conversación con nuestra Lucía (nuestra, porque hasta ese momento él ni la había mirado) y hacían un aparte formando una insultante y bien definida pareja. No sé de qué conversaban, pero, por primera vez, vi cómo ella reía abiertamente y sentí una noble losa sobre la cabeza. Todos teníamos la apariencia despeinada y algo roñosa de haber dormido vestidos, pero no ellos dos, que, sin tocar el agua, resplandecían como si acabaran de tomar un baño, preces no ideadas para ser acogidas en el cielo.[1] Decidimos reorganizar a todo el grupo en un parque urbano que se veía delante de nosotros y, cuando ya dudaba de si era el sol o un pensamiento taciturno sobre pelirrojas perdidas lo que colocaba aquella losa tenebrosa y sofocante sobre mi cabeza, vimos una americana negra sobre los listones de un banco público, una axila mojada reluciendo al aire sobre una camiseta

1. Nathaniel Hawthorne, *El valle de las tres colinas.*

roja, y allí estaba ella lavándose y refrescándose discretamente en la fuente central de aquella plaza ajardinada.

43

Saludó jovial y preguntó si pensábamos ir a todas partes en manada. Cárdenas tomó la voz cantante y aprovechó para explicar su plan. Enseguida se vio que se llevaban bien. El plan consistía en buscar un parque discreto para dormir esa noche y al día siguiente coger el pasaje de barco más barato hacia una de las islas menores, aquella donde los núcleos urbanos se conservaban más antiguos y pequeños y en cuyas afueras, por la parte del acantilado, había cuevas que era posible habitar si se disponía de buen tiempo y un saco de dormir. La pelirroja, que parecía conocer esos lugares, reconoció que el plan no estaba mal, pero que la policía de la isla donde estábamos desconfiaba de quienes dormían al aire libre. La palabra policía nos impresionó bastante. Paco y su acompañante llegaron entonces hasta el borde de la fuente donde estábamos sentados e hizo las presentaciones de la pelirroja llamándola Marta, la madrileña. A ella le dio un poco de risa lo ceremonioso que se ponía y no se abstuvo de comentárselo. Al moverse sus hombros risueños, se produjo el trastorno del horizonte.[1] Fue una de las pocas veces que vi a Paco desconcertado, aunque mantuvo su deferencia hacia ella. No era tan llamativa como la morena Lucía, pero jugaban a su favor la delgadez, su altura, su agilidad mental, que parecía contagiarse a sus hombros lechosos, estilizándolos, y un tono, una disposición, que anunciaba voluntariamente que podía ser una buena camarada si no te inmiscuías en sus asuntos. Hablamos de Madrid y Barcelona, de banalidades, de las cosas que estaban de moda en cada ciudad y que nos parecían tan reveladoras en aquel momento. Paco guiaba la conversación llevándola hacia donde quería: ahora la música, ahora los locales

1. Juan Eduardo Cirlot, *La dama de Vallcarca*.

nocturnos, ahora las costumbres, las bebidas locales y las diferencias fonéticas coloquiales de cada lugar que eran santo y seña de nuestras complicidades. Resultó que conocía los barrios madrileños más de lo que yo imaginaba. A la pelirroja le gustaron algunas de mis ocurrencias, dichas en tono neutro y amistoso. Dos pequeñas arrugas se le formaban entonces bajo cada parpado inferior y se estableció una corriente de mutua simpatía. Dejamos que Paco siguiera guiando la conversación pero en la posición humillante del maestro de ceremonias que introduce las atracciones del espectáculo. No por ello desfalleció y siguió poniendo al servicio del grupo su don de gentes. Entre todos, manteníamos la red social en marcha. Y era divertido y emocionante ver cómo la maquinaria de descubrimientos, con las aportaciones de cada cual, no dejaba de funcionar.

Antes del mediodía ya teníamos los pasajes en un barco que salía a media tarde. El proyecto de pasar la primera noche en los parques públicos de Palma había quedado descartado. Debido a ello, Ander y su novia no nos seguían. Su amada le dio jaque mate[1] y desapareció con ella hacia un apartamento de unos familiares en la isla donde nos encontrábamos. El resto de nuestras nuevas amistades también se había dispersado, durante el desembarco, hacia sus respectivos destinos. De pronto, Lucía anunció tranquilamente que iba a coger un autobús que la llevaría a casa de sus tíos. Una quincena de miradas estaban concentradas en la parte de atrás de sus vaqueros cuando subió al transporte público. Volví a ver a Paco desorientado, como si algo que tenía que cumplirse no existiera. Cárdenas, más calmado, volvía a ser el de antes. En la terminal del puerto desapareció un momento con la mano llena de calderilla para hacer su llamada desde un teléfono de monedas. Volvió tan tranquilo, y cuando le pregunté qué tal había ido, contestó indiferente:

–Oh, bien.

1. Chrétien de Troyes, *El caballero del León*.

44

Llegamos a Ibiza cuando empezaba a oscurecer. Entrando en barco, la pequeña población se extendía desde la punta de un cabo hasta el fondo de una bahía alargada. Toda fundación monstruosa de una ciudad indica una acumulación de esfuerzos, un exceso de fatiga. Pero las casas blancas de Ibiza, con la ocasional interrupción de un edificio en forma de torre acristalada y sucia, se extendían sobre ese cabo longitudinal con el movimiento blando y lento de un pájaro marino. Entre lo que tardó la operación de amarre y el desembarco, pisamos tierra cuando ya había oscurecido. La madrileña nos guió entonces a través de la zona más apaisada y antigua de la ciudad que subía hacia la ladera de una cresta montañosa. Pasamos al lado de un viejo mercado rectangular y atravesamos la antigua muralla por un túnel peatonal que tenía una espectacular entrada pero en cuyo otro extremo no había nada, sólo rocas peladas, senderos desprovistos de vegetación y el rugido de los acantilados. Todo ese trayecto, en medio de la oscuridad, atiborraba el espíritu; era preciso dejar que las imágenes se agruparan y se ordenaran.[1] Nuestra guía nos explicó que uno de aquellos túneles, con sus grafitis de hacía una década, salía en la película *More* de Pink Floyd. Todos asentimos sin tener una idea muy exacta de los nombres que mencionaba, pero la afirmación fue de boca en boca con veneración. En diez minutos, a través de un sendero que discurría por acantilados, llegamos a una cueva muy abierta, situada a varios metros de altura sobre el mar. Era un entrante en el borde costero con forma de pequeño anfiteatro techado, donde encontramos acampados a media docena de jóvenes. Una hoguera restallaba desfalleciente, pronta a morir. La madrileña nos recomendó que nos quedáramos allí y que no intentáramos volver a la ciudad de noche, podríamos despistarnos; el camino era sencillo y lo aprenderíamos con facilidad de día. Luego, se despidió afablemente y se volvió por donde ha-

1. Hippolyte Taine, *Notas sobre Inglaterra.*

bíamos ido. Tardamos un poco en darnos cuenta de que nadie le había preguntado adónde iba. Cenamos algo de las provisiones que transportábamos y, aunque el grupo y la agitación del nuevo paisaje provocaban ganas de charla, caímos dormidos enseguida. Acurrucado en el saco, con la mente obnubilada por la excitante fatiga y el cuerpo en forma, alerta, pletóricamente dedicado al sueño, cambié de posición un par de veces durante la noche, oyendo cómo llegaban más habitantes a la caverna.

Al día siguiente, hubiera valido la pena ver el despertar, uno por uno, de mis compañeros. Sobre todo, cuando se incorporaban y descubrían, pasmados, el espectáculo del paisaje: bóveda de piedra, cielo azul, mar allá abajo, pájaros marinos y algún avión sonriente. Un fenómeno de sensaciones que, expuesto de tal manera, nadie había visto aún en la poco más de década y media de vida que latía dentro de cada uno de nosotros.

45

La cueva tenía como habitantes permanentes a dos muchachos alemanes que no hablaban idiomas y cuya única comunicación con el resto del mundo era por signos. También estaban instalados una belga políglota, un marinero cántabro sin dinero que había decidido desembarcarse en aquella escala y un grupo de cinco barceloneses entre los que se encontraba la segunda hembra del censo, simpática, morena y con un acento gutural de catalán profundo. Dos madrileños y un aragonés muy alto de pelo ensortijado estaban sólo de paso desde el día anterior. La escena estaba adornada con atrezos traídos de otros lugares y destinados a volver a sus dueños en cierto tiempo, unos se devolverían en los primeros días, otros un poco más tarde, pocos se mantendrían hasta el final.[1] Cuando pensábamos que ya no quedaba nada ni nadie más por ver, apareció de entre los sacos de dormir como salida de una concha prehistórica (nadie supo

1. Lucio Anneo Séneca, *Consolación a Marcia.*

exactamente de dónde) la tercera hembra de la comunidad: una morena larguirucha que no decía palabra. Se comunicaba con gestos lentos y miradas intensas, porque ya hacía tiempo, según nos contaron, le había sentado mal un tripi. La mitad de nuestro grupo asintió con estupor sin atreverse a preguntar qué era eso.

El sendero para volver a la ciudad efectivamente podía seguirse bajo la luz del día con claridad diáfana. Pasamos el resto de la jornada descubriendo la capital, asomándonos por sus murallas, extasiándonos dócilmente con el paisaje y explorando sus callejuelas, con preferencia por el barrio de pescadores. Ese barrio –abarcable en un corto paseo– estaba lleno de viviendas transformadas, casas diminutas invadidas por tiendas para turistas y pequeños bares. Por la estrecha calle principal, que hacía quiebros hasta que el mar la acorralaba, desfilaba la fauna más extraña y sugerente que nunca habíamos visto.

Los siguientes días los pasamos deambulando por allí y haciendo contactos de una amistad un tanto turística con ese ecosistema. Como punto de reunión, escogimos las mesas al aire libre de un pequeño bar muy concurrido que se encontraba en el extremo de la callejuela. Para eso era para lo que todo el mundo usaba al bar Mariano, y por delante de su fachada pasaba, tarde o temprano, toda la gente más peculiar llegada a la isla. Nadie se detenía demasiado en él; era lugar de paso y cita. Nadie menos por supuesto nosotros, que lo ocupamos durante esos días hasta que los descubrimientos particulares fueron dándonos a cada uno mayor grado de autonomía. A todas las cucharillas de sus mesas se les había practicado un agujero en el fondo para que no las robaran. Cuando preguntamos por qué las robaban, fue la primera información que tuvimos sobre la sustancia llamada heroína.

Un sevillano extrovertido y educado, de gran melena y barba, una garganta vibrante[1] que cantaba canciones de folk americano para que los turistas le echaran monedas, se encontraba siempre anclado a la esquina del bar con su guitarra acústica. Su

---

1. J. G. Herder, *Ensayo sobre el origen del lenguaje.*

desaliño estaba cuidadosamente estudiado: se preocupaba por la higiene y arreglaba con detalle tanto su gran cabellera como el traje –de corte moderno pero pana negra deportiva–, que hacía juego con su barba morena. Aquellos de nuestra cofradía que también sabíamos sacarle algunas notas al instrumento le propusimos que, a cambio de una parte de las ganancias, lo releváramos en su tarea cuando quisiera descansar. Al sevillano le pareció un buen trato y eso alivió algo nuestras economías en el momento en que el dinero empezó a menguar.

46

Tocar cada día en la calle, en el mismo lugar, te convierte muy rápidamente en una figura reconocible del paisaje. Pronto nos beneficiamos de la popularidad del sevillano. Su posición le convertía en el buzón ideal para dejar encargos y mensajes o en punto de información para los recién llegados. Esa situación de cicerones musicales (que de una manera natural emanó hacia nosotros al ayudarle) nos permitió comprobar que el baúl de personalidades peculiares de aquellas calles parecía no tener fondo. La forma necesaria de la música es la sucesión,[1] lo cual cuadraba a la perfección con el río constante de gente que desfilaba por aquella calle peatonal. Un día me llevé la agradable sorpresa de ser descubierto por Marta en plena ejecución de mis nuevas labores y pensé que debía de parecer muy desenvuelto con la guitarra entre las manos. Iba acompañada de un trío de madrileños de pelo muy largo que desprendían un humor zumbón y agudo. Reconocí con gusto su naturalidad habitual y que pareciera satisfactoriamente sorprendida por que yo hiciera lo que estaba haciendo. Me pareció que crecía un poco a sus ojos. Compartía alojamiento con otros madrileños en una pequeña habitación que se hallaba muy cerca pero cuya callejuela no se le ocurrió, o no quiso, detallarme. Algunas tardes

1. F. Schelling, *Filosofía del arte.*

después paseé por esos lugares, por si la casualidad se decidía a forzar un nuevo encuentro, pero no hubo suerte. El trío no se alojaba con ella, sino en unos apartamentos vacíos cuya puerta habían tirado abajo en una zona de la costa poco frecuentada.

El compromiso de tocar la guitarra, más o menos remunerado en metálico o en vida social, me distrajo de la pista de Cárdenas y Valls, que andaban en sus cosas. Lo remedió Paco. Apareció una tarde remolcando a los dos amigos con quienes había embarcado en Barcelona: Thierry y Gus. Llevaban las cazadoras de cuero del primer día, que emitían el mismo brillo en aquella callejuela. Los tres parecieron entusiasmados de que me hubiera procurado una colocación tan interesante.

Al día siguiente, hicieron venir a Cárdenas, que llegó con un nutrido grupo de hippies. Su vigorosa palmada en la espalda casi me derriba y me hace perder la guitarra. Se le veía exultante, delirante, con los dientes más blancos que nunca, mostrándolos siempre al firmamento de pura admiración. Le oí llegar vociferándome desde lejos: «Si vagas a través de los apartados bosques de abetos, recuerda que Beethoven a menudo poetizaba o, como se dice, componía allí.»[1] No prestaba demasiada atención a nada por mucho rato, pero parecía empaparse de todo. Eso dejaba la capacidad de marcar las propuestas al trío de cazadoras de cuero, que parecía conocer muy bien los resortes de aquellos barrios con la displicencia propia del estilo de Paco.

Thierry era un holandés de grandes silencios, hispanizado por familia, y Gus un madrileño jovencísimo de gesto grave pero palabras chispeantes y rápidas. Cuando anocheció, cuando los peatones se fueron a cenar y la guitarra fue guardada en su funda, nos desplazamos en grupo a que nos enseñaran varios bares de la zona. En uno de ellos Cárdenas me comentó lo bien que les quedaban a Paco y sus amigos las cazadoras de cuero. Entre el colorido de la juventud del momento (local o importada) el adusto traje de pana oscura del sevillano era el puente

1. Beethoven en carta a Nanette Streicher, 20 de julio de 1817.

desde el ya declinante mundo de las melenas hacia el negro lustroso de los más jóvenes, con su pelo más corto y el impulso deportivo de salir a por el mundo ahora mismo. Cárdenas dijo, en plural indiscutible, que lo primero que haríamos al volver a Barcelona sería conseguirnos unas chaquetas como aquéllas.

47

¡Qué acompañado me sentía! Todo mi carácter, mi físico, mi ser, era esas semanas una invitación al exceso, al abuso, a disolverme en la exploración constante sin miedo a lo desconocido. Tan suma beatitud se apoyaba sobre la nada;[1] la vida que me rodeaba no era desde luego para tanto, pero todas mis ventanas, todos los postigos y cortinas de mi percepción sensible y de mi mente estaban abiertos de par en par. Sólo era cuestión de tiempo que la provocación surtiera su efecto y se colaran por ese paso franco los ladrones, los vagabundos y los curiosos más variopintos.

Como en toda organización social, en aquella pequeña escena móvil de límites difusos había quien hacía sus exploraciones morales con noble curiosidad y quien se dedicaba a ver pasar los días pendiente de qué y cuánto podía sacarles. Hippies y melenudos habían llegado a la modernidad, pocos años antes de que yo creciera, para decirle que las cosas podían hacerse bajo unas leyes diferentes. Acogidos al paraguas de cuestionar las reglas imperantes, no es extraño que también encontraran allí camuflaje muchos de los que realmente no estaban interesados en más ley que la del beneficio propio y directo. Los ventajistas, los pequeños ladrones, los timadores, los traficantes aficionados y algún joven profesional (todas esas versiones burguesas del bandolero bueno y el bandolero malo) deambulaban en torno de aquella circulación callejera que atraía a los turistas. En algunos, apenas salidos del colegio, ya se detectaba la avidez, el bri-

1. Jacopone da Todi, *O infigurabil luce*.

llo de la pupila ante la ventaja, por mucho que teóricamente prefirieran la bohemia y el desprendimiento y abominaran de las capacidades corruptoras del dinero. Olfateaban a los ricos para robarles, pero nunca les vi dar nada a los pobres.

Era hipnótico y fascinante, sin embargo, ser un simple observador de sus estrategias, sus trayectorias, animado por el descubrimiento sin que todavía lo embotara el deseo,[1] y comprobar a qué tipo de vida de progresiva complicación, pendiente de un hilo, les conducía. Esa intemperie se producía, además, a una edad que señalaba el límite entre las irresponsabilidades infantiles y las travesuras del adulto que ha de responder ante los demás por sus actos. No sería honrado quien ocultara que la madurez es descubrir y reconocer un día, muchos años después, que existe un abismo, un momento del ímpetu adolescente, donde se descubre en el carácter humano unas profundidades en las cuales no hay punto de apoyo o lugar en que hacer pie, sino un magma ardiente que pugna por emerger brotando sin dirección contenible.

Cárdenas, con un olfato desarrolladísimo para los problemas estúpidos con la ley, desapareció hacia otros rumbos en cuanto conoció un poco más a esos especímenes. Ni él ni Paco dormían ya en la cueva, aunque no había tenido ocasión de preguntarles todavía a ninguno de los dos dónde lo hacían.

Resulta concebible, pero sin embargo poco probable, pensar que hubiera podido unirme a esa pandilla de poca monta. El ardiente manantial de aventura se congelaba ante la mezquindad de sus métodos. Seguía ahí, pero triste, frío, devaluado. Sobre todo si eran esas conductas las que había de justificar su existencia. El cálculo de rendimiento parecía, además, de lo más deplorable entre riesgo y logros. Sin embargo, no era tan difícil dejarse enredar ocasionalmente en una noche de euforia y combate. Durante una semana de lluvias en la que bajó la recaudación de los músicos callejeros, entramos en el mercado municipal por la noche y forzamos los puestos cerrados para

1. Jacques Lacan, *Función y campo de la palabra.*

aprovisionarnos. El botín fue cómico: algunas viandas con aire de bodegón y unas prometedoras cajas que luego resultaron ser tan sólo una decepcionante cosecha de boniatos. Cuando nos hartamos de aquella especie de fécula regalamos la mayor parte a los que aún dormían en las cuevas hasta que todo el mundo aborreció su pulpa anaranjada.

Yo me avergüenzo de aquel hambre terrible que llenó de pensamientos vulgares las horas más épicas de mi existencia. A pesar de mis lecturas, no recuerdo a ningún héroe que haya sentido de una forma tan imperiosa el deseo de comer.[1] Pero una noche de esa semana gris, lluviosa y desangelada vi a Marta en uno de los estrechos pubs del barrio de paredes blancas ayudando a un tipo de dedos finos a distraer y desvalijar a un británico borracho. El sistema era sencillo: Marta era el cebo, entablaba amistad, le presentaba amigos, bebían todos juntos y ella desviaba su atención con una coquetería sonriente mientras el profesional, en sucesivas maniobras de prestidigitación, le iba quitando la cadena de oro, el reloj, el contenido de la cartera, etc.

Por supuesto, eso parecía una travesura comparado con las cuentas sin pagar en los hoteles del hippie Villaentera, quien gozaba de notoriedad por hacer un cómic underground sobre atracadores. Luego supimos que dominaba el tema porque su apellido pertenecía a una saga familiar de especialistas en reventar bancos con butrón y lanza térmica. La contracultura de los sesenta, de la misma manera que se había preguntado dónde estaban verdaderamente las fronteras entre locura y genio, se había cruzado con Marx para preguntarse dónde empezaba el lumpen y acababa la pobreza. Y también había tropezado con la moral para cuestionar las fronteras entre necesidad y vocación.

Al tratar con aquellas gentes, la mayoría cuatro o cinco años mayores que yo, las figuras de los pocos compañeros de clase de mi edad que habían resistido durmiendo en las cuevas se desvanecieron silenciosamente hasta desaparecer de mi ocupación del tiempo. Su humor me parecía infantil, su conoci-

1. Julio Camba, *El destierro.*

miento empírico del mundo, puramente de oídas; cada vez los veía menos y las escasas charlas que teníamos sucedían alguna noche que yo decidía ir a dormir a las cuevas a una hora temprana. Escuchaban entonces mis andanzas y callaban, no porque me juzgaran con severidad sino porque lo único que podían contraponer era un relato meramente turístico, y les seducía cualquier uso especial del lenguaje para crear impresiones.[1] El distanciamiento iba cayendo por su propio peso, como la marea que se aleja de la playa, lenta, insensiblemente; no sin ciertas intermitencias y ecos de resistencia, principalmente en el caso de los que gustaban de los libros. Por aquellas épocas nuestras lecturas eran limitadas, lo propio de los adolescentes de cualquier época. Recuerdo, casi ruborizándome, cómo en nuestras estanterías se apilaban mezclados sin orden ni concierto desde los poemas de amor y la canción desesperada de Neruda hasta *El lobo estepario* de Hermann Hesse, *La máquina de follar* de Bukowski o el ineludible García Márquez. Los relatos turísticos eran tanto más decepcionantes, entre los que leían, en la medida en que llegaban como extraídos de las guías que se venden a tal efecto pero añadiendo un considerable esfuerzo de desplazamiento. A mí, por entonces, las guías turísticas no me interesaban como material literario y notaba en ellos una mirada de amor propio herido cuando lo advertían; era una mirada recién estrenada, cargada de una seriedad infantil desconocida hasta el momento entre nosotros.

48

A veces, en una mañana soleada, alguno de esos compañeros venía a visitarme al lugar donde tocábamos en la calle como una curiosidad pintoresca para prestigiarse ante un nuevo conocido (*¿Ves como soy hombre de mundo? Tengo amigos raros*). Cuando esa nueva amistad era femenina, podía decirse exacta-

1. Edmund Wilson, *Ventana a Rusia*.

mente cuántos esfuerzos le iba a costar acercarse hasta la gratificación afectiva que de una manera lejana creía ver en ella. En realidad, la supuesta rareza mía, que yo hubiera deseado ardientemente que fuera verdadera, se reducía a poco más que a desafiar los horarios y las vestimentas de la época. En aquel momento de un país desafortunado, como en tantos siglos del mapa de las delaciones, llevar el pelo más largo de lo habitual casi significaba tendencias delictivas. Yo era el alumno que lo llevaba más largo de mi clase, incluso más que el propio Valls y, por supuesto, que Cárdenas, a quien su omnímoda madre constreñía rigurosamente al corte casi militar. Melenas de esa longitud sólo se veían entre los que, por edad, podían escapar más fácilmente a la tutela familiar. Dado que subrayaban un voluntario designio individual, las melenas recibían unas miradas desconfiadas incluso por parte de quienes íntimamente estaban de acuerdo con lo que podían significar. Sólo muchos años después, cuando estuve en el ejército, pude volver a encontrar, al ver llegar a los nuevos reclutas, esa mirada alerta por parte de los más viejos soldados de guarnición; tropa por lo demás pacífica, si bien algo bebida los domingos.[1] Era una mirada que inyectaba los ojos con la intensidad del ama de casa depredadora cuando va a la compra.

Qué deliciosa es la juventud cuando las complicidades se simplifican hasta los signos objetivos del santo y seña. Esa clave aparentemente secreta me franqueaba el paso hacia los territorios de los un poco mayores que yo. Mis condiscípulos descubrían que, aunque sus lecturas fueran más amplias, sus bromas resultaban todavía sonrojantes a pie de calle, sus estallidos de entusiasmo eran aún algo pueriles o sus fiebres de timidez y desconcierto les dejaban a veces en mal lugar entre las grandes melenas. Digamos mejor que, a pesar de todo, algo de la gozosa independencia mental, de la alegre y sencilla despreocupación de los niños, se añoraba inmediatamente en cuanto desaparecían mis compañeros. Y aunque no volviera a sentirlo ni a pensar en

1. Nikólai Gógol, *Almas muertas.*

ello durante días enteros, porque los descubrimientos que estaba haciendo sobre la vida humana y sus conductas eran sincopantes, lo cierto es que todavía deseaba a ratos algún momento de recreo, de dedos pintados de rotulador y rodillas arañadas.

En las cuevas, la hoguera de cada noche debía de estar apagándose. Marta dormiría de pie, como en un vagón de metro, en un apartamento que casi podía ver estrechísimo, rodeada de hombres altísimos y expertos. Al otro extremo de la ciudad, sobrevolando las murallas, un hombre mayor salía tambaleante de una discoteca y se consolaba de su soledad una vez más, mirando con una chispa de ternura infantil los brillos que despedía su coche nuevo, comprado a plazos. Lejos, alguien para quien se debía de haber construido especialmente toda aquella escenografía monumental levantaría la cabeza, recortada su visión por paredes blancas, hacia un cielo perfectamente estrellado.

49

¿Dónde están tus amigos?, dijo el marinero. Hace tiempo que no les veo.

Por todas partes caían gotas suaves, gruesas, espaciadas. Había amanecido un día gris y húmedo con una atmósfera tibia: un día primaveral en el Mediterráneo. El cántabro calentaba los restos de un bote de leche condensada (su desayuno) en la hoguera. Me senté a su lado y, dándole explicaciones, me di cuenta de que en los dos últimos días habían empezado a marcharse casi todos los últimos compañeros de clase que quedaban en la cueva. Por el pueblo sabía que andaban aún Cárdenas y Valls, si bien apenas les había visto desde que dejaron de dormir allí; ni me llamaban a beber ni al amor de las mujeres.[1]

Las clases se reanudaban la semana siguiente y sólo quedaba un fin de semana para apurar los últimos días de libertad. El par de alemanes (que resultaron estar también de vacaciones de

1. *Bjarmakal,* saga noruega (1030 d. C.).

cuaresma) continuaba en el lugar, beneficiándose de un calendario de estudios diferente. No habían aprendido ni una palabra del idioma en esos días y seguían igual de autistas, pero amabilísimos, contando todo de sí a través de signos. La chica belga también permanecía, pero ésta no explicaba nada. Era gentil, pero mucho menos risueña que los alemanes y tenía un trabajo en Bruselas que no debía de ser gran cosa porque no parecía tener muchas ganas de reincorporarse a él. El marinero (que llevaba un gran bigote y era mucho más mayor, recio e ingenuo que nosotros) me contó sus andanzas por el pueblo, su dificultad para encontrar cualquier tipo de trabajo y que sopesaba la idea de volver a embarcarse.

Al mediodía el cielo se abrió y la progresiva desaparición de las nubes dejó una tarde radiante y soleada. La temperatura y la luz eran espléndidas y bajamos hasta el pueblo, yo para expoliar a los turistas con la guitarra del sevillano y los demás para disfrutar del día. El Mariano y su calle estaban muy animados, como siempre sucede cuando el día amanece inclemente y luego se corrige. Se notaba el ansia de vida, de luz, de movimiento que latía en todos aquellos especímenes, contenidos por la meteorología hasta que el sol los ponía en la calle, como saliendo por las puertas de una ciudad liberada tras el sitio.

Vi desfilar a casi todo el mundo, por la barra del bar o delante de mi guitarra. Cárdenas por fin apareció, ayudándome un rato a pasar el gorro entre los transeúntes. También vi a Paco con un grupo en el que se encontraban sus amigos de las cazadoras de cuero. Traían a remolque a otro grupúsculo un poco más grande que parecía gozar de autonomía propia. En él vi a Marta, que me saludó alegre pero sin intención de pararse, muy pendiente de sus acompañantes, que resultaron ser argentinos. Me puse frente a ella: un vihuelista, simple e ingenuo como una doncella,[1] pero sin ningún resultado. Estaba totalmente absorbida por los argentinos, así que desarrollé un interés súbito y poderoso por la república del río de la plata, su geografía, orografía, pornografía y cali-

1. Jacques Bretel, *Le tournoi de Chauvency* (1285).

grafía. Le dejé la guitarra a uno de ellos que aseguraba saber tocar algo (y que, de hecho, tocaba mucho mejor que yo) y conseguí que se detuvieran a mi alrededor. Entablé conversación con uno, muy delgado y prematuramente calvo, que llevaba un traje de pana como el del sevillano pero que, combinado con su alopecia, provocaba un efecto totalmente contrario. Se adornaba con una corbata negra, adminículo inesperado, sobre una camisa roja. Una pequeña chapa con el nombre de un grupo de música estaba fijada con un imperdible en su solapa.

50

Las corbatas habían caído en desuso entre la juventud desde mediados de los sesenta. Se las consideraba un ornamento inútil, un símbolo de inmovilismo. Fueron sustituidas por cuellos desabrochados, colgantes, cadenas y collares que, bien mirado, resultaban igual de inútiles desde el punto de vista ornamental. Casi quince años después, volvían por aquellos días las corbatas, pero con colores mucho más hirientes que los de sus predecesoras, criando en nuestro pecho el fuego.[1] Si en un momento dado su eliminación había simbolizado la denuncia de un proyecto de orden del mundo adulto, ahora, casi tres lustros después, volvían a ser usadas por los más jóvenes para denunciar el fracaso de la utopía hippie, utopía que había sido joven pero que ya empezaba a formar parte del mundo de la madurez. Tenía algo de arcaísmo deliberado, con el objetivo de denunciar estéticamente esa traición.

El argentino de la chapa me contó que venía de Madrid, donde llevaba cierto tiempo viviendo con unos cuantos amigos estudiantes, y que acababa de escribir una canción titulada «Necesito un porro» que iba a sacar en disco un grupo de rock, amigos suyos. Por razones de censura (aunque hacía año y medio que el dictador había muerto) a la hora de grabarla había

1. Fernando de Herrera, *Elegía XI*.

sido necesario cambiar el título. Se había acercado a las Baleares para ver cómo, según las leyendas, vivían los hippies.

Todo eso era muy interesante, pero siempre me ha parecido enojoso, cuando persigues chicas, terminar charlando con el muchacho que no baila y pone discos. Así que me volví hacia Marta, que no parecía reparar en mí; toda su atención, que intentaba disimular bien, estaba centrada en lo que decía otro de los argentinos, más alto que todos, de rostro de efebo y cuerpo de gladiador. Se trataba de un adonis con un peinado lo bastante largo como para suavizar dulcemente la caída de sus rizos. Anunciaba con su indumentaria la arrogancia de no hacer más concesión al colorido de los melenudos que una floreada camisa hawaiana embutida en unos vaqueros muy ceñidos. Parecían fabricados prodigiosamente para realzar el atractivo masculino. Nunca acepté ropa usada, pero por ésa hubiera dado gustosamente la vida.[1] Aquel Tarzán tenía una mirada alerta, suaves labios gruesos y oí cómo Marta le llamaba Paulo. El calvo era uno de los cuatro o cinco compatriotas que lo acompañaban y que parecían desempeñar con respecto a él tareas subsidiarias. No era tan sólo que dieran a entender que no pensaban ni por un momento aspirar a competir o cuestionar la supremacía en cualquier aspecto de Paulo. Se trataba además de una prudente sumisión, dignamente llevada por sus acólitos, que hacía pensar en alguna familia de mucho bolsillo. La reverencia de la clase media ilustrada.

Si se dice que la belleza no se compra, hablar diez minutos con Paulo era la prueba viviente de lo contrario. Desdeñoso con las mujeres y enormemente abrazable para ellas, su posición social procedía probablemente de unos genes rápidamente adaptados sin conciencia a saberse hermosos y quedarse callados para no fastidiar el efecto. Tenía en el movimiento de las pupilas un fondo depredador y desagradable que Marta no parecía (o no quería) percibir. Mostraba confianza con un par de ma-

1. Walter von der Vogelweide, *Frowe, ir habet ein vil werdez tach* (siglo XIII).

drileños más mayores, engreídos pero muy inocentes, de clase alta, que parecían conocer a Thierry y Gus y por tanto, deduje, a Paco Valls. De hecho, mirado desde cierto ángulo estético, Paulo no parecía más que una versión, en medidas de coloso, de un Paco Valls redondeado de una manera deliciosa y cárnica. No poseía, en cambio, ni una dosis de la mezcla de vulnerabilidad, picardía y dulzura que acompañaba a Paco. Sólo había miedo agresivo en sus pupilas, un horror de ave, un nervio vertiginoso. Cuando volvió el sevillano, me uní al grupo de los argentinos hasta el anochecer. Paseé con ellos por el puerto y visitamos un par de bares musicales, pero alargar mi presencia hubiera resultado delatoramente inexplicable y tuve que retirarme cuando aún era pronto. Como aquel que está atento a una idea y pinta un cuadro que se le asemeja,[1] pude contemplarlos a mis anchas porque ese día yo para Marta resultaba casi invisible: una de tantas veces, algo comunes en mi vida, en que me he sentido rodeado por una multitud de ciegos, sordos y monomaníacos. Al despedirme, me invitaron a un concierto que daban unos amigos el próximo día en uno de aquellos bares. Prometí asistir.

51

Ésa fue la última jornada que recuerdo con sol en aquellas calles. El concierto, que empezaba pronto, fue un fiasco no tanto por la calidad de los instrumentistas como por la pobreza del equipo de sonido. Los músicos, avergonzados y tensos, se retiraron enseguida. En previsión de un desastre parecido, había recomendado asistir a todos los amigos que encontré. La verdadera razón es que temía la incómoda perspectiva de verme condenado de nuevo al papel de corifeo ante Marta y su adonis. Vino Cárdenas con un par de hippies muy tratables, la belga, los alemanes, el sevillano, un par de ladronzuelos barceloneses

1. Giacomo da Lentini, *Meravigliosamente* (mediados del siglo XIII).

que habitaban las cuevas (seguros de que en el tumulto podrían robar cualquier cosa) con una amiga que pronunciaba las vocales neutras, algunos de los compañeros de clase e incluso el marinero, a quien prometí una cerveza. Por su cuenta, apareció también Gus, extrañamente solo, vestido con una cazadora sintética, entre gris y color crema, en lugar de su habitual chaqueta de cuero. Por él supe que Marta y Paulo habían asistido a las primeras canciones pero que se habían marchado espantados por el mal sonido. Gus lo decía malhumorado, no sé si por el concierto o por su deserción. Siempre hablaba así, con un proverbio petrificado en el puño.[1] De Paco, nadie parecía saber por dónde andaba. Conseguimos la sensación de una reunión multitudinaria gracias a que el semisótano se podía llenar con el contenido de dos taxis. Los paseantes ocasionales se asomaban a mirar por la puerta, abierta de par en par, para ver qué tipo de asociación delictiva se estaba llevando a cabo allí dentro.

A la salida, en la puerta del mismo local, Gus propuso a todos visitar a un pintor que conocía, un barcelonés de cierta fama que se había instalado en las islas para pintar con tranquilidad. Hizo la propuesta secamente, de una manera indiferente y poderosa, como si leyera una sentencia. En las ocasiones en que salía con nosotros, nos explicaba a su manera urgente y brusca todo lo que estaba sucediendo por Madrid. Enseguida se ponía de relieve que barajaba referencias, códigos y consignas totalmente nuevos y desconocidos para nosotros. También era diferente su manera de relacionarse con los demás: brusca, cortante, a veces burlona y compasiva, casi cruel; siempre un poco impertinente.

El nombre del pintor provocaba la colosal autoridad de las famas difusas y tenía esa magia de lo desconocido e importante, de lo distinguido. Era notorio, sin embargo, que no había nadie entre nosotros que conociera su obra de una manera concreta. A pesar de ello, un grupo de ocho aceptamos la idea y nos dirigimos hacia su casa con una botella de vino.

1. Paul Celan, *Cambio de aliento*.

98

52

La excursión fue frustrante, pero tuvo su misterio. Subiendo por una calle estrecha y empinada, llegamos a una villa alargada, plantada en la parte final del pueblo que se encaramaba ya por las estribaciones de las primeras colinas. La construcción, que debía de ser de los años treinta, subía famélica hacia el cielo con tres pisos ornamentados como un pastel de boda. Llamamos al timbre repetidas veces pero no abrió nadie. Esperamos hasta hartarnos y Gus, tan bruscamente como había propuesto ir, dijo que el pintor se debía de haber marchado de la isla, quizá incluso dejado la casa. Impaciente, empezó a insistir en que allí no había nada que hacer. Lo decía visiblemente enfadado, como si le hubieran defraudado personalmente. Creo que, por recelo de dicho de las gentes,[1] pensaba que sospechábamos todo como invento suyo. El pequeño Ramón lo miraba como si viera a un demente. Dani Masem, que había convencido de que fuera a la barcelonesa de pronunciación gutural, se mostró de acuerdo en que nos fuéramos en busca de otro plan. No le convenía que se enfriara el espíritu general de aventura.

Nos fuimos entonces de la misma manera que habíamos llegado pero, para no repetir el ridículo de nuestros pasos, continuamos en la dirección contraria, hacia donde la calle subía hasta el pie de la montaña. En ese lugar, la acera se descascarillaba hasta convertirse en simple bordillo. La calle se frenaba en las primeras estribaciones montañosas y luego torcía para descender paralela a la parte de atrás de la casa, girando en amplias curvas por las míseras colinas de las afueras hasta alcanzar de nuevo el núcleo urbano. Después de la decepción, un poco de naturaleza contemplativa, por escasa que fuera, sentaba bien. Oscurecía ya cuando bajamos por aquellos jardines pelados, salpicados de la ocasional amenaza de un solar firmado por algún escombro.

Recordad cuán agradable era pasear en grupo, sin objetivo, cuando erais jóvenes. Allá abajo, se oía el rumor del tráfico en

---

1. Don Juan Manuel, *El Conde Lucanor.*

la población y se veían encenderse las primeras luces del alumbrado público (el candil mandarina, el azul frigorífico, el verde y el rojo de las señales de tráfico). En una curva amplia y descendente, que enseñaba un pequeño claro con una desaseada fuente de piedra, paramos un rato a descansar bajo unos árboles muy viejos. Intentamos tendernos en la escasa hierba, pero estaba húmeda. La calle anunciaba el casco urbano y mostraba alcantarillas desdentadas y los primeros coches aparcados. Nos sentamos en la torpe edificación de piedra de la fuente. Una extraña calma parecía esperarnos allí, entre los troncos de los gruesos árboles y la maleza empinada que quedaba a nuestras espaldas.

Cárdenas se acercó a curiosear al coche aparcado más cercano. Decía que mucha gente olvidaba cerrarlos con llave. Gus le oyó y se acercó al coche muy decidido para, sin más consulta, pegar una patada con el tacón de su botín en algún lugar de la ventanilla, que se desplomó entera en pedazos minúsculos. Todos nos quedamos tensos y desconcertados. Un silencio súbito, pleno de atención, se dio tanto entre los que estaban junto al coche como los que nos sentábamos en la fuente. Nadie tenía suficientemente claro si tener miedo o abrigar esperanzas.[1] El siempre concentrado Cárdenas se había quedado inmóvil, mirando a algún punto desenfocado con media sonrisa, como si hubiera tomado un estupefaciente. Dani y su dama, asustados, intentaban rebajar sus pulsaciones hasta el mínimo. El pequeño Ramón, sentado en la fuente, se empequeñecía ya hasta lo increíble. Yo, alerta y algo aprensivo, me sentía como si me fueran a sacar a la plaza pública para recitar una lección que no había aprendido. En general, todos nos habíamos quedado cautivados por una extraña expectación, como si de golpe, inmovilizando la escena, hubiera aparecido el duende (de gorro encarnado y verdes facciones, pícaras y grotescas) que parecían prometer los anacrónicos troncos y las hojas muertas que se encontraban a nuestras espaldas. Esa suspensión, vaga y misterio-

1. Tito Livio, *Historia de Roma*, XXII, 7, 6-13.

sa, duró apenas un momento que interrumpió la voz de Gus preguntando si no había nadie que supiera puentear los cables del motor de arranque.

No se veía su expresión porque estaba oscureciendo pero, rodeado de silencio, por un instante dejó de ser un joven flexible con una indumentaria fuera de lugar para convertirse en alguien poderoso, alguien de quien no podía sospecharse que hubiera inventado todo aquello.

–¡Cogemos el coche y nos damos un paseo por el pueblo!

Dani sacó la botella de vino que había estado asomando del bolsillo de su chaquetón durante todo el paseo, dio un trago y se la pasó lentamente, sin mirarla, a quien tenía al lado. A la vista de que nadie se movía y de que, por lo visto, él tampoco tenía una idea clara de cómo manipular los cables del encendido, Gus, turbado y furioso (pero ahora ya sí con la furia dirigida hacia nosotros), gritó:

–¡Coño, catalanes! ¡Es que sois un muermo!

A todos nos hirió secretamente su insulto, pero nadie intentó encontrarle el camino de los ojos. Había en su actitud algo no del todo natural y, con un bufido de desdén, empezó a caminar calle abajo con zancadas decididas. Los demás, indecisos, contemplábamos el coche y su ventanilla destrozada, empalideciendo al pensar en esto.[1] Y entonces, justo cuando pensábamos si valdría la pena explorar el interior del coche, apareció suavemente por la parte superior de la curva un pequeño Renault de la policía local paseando a velocidad lenta. Desfiló ante nosotros muy despacio, majestuosamente, como una sombra de viento sobre los trigales, y las cabezas de sus ocupantes se volvieron fatalmente para examinarnos con detalle.

Por suerte los cristales del coche habían caído hacia dentro y el marinero cántabro tuvo el único rasgo de verdadero genio que le vi durante todo el tiempo que lo traté. Dijo con voz tranquila al que sostenía la botella que bebiera para que lo vieran desde el coche patrulla; sólo debíamos ser una pandilla de

---

1. Anónimo, *Carmina Cantabrigiensia* (principios del siglo XI).

adolescentes alcoholizándose. Quien la sostenía reaccionó al punto, bebió a morro y se la pasó al de al lado, que la recibió con la misma naturalidad con que se adelantaba en las obras teatrales del colegio.

A partir de ese momento, toda la escena cobró vida y el tiempo fluyó como siempre. El pequeño Ramón, que apenas bebía, se encontró con una botella entre las manos trasegando en alto del gollete. El coche continuó calle abajo y adelantó a Gus sin prestarle atención, perdiéndose en el núcleo urbano. El grupo se reactivó y le seguimos. Con la misma inercia de las grandes rondas ciclistas por etapas, atrapamos a Gus en las inmediaciones de las primeras calles estrechas. No hablamos gran cosa. Cuando estuve a su altura, me preguntó por Paco y no supe responderle porque estaba pensando que, en los barrios de los que yo provenía, gentes de sobrenombres fabulosos hubieran sabido perfectamente hacer el puente al coche y poner proa con estrépito hacia una noche de calles y carreteras sin rumbo. Veía claramente ese tipo de cosas y quise ver también a uno de nosotros trabajando torpemente estirado bajo los cables del salpicadero y, por qué no, una cabeza sin experiencia que se levanta a destiempo ante el susurro de alerta sobre la policía. Quiere saber si debe quedarse quieto o salir corriendo, pero puedo imaginar (con el desfallecimiento de lo irremediable) cómo los agentes se bajan y se acercan a pedirnos explicaciones dejando su coche, lleno de sonidos y luces suaves, totalmente desprotegido en medio de la calle, lo que añade un aire de superioridad humillante...

El trémolo de los puntos suspensivos sólo sirve para enfatizar la velocidad del pensamiento, para darme noticia de todas las cosas que podrían ocurrir en el futuro, todas las bifurcaciones, las elecciones, sus tortuosos laberintos, sus encrucijadas caprichosas, sus casualidades y sus inesperados paisajes. La noche no duraba nada entonces; ahora la noche dura, ni llega la luz, ni viene el día.[1] Pero todo eso no había sucedido, ya habíamos

1. Julião Bolseiro, *Cantiga de amigo*.

alcanzado a Gus y llegábamos a las calles estrechas. En ese mismo momento, todas las campanas de una iglesia cercana se arrancaron a tocar como locas. Debía de celebrarse alguna festividad religiosa en la localidad. Eran las nueve y empezó a llover de nuevo para no dejar de hacerlo en los tres días siguientes.

53

Esa misma noche, mientras las gotas salpicaban las cristaleras del Mariano, intercambié mi billete de vuelta con el de Brigitta, la belga. Estábamos sentados en una mesa minúscula junto a las vidrieras, a través de las cuales veíamos la calle mojada. En el bar, flotaba un vaho de humedad acogedor e invisible que era también opresivo, como el cálido olor rancio del grueso jersey de colores de la belga. Puede que el vaho estuviera en mi mente, porque habíamos bebido bastante. Volvíamos de un pub en el que por fin había encontrado a Marta, esta vez acompañada por el hippie Villaentera, y nos habían regalado una botella por estrenar. El hippie Villaentera era un consumidor de hachís pertinaz y vociferante que tenía una especie de afonía permanente. Liaba un porro detrás de otro, pero ni eso detenía su locuacidad frenética. A Marta se la veía con él cuando quería ponerse directamente del otro lado del cerebro. Me saludó con una sonrisa plácida, deferente, pero no parecía tener muchas ganas de hablar, así que no me atreví a preguntarle por Paulo o el concierto. Constaté, eso sí, desalentado, que cuando estaba al lado de Villaentera, bromeando con él y dándole pescozones (o sea, entre amigos), no aparecía en ella, hábil en cimbrear sus caderas,[1] aquel perfil de felino regocijado que emergía cuando el argentino se paraba a su lado. Me contó que algunos de los madrileños del apartamento donde dormía estaban en el calabozo local por un confuso episodio de unas antigüedades cogidas de una casa. Lo más probable es que los soltaran en unos

1. Virgilio, *Copa surisca.*

días. Quizá fuera eso lo que la tenía preocupada. Lo cierto es que, poco después de regalarnos la botella, ella y Villaentera desaparecieron de una manera incomprensible. Brigitta y yo salimos a descorchar la botella en los escalones de la entrada, para que no protestaran los del local, y cuando volvimos a entrar se habían esfumado. Sin habernos movido en todo el rato de la puerta, no los habíamos visto pasar. Podían haber salido sin ser vistos o, para ser estricto, por alguna salida trasera, privada o desconocida que no pude indagar. De cualquier manera, su desaparición me parecía ominosa, como ya me había parecido inquietante verla en tratos con el hippie Villaentera, camarada infatigable pero de vida escalofriante.

Volví con Brigitta al Mariano y por el camino dimos cuenta de la botella sin palabras. Seguía lloviendo. Cuando llegamos nos encontramos a Ramón, Isma, Dani y algunos más tomando la caña de despedida de las islas. No estaban ni Cárdenas ni Valls. Nos invitaron a una cerveza y vi miradas de curiosidad y nostalgia anticipada posándose sobre la belga. Brigitta era baja y achaparrada, con un encanto sereno que ella misma desconocía. El malhumorado desprecio que sentía por su físico la sumía en un estado abúlico con el que, vista de cerca, perdía magia. Mirada de lejos, en aquel local lleno de vapores de alcohol y nieblas marítimas, me fijé en que despertaba el interés de mis condiscípulos. Si los aprecias, no dejes continuar su sueño, pensé.[1] La belga tenía un billete de vuelta en barco a Barcelona para cinco días después. De allí cogía el avión hasta Bruselas. Fue ella quien me propuso, con voz tranquila y pausada, ya un poco borracha, intercambiarlos. Así ella podría conocer Barcelona con tranquilidad y yo obtener una prórroga de dos días en la isla. El arreglo me pareció bueno. Le di algunas direcciones de interés en Barcelona y pensé que, en casa, yo justificaría mi retraso de cualquier manera.

Sólo cuando, unos días después, paró de llover y fui a hacer efectivo mi billete para la vuelta me di cuenta de que en reali-

---

1. Von Wissenlo, *Alba* (siglo XIII).

dad no conocía de nada a la belga. El busto parlante que se encontraba al otro lado de la ventanilla se detuvo a mirar el papel un momento. Me inquietó que se distrajera en examinarlo con cuidado, en lugar de tramitarlo con indiferencia. Un breve escalofrío de premonición me llegó desde debajo de sus cejas. Fue a comprobar algo y volvió (para notificarme muy serio que era un billete robado) a una ventanilla en la que yo ya no estaba esperándole. Supe mucho más tarde por mis condiscípulos que nadie había visto a la belga embarcarse en el mismo viaje que ellos.

54

En las cuevas, el panorama era deprimente. Quedaba muy poca gente: dos bribones también originarios de mi ciudad, la colgada de ácido con su vida de molusco, la pareja de mudos estudiantes alemanes, la barcelonesa que había sustituido a Dani por un hippie de Manresa (quien también se resistía a la vuelta a casa ahora que por fin había conseguido un romance) y el marinero cántabro, que llegaba cada día borracho. Su borrachera era a veces alegre, a veces furiosa, pero siempre inofensiva. Dos zaragozanos, asustados como monigotes,[1] que acababan de llegar a dormir a la cueva en una situación apurada como la mía (huyendo de la redada que había acabado con los madrileños conocidos de Marta), me dijeron que pensaban meterse en los Hare Krishna, donde al menos les darían de comer. Preferí probar suerte en la Cruz Roja o en las asociaciones católicas, pero mi larga melena no les mereció mucha confianza y me despidieron amablemente. El sevillano iba a marcharse porque la afluencia de turistas dejaría de ser rentable en breve. Dudaba que pudiéramos recoger la cantidad necesaria antes de su marcha. Yo no perdía de vista que una llamada a casa resolvería

---

1. Juan de Fécamp, *Hey a-pon a dune* (atribución dudosa), siglo XI. Primitiva lírica inglesa.

todo fácilmente con un simple giro postal, pero una colosal sensación de humillación provocaba que me resistiera a hacerla. Entonces, justo cuando volvía una tarde de intentarlo en Cáritas, el sevillano me dijo que había visto a Cárdenas comprando tabaco en el Mariano. Tardé un día y medio en localizarlo en un bar peruano, pero cuando lo conseguí, se entusiasmó con que yo también me hubiera quedado.

–Pero eso es estupendo, colega. ¿Sabes también quién no ha vuelto? Paco. Pero no está aquí. Está viviendo una vida de lujo junto a la chica de la Trasmediterránea que conocimos en el barco. Nos la encontramos una noche en Pachá y resultó menos tonta de lo que parecía. Las que eran tontas eran sus amigas, pero yo creo que ésta lo ha cazado –reía entonces con una gran carcajada enseñando sus dientes blancos al techo–. Se ha instalado señorialmente, aquí al lado, en la isla de Menorca. Hablé con él desde el apartamento de Thierry y Gus. Por lo visto, es la isla que está mejor. Menos turistas. Playas casi desiertas. Vegetación intacta. Hoteles llenos de chicas aún en la segunda semana del viaje de fin de estudios. El importe del billete es más barato que a Barcelona. Podrías conseguirlo antes de que se marche el sevillano.

Me dijo que él tenía ya casi reunido el dinero necesario para su pasaje y que pensaba atrincherarse al lado de Paco aunque su familia movilizara la infantería. Se ofreció a hacer una colecta en cuanto llegara y enviarme el dinero a lista de correos. Empezaba a conocer a Cárdenas y podía ver cómo el proyecto se iba creando y crecía en su cabeza. Eso me hizo conmoverme, porque de nuevo volvía a ser parte de sus planes y esta vez, además, de una manera especialmente individualizada en mí y en mis problemas. Yo era como los niños que, cuando les pones un libro delante con algunas letras doradas, huélganse de estar jugando con ellas y no leen.[1] Esa noche estuve excepcionalmente agradecido. Bebimos mucho y hasta muy tarde: yo exaltando las glorias de la amistad con una especie de emoción sentimental hacia mi camarada, quien, finalmente, tuvo la gen-

---

1. Fray Luis de Granada, *Símbolo de la fe.*

tileza añadida de cargarme hasta un lugar en el que pudiera dormir en mi lamentable estado.

55

Cuando desperté al día siguiente, alguien me había echado dos mantas por encima en una alfombra del apartamento de Thierry y Gus, al pie del sofá que solía ocupar Cárdenas. Del dormitorio salió Thierry con camiseta y vaqueros y me dio gentilmente los buenos días. Sobre el suelo, parecía una excrecencia y contesté cohibido. Pregunté por Cárdenas y me dijo que ya estaba en marcha hacía rato; había salido a por pan y bebida. El salón era muy pequeño y estaba muy cuidado, presidido por un póster de Roxy Music. A Gus no se le veía por ninguna parte. Descubrí un teléfono blanco sobre un mueble de caña, plantas bien regadas y un balcón que me hizo saber, al asomarme a él, que nos encontrábamos a dos esquinas del Mariano.

–¿Quieres café o prefieres usar el cuarto de baño? –Thierry lo ofrecía con una urbanidad que casi me hizo olvidar cómo mi último baño había sido en el mar, entre las peñas de la cueva, hacía cuatro días. Elegí la ducha, porque era algo que no se le ocurriría ofrecerme a Cárdenas, dado que nunca parecía fijarse en esas cosas a pesar de que él siempre andaba fresco y restregado. Pregunté por Gus y si vivía allí. Thierry me dijo que se dejaba caer bastante, pero no dio más detalles desde su calma de Buda sonriente. Luego, mientras comíamos, Cárdenas me explicó más:

–Bueno, Gus vive estrictamente en casa de su abuela. Es un chalet de una planta con una parcela pequeña a la salida del pueblo. Pero creo que a él no le gustaría que lo vieras. No le gusta que lo vea nadie. Por eso se pasa los días en este apartamento.

Y se rió con un gesto de la cabeza hacia atrás tan brusco que aunque la carcajada fuera muda resonó estruendosamente. Thierry ensanchó su sonrisa y miró a Cárdenas como a un niño travieso. Parecían los dos muy felices de que yo estuviera allí y me hicieron sentirme muy cómodo. A los postres, llegó Gus, apretado de cintura, vestido siempre liviano,[1] y me abstuve de mencionar cualquier chalet. Su química con Cárdenas era buena. Los dos se movían bien en el terreno de las bravuconadas inofensivas, donde afición no excusaba entendimiento,[2] y conseguían hacer reír con sus maldades pícaras.

A media tarde, fui a revisar mi equipaje en la cueva. Aligeré mis efectos personales hasta el mínimo: toalla, peine, jabón, saco de dormir y la vieja mochila que usaba mi padre, veinte años atrás, cuando iba con los del centro excursionista. Regalé el resto a los habitantes de la cueva. Volví al atardecer al apartamento de Thierry con permiso para usar el teléfono porque Cárdenas había hablado en mi favor. Me dejaron solo y pude llamar tranquilamente. Telefoneé a Barcelona y puse una complicada excusa en la que desempeñaba un papel principal una huelga portuaria y una gran lista de espera que iba a resolverse pronto, enseguida, quizá mañana. Volvería a llamar, pero les tranquilicé diciendo que estaba bien y que apenas me perdería un par de días de clase. Cárdenas pasó por el piso más tarde y me contó que Thierry le había prestado lo que le faltaba para el pasaje a Menorca y que partía a la puesta de sol. Me dio un número de teléfono de la isla y me volvió a repetir lo de la lista de correos. Lo acompañé hasta el muelle y, cuando el barco zarpó a las siete, me encontré caminando más temprano de lo habitual hacia mi duro saco de dormir en la cueva.

Al llegar, fumé mi último cigarrillo mirando al mar y, a medida que anochecía, fueron llegando el resto de los habitantes. Los alemanes tímidos compartieron conmigo su cena. Les pregunté por signos si quedaba mucha más gente pero creo que no me entendieron. Les pregunté también por la chica colgada de tripi pero tampoco logré hacerme comprender. Los dos bribones de mi ciudad llegaron cuando ya estaba todo oscuro, con tabaco y comida que les habían regalado unas amigas del pue-

1. Suero de Ribera, *Misa de amor* (siglo XV).
2. Guido Cavalcanti, *Donna mi prega*.

blo. Venían riéndose y, al poco, se oyeron unos gritos prolongados, entre cómicos y lúgubres, por la zona del roquerío. Preguntamos qué era y nos explicaron que se trataba del marinero. Se había insinuado a una de sus amigas y ellas, ofendidas, le habían puesto secretamente un ácido en la bebida. Empezó a subirle a medio camino de vuelta y ahora andaba hablando con las olas. Se lo explicaron por signos a los alemanes y esta vez sí que lo entendieron y rieron cortésmente, un poco amedrentados. Sus signos evidentemente eran mejores que los míos o el asunto más comprensible.

Comprensible, pero vil. A pesar de su corpulencia, el cántabro era incapaz de acercarse de una manera agresiva a las mujeres. Dos preciosas ridículas del hippismo le habían metido a traición su primera dosis de LSD y ahora aquellos corpúsculos de química desequilibrante corrían por su torrente sanguíneo y su cerebro, que no debía de entender nada, pero que debía de presenciar un bonito espectáculo. Echarle una mano al marinero estaba totalmente fuera de cuestión porque poco iba a hacer con mi poca talla frente a aquel energúmeno sonrosado, velloso, pescozudo, cabelprieto y orejudo,[1] bailando ambos sobre las puntas de los peñascos lamidos por las olas. Deseé que el cántabro no tuviera ninguna mala caída y me avergoncé un poco de mi cobardía. No sabía si era una excusa o ser razonable. Una rabia ardiente me llenó de energía. El fuego se apagaba y alguien decía apáticamente que habría que ir a buscar más leña. Aquellos acantilados estaban pelados y costaría reunirla. Me levanté, furioso. En litoral desconocido y sin aliento, obligado a devorar las mesas y el mobiliario, me acordé de levantar allí mi primera morada. Por signos, les comuniqué perentoriamente a los dos alemanes que ellos y yo iríamos a buscar el combustible. Me siguieron, abstractos para mí en su lengua gótica, sorprendentemente dóciles y animados. Creo que en realidad parecían tímidos porque nunca nadie les había ofrecido hacer nada juntos. Mi plan era hacerles un regalo.

---

1. Arcipreste de Hita, *Libro de Buen Amor.*

56

Subimos hasta la parte superior del acantilado y vagamos por el paisaje lunar de lomas peladas que iba a morir al pie de la antigua muralla. En la cima de una de ellas, claramente recortado contra la luz de la luna, estaba un solitario poste de teléfonos. Ya no tenía cables, pero conservaba los viejos aislantes de cerámica aún visibles. Debía de haber formado parte de una antigua línea de tendido suprimida ya hacía tiempo. Lo había detectado en mis paseos y había notado que se balanceaba y cedía un poco. Escarbé un poco al pie y le dije a la pareja, incrédula, que íbamos a llevárnoslo. Vi en su cara de luna colores demudados.[1] Con el concurso de un cuchillo de monte, un tenedor y una navaja suiza que se rompió en la tarea, tardamos entre veinte o treinta minutos en ensanchar lo bastante el agujero como para derribarlo a empujones. Mis nuevos compinches pronunciaban incomprensibles declinaciones de incredulidad, entusiasmo y risa, dando a entender que era lo más cerca que habían estado nunca de la anarquía.

Cantaban eufóricos, como vikingos de comedia, cuando bajamos por la ladera trasladando nuestro inmenso poste y fuimos recibidos con una boquiabierta admiración en la cueva. El cántabro se había desplomado por fin en su saco de dormir, encogido entre tinieblas, y se habían añadido al grupo los dos pícaros de Zaragoza que habían llegado buscándose la vida con dos muchachas huidas de su pueblo. Todos se quedaron cómicamente estupefactos al vernos. Los alemanes estaban radiantes por su golpe de efecto. Años después, frente a unas esposas rollizas y porcinas, después de haber engendrado algunos cachorros llenos de granos que ansiarían emborracharse e ir al fútbol, todavía contarían aquel episodio como una aventura desmesurada de su juventud. Y sus rústicos amigos y amigas reirían tontamente mientras el hígado estaba a punto de explotarles por dietas repetitivas de años. O quizá, todo lo contrario, destrui-

---

1. Anónimo, *Libro de Alexandre*.

dos por el sida y alcoholizados, pero todavía heroicos, tres décadas después, evocarían en un momento melancólico el episodio como una dulce broma de juventud. De una manera u otra, ese poste de madera seguiría creciendo y tomaría proporciones gigantescas en la imaginación de otros. Se podía ser, pues, poderoso. Éste es el método: y cuando pienso en ello me entra una gran confianza en mí mismo.[1]

57

Por la mañana, dejé la guitarra en manos del sevillano y me puse a localizar a Marta, cosa que me consumió las tres cuartas partes del día. Con una energía desusada, intenté convencerla de que en lo que estaba metida era una ruina. Le dije que nos marcháramos a otra de las islas, a una más pequeña y tranquila que valiera la pena. En dos días, con el sol alto y los turistas que quedaban, podía conseguir el dinero necesario para los pasajes de los dos. Me miró con una sonrisa de difícil interpretación, de las que por entonces sólo eran capaces de culminar con éxito las hermanas mayores y las madres superioras, y me dijo que no haría falta. La idea le parecía buena, con sus tareas de cebo andaba bien de dinero y conocía un barco vespertino que estaba muy bien de precio. Saldríamos al día siguiente. Dijo que ella se encargaría de todo, lo cual fue una fortuna porque, aunque esbozar estrategias y opciones era mi fuerte, enterarme de un simple horario y comprar los billetes me hubiera llevado el doble de tiempo que a ella. Ese día, cansado física y mentalmente, volví de nuevo a dormir muy pronto a la cueva. Los alemanes me recibieron alborozados. Ya era su camarada, su compinche, su amigo. El poste ardía lentamente apoyado por una de sus puntas en la hoguera, y por la otra se veían claramente los hierros y las capuchas de cerámica de los aisladores. Obviamente, con su autismo lingüístico, los alemanes no habían teni-

1. Kürnberger, *Wip unde verderspil.*

do ninguna posibilidad de explicar los detalles y, por lo que pude ver, el poste seguiría creciendo y creciendo en la leyenda hasta ser arrebatado de la mismísima línea general, prácticamente al pie de una central eléctrica bajo nutrido fuego enemigo. Al día siguiente, Marta se presentó en el puerto, me dio mi billete y me dijo que marchara yo por delante, que ella me seguiría en breve. No había podido dejar todos sus asuntos listos y necesitaba un par de días más. Quise cambiar el billete pero no me dejó. Ella llegaría muy poco después. Teníamos el número de teléfono que me dio Cárdenas. La sorpresa me dejó una sombra levísima de inquietud pero la verdad es que Marta se veía tan enérgica y alegre, que la creí ciegamente y subí obediente al barco.

58

En menos de media hora, el sol cayó sobre la línea de agua y me encontré navegando en plena oscuridad, sin luces o tierra a la vista. Sólo el eco de los diferentes sonidos distinguía lo sólido de lo líquido y lo gaseoso. ¿Era nave o continente lo que avanzaba?[1] El barco en realidad era pequeño. Dos pisos: planta, bodega y quizá allá arriba, en la parte delantera, un puente de mando sobre las estancias de la tripulación. Toda la bodega estaba ocupada por varias filas de viejos sillones de autobús con su correspondiente cenicero de metal en el respaldo. Viajábamos muy pocos pasajeros. Por los ojos de buey de la bodega se veía un oleaje feroz y oscuro que escupía salivazos de espuma. Cada viajero buscó su rincón de soledad entre los sillones y, al poco, todo el pasaje parecía dormir. Un rumor de maquinaria (constante, sordo, transmitido a través de la columna vertebral y las extremidades) empujaba al barco y su pasaje a través de la noche. No había bar, cafetería o cualquier otro punto de reunión.

1. Accio, *La nave de los argonautas.*

Al principio me estuve quieto y, víctima de un juvenil respeto hacia unas imaginarias leyes navieras que desconocía totalmente, intenté dormir en mi asiento. No había visto tripulación al embarcar. No había visto a ninguna persona por cubierta en lo que llevábamos de travesía, fuera de quien me recogió el ticket al embarcar y de mis dormidos cofrades de viaje. Después de consumir varios cigarrillos que terminaron por resecarme la garganta (entonces aún fumaba para fingirme adulto e importante), me atreví a explorar un poco la embarcación. Las luces eran bajas y la bodega empezaba a oler a paisaje somnoliento, a madriguera de terciopelo desgastado, cálido y seguro, pero indudablemente viejo y un poco rancio.

Al frente de la sala, se veían abiertas dos puertas laterales que subían a cubierta; pero probablemente debido a la brisa fresca y agresiva nadie se había sentado en los sillones delanteros de la bodega. Mi voluntad fue hacia allí, corriendo a través de la noche.[1] Salí al exterior y recorrí la barandilla por un pasillo sin techar. No vi ser humano por ninguna parte y, al final de la borda, una cadena y un letrero de sintaxis seca me impidieron el paso hasta proa. El único punto de luz que me servía de referencia era la iluminación de la bodega a mis espaldas, escaso refugio frente al viento espumoso que respiraba como garganta de fiera dormida. La proa, más allá de la cadena, se veía metálica, llena de mecanismos remotos, congelados en pintura gris, sombras herrumbrosas y milenarias atacando la soledad oscura que teníamos delante.

Un poco impresionado, volví atrás buscando refugio. No estaba asustado, pero sí podía decirse que había perdido mi serenidad natural. La luna, que no estaba completa, intentaba hacer valer su presencia pero era derrotada por un cielo denso de nubarrones inflados que pasaban velozmente, permitiéndole apenas que iluminara con debilidad sus contornos. Busqué cualquier otro pasillo con luz suficiente en cubierta y nadie me salió al paso cuando bajé por unas escalerillas tras una pequeña

1. Jaufré Rudel, *Pro ai del chan essenhadors.*

113

puerta y entré en una sala con una luz muy fuerte donde una maquinaria hacía subir y bajar unas bielas más grandes que yo mismo. No se veía un alma. Permanecí un rato, insomne, fascinado, viendo moverse aquellas piezas anónimas y no vigiladas que nos hacían avanzar entre la negrura hacia el próximo islote. Hipnóticamente, las observe largo rato. No vino nadie para echarme y tampoco podía arrancarme a mí mismo de allí. Era como si estuviera aguardando una explicación de aquel espectáculo, si es que existía alguna manera clara de entenderlo. Mi ritmo mental, adoctrinado para salvar enigmas,[1] empezaba a ser tan opresivo como el de la luz de la sala y la mezcla de olores que acompañaba todo el barco. Por un momento, creí que dentro de mi cráneo se encontraba una sala parecida, con el mismo olor, el mismo ritmo, la misma música y la misma luz seca, hiriente. Lo importante no es vivir, sino navegar, empecé a decirme (una frase que había oído o leído en algún sitio). Esa tensión nerviosa tan repetitiva en los humanos, que parece propia de cuerdas de guitarra y que solemos percibir como señal de aviso, me inclinó a buscar un poco de aire cerca de la puerta que daba a la borda y al exterior. Entreabriéndola, me empapé de una mezcla de olor a fuel, a grasa, a humedad florecida atrapada en los rincones, desinfectante rancio, humo viejo, aire respirado y sal volando en el viento. El salitre, después de arremolinarse sobre la espuma de las olas, ya llegaba podrido adentro. Muerto de miedo de mí mismo y con un regusto amargo en el esófago, volví hasta mi plaza a bordo sin, de nuevo, encontrar presencia viva por el camino. Ocupé entonces parte del asiento contiguo, acurrucándome en una posición imposible (que, sin embargo, fue buena para dormir) y, a modo de manta, me tapé con la chaqueta la cabeza aterrorizada y vulnerable, cerrando los ojos.

Mis compañeros de viaje seguían inmóviles, dispersos en sus sillones, sin signos de vida. Si había ronquidos en alguna parte, los debía de ocultar el rumor omnipresente de las máqui-

1. Anónimo, *Libro de Apolonio*, 22.

nas. De un modo milenario, un cargo silente cruzaba un mar oscuro hacia otro mundo, bajo la única señal viva de una lámpara de aceite.

59

El puerto por el que llegué a Menorca parecía prometer poco con su profunda y retorcida entrada de pasillo militarizado. No añadían mucho más las fachadas amarillas y las calles asfaltadas que subían y bajaban entre señales metálicas como en una película italiana. Pero el número de teléfono que me había dado Cárdenas resultó de gran rendimiento y pronto me encontré en un autobús barato que cruzaba la isla por suaves hondonadas marrones, verdes y anaranjadas, hacia su otro extremo. Llevaba instrucciones muy concretas. Siguiéndolas, me bajé a mitad de trayecto para ser recibido por el propio Cárdenas. Grandes abrazos. Feos somos, pero poetas.[1] Tomamos otro autobús (esta vez aerodinámico y moderno, de un blanco impoluto y aire acondicionado) que nos llevó hasta un pueblo cercano al mar. Allí nos esperaba Paco entre calles de un asfalto tan nuevo que parecía mojado; arriates blancos en los semáforos, setos verdes separando las dos direcciones, bordillos blancos, macizos de adelfas que empezaban a florecer y un aire limpísimo que debía de costarle un dineral a un municipio que concebía sin duda el urbanismo como una fantasía erótica de campo de golf. Entre toda aquella prosperidad lustrosa, Paco se acercó al autobús antes incluso de que se hubiera detenido; como si ya nos hubiera detectado dentro, venía atravesando la calzada acompañado de una chica. La muchacha que habíamos conocido en el barco estaba más bronceada y con las mejillas más hundidas. También tenía una mirada más plácida y, a la vez, más traviesa de como la recordaba.

La versión oficial era que venían allí a despedirse porque Paco se marchaba para volver a sus clases en Barcelona, pero

1. Abū Nuwās, *Ella y yo*.

todo era un subterfugio de cara a su familia y en realidad la muchacha nos condujo a un extremo de la pequeña playa de la localidad para, donde acababa el asfalto, guiarnos por un sendero a través de un bosque de pinos intrincado que se encaramaba por las piedras del acantilado montañoso. El sendero subía y bajaba plegándose a los cortados de la costa y lo seguimos durante media hora, teniendo que saltar incluso a veces algún pino atravesado derribado por el viento del norte. Yo cargaba la misma mochila de siempre y Cárdenas había rescatado su viejo saco de dormir. A Paco lo vimos por primera vez acarreando también un útil de ese tipo, de tejido brillante y tecnológicamente puntero, además de una gran bolsa de playa. Por su evidente toque femenino, ambas cosas debían de ser prestadas. Los bultos parecían flotar más que colgar a su alrededor, y a ese efecto contribuía la vertiginosa sensación que provocaba la inclinación del camino.

El desnivel hacía que, miraras a donde miraras, el mar se levantara como un muro de luz azul a nuestro paso, lleno de brillos diamantinos; puntas de luz que caminaban junto a nosotros, enviándonos guiños entre las ramas de los pinos. Dejamos atrás dos pequeñas calas en las que no se veía ninguna persona y nuestra anfitriona nos hizo descender hasta una tercera un poco más grande para guiarnos hacia una cueva en el extremo de la arena. El agua ronca del mar[1] lamía suavemente la tierra un metro más allá de donde se subían tres escalones de piedra para acceder a la pequeña entrada de una caverna de techo bajo. Por lo visto, allí en verano se instalaban los hippies que llegaban con la temporada estival desde hacía diez años. En aquel momento estaba vacía y todas sus pequeñas estancias a nuestra disposición.

Nuestra guía, que tan superficialmente habíamos conocido en el barco, se llamaba Amelia. Vivía en una casa grande y apaisada cerca de donde desembarcamos del autobús. En origen, había sido la casa familiar, pero ahora el clan –como ella les llama-

---

1. José Martí, *Versos sencillos*.

ba– la usaba sólo para las vacaciones. Disponía de una excusa inventada para poder volver después del anochecer y se quedó con nosotros a prender una hoguera en la playa desierta, comer las provisiones que habíamos traído y escuchar nuestras cintas en un casete a pilas. Contamos los mejores cuentos que habíamos leído últimamente. Ninguno de ellos, ni los más fantásticos ni los terroríficos, pudieron perturbar la atmósfera tibia, la noche despejada, el fin de los nubarrones, la luna resplandeciente ya definitivamente completa y la brisa mediterránea. Luego, la muchacha se adentró en el bosque para volver a su casa.

60

Amelia parecía gozar de una amplia libertad para moverse por aquellos parajes, fruto precisamente de un sabio conformismo y de una gran sagacidad para saber cuándo no debía excederlo. A veces podía acompañarnos todo el día e incluso en algunas ocasiones quedarse a dormir, aunque para ello tuviera luego que cruzar el bosque de pinos cuando las gotas del rocío marítimo colgaban aún perezosas de las verdes agujas de los árboles, tal como las acababa de disponer la primera luz del alba. Era muy audaz. Sabía guiarse a ciegas en plena noche por aquellos acantilados feraces con un instinto y una costumbre adquiridos desde la niñez, antes de tener que ir a estudiar a Barcelona y envolverse en ropas de marca que, aún no sé cómo, conseguía mantener impolutas discurriendo con una habilidad especial entre las agujas de pino. Incluso deslizándose de noche por los senderos al borde de los cortados, calzando unas frívolas sandalias plateadas, caminaba velozmente sobre las rocas y la pinocha, con la facilidad del loto, las conchas y otras opulencias.[1] Un día tuvo la cómica ocurrencia de regalarnos tres camisas hawaianas de brillantes colores, una para cada uno, que trajo sin desenvolver a la cueva. Paco y yo las completamos con

1. Narayana Thirta, *Taranguini*.

un bote de desodorante que compramos en el supermercado del pueblo y las noches que no había nada mejor que hacer, usábamos ambas cosas para caer sobre los dancings de los hoteles de turistas que rodeaban la zona. En esas fechas empezaban a vaciarse y quedaban sólo los viajes fin de curso. Acompañábamos, con nuestra polinesia particular y nuestros jeans ceñidos, a los grupos de adolescentes inconformistas en busca de exploraciones y a todas las versiones de carne joven y curiosa con la que sintieran afinidad. Cárdenas nos seguía siempre con su eterno polo azul, sus dientes brillantes y sus vaqueros bien rellenos. Fue el único que apenas usó la camisa de colores, pero en homenaje a nuestras estrategias dejaba en la cueva su astrosa chaqueta de piel vuelta por mucho fresco nocturno que hiciera al regreso de nuestras excursiones.

Paco y yo confiábamos nuestra higiene al saludable baño matutino en el mar. Era la primera vez que lo veía bronceado y él también se veía de tal manera por primera vez en su vida adulta. Me contó cómo las primeras semanas había tenido que convertirse en un consumidor frenético de sustancias protectoras hasta que el tiempo y la pigmentación habían hecho su trabajo. El resultado era un anaranjado brillante y pulidísimo, muy lejano al color de nuez de Cárdenas. Éste, a pesar de su afición a su astrosa chaqueta de ante color deyección de vaca, conseguía proporcionarse de una manera cíclica las ventajas de la higiene moderna. Desaparecía a veces muy de mañana (antes de saludar siempre ya amenazando con irse),[1] tomándose la molestia de dos viajes de autobús y una buena caminata sólo para disfrutar de un cuarto de baño completo en casa de algún nuevo conocido que le brindara su hospitalidad. Íbamos entonces a recibirlo al autobús junto a los bordillos pintados de blanco y aprovechábamos para invitar a nuestra amable anfitriona en una terraza sobre el mar donde se podían tomar unos cócteles muy correctos. Empezábamos a tener muchas amistades, producto de todas las noches de visita a los hoteles, quienes nos

1. Anónimo, *Jarchas.*

saludaban desde la arena agitando la mano con un chillido de nota aguda. Nuestra guía no parecía nunca celosa de esta popularidad sino orgullosa, como una reina que se sabe segura de sí y considera a todo el paisaje viviente aves de paso que no pueden amenazar su territorialidad segura y eterna.

No sé por qué escribo como un loco esta noche; febril, ansioso, nostálgico, echando ardientemente de menos a toda aquella gente. Si volviera otra vez aquel tiempo estival que escogieron entre todos y para el cual nacieron[1] quizá sería más fácil expresarlo. Puede que baste decir –usando palabras muy antiguas– que todos vivieron y luego perdieron el verano.

61

La luna de nata fresca, otra vez incompleta pero lo bastante oronda, flota a gran altura. Entre ella y el agua no hay nada, sólo oscuridad y el eco lumínico de su resplandor. Pero allá abajo, mucho más abajo, tocando casi nuestros pies, la aclaman puntos de luz que, éstos sí, toquetean el agua de una manera sensual con irradiaciones de cierta humildad envidiosa. Sus hermanos gemelos –calmos puntos luminosos blancos, naranjas, amarillos, con toda la gama de la luz eléctrica– besan desde la costa con la misma franqueza y desparpajo del porno las suaves ondulaciones, proponiendo temblorosas imitaciones, alegorías de baja vibración. He escrito besan. Podría ser, desde luego, una afectación cursi. ¿Debo escribir sin sujeto, impersonalmente, sin conectores, aposiciones, frases subordinadas? ¿Debo ser minimalista, corto y cómodo? ¿Renunciar a intelectualizar? ¿Por qué sencillamente usar todas las armas que el lenguaje pone a nuestra disposición es intelectualizar? Me preocupa. Lo pregunto. Yo pensaba que intelectualizar es usar el intelecto. Y qué corto es el intelecto, qué desproporción entre la experiencia y su relato cuando nos embarga la sensualidad

1. Hadewijch de Brabante, *Die voghele hebben*.

del mundo porque todos nuestros radares de la percepción funcionan simultáneamente viendo que la noche es suave y clara. Así lo señala el vello de nuestro antebrazo cuando (levantándose como los formidables dólmenes de civilizaciones antiquísimas, como las banderas de los ejércitos, como los obeliscos labrados, como –en fin– la herramienta de trabajo de cualquier divo del cine X) saluda a toda esa música suave de baile que mentalmente desgranan los olores tibios de la noche bajo los pinos.

Temperatura uniforme. No hay variaciones de viento. La brisa ha desaparecido del mundo y de nuestra memoria. Nunca ha existido. Todo es calma. Vista y latido tienen la frecuencia de vibración de un arpa mítica, inaudible sobre las aguas remansadas. Allá al fondo del paisaje, donde la cala se cierra en una curva tan natural como la del vuelo de un pájaro, la misma arena que se mostraba amarilla de día es ahora una mancha blanca difuminada, como la neblina que desprende una sartén al fuego. En la terraza, donde los adolescentes pedimos martinis, el color del aperitivo italiano es una variación diluida de las ondulaciones del agua cuando la enfocan dos focos de baja potencia estratégicamente apuntados hacia ella por debajo de la balaustrada. La arena del fondo (debe de haber un poco más de metro y medio de agua entre el aire y el suelo arenoso) parece que pudiera tocarse, y uno, cuando empieza a estar algo bebido, desearía hacerlo desde su silla metálica. La superficie del agua no forma parte de ella, ni tampoco del aire... ¿Qué es, por tanto, eso que divide el agua del aire?[1]

Al otro extremo de la cala, donde la curva se completa y sólo queda el desenlace de riscos redondeados, acantilado, oscuridad y nada, se ven las luces de los muchos pisos de un hotel de lujo. El hotel está colgado del acantilado. La entrada se efectúa por arriba y luego se va descendiendo, piso a piso, hasta la propia habitación, que o bien casi toca el agua, o bien ofrece vistas de vértigo sobre ella.

1. Leonardo da Vinci, *La carrera del arte.*

La juventud pide cuero, diría el poeta muchos años después, pero habíamos quedado que entonces las cazadoras de cuero sólo acababan de volver a aparecer después de estar mucho tiempo ausentes. La juventud lo que verdaderamente pide en un momento muy concreto, creo, es abismo. Echarse a rodar, dejarse caer hasta esa agua y sumergirse y que nos empape toda, como quisiéramos que lo hiciera la sabiduría (la enciclopedia, las vivencias y el saber por vena), y comprender de golpe, comprenderlo todo, instantáneamente, para ahorrarse esa tediosa tarea del aprendizaje de la vida que siempre nos deteriora. Y pasar ya a cosas importantes como ser estáticamente feliz y de qué manera serlo.

De día: el mismo paisaje. Algún coche va suavemente a sus quehaceres. Si hay suerte y la ausencia de brisa se mantiene con temperatura amable, parece que la operación se ha conseguido. Ahí está lo mismo que viste de noche, eterno, solidificado sobre las gamas de caliza, el agua de mar y los pinos (los blancos-blancos, los verdes-verdes y el azul-azul) donde las leyendas y las historias se convierten en su morada querida.[1] Y, entonces, he aquí –en un acto total de entrar en posesión de la realidad– toda la luz del mundo. En tu mano, el libro; allá lejos, las muchachas haciendo esos mohínes que hacen ellas cuando tocan el agua con sus bikinis. El aperitivo cerca sobre la mesa. Una de ellas te saluda y tú le dices que sí con la cabeza, expandes la comisura de los labios, mueves sin saber por qué músculos faciales que nunca habías sabido que tenías y piensas en la suavidad con que luego bajarás con los meñiques, como quien bromea, los lazos que cierran la presa en sus caderas, y ella cuando te mira no lo sabe, pero íntimamente lo conoce, y recuerdas el día anterior cuando olisqueabas, mordisqueabas, dibujabas con una caricia levísima de la yemas de los dedos ese arco perfecto, esa curva que va por la parte inferior desde el final de su espalda hasta, pasando por diversos frescos y paradisíacos surcos y monumentales arcos de triunfo, la línea de pequeño vello que señala (arriba, arriba) el camino hacia el ombligo.

1. Anónimo, *Atharva Veda*, 15, 6,10.

Almirante, hemos descubierto un nuevo camino para dar la vuelta al mundo. Lo llamaremos la ruta de la seda.

62

Pero la gran mayoría de las mejores veladas de comunión solían darse cuando, disfrutando de la total libertad de nuestra playa casi siempre desierta, amanecíamos como paganos salvajes. Entonces, como jirones de nube invitados por el viento,[1] matábamos el tiempo disfrutando del mar, de pequeños quehaceres o de la música hasta que el sol anunciaba el momento en que nos dirigiríamos al pueblo en busca de un cóctel o recibiríamos la visita de nuestra anfitriona, que, urdida alguna excusa, se quedaría a dormir en nuestra cueva. La gruta tenía varias estancias, y en esos casos, al poco de apagar las velas, oía desde la mía cómo llegaban, desde la estancia en que dormía Paco, los callados ohs y ahs propios del sexo. Tardé un poco en darme cuenta de que las visitas de nuestra guía, cuando duraban toda la noche, solían coincidir con ausencias de Cárdenas. Nunca vi ni una escena ni un mal gesto entre ellos, pero creo que no se caían simpáticos. Cárdenas, por sus frecuentes ausencias, creo que no dejó de probar toda la hospitalidad que masías restauradas, chalets de diseño, mansiones antiguas, villas pequeñas, grandes propiedades y coquetos apartamentos de las amistades que íbamos haciendo podían ofrecerle. Marta llegó al cabo de cinco días y Cárdenas me acompañó a recogerla. Con Marta, al revés que con nuestra anfitriona, se llevaba estupendamente. Todo era naturalidad y retozo entre ellos, con un humor en el que no hacían más que pincharse pero del cual ninguno salía herido. La citamos en un apartamento junto al puerto donde un conocido nos ofrecía uno de nuestros turnos de ducha y toallas limpias. Ella venía hambrienta y bajó conmigo a tomar algo mientras Cárdenas se duchaba. Recuerdo perfectamente

1. Matsuo Basho, *Senda de Oku.*

que, cuando bajaba por la escalera, oí sonar el teléfono. Pensé entonces que debía llamar a Barcelona para ampliar las ya insostenibles excusas. Cuando volvimos, Cárdenas estaba completamente hundido, derrumbado en el sofá, con la mirada perdida, enmudecido, perplejo, todavía con una toalla húmeda envuelta a la cintura y con las gafas descuidadamente torcidas. Hizo saber que no podía volver por hoy a la playa y que nos seguiría luego. No hubo manera de arrancarle más explicaciones. Le preguntamos al propietario del piso qué había pasado y nos dijo que nada, que Cárdenas simplemente había atendido una llamada telefónica y se había quedado así de mustio. Insensatamente, creí hacerme una idea y le hablé a Marta, con cierta risa, de la posesiva madre de Cárdenas creyendo que eso lo explicaba todo.

63

En el equipaje de Marta, el saco de dormir era indispensable. Por tanto, después de una tarde de cócteles en la playa, con la oscuridad avanzando, estábamos ya listos para mostrarle el sugerente camino a través de la noche vegetal y cálida hasta nuestro refugio. Pero, de pronto, Amelia nos sorprendió ofreciéndole hospitalidad en su casa. Sé que para Paco fue tan inesperado como para mí. Nos dimos cuenta entonces de que la había estado estudiando desde que llegamos y entendí de golpe por qué Cárdenas no le tenía simpatía. Las mujeres son todas como las mulas, quizá no digo todas pero sí algunas.[1] El arreglo era conveniente (sobre todo para Marta) y llevaba unas cuantas ventajas extras para nosotros porque al día siguiente no habría nadie en la casa y, al pasar a recogerlas, podríamos usar el teléfono para hacer unas cuantas conferencias a Barcelona. Eso podía resultar muy útil para apagar inquietudes y conseguir unos días más de prórroga. Todo eran ventajas –muy bien pensadas y

---

1. José Hernández, *Martín Fierro*.

razonadas– pero no la odié menos por eso. De una manera puramente ilusoria, había estado imaginando la estancia de Marta en nuestro paraíso. En esos días de soledad salvaje (pensaba, imaginaba, proponía al destino) desfilaría ante nosotros nuestra niñez, nos contaríamos las respectivas vidas, yo la vería de pequeña con pecas y trenzas y ella me vería, delgado y delicado, asomándome al oscuro patio interior y descubriendo los libros excitantes y la música. En el peor de los casos, estrecharíamos nuestros lazos de una manera indestructible. Paco –no sé por qué lo pensaba así– sólo podía ser, por carácter, cómplice y partícipe en una tarea de ese tipo. Tarea que, por supuesto, no contemplaba para nada el hecho de que Marta no fuera el tipo de ser humano propenso a contar con detalle su biografía ni a abrir su corazón frente a unas chuletas sobre la hoguera.

En cualquier caso, no hubo opción de comprobarlo porque a la mañana siguiente, cuando hicimos el camino de vuelta desde las cuevas para pasar el día con ellas, nos encontramos todos los acontecimientos trastornados. La madre de Cárdenas había denunciado la desaparición de su hijo a la policía y éste acababa de llamar de buena mañana diciendo que huía en aquel mismo momento hacia Formentera. Paco se enfadó muchísimo, su amiga aún más y a Marta pude ver clarísimamente que la palabra *policía* le provocaba un sobresalto (aunque más tarde descubriría que, si bien la observación era buena, lo equivocado era el nombre que la provocaba). Paco insultó a Cárdenas, a su madre, a sus parientes y luego con un aire de disgusto y disculpa (que yo creo que iba especialmente destinado a mí) se fue a coger el autobús con la idea de alcanzar el primer avión que existiera con dirección a Formentera para intentar arreglar en lo posible el asunto. Pero todos nos temíamos que aunque se reuniesen hombres y genios para conseguir algo semejante, no traerían nada parecido por mucho que se auxiliasen unos a otros.[1] Aquella tarde, mientras él estaba ya en viaje, recogí las cosas que había abandonado en la cueva e inventé la excusa de

1. Corán, 17, 90.

tener que llevarlas a casa de nuestra anfitriona para no sentirme tan miserablemente solo y ridículo en la playa desierta, con aquellas ominosas noticias desplomándose sobre el paisaje.

64

Por lo visto el asunto era bastante grave. La denuncia era firme, lo cual podía llevar a Cárdenas detenido hasta Barcelona porque entonces la mayoría de edad estaba situada todavía en los veintiún años. En el caso de Paco, su familia era mucho más permisiva, pero no querría verse mezclada bajo ningún concepto con la policía. Él disfrutaba de dosis de gran magnanimidad e indiferencia siempre que, eso sí, no se viera mezclado en ninguna infracción grave. Cuando eso sucedía solían reaccionar queriendo desandar el mayor crédito dado, como si pudiera hacerse aplicando mayor fuerza en un sentido contrario. No era extraño que Paco desconfiara: el sabio no pierde mucho tiempo en hablar a un sordo.[1] Al parecer, la escandalosa y neurótica madre de Cárdenas le había mencionado en su denuncia y lo primero que había hecho la autoridad fue una consulta en su domicilio. A mí, afortunadamente, nadie había encontrado necesario mencionarme. Ahora, debido a ese episodio estúpido, su libertad, que ya era difícil en la familia, peligraba. Lo que hacía enfurecer a Paco –estoy seguro– era que, de saber que todo iba a acabar así, se habría ocupado de que al menos fuera por un motivo que valiera la pena. Todo eran conjeturas, todo estaba en el aire. Prolongué al máximo las especulaciones e hipótesis para que se hiciera tarde y poderme excusar de volver a las cuevas, diciendo que sería mejor que durmiera allí mismo en algún rincón de la playa. Dejé mi mochila en el garaje junto a los trastos de Paco y me llevé el saco a la playa para pasar la noche sobre las hamacas de alquiler de los turistas. Antes de dejarlas, Marta propuso que lo mejor sería marcharnos al día siguiente para no

1. Anónimo, *Pamphilus de amore* (siglo XII).

ocasionar problemas con la policía si venían preguntando. Parecía talmente que se le acabara de ocurrir cuando dijo que podíamos acercarnos hasta Formentera a buscarlos. Ella ya conocía la más pequeña de las islas y dijo que además valía la pena que yo la viera. No llegué a pensar si la idea me convenía o no. Sólo supe ver que, por lo menos, el viaje nos tomaría un día o dos, tiempo durante el cual desfilaría ante nosotros nuestra niñez, nos contaríamos las respectivas vidas, yo la vería en sus propias palabras tal como era de pequeña con pecas y trenzas y ella me vería, delgado y delicado, viendo el oscuro patio interior y descubriendo los discos excitantes y la música, y tendríamos todo el tiempo del mundo, y estrecharíamos nuestros lazos de una manera indestructible, y etcétera.

65

Una de las cosas que nos revela más secretos sobre las personas es saber de dónde obtienen su dinero. Estaba claro que Paco no tenía problemas para conseguirlo, porque pudimos saber que había tomado un avión de vuelta a Ibiza y desde allí se había tenido que embarcar hacia Formentera, isla tan pequeña que no tenía aeropuerto. Debería haberle arrancado sus partes a mordiscos,[1] porque a nosotros no nos quedó más remedio que deshacer el camino realizado en barco, lo cual lo hacía inalcanzable y encima fue Marta quien tuvo que pagar los billetes. Quise enseñarle a ella el barco misterioso en que había venido, pero resultó que el de vuelta era muy diferente –un ferry moderno–, y le pregunté entonces si no lo había cogido de ida, pero resultó que había venido en uno muy diferente. No estaba de muy buen humor y me miró como a un bicho raro mientras pretendía describirle mi misterioso viaje. El trayecto nocturno a Ibiza lo pasó casi todo durmiendo. En el muelle, al día siguiente, volvía a estar de su talante habitual y matamos el tiempo,

1. Anónimo, *Jing Ping Mei (El erudito de las carcajadas)* (siglo XIV).

126

hasta la salida de nuestro siguiente barco, charlando de las más diversas cosas, sentados sobre nuestros equipajes en el suelo de la terminal portuaria. Antes de eso, nos acercamos al Mariano para ver si habían pasado por allí Cárdenas o Paco. No conseguimos averiguar nada sobre ellos, pero nos enteramos de que ese fin de semana había una reunión de hippies en un acantilado de Formentera para celebrar el aniversario de un antiguo grupo de rock que había dedicado una canción a la isla. Los dos estuvimos seguros de que, si se les podía encontrar en algún sitio, sería ahí. El resto de la mañana, esperando en la terminal, fue relajado y tranquilo. Marta debía de tener aproximadamente quince o veinte meses más que yo y puede que un par de centímetros más de talla, pero encontraba en su compañía una diferencia de trato abismal con respecto a los amigos que frecuentaba y creo que hacíamos una buena pareja. Hablando con ella, daba la sensación de estar en presencia de una mujer, una hembra completa. El espejo de su femineidad parecía estar sólidamente atado al suelo. El sexo hacía ya tiempo que no me era ajeno, pero no podía dejar de sentir que con Marta esa función biológica debía ir en serio, sin maullidos de gata, galanterías y cortesías delicadas, sino con franqueza directa y absoluta. Me faltaban muchos años todavía para saber que la verdadera franqueza reside precisamente en los maullidos y la cortesía, en decir esas estupideces silvestres, como que estás encerrado en mi corazón y se ha perdido el llavín.[1] Pero por aquel entonces, aceptada esa sensación de igualdad, creo que lo que quería sentir era que, de alguna manera, me ganaba su respeto; quería un poco de soberanía en ese mismo terreno de juego ante ella. Mientras consultábamos algún trámite, era la habitual buena camarada: rápida, voluntariosa, resolutiva, tomando la iniciativa por pura ponderación y sensatez. Entendí perfectamente que se llevara tan bien con Cárdenas. Cuando volvíamos a la terminal, mientras sus piernas largas y delgadas caminaban con flexibilidad y energía dentro de sus vaqueros negros, retornaron de nuevo sus sonrisas

1. Carta de una muchacha a un clérigo escrita en latín alrededor de 1160.

plácidas, desenvueltas y habladoras que había sido lo primero que había visto de ella desde lejos. No desfilaron, como yo esperaba, sus recuerdos de niñez y de ortodoncia, pero en la linterna mágica de sus palabras vi su barrio, su vida del momento y mucho de lo que la rodeaba.

66

Después de comer, cuando faltaba poco para que saliera nuestro barco, Marta, sin dejar de conversar, se puso maquinalmente a arreglarse y refrescarse un poco. Sin cambiar de posición con las piernas cruzadas en el suelo, se quitó la americana, se humedeció la piel con una pequeña botella de colonia y se puso a cepillarse cuidadosa y repetitivamente el pelo mientras mantenía suavemente la conversación. Se dio cuenta de que yo, entre el perezoso y distanciado intercambio de frases, observaba con curiosidad su aseo. No dijo nada ni cambió de conversación. En lugar de su habitual camiseta roja con letras, llevaba una blusa de bordado blanco sin mangas. Cuando se refrescó el cuello y los hombros pude ver su axila, alargada y musculosa, que mostraba los puntos de un depilado bastante antiguo, más oscuros de lo que esperaba para el tono cobrizo de su pelo. Gotas de agua y colonia brillaban (aunque la luz de las cristaleras de la terminal debería haberlo hecho imposible) deslizándose lustrosas sobre aquella superficie. Mientras hablaba, tuvo una sonrisa pensativa y un momento de mirada lejana que señalaba que se había apercibido y que por un momento me ponía en el lugar del hombre. Era un lugar al que, íntimamente, yo me sentía con derecho y que, hasta entonces, nadie por muy bien que me hubiera tratado me había reconocido. Esa sonrisa enigmática hacía como si fuera su mejilla una luna tocada con el crepúsculo que aparece y se oculta; canta y habla.[1] Con una sabiduría sutilísima, antiquísima, impropia de su edad, me comunicaba con un sim-

1. Ibn Rasiq (muerto en Sicilia en 1064), *El turbante y la mejilla.*

128

ple desvío de mirada que éramos camaradas pero que eso no invalidaba dónde estaba el macho y dónde la hembra y que se sentía cómoda con ello. Aquella asertividad, aquel refinamiento de percepciones, provocó que, al recibir esa corriente subterránea de reconocimiento aunque fuera sólo por un instante, me convirtiera para siempre en un adulto al que se le había hecho entrega del fondo carnal que siempre desfilaba por el dorso del mundo humano. Cuando acabó su aseo tardó un momento en levantarse, pero al incorporarse, como si hubiera notado que su infinitesimal pantomima había conseguido un gigantesco efecto, decidió culminarla con el remate que la solidificaba para siempre. En lugar de levantarse bruscamente, como era habitual en ella (siempre en busca de lo siguiente que íbamos a hacer), se incorporó muy despacio, de una manera elástica, estirando el cuello, la espalda y las piernas armoniosamente, como a cámara lenta, haciéndolo sólo para mí, para que la viera deleitándose con su propia flexibilidad y juventud, regalándome sin reservas todo lo que quisiera ver de ella y de nuestro esplendor adolescente. Y entonces sucedió algo maravilloso para mí. Al incorporarme despacio tras ella, con un nítido y total control de cada uno de mis músculos y tendones, cachazudamente, pude notar perfectamente que era más alto, había crecido unos cuantos centímetros e incluso mis músculos abultaban un poco más bajo la camisa mientras mis espaldas se ensanchaban. Sólo bastó que ella, con una voz serena y detenida, me comentara cualquier banalidad cotidiana (que ahora ya no recuerdo cuál fue) para que la tarea estuviera completa. En esa observación naturalísima, la diosa hizo tintinear sus pulseras,[1] compartió conmigo toda la luz de la tarde, la temperatura cálida, el sudor de sus axilas y el hecho de que yo ya fuera, por fin, un hombre que no es necesariamente un enemigo pero aún menos un amigo y, desde luego, ya no un simple camarada. Y luego siguió la vida normal dejando allí detrás al muchacho que se había sentado en el suelo que ya no tenía nada que ver con el hombre que se había puesto en pie.

1. *Kojiki, La conjura de los dos dioses.*

Los acontecimientos posteriores me harían saber que lo que ella había hecho no era otra cosa que comprobar el correcto funcionamiento de sus armas; pero yo ignoraba hasta entonces que pudieran entregarse cosas tan profundas de una manera tan poco complicada. Y ella con su mirada asertiva me decía de una manera silenciosa que aprobaba ese cambio.

67

El tema novelesco del camino de iniciación sentimental va a adquirir ahora toda su inercia, importancia y desarrollo. El pequeño barco a Formentera apenas era más grande que un autobús. Tenía simples bancos corridos enfrentados dentro de una zona central acristalada. El resto era una cubierta paseable bastante estrecha, pero, al ir el barco semivacío, uno se podía asomar a ella con comodidad. La nave se balanceaba con amplias oscilaciones en mar abierto. Atemorizado de marearme y perder toda la dignidad recién adquirida, me quedé muy quieto. En un momento de la travesía, la costa de Ibiza desapareció a nuestras espaldas y de nuestra isla de destino aún no se veía nada, con lo cual nos encontramos rodeados de agua por todas partes. El cielo se estaba nublando. El barco azul, las aguas de color metal y el aire gris oscurecían el panorama resplandeciente con el que habíamos salido de Ibiza. No hablamos mucho durante el viaje pero sintonizamos en casi todo, aunque la verdad es que yo dedicaba la mayor parte de mis fuerzas a que el mareo no me venciera. Sabía que a ella le preocupaban como a mí las gotas aisladas y tibias que empezaban a caer. Una lluvia suave diluía el horizonte despejado;[1] el mal tiempo no había entrado en nuestros planes y podía complicarnos mucho las cosas.

Cuando llegamos a Formentera, llovía abiertamente. La travesía había durado poco, de lo cual me alegré porque no sé si

1. Abu Tammam (primera dinastía abasí), *Antítesis*.

130

habría resistido mucho más sin sucumbir al mareo. Era una somnolencia dulce, aireada, fresca, pero que dejaba la cabeza pesada y los músculos flojos. No necesariamente una sensación desagradable pero muy entorpecedora. La lluvia arreciaba como una especie de cortina cálida que no cedía. Las cosas empezaban a torcerse. En cuanto estuvimos listos para el desembarco, Marta dijo que la esperaban en otra parte. Tenía amigos que estaban al corriente de su próxima llegada e iba a buscarlos. No perdí de vista que en ningún momento me pidió consejo sobre su decisión ni me preguntó qué haría, solo se interesó por saber si sería capaz de llegar por mi cuenta hasta La Mola. ¿Qué iba a contestar yo? Mi nuevo estatus no contemplaba que se tuvieran que preocupar por mí, sino al contrario. Me había entregado mi hombría sin tocarme y ahora me dejaba sólo. ¿Qué podía hacer? No fui zahorí de su amor, ni sabía si lo conseguiría.[1] Decidí que lo primordial era ponerme a la tarea de cruzar la isla si es que quería llegar a tiempo a nuestra cita en el otro extremo.

La isla de Formentera consistía básicamente en dos extremos de terreno, más o menos circulares o cuadrangulares, unidos por una estrecha franja de tierra que atravesaba una única carretera rodeada de campos y playas. Tras informarme, supe que El Pilar de La Mola se encontraba, cómo no, en el extremo opuesto de donde me encontraba. En la zona que en los mapas parecía más colonizada, existían un par de poblaciones con nombres de santos, y en el otro extremo, apenas un núcleo de población en una meseta. Al final de ella, se encontraba un faro que miraba hacia el mar de Levante. Ése era el lugar de la cita.

Eché a andar por la carretera con la intención de avanzar todo lo posible aquel día, mientras hacía la señal de autostop a todo vehículo que se acercara. Dejó de llover y desaparecieron las nubes. Al cabo de una hora, sólo habían pasado una docena coches, ninguno con intención de dejarme subir en ellos. No pensé ni un momento en desistir. En una isla tan pequeña era sólo cuestión de tiempo tropezarme con Cárdenas o Paco. Sólo

1. Cercamon, *Quant l'aura doussa s'amarzis.*

me detuve una vez en un solitario bar de carretera para invertir parte del poco dinero que me quedaba en una cerveza y una bolsa de patatas.

Hubiera debido dedicarme a disfrutar del perfume del mar cercano, del calor templado rozando la piel, del suave ritmo de monte bajo mecido por la brisa o del zumbido hipnótico y tranquilizador de los insectos que sesteaban. Sin embargo, sólo me fijé en que mientras consumía mis patatas en silencio, nadie, ni siquiera el camarero, consideró necesario dirigirme en ningún momento la palabra. En todo ese lapso de tiempo, tampoco entró nadie en el bar.

Seguí caminando por la carretera achicharrada bajo el sol levantando maquinalmente el pulgar. Me disponía a sostener la guerra contra el camino y contra el sufrimiento.[1] Entonces, se detuvo un motorista alemán de larga melena rubia, un tipo delgado y chupado, con una cazadora roja y un bigote amarillento, que me hizo subir en el sillín de su moto. Fue la primera persona que me habló después de horas de haber llegado a la isla. Le expliqué adónde iba, deduciendo de una manera optimista a causa de su melena que iba a comprenderme. Él asintió y partimos. Puesto que era la época en que el casco todavía no era obligatorio, seguimos intentando comunicarnos aún en marcha. Él hablaba mucho, pero en un español tan malo que no se le entendía nada. Tomó una desviación en el siguiente cruce de carreteras y luego otra, y otra, y yo empecé a dudar que realmente hubiera entendido lo que le había dicho sobre dónde me dirigía. Juzgué sin embargo que, con una mochila en la espalda y sin casco, no era lo más oportuno saltar en marcha de una motocicleta.

Conducía muy rápido, pero también con certeza y seguridad: lo mejor de ambos mundos. Hablando nuestro idioma, sin embargo, era un monstruo feroz que lo trituraba de una manera ininteligible. Me guió hasta una taberna donde cambiamos el español incomprensible por un inglés lamentable. A través de ese sistema de comunicación, que al menos resultaba descifrable,

1. Dante, *Divina comedia*.

me dijo que parábamos allí para beber, charlar y conocernos un poco mejor. Bebí un poco con él y le dije que me tenía que marchar, pero no me lo permitió. Llegaron más motoristas alemanes acompañados de dos treintañonas morenas que hablaban perfectamente el español (una con un acento que a mí me pareció una especie de resto latinoamericano) y me puse a hablar con las chicas porque ellos, la verdad, me daban un poco de miedo. Les dije que acababa de llegar a la isla y conté superficialmente lo que me traía allí. Lo hice estilizando la imagen de mis compañeros con alguna oportuna elipsis (por ejemplo los últimos suspensos de Cárdenas en lengua española y pretecnología) para que pareciéramos, de lejos y a oscuras, algo similar a unos contrabandistas. Intenté marcharme de nuevo (aunque ya no tenía tantas ganas), pero la más alta de ellas me convenció de que tomara una copa más de ginebra a palo seco. Ginebra muy fría, quizá con hielo, no recuerdo exactamente. Bebiendo con ella me empezó a parecer que era guapa y elegante, lo cual se mezclaba con un olor terso y dulzón que salía más o menos de donde tenía un collar sobre el escote. Asomaba por la abertura de una chaqueta corta que debía de ser de cuero sintético o de piel muy pulimentada, no sabría decir. Lo que sí sé decir, porque lo recuerdo con todo detalle, es que la mezcla de los dos olores me devolvía a una dulzura de infancia lactante, una dulzura de estirar los músculos y desperezarse sonriente y perezosamente, como embriagado a causa de un narcótico que parecía poder segregar mis propios músculos y mi piel. Mis emociones desprendían un perfume tan fuerte que se me estaba subiendo a la cabeza y ya no sabía dónde terminaba la ironía y dónde empezaba el cielo.[1]

68

Había perdido ya totalmente la noción del tiempo mientras el bar se llenaba de gente, cuando volví a recordar que te-

1. Heinrich Heine, *Cuadros de viaje.*

nía que marcharme. Pero en ese justo momento mi talante, que había ido girando alegremente hacia lo desprendido, me hizo pensar que sería un abuso por mi parte dejar despreocupadamente la cuenta en manos de aquellas damas y caballeros que habían sido tan gentiles conmigo invitándome a beber, charlar y conocernos. Precedido por una bola de gas digestivo que subió por mi esófago para liberarse de una manera decepcionante por las comisuras de los labios, llegué hasta la barra. Cuando me aferré al borde de ésta, el tacto de la madera y del metal, con su presencia sólida y real, le dijeron a mi cerebro que yo no tenía ni un duro como para llevar a buen puerto mi proyecto de pagar ninguna consumición. Me quedé quieto, pensando a cámara lenta con las más variadas distorsiones. Entonces apareció a mi lado la otra amiga de los motoristas. Le sonreí tontamente. Ella estaba pidiendo la llave de los lavabos, que, por lo visto, en aquel local se conservaban cerrados. Era un poco más baja que su amiga pero vestía de manera parecida. Tenía unas formas más redondas y una mirada más inexpresiva, pero con unas pestañas más largas y carnosas. Mientras esperábamos la llave, me contó que diseñaba joyas con las piedras que recogía en la playa. Las pintaba, adornaba y pulimentaba. Luego les ponía un cordoncito. Todo con elementos naturales de la tierra autóctona, me dijo. Las vendía en su casa y ahora iba a presentar una nueva colección. Yo dije que sí. No sé cuánto rato estuvimos hablando de eso. Tómate otro Pisco. Abrasa pero hace llorar. ¡Fuego, agua![1]

Cuando por fin recibió la llave, pensé que sería mejor que yo también pasara por los lavabos antes de marcharme; más que nada, para deshacerme de aquel estado nebuloso en que me encontraba vertiéndolo por el desagüe del primer inodoro que se me pusiera a mano. Me pareció lo más natural caminar junto a alguien y así, de paso, me quité de en medio justo cuando el barman ya se dirigía hacia mí para preguntarme qué improbable proyecto me había llevado a reclamar su atención.

1. Al-Tutili, *Poemas*.

Cuando entramos por el pasillo de los lavabos, ella delante, yo detrás, volvió brevemente dos veces la cabeza hacia a mí, lo justo para llevarme a pensar por primera vez si mi presencia no podía ser malinterpretada. No me dio tiempo a reflexionar más porque, al girar la siguiente esquina, resultó que aquello no era ya un pasillo, sino el interior de uno de los lavabos de señoras y la pequeña motorista joyera se estaba apretando contra mi pecho riendo quedamente, de una manera tan tonta como yo, tambaleándonos de una forma que el propio peso de nuestros cuerpos cerró la puerta. Pensé en proponer jocosas disculpas, pero las maniobras de ella, metafísicamente muy concretas, me hicieron recordar la primera lección de la academia socrática, en la que enseñaban a los alumnos a callarse la boca. No sé si ése sería el método que usaban en la antigua Grecia, pero ella lo consiguió apretando sus labios sobre los míos. Al encontrar una pequeña punta de fresa traviesa dentro de mi boca deduje que era improbable que hubiera tropezado con tal mala fortuna que su lengua hubiera caído allí dentro. Por tanto, me estaba besando. Me desabrochó despacio algunos botones superiores de la camisa y jugó con sus manos pequeñas por mi pecho hasta deslizarlas hacia mi cintura por la espalda, bajo el tejido. Seguro que me voy a exceder con los adjetivos, pero espero que se comprenda, dado el contexto. Primero, pensé en una canción de Adamo. En segundo lugar, noté sus manos frías sobre mis nalgas y pensé, no sin cierto escándalo agradecido, que me estaba tocando el culo. Luego, en tercer lugar, pensé en nácar y todo eso, pero ya se agachaba, bajaba hasta mi cintura y me desabrochaba con habilidad los botones de mis Levi's. Ensanchando el tejido hacia los lados, pasó la punta de la lengua diminuta por la pequeña raya que divide el glande (una higiénica cereza, minúscula y mojada en aquel momento) y, extrayéndolo, acarició suavemente con tres o cuatro dedos frescos la bolsa del escroto. Desde luego, dentro de mis puertas hay toda clase de frutos.[1]

1. Biblia, *Cantar de los cantares.*

Supongo que se entenderá que evite usar palabras ridículas como miembro, verga, mástil o tecnicismos como pene o falo (silbidos y abucheos). Las mujeres son un agujerito, los hombres un palito y ya no sé más. El cerebro se ha ido a otra parte. Ese telescópico miembro (he dicho que no lo haría) que se extendía ahora lleno de vida, táctil, fuerte, ciego pero empecinado, poco tenía que ver con el apéndice travieso y más o menos erecto (sí, lo sé, lo siento, una simple licencia poética) que salivaba dentro de mi ropa interior cuando las chicas de mi adolescencia bailaban conmigo adaptando a él su pelvis (una linda lira de hueso) o introduciendo dos dedos por la cintura del vaquero para tocar hábilmente con sus yemas la punta de cabeza de seta.

La muchacha motorista, que tan delicada parecía, no se conducía precisamente con delicadeza. Dada la previsible situación de mi paquete testicular, fue de lo más directa: besos en la cabeza del glande con los labios en forma de copa, caricias en forma y tacto de pétalos de flor y, de pronto, todo ese pequeño corazón aterciopelado y creciente ya estaba dentro de su boca y se adaptaba perfectamente a aquella hendidura expresiva y cálida. El habitualmente triste y arrugado cilindro de carne había adoptado una lisura admirable, un color marfileño en contraste con el carmesí de la punta. Sobre esa rectitud y solidez, dulce y gloriosa, ella quiso que sus labios avanzaran y retrocedieran con una frecuencia tan intensa que parecía el ímpetu feliz de los juegos de los niños. Acompañaban el vaivén unas pestañas largas, muy bonitas, cariñosas y reconfortantes, cuyas posibilidades hasta aquel momento no me había puesto a valorar con detenimiento. Intenté no perder detalle, como quien ve un documental de especies alienígenas. El resto de mi vida, sin duda, día y noche, mis genitales estarán tibios siempre.[1] Desde mi ángulo de visión, me di cuenta también de lo atrayentes que resultaban sus pómulos en esa posición de succión y cuánto se parecían entonces a los de su amiga. Sólo entonces detecté unas

1. Kiji Kitani, *De día y de noche.*

pequeñas pecas blancas sobre ellos. El divorcio entre mi cerebro habitual (este que mira, admira, observa y guarda en el recuerdo) y una especie de fuegos artificiales sanguíneos que estallaban dentro de él fue creciendo. Hasta que llegó un momento en que mi cabeza, los ojos e incluso creo que las cuencas y los globos que se encontraban dentro, giraron todos hasta el techo. Y entonces las neuronas simplemente se fueron de francachela.

69

A vosotros, lectores, mis desconocidos soñadores en el momento en que escribo esto: ¿acaso no creéis que por los siglos de los siglos existirán pequeñas hembras de la raza humana inclinándose sobre sus jóvenes amantes para lamerles, besarles, queriendo deglutir en su interior sus vísceras mientras ellos buscan acomodo para la palma de la mano ahuecada en la pequeña hendidura cálida de carne y amor palpitante? Feministas del mundo, escuchad: se puede amar, total, absolutamente, durante una fracción de segundo. Y es que en ese momento, en esa milésima centesimal, yo la amaba, oh sí, cómo la amaba. ¿Hay acaso algún paraíso que no sea el amor?[1] Como ella aumentaba la frecuencia y velocidad de sus embates sobre mi polla (no sé si la chupaba, la absorbía, la mordía o le daba lametones, porque a veces desaparecía por completo dentro de su boca y no sé nada de lo que sucedía allí dentro), supuse que el desenlace estaba cercano, desconocedor de mi propia fuerza y resistencia en ese tipo de casos. Sólo por una simple proporción visual deducía que todo aquello debía de deslizarse en su interior hasta lugares cariñosos y hospitalarios que lo recibían y se adaptaban. Pero, de pronto, unos golpes en la puerta y un violento y considerable escándalo al otro lado hicieron que el divorcio entre mi cerebro y la biología instintiva se interrumpiera. Por primera vez, entre perplejo y asustado, tuve la bendición del

1. Anónimo, *Rondeaux francés* (siglo XIII).

genio, la gracia, la sutileza y la circunspección poética del verdadero amante. Pude contemplarla durante un momento mientras ella, con la cabeza girada hacia la puerta, escuchaba, con mi polla durísima atrapada en el puño infantil de su mano, paralela al suelo, cercana a su mejilla. Posé suavemente mi mano sobre su cabeza (y su pelo alborotado no muy limpio y con olor a sal de algún baño matutino en el mar) rozándola con una santidad táctil de espíritu. Los golpes en la puerta se interrumpieron tan de golpe como habían empezado. Pensé que ya no quedaba nadie en el pasillo, pero todavía durante un rato se oyó una voz masculina baja, quejumbrosa, que parecía de un joven o casi de una mujer preguntando algo en un idioma extranjero. Luego paraba y, al cabo de un rato, se la volvía a oír espaciadamente, cada vez más blanda e inaudible. Al final cesó y un silencio de camposanto era todo lo que nos llegaba del pasillo. Ella giró la cabeza hacia arriba y me miró a los ojos y entonces, dándose cuenta de que todo ello me había desconcentrado lo bastante como para retrasar el final pero no como para perder ni un centímetro de lo ganado, sonrió.

El efecto combinado de ver sus ojos mirando directamente a los míos, con una sonrisa acogedora, mientras mantenía con decisión en su puño esa parte crecida de mi cuerpo, hizo que saltara como un muelle frenético que se lanza hacia una zambullida de labio salivar, caricia fragante, frescor visual y músculo carnoso brillante, activo y refrescado. Bailemos ahora, y quien sea hermosa como vosotras, vendrá a bailar.[1] O sea, que la arranqué del suelo y sin moverme de mi apoyo en la pared (mi sentido del equilibrio seguía siendo precario) la senté bruscamente encima de mí en esa posición que llaman «de parado» en los folletines psicalípticos porteños. Fue una suerte que, bajo la chaqueta, llevara un vestido negro de verano hasta medio muslo y que no encontrara más que blandas y someras barreras textiles debajo, porque creo que mi temperatura habría derretido en un infierno de sustancias sintéticas y carne quemada

1. Joan Zorro, *Canción de danza para muchachas.*

todo lo que hubiera encontrado. Fue un golpe tan brusco de entrada, tan obstinado y rabioso en su manera de abrirse camino, que emitimos ambos una larga queja de liberación y todo había terminado para los dos en el mismo momento, aunque de maneras muy diferentes. Cuatro pupilas miraban el techo del lavabo, inmovilizadas, y luego, cuando reaccionamos, nos las repartimos a partes iguales, para cada uno las suyas. Descendimos, salimos del cubículo y fumamos un cigarrillo en el pasadizo, mirándonos sonrientes, explorándonos, espiando la expresión del otro entre beso y beso.

70

Me hubiera quedado allí para siempre, porque ya me imaginaba dando el salto hacia los fuera de la ley, corriendo de un lado a otro en motocicleta con la melena al viento, teniendo lo que yo creía como valor moral de ignorar las leyes de los hombres, para hacerlas a mi medida cuando ya casi tus greyes enteras las siguen por todas partes de la tierra.[1] Pero a medida que se consumía el segundo cigarrillo y estaba clara la obligación de volver al salón del bar, me vino la idea de que, bien mirado, maldita la gracia correr de un lado a otro en una isla de tan pocos metros cuadrados cuando quizá, en cuanto cruzara aterrorizado el umbral de los lavabos, caerían sobre mí el novio, el padre, los hermanos, los hijos y bebés *hell angels* de la chica morena para partirme la cabeza por haber deshonrado a su novia, madre, hija, hermana de cuero negro o tienda cara, no sé bien, porque aún no sabía distinguirlo. Quizá fueran ellos los que habían estado golpeando la puerta: el novio, el marido, el padre motorista de la muchacha que mide dos metros, tiene cien años y un solo ojo. Qué muerte más triste, a manos de teutones motorizados. Cadenas, puños de hierro, dientes triturados, encías con astillas de hueso clavadas, mutaciones infor-

1. San Agustín, *Confesiones*.

mes, muñones tumefactos y pulpa sanguínea. Tenía todo el vello del cuerpo erizado pero aún no sé por cuál de los estímulos.
Así que decidí irme a pie, que es una manera más modesta, más
detenidamente administrada, de ser rebelde, pero, desde luego,
más prolongada y seria según opiné en aquel momento (creo
yo que de una manera razonada y sensata).

La muchacha cruzó a mi lado el bar hasta llegar a donde
estaba mi mochila y, mientras ella se sentaba, yo me despedí
con una palmada rápida sobre el hombro del rubio que me había llevado hasta allí. Me miró con un dolor feroz, no como si le
hubiera robado algo suyo o me hubiera reído de él, sino como
si le hubiera hecho una especie de desprecio o tuviera el hombro quemado por el sol. Zigzagueé entre la gente hasta la puerta, evitando mirar a la otra chica o a sus compañeros. Al salir a
la calle me di cuenta por primera vez de que las motos alinea-
das frente a la acera no eran grandes Harley-Davidson sino
ligeras máquinas de todo terreno. Caminé hasta la salida de
aquel pequeño núcleo urbano sin saber dónde me encontraba,
y cuando conseguí volver al camino, pensé que ya nada podría
ir bien porque aquel episodio me había dejado desquiciado,
como un reloj que ya no camina parejo. Como si los acontecimientos que me fueran a ocurrir a partir de aquel momento se
hallaran condenados a estar fuera de ritmo. Bien mirado, no
había indicios objetivos para pensar de una manera tan pesi-
mista, porque mi salida del bar había estado muy bien medida.
Al fin y al cabo, no sabía cómo consideraban estos episodios
aquella gente, pero era mejor no quedarse a averiguarlo no fueran a partirme algún hueso o buscar pelea. Si ésa hubiera sido
su intención, desde luego no les había dado tiempo a reaccionar o pensárselo mucho. Luego todo se olvida. Podía estar orgulloso. Era un simple que no tenía más que cordura.[1] Me había conducido francamente bien, me dije, justo cuando oí un
motor detrás de mí y el rubio se paró a mi lado con su montura
ordenándome de nuevo que subiera.

1. Vishnú Sharma, *Panchatantra*.

Me sentí paralizado pero no me atreví a contradecirle. Arrancó de nuevo, tomó varias bifurcaciones llevándome aterrorizado por el estruendo agudo del escape, pensando que me trasladaba a algún lugar incierto y olvidado para acabar conmigo a sus anchas. Finalmente paró a la altura de una docena de casas de ladrillo y aproveché para bajar con la mochila a la espalda. Entonces me dijo que él se quedaba allí y me señaló una carretera que pasaba en diagonal. Se despidió con un gesto a modo de saludo, puso la moto en movimiento y se fue.

71

Quizá sí que nos habíamos entendido más de lo que creí, porque, al poco de caminar por la carretera, el asfalto empezó a subir y la pendiente a ser más pronunciada. Había momentos en que se veía el mar a ambos lados de la estrecha franja de tierra. A medida que la carretera subía, la franja de tierra se ensanchaba y se perdía esa amplitud visual del azul marítimo. Me di cuenta de que probablemente me había dejado cerca del Pilar de La Mola. Seguí caminando mientras la claridad declinaba. Cuando el sol desapareció, una luz gris plomo se apoderó de todo. A los lados, el mar se alejaba y la tierra se ensanchaba creando vericuetos de roca y fragmentos de vegetación apaisada. La carretera serpenteaba subiendo por ese paisaje. Cuando la oscuridad lo empezó a envolver todo, el paraje adquirió una lobreguez vagamente lunar. En el sonido de la campana de un monasterio lejano resonaba la caducidad de todas las cosas.[1] Cada vez que oía un motor por la carretera, me detenía por un momento a escuchar con la cabeza ladeada. Sabía distinguir perfectamente entre el ruido de un coche y una o varias motocicletas. Me había quedado un temor remoto y desconfiado de los motoristas alemanes. Algo impensable y ridículamente impronunciable, como si me fueran a asesinar a

1. Anónimo japonés, *Heike Monogatari*.

traición, quemar mi cuerpo y hacer desaparecer los restos pulverizándolos en el mar o bien enterrándolos en una isla de dos palmos absolutamente controlada por un pequeño destacamento de la Guardia Civil. Puede que eso fuera lo que hacían los motoristas del infierno (alemanes o no) cuando te practicaban felaciones sus angélicas hermanas. O quizá eso era lo que hacían los alemanes (motoristas o no) con los muchachos morenos más pequeños y delgados que no acertaban las palabras exactas. Quizá eso explicara el triunfo de Hitler y sus campos de exterminio, qué sé yo.

De cualquier manera, lo que oía a mis espaldas era el motor de un utilitario de poca cilindrada, sufriendo para remontar la subida. Pensé que, gracias a sus faros, iba a poder ver todo aquel paisaje de algarrobos al fin coloreado. Los faros me iluminaron al final de una recta en subida y una masa oscura me adelantó. Poco después, pasó otro coche y, luego, un tercero. El siguiente paró sin que yo le hubiera hecho ninguna señal y desde dentro, cuando me acercaba a él, me llamaron voces y un tumulto de brazos y piernas. Era un automóvil sin puertas, pequeño y amarillo, con capota de lona. Me asomé a él y vi caras amistosas en una semioscuridad de la que emergieron las facciones de Marta para decirme que les había hecho parar porque me había reconocido y que estaba muy contenta de que hubiera acudido a la cita. Me acomodé sobre las rodillas de alguien en un asiento trasero ya repleto. Ella era la única hembra dentro del coche y les explicó a todos quién era yo y de dónde venía. El conductor, que era del lugar, preguntó si yo había estado en Madrid y de qué conocía a Marta. Un copiloto barbudo y con gafas de sol se interesó también por si llevaba mucho tiempo en las islas. Marta contestaba a todo por mí y les felicitó por que me hubieran encontrado. No digas –respondió el primero– «hemos encontrado», sino «has encontrado».[1] Yo asentí a todo, malamente encajado y con la mochila sobre el abdomen. Parecía que las expectativas cambiaban de nuevo y tomaban un

1. Esopo, *Los viandantes y el hacha*.

color estridente parecido al amarillo del coche o al verde risueño de las algarrobas que sin madurar colgaban de los árboles. La carretera lo confirmaba virando hacia un mejor asfalto, las curvas se suavizaban y, tras aquella subida enloquecida y mal iluminada, flanqueada de retorcidos algarrobos selenitas y otros fantasmas, empecé a imaginar que quizá se daría una inflexión y que bajaríamos suavemente hacia una bahía llena de pinos y palmeras. Un lugar calmo, que albergara pequeñas poblaciones con puntos de luz, civilizadamente repartidos, rielando sobre las aguas remansadas de pequeñas bahías arenosas. Pero, en lugar de eso, la pendiente, las curvas, las piteras y los algarrobos desaparecieron bruscamente y avanzamos en línea recta por una llanura pelada. Giramos al lado de una siniestra casa de piedra que acompañaba al único grupo de árboles a la vista. Al final de la carretera, fuimos a dar a una explanada, pura desolación de roca y aire, a cierta altura. Ante nosotros, sólo se detectaba cielo oscuro y mar feroz rasgueando la piedra en algún lugar cercano. De vez en cuando, un haz de luz espectral hendía la superficie creando sombras sin matices, encogedoras del ánimo, como en una pantalla demasiado cercana. Detuvimos el coche y el motor fue silenciado. Sólo entonces vi que se acercaban a oscuras, de una manera que a mí me pareció cauta, otras figuras humanas.

72

Las figuras resultaron ser gente de nuestra edad. Se dirigían a una masía cercana a comprar víveres y, por como nos saludaron, conocían ya a los ocupantes del coche y a Marta. Ella me presentó a algunos, pero apenas les pude ver las caras. Creí reconocer a algunos de los argentinos de Ibiza, a los que saludé, aunque nadie pareció hacerme demasiado caso ni mostrarse muy excitado por mi presencia. Marta no preguntó por Cárdenas o Valls (parecía tener la atención en otros asuntos), y eso me hizo sentir como si fuera ridículo hacerlo, aunque deseaba que

143

hubiera soplado un viento favorable que les permitiera llegar el día previsto.[1] Nos indicaron el lugar de la reunión y bajamos hacia él por un camino ancho y pedregoso que discurría paralelo al acantilado por su parte exterior. El estruendo remoto de olas golpeando contra roca más abajo hacía pensar en un abismo vertiginoso. Probablemente, a la luz del día, bendecido por el sol y por un horizonte azul y llano, todo se vería diferente, pero en aquel momento el muro de oscuridad en lo único que invitaba a pensar era en sacrificios humanos. Las siluetas desconocidas y silenciosas de mis acompañantes rompían la siempre necesaria ilusión de compañía, de cordial interés. Incluso el aire estaba contra aquellos hippies inofensivos: todo lo que era brisa plácida en las resguardadas calas menorquinas, aquí era viento cortado con violencia por los acantilados. El aire racheado revolvía el cabello de una manera muy narcisista, pero también hacía bailar la llama de las velas en la gruta a la que llegamos al final del camino, provocando sombras grotescas e inquietantes en sus paredes. Esa fluorescencia, que en las plácidas cuevas menorquinas era serena y cálida, aquí decantaba una calidad tenebrosa.

La cueva era de techo abovedado, mucho más amplia y profunda que las de Ibiza o Menorca. Estaba situada en un punto elevado al principio de la ladera y el paso de los años había dejado su huella.[2] En el interior, encontré mucha gente circulando en torno a pequeñas hogueras recién encendidas. Muchos provenían, al parecer, de las islas de alrededor. Vi a algunos de los habituales del Mariano, pero a nadie cercano o conocido, fuera de Paulo, que, formidable y musculoso como siempre, estaba hablando en medio de un grupo y que no me saludó siquiera. No me debía de haber visto. Probablemente nunca me había visto. No sé por qué, pero necesitaba más que nunca que mis preocupaciones, miedos o desgracias no cayeran en la pura indiferencia. Había perdido de vista a Marta, y el grupo se ha-

1. Anónimo japonés. *Heike Monogatari.*
2. Al-Nabiga al-Dubyani, *Musallaqa. Dal, basit.*

bía desgajado desde el mismo instante en que entramos en la cueva. Di una vuelta, curioseando, hasta que encontré un lugar que parecía adecuado para reposar mi mochila. Las conversaciones que oía aquí y allá eran insustanciales, centradas en cómo el mundialmente conocido grupo de rock había compuesto allí la famosa canción, una canción que yo no había escuchado nunca. No me había alejado demasiado de la entrada de la cueva cuando, por esa zona, se oyó un grito de alegría y volví a ver a Marta, que entraba entonces en la cueva con el rostro iluminado. Corría hacia Paulo, saludándolo festiva. Tirando su saco a un lado, cogió carrerilla y, gritando juguetona, dio un salto para que la recogiera en sus brazos. El espectacular sistema locomotriz del coloso se puso en marcha y la recibió al vuelo, a pie firme, cuando ella impactaba sobre su cintura con las piernas separadas. Quedaron por un momento enroscados como serpientes. El argentino, un poco azorado, la abrazaba con palabras zalameras y yo no perdía de vista ese punto en que el uno se ensilla en el otro,[1] pelvis contra pelvis; dos liras de hueso juvenil saludándose en un columpio celestial. Risas, alegría, jolgorio. La mayoría de los asistentes no sabían quién era la pareja, pero recibieron la escena con una sonrisa porque esa efervescencia provocativa, esa procacidad de buena ley, supongo que era lo mínimo que se esperaba de ser hippie.

73

No recuerdo si tomé alguna dosis de LSD aquella noche. No habría sido raro. Las consumíamos juntos en las playas de Menorca Paco, Cárdenas y yo. Eran noches tranquilas, contemplando visiones provocadas por nuestro propio cerebro, disfrutando sin miedo de ellas y de las posibilidades de nuestros mecanismos mentales. En esas ocasiones, sintiéndome plácidamente acompañado, descubría las fantasías que habitan encaja-

---

1. Grimoart, *Lanquan lo temps renovelha.*

das en nuestro casco de hueso. Averiguaba también que razón e instinto no son todo en nosotros (so, Platón, quieto ahí, potro indomable; media vuelta), sino que también empuja la emoción. Pero allí, en Formentera, la negrura de la noche, la vulgaridad grisácea y marrón de los acantilados, la desolación lunar sin vegetación, se impuso sobre los pantalones vaqueros, las camisas floreadas o bordadas y las camisetas de vivos colores. Me sentí envuelto por un vaho de pesadilla. Incluso la luz lunar, aquel satélite que tanto nos había hecho soñar desde niños, parecía deslucida, trémula, deshilachada. Nadie podía haber compuesto allí ninguna canción. Ningún tipo de inspiración podía extraerse de aquellas piedras áridas, drásticas, impermeables y rígidas. Había mucha gente pero yo no conocía a nadie. Vociferaban, además, como barbudos furiosos. Había pocas muchachas y las que encontraba tenían una expresión feroz, desconfiada. Los intentos de hacer nuevos amigos fueron vanos. Cualquier charla que intentaba entablar con desconocidos se mantenía a duras penas en el plano de las cosas desdibujadas, pero en cuanto se concretaba alguna disparidad, ésta agotaba la conversación. Tan sólo vivo cuando chocan las espadas y la boca se me llena de música disoluta,[1] pero allí tenía la sensación de estar entre buitres que sólo pretendían aprovecharse de mí en algo inconcreto. Estaba rodeado de bebidas traídas en bolsas de plástico, arquitecturas con papel de fumar, música aquí y allá saliendo de casetes a pilas distorsionados por el esfuerzo al que se los sometía y por los ecos propios de la piedra, todo adornado con mochilas por los rincones y sacos de dormir arrugados. Busqué a Paco o a Cárdenas, pero no encontré ningún rastro de ellos. Me mantenía en un estado de esperanza verosímil, diciéndome a mí mismo que quizá algo podía haberles retrasado. Pero, a medida que fue avanzando la noche, tuve que convencerme de que no iba a reencontrarme con mis camaradas.

1. Ezra Pound, *Sestina: Altaforte.*

74

A la vez, se hizo evidente que también algo marchaba mal para Marta. En el grupo en el que estaba se veía a Paulo, que parecía borracho, levantando la voz, con ceño malhumorado, altivo y despectivo. Marta, tan zanquilarga, desde su altura de reina callejera, de monarca del barrio, daba vueltas en su torno, a cierta distancia, intentando encararlo, presa de gran disgusto, mientras él le volvía la espalda y le evitaba la mirada. Estaba muy nerviosa, con el ánimo vidrioso, y aunque conservaba con grandes esfuerzos cierta altura regia, la mantenía a duras penas, con una expresión devastada y una situación mental indiscernible y enigmática. No sé qué habría pasado entre ellos. Tampoco sabía si habían tomado algo. Ella se veía muy tensa, deshecha, lamentablemente deshuesada. Eran evidentes sus esfuerzos por no perder el control o, por lo menos, la convicción de que lo tenía, aterrada por el sueño que estaba soñando. Parecía al borde del llanto. La situación era demasiado tensa como para inmiscuirme, pero me arrimé al grupo de los argentinos por si podía averiguar algo. Estaban todos muy callados, como consternados. Pasó un momento y por el rabillo del ojo vi a Marta, muy desquiciada, inhabitualmente sumisa, acercándose a Paulo mientras éste la despreciaba. La alegría había desaparecido de ella para ocupar su lugar algo parecido a la desesperación. Era una desesperación felina, histérica; flexible en sus movimientos pero temblorosa, desbordada de emociones. Bajo esa luz, Marta aparecía instantáneamente vieja, arrugada, mucho más alta todavía que él pero avejentada, sin esperanza. Me di la vuelta y me alejé para no ser testigo de esa mutación deplorable, más cuando había estado con ella en tan escondidos sitios como los que habíamos estado.[1] Ese recuerdo cercano me arrojaba ya definitivamente a

1. Fragmento de un alba anónima escrita en los espacios en blanco de las contratas y testamentos de Bolonia. Recogida por el notario Nicholaus Phylippi en 1286.

contemplar el espectáculo del fin del mundo desde los acantilados. El Finis Terrae.

De lejos, al girar por última vez la cabeza, pude ver finalmente cómo se desinflaba, aislándose desconsolada, sacudida por hipidos amargos –muy parecidos a los sollozos–, entre las sombras de las estancias de la cueva. Pienso ahora que debí haber intentado tranquilizarla, pero estaba seguro de que ella no me veía en ese papel, ni yo tampoco. Nunca tuve ninguna noticia más de Marta, ni volví a encontrármela en ningún lugar. No sé qué habrá sido de ella. Allí mismo, sobre las cuevas del acantilado, tuve un momento de desorientación, como una sensación de inminencia terrible, sucia, allí donde ya se ven para siempre los confines del universo futuro. En ese exacto lugar donde se oye el estruendo remoto del mar, que hace temblar todo en las mentes, y que va a ser mucho más eterno que nosotros.

75

Estamos ya en la semana siguiente. En el penoso regreso, cruzando Formentera a pie, tuve noticia de un pequeño bar de playa, en la franja estrecha de la isla, donde había sido visto Cárdenas. No encontré allí a mi amigo, pero me dieron trabajo durante el fin de semana y pude pagarme el viaje a Menorca, donde puse mi amor en otra amistad más cercana, que me fue dulce.[1] Entablé buena relación con Amelia, nuestra guía en Menorca, cuya generosidad, al verme volver tan desconcertado, prolongó mis vacaciones unos días. Pasamos mañanas estirados sobre la arena con la lasitud provocada por las noches junto a la hoguera. No me importó ser el sustituto y sucesor de Paco, algo que resultó sencillo y natural porque se estableció entre nosotros una complicidad desprendida que, con teléfono y medios a nuestra disposición, se tradujo en intentar localizar y ayudar a nuestros amigos. Terminamos descubriendo que, final-

1. Bernart Martí, *Bel m'es lai latz la fontana.*

148

mente, habían sido devueltos por la policía a Barcelona; Cárdenas escoltado, y Paco, que lo había localizado, como simple acompañante. Mi vuelta a Barcelona se resolvió rápidamente. La generosidad de Amelia financió un viaje en avión que, pícaramente, ella hizo coincidir con el suyo cuando debía reincorporarse a sus estudios. Ver a su lado las islas allá abajo, posadas en el azul verdoso, mientras volábamos suavemente con un zumbido imperceptible en los oídos, enjugó un poco el agridulce sabor de aquellos días. No todos los seres perciben las montañas y las aguas de la misma manera. Algunos ven el agua como una maravillosa floración. Los fantasmas hambrientos ven el agua como fuego curioso o pus y sangre. Los dragones y los peces ven el agua como un palacio o un pabellón.[1]

En casa, mis justificaciones fueron tan inverosímiles que hacían que se me cayera la cara de vergüenza, pero mis notas fueron mejores que nunca en la siguiente quincena y la normalidad se restableció rápidamente. Nadie me había relacionado allí con las aventuras de Cárdenas y Valls.

76

La dirección del colegio había limitado las noticias todo lo posible, y la onda expansiva del caso no alcanzó la rutina doméstica y laboral de mis padres, pendientes sólo de mis maniobras telefónicas de distracción. No me podía creer mi suerte, parecida a una planta en flor que, allá en la noche, luciera como la llama de una ofrenda en medio de este mundo misterioso.[2] Pero los desperfectos en el curso habían sido terribles. La madre de Cárdenas había hecho un drama estrepitoso de todo aquello, implicando al director y a los profesores en las pesquisas. Se vieron obligados a interrogar a los alumnos que habían viajado, incluso a los que volvieron a tiempo, poniéndo-

1. Sansui-kyo, *Dōgen Kigen.*
2. Valmiki, *Ramayana.*

los en falsa posición frente a sus padres, que veían planear sobre ellos todo tipo de sospechas. Cada día de retraso de Cárdenas suponía una vuelta de tuerca en los interrogatorios. No es extraño que cuando al fin volvió, encontrara pocas caras amables entre sus condiscípulos. La segunda ausencia evidente era la de Valls, pero cuando se dirigieron a su familia, recibieron una respuesta contundente y fría (con algunos comentarios displicentes sobre los desórdenes nerviosos de la madre de Cárdenas) que para mí fue una suerte, pues les disuadió de intentarlo con mis padres, los siguientes en la lista. Peor fue que los interrogatorios vagaran a la deriva entre los más diversos temas por el desconcierto de los propios inquisidores. Afloraron entonces detalles y conductas ajenos al caso, abriéndose un panorama de cobardía y delación, algo desconocido hasta entonces entre nosotros. El pupitre de Cárdenas permaneció vacío lo que quedaba de curso. Se decía que su padre lo había alistado en los paracaidistas. El resto de los que participaron en el viaje a Ibiza parecían asustados. A mí, me convenía mantenerme muy quieto y pasar desapercibido hasta saber qué había trascendido de mis correrías. Paco venía, pero al parecer tenía muy limitados sus movimientos. Creo que las respectivas familias habían hecho todo lo posible para evitar el contacto entre ellos durante esos meses.

Antes del final de curso sólo conseguí quedar una única vez con Paco. Fue un sábado por la tarde en el barrio gótico, y se tuvo que marchar pronto. Bebimos un licor de hierbas de la zona, compuesto de glucosa, alcohol, levadura y muerte prematura.[1] No estaba muy comunicativo sobre lo que estaba pasando, y mi respeto reverente, un poco plebeyo, hacia los entresijos de esas familias hacía que no supiera cómo preguntarle. Esperé en vano que su rebeldía le llevara a desahogarse, pero no lo hizo, y yo por entonces, aunque había empezado a leer en serio a Kafka, todavía era demasiado joven para estar familiarizado con la vergüenza. Le pregunté por Cárdenas y dijo que pro-

1. Ambrose Bierce, *Diccionario del diablo.*

bablemente se nos uniría más tarde, lo que aplazó cualquier pregunta sobre su situación, pero finalmente y, sin explicaciones, no apareció. Pensaba preguntarle si era verdad lo del ejército, cosa que me atemorizaba mucho, pero hube de conformarme con estar sin noticias de él durante días. Súbitamente, cuando menos lo esperaba, me lo encontré cruzando el patio central durante la semana de festivales que cerraba el curso. No había clase y todo el mundo iba a sus quehaceres, ultimando asuntos pendientes. Apenas pudimos hablar, pero me informó apresuradamente de que venía a recoger las notas y de que estaba acompañado por alguien de su familia que lo escoltaba a una reunión con la dirección. Debía responder a las preguntas de aquellos tristes, míseros, capitanes sin hijos.[1] Había un velo de impotencia y prisa en su manera de hablar y tuvo que seguir su camino, a pesar de lo cual, de una manera inconcreta, consiguió que su frescura expansiva en el trato siguiera ahí, provocando la tranquilizadora convicción íntima de que pronto íbamos a poder intercambiar confidencias e informaciones con calma. No fue así y no pudimos quedar en las semanas siguientes. El día que vino a recoger las notas vestía, eso sí, una sólida cazadora de cuero negro.

77

El verano pasó casi íntegro en la modesta casa que mis padres acababan de comprar a plazos en una urbanización barata al borde del mar. Fue alegre y aburrido, pero no lo noté demasiado porque ya estaba saciado. Cuando volví a las clases, comprobé el verdadero alcance de los desperfectos. Cárdenas y Paco habían sido expulsados y otros compañeros habían sido cambiados de colegio por sus padres. Pero la llegada de las muchachas por primera vez a nuestras clases (llegada para la que los acontecimientos del medio año anterior nos habían preparado)

1. Esquilo, *Los siete contra Tebas.*

151

hizo que me distrajera y que pronto pasaran al recuerdo todos aquellos sucesos. Seguí viendo a Paco ocasionalmente algunas veces, durante los fines de semana, en los bares que frecuentábamos del barrio gótico. Cárdenas, efectivamente, estaba en el ejército, desde donde le escribía unas cartas que definió como cortas pero muy divertidas, aunque nunca pude ver ninguna. A él, según me contó, le tenían preparado un destino mucho más cómodo, si bien casi se diría que, de haber podido, lo habría cambiado gustoso por las pruebas que debía de estar sufriendo su camarada. Su familia le había indicado claramente: «... esperamos que no rechaces esta petición ni te rías de ella».[1] A principio de año, su familia lo enviaba al extranjero; su libertad de movimientos se vería muy restringida hasta que expirara completamente su vuelta de Baleares al lado de una pareja de la Guardia Civil. Estar con él, por esos días, resultaba bastante deprimente en la medida en que sólo parecía encontrar placer abominando no sólo de su mundo en particular sino de la existencia en general. El efecto de la delación había sido para él ponzoñoso, no tanto por lo que hubiera trascendido o le hubieran reprochado, como por la huella que el cobarde comportamiento de muchos de sus condiscípulos había dejado en su ánimo. Se conducía tediosamente, como si fuera posible autodestruirse por ingesta de cerveza. Sus amigos Thierry y Gus, de desearlo él verdaderamente, estoy seguro que le podían haber guiado hacia sustancias más definitivas, pero, según dijo, estaban en Madrid, orientando también sus carreras profesionales. A él le hubiera gustado ir allí, pero su familia pensaba que tendría más oportunidades en el extranjero. No se había ejercido sobre él una autoridad directa, como en el caso de Cárdenas. Simplemente se había tejido una red de obligaciones espesamente tupida que no dejaba resquicio a salirse del camino marcado como no fuera a través de un episodio sensual con alguna heredera de familia conocida. En cierto modo, me daba cuenta de

1. Cutberto, abad de Jarrow y Wearmouth, en carta a Lulo, arzobispo de Maguncia en 764, pidiéndole que le envíe un citarista.

que había encendido una especie de fuego para dar una señal y ahora se abrasaba en él.[1]

Enfrentado a esos hechos de la realidad, sórdidos, minúsculos, frente a los que no podía hacer nada ni rebelarse de una manera que produjera rendimientos concretos en su felicidad, Paco perdió una cosa. Un don suyo que, hasta el momento, me había sido incomprensible y misterioso pero que, sólo cuando desapareció, sólo en su ausencia y una vez perdido, pude identificar correctamente. Había perdido aquella consistencia verbal brillante y novedosa, de una materia densa entretejida de modelos antiguos, que era lo que vestía de una manera fastuosa sus breves afirmaciones, sus largos silencios y la extraña grandeza de sus miradas expresivas, regalos leves como el rocío.[2] Ese ropaje era lo que singularizaba de una manera irresistible sus escasas afirmaciones y realzaba hasta el máximo extremo aquella hermosura epicena de su cuerpo pequeño, armonioso y ágilmente musculado, que llamaba la atención de todo humano. Pero lo cierto es que el brillo de sus palabras se había fundido. Ellas seguían estando ahí, claras, transparentes, mondas y lirondas con su perfecta redondez; pero el interruptor que las animaba parecía no funcionar ni provocar ninguna luz, su filamento incandescente se había desintegrado.

Debido a ello, no pude ya contemplar el mundo y sus obras como lo hacía antaño. Antes consideraba los relatos de maldad e injusticia, de los cuales oía hablar o sobre los que leía en los libros, como historias de tiempos pasados o fantasías; al menos estaban muy alejados y pertenecían más a la razón que a la imaginación; pero ahora el dolor se cernía sobre nuestra casa.[3]

1. Plauto, *Las Báquides.*
2. Ihara Saikaku, *Vida de una mujer amorosa.*
3. Mary Woolstonecraft Shelley, *Frankenstein o el Prometeo encadenado.*

Segunda parte

Hechos de los apóstoles

1

Existen épocas y ciudades que, casi sin proponérselo, consiguen la representación de un estilo en un momento muy concreto por un conjunto de circunstancias azarosas y diversas. Cuando eso sucede, el dinero acude al llamado de la casualidad y se anudan, de una manera totalmente imprevista, los trayectos de gentes diversas que por allí pasan. Arribistas, propietarios, caudillos, dirigentes, lacayos, pordioseros, también artistas y poetas, se tropiezan día y noche inmolándose en sacrificios de canciones,[1] y surge la descabellada idea de que el intercambio y la colaboración es posible. El hombre moderno ha encontrado una manera de decir con brevedad de verso esos decorados espacio-temporales. Son diferentes maneras de llamar a la primavera: París 1905, Florencia 1447, Lisboa 1915, Nueva York 1953, Londres 1962, Barrio Latino 1968, Madrid 1980.

2

El autor pide ahora seriamente que los lectores imaginen los hechos que expone a continuación: al salir el sol, en el planeta ya han muerto de manera injusta más de cien mil personas; pero hay tantas y mueren de una manera tan discreta, que

1. Petrus Abelardus, *Rondeaux.*

el momento del amanecer sigue pareciendo relajante y hermoso sobre la faz de la tierra. Ése ha sido desde siempre un escenario común a lo largo de la Historia de la humanidad. Bajo un panorama tan alentador de este tipo, la leva forzosa, propia de antiguos tiempos de guerra, seguía vigente aún en nuestro país, lo que provocaba una gran piedad de las matanzas futuras.[1] El reclutamiento para el ejército funcionaba con la arbitrariedad propia de los arcanos burocráticos y había quien era reclamado apenas salido de la adolescencia. Otros afortunados, en cambio, no veían interrumpida su vida hasta cumplir los veinte o veintiún años. En mi casa, se recibió la carta oficial muy pronto, y aunque existía la posibilidad de retrasar la incorporación, pretextando estudios universitarios, no quise usarla. El vacío que había dejado en mi vida la pérdida de Valls y Cárdenas, sumado a la desgana de malgastar los pocos recursos de mis padres en estudios que no me interesaban, me hizo aceptar el reclutamiento, para sorpresa de quienes se empeñaban en recordar lo que llamaban «mis aptitudes».

Unos meses después, fui destinado a Madrid, que no era lo peor que me podía pasar, ya que unos parientes de la capital accedieron a que figurase como domiciliado en su casa para así conseguir el pase que permitía salir del cuartel cada noche. La ciudad emergía de la dictadura y se inauguraban locales con propietarios bohemios, muy alejados de los habituales hombres de negocios. En general, se trataba de lugares que eran clausurados casi inmediatamente, cuando la quiebra o los permisos gubernamentales caían con velocidad sobre ellos. Se abrían también galerías de arte mínimas que naufragaban. Películas pobrísimas e imposibles se quedaban a mitad de rodaje por falta de fondos. Nada salía del todo adelante, pero tampoco dejaba de bullir nunca de una manera definitiva. Esa temperatura de ebullición se iba convirtiendo poco a poco en una especie de ola de pensamiento, en la cual los sueños, delirios y obsesiones imaginativas de unos pocos extravagantes se generalizaban. Se

1. Émile Zola, *Naná*.

palpaba una euforia general de propósitos difusos y objetivos que nadie conocía bien del todo. Los criterios que habían quedado precariamente instalados desde el reciente final de la dictadura estaban siendo arrinconados por aquella marea: una ola de pensamiento emocional e irracional al fin y al cabo. Pero aunque todo el mundo tomaba posiciones a favor o en contra de esa corriente de desfachatez que venía de la calle, más brillante que sólida, más ingeniosa que verdadera,[1] ésta no los sustituyó por unos refulgentes criterios nuevos sino que, momentáneamente, los intercambió (de una manera leve, flotante y provisional) por la pura exploración de cuáles debían ser precisamente, en la época que se avecinaba, esos criterios.

Henos, pues, aquí y ahora, en una ciudad desconocida. Los parientes que tan generosamente me habían permitido figurar como empadronado en su casa me ofrecieron con la misma generosidad su cuarto de huéspedes, su mesa y sus tardes sesteantes. Rechacé con diplomacia la oferta porque el certificado censal, que me permitía conseguir el pase para pernoctar siempre fuera del cuartel, era suficiente para mí. Inventé obligaciones desmesuradas que me ataban al cuartel y aparecí lo menos posible por su casa. Tenían una hija de quince años con el labio leporino que, de alguna manera lejana, debía de ser prima mía. Le permitían salir sólo los domingos hasta las ocho, y esos festivos yo prefería pasarlos en el Rastro, en el barrio de La Latina, detrás del antiguo Mercado de la Cebada. Por ese lugar, aparecía gente de mi edad que montaba precarios puestos de compra y venta de discos usados. Incluso se animaban a veces a fabricarlos ellos mismos (con más humor que capacidad) en pequeñas tiradas semilegales con el repertorio de algún grupo de música amigo. Compraba alguno de esos vinilos de vez en cuando, más que nada por el precio ínfimo y mera simpatía al fracaso, pero descubrí también que coleccionar esas extrañas grabaciones te otorgaba cierto tipo de contraseña, como una consigna secreta: formabas parte ya de una escena peculiar,

1. José Francisco de Isla, *Fray Gerundio de Campazas, alias Zotes.*

159

mínima pero efervescente, que te permitía hacer algunos amigos. Al poco, ya tenía a mi disposición varios domicilios donde cambiarme de ropa cuando, al caer la tarde, salía de uniforme del cuartel para pasar la noche en una ciudad demasiado grande para que dos seres que se amen se encuentren si se han perdido de vista alguna vez.[1]

En una tienda de música vi un anuncio para formar una banda de rock. Eran de nuevo gente de mi edad. Vendí la guitarra de madera que había traído al cuartel desde casa y la cambié por una eléctrica. Al cabo de dos meses, dábamos nuestro primer concierto en una fiesta infantil de cumpleaños donde los niños nos vejaron y humillaron. A esa actuación le siguió otra en un internado femenino formado íntegramente por pequeñas viciosas que no parecían saber que lo eran. El concierto fue similar al que había presenciado en Ibiza, pero con un sonido todavía peor. Califiqué como positivo conocer allí a una virgen de Lérida, con los dientes desparejos, que me habló de Pitigrilli. Sirvió que los dos habláramos catalán. Se presentaba como futurista sólo porque había descubierto en Madrid, fascinada, que el verdadero nombre del escritor italiano fue Divino Segre.

Por supuesto, no todas las muchachas que encontraba eran eruditas nostálgicas de provincia. Estaba también la madrileña de clase media e intención cosmopolita, ni rica ni pobre, hija de separados o bien de familia conservadora. La enigmática naturalidad de esos especímenes formidables me recordaba mucho a Marta, y eran oxígeno frente a las cautelas, los disfraces y disimulos de las burguesas de donde yo provenía. Las guardias en el cuartel dejaban mucho tiempo para leer y me estaba haciendo con Balzac, pero aún no lo suficiente como para tener una idea cabal de lo que significaban un Rastignac o un Rubempré.

Un buen número de adolescentes de aquella ciudad parecían interesados en exploraciones parecidas. Así que, cuando inauguraron un amplio local para conciertos cerca del antiguo

1. Enrique Lihn, *El hombre y su sueño.*

ensanche de la ciudad, muchos nos empezamos a encontrar allí. En mi ciudad de origen, la proliferación de pequeños locales hacía que cada clase social tuviera los suyos. Según la localización bursátil del barrio, se imponía la descorazonadora suciedad de la falta de vocalización o bien el irritante y melindroso tono nasal. En Madrid, también existían bares de ese tipo, pero fueron pronto derrotados para los conciertos por un tipo de local más grande donde se mezclaba todo el mundo. Sólo los aprendices de cacique se quedaban ya en el propio barrio. La maquinaria humana es maravillosa y cada hombre es una rueda dentada, en efecto; pero las tres cuartas partes de ellas son poleas locas, ni más ni menos.[1] Las nuevas salas empezaron a programar conciertos de grupos extranjeros que querían conseguir su primera fama internacional, y como acababa de aparecer el movimiento punk, no faltó carne para sus carteles. En esos conciertos me encontraba frecuentemente con muchas de las amistades que había hecho en el Rastro y un día, nada más llegar, pasando la habitual mirada de inspección por todo el local, vi entre el público nada menos que a Cárdenas con su gruesa cazadora de cuero.

Hicimos celebración del encuentro con gran gestualidad y me contó que llevaba viviendo en Madrid un mes y medio. Efectivamente, había estado en los paracaidistas, de donde lo echaron por consumir drogas, pero evitó prisión militar gracias a un informe médico en el cual se aseguraba que ya estaba enganchado al incorporarse. Influencias y contactos de la familia habían engrasado esa versión como salida conveniente porque, en realidad, tomaba muy pocas drogas y su consumo era irregular y anecdótico, por mucho que le gustara fingir lo contrario. Me explicó la muerte de su padre, el diagnóstico súbito e irreversible, la celeridad dolorosa y terrible del proceso. Cáncer de páncreas, muy agresivo, detectado tarde. Vivía en Madrid con su madre, trasladado a causa de la protección económica de los mismos familiares vinculados a la profesión militar que

1. Horacio Quiroga, *Polea loca.*

le habían metido y sacado de los paracaidistas. Había empezado los primeros cursos de Derecho. Saber quién pagaba esos cursos probablemente hubiera explicado por qué el indomable Cárdenas había accedido mansamente a ellos, sin comida prestamente en el plato, sin alojamiento humano en la lobreguez de la noche, sin poder pagar la compañía de cuentistas.[1] La viuda tampoco andaba muy bien de salud. El brusco cambio de situación había contribuido a desequilibrar sus siempre frágiles nervios, y Cárdenas claramente había pensado que lo mejor era quitarse de en medio a través del estudio. No pude saber muy bien a qué se refería, ni pregunté, puesto que, tratándose del críptico Cárdenas, eso era un caudal más que abundante de información para lo que solía ser habitual en él. Por primera vez en su vida, aprobaba con normalidad. Me dio la sensación de que su nivel económico había sufrido un buen batacazo, pero era aún demasiado joven para atreverme a preguntar por esas cosas.

Lo que sí supe enseguida, sin preguntárselo, fue qué cosa le había traído hasta aquella sala. Se trataba del viejo manantial de anarquía que seguía brotando subterráneo. Para los más jóvenes ese ardiente manantial de anarquía no era un cambio total, no creían que tuviera una traducción política posible, sino que era un paso más en su forma de vivir, opuesta a la de los adultos sometidos al orden. El anarquismo de los viejos, de los antiguos abuelos libertarios que habían participado en la guerra civil, había sido una cosa nueva y desconocida hasta para ellos mismos. Era un descubrimiento, un proyecto sorprendente, un planteamiento de ideas, la imaginación de un mito administrativo diferente. Para los más jóvenes de medio siglo después, la palabra *anarquía* era algo que estaba ahí solamente para defenderse de las politiquerías que pretendían manipularlos.[2]

Como la risa, como el arte.

1. Leabhar Gabhála Éireann, *La segunda batalla de Moytura* (saga irlandesa).
2. Pau Maragall, *La borrachera moderna.*

3

Sobre el escenario se daban fenómenos curiosos. Había quien tenía una voz con unas características tímbricas que, sencillamente, comunicaba. No tenía nada que ver con el hecho de ser buen cantante, afinar, disponer de una técnica adecuada ni nada parecido. Simplemente se trataba de transmitir humanidad. Humanidad fea, vil, inmoral, a veces; humanidad consoladora, afectiva, otras. Era una cuestión de matices aún más sutiles que los matices morales. Se trataba de cuestiones irrepetibles, como el timbre individual, la entonación, la convicción, el registro, la respiración natural de uno, sin impostaciones. En general, la comunicatividad era involuntaria, no podía adquirirse como aptitud, ni practicando, ni pagando. Quien la tenía, poseía un tesoro de expresividad, una manera directa de transmitir sobrentendidos. No recuerdo detectarlo en ninguno de nuestros jóvenes amigos de estudios. Tal vez lo hubiera tenido Paco Valls y, en ciertas de sus poses, quizá ocasionalmente Cárdenas, porque esa facultad se delataba incluso en la manera de colocarse sobre el escenario, de moverse corporalmente. Ninguno de los dos, a pesar de ello, pareció mostrar jamás ninguna inquietud en explotar esos dones, si bien no dejaron de disfrutar de sus beneficios.

Llevado de ese entusiasmo general que contagió a todo el mundo, Cárdenas nos sorprendió por esa época poniéndose a tocar el bajo. Escogió ese instrumento, yo creo, por su falta de fe en las posibilidades del lenguaje musical. Sin lugar a dudas, le pareció el instrumento de más fácil acceso y menos complicaciones. El hecho de que tuviera cuatro cuerdas en lugar de seis y un aparente papel subalterno lo simplificaba, a su modo de ver, como herramienta. Compró un precioso Fender Precision negro y se puso a aprender sus leyes con más voluntad y desenfado que talento. Como mucho, podía seguir las bases rítmicas repetitivas, cuadradas. Pedirle que se saliera de esos ritmos cerrados era pedirle un imposible. Ahora bien, cuando ejecutaba esas bases concretas era mineralmente sólido como fondo y refuerzo. Cualquier improvisación a contratiempo, cualquier sensualidad o ralentización inesperada, estaba con él condenada al fracaso, lo cual llamaba la atención, porque Cárdenas en casi todos los restantes órdenes de la vida era un sensual profundo y un hedonista impenitente.

Fue entonces, gracias a las obligadas horas que exigía el local de ensayo, cuando realmente estrechamos nuestros lazos y empezamos a conocernos. Gracias a mi mediación, entró a formar parte de un grupo que ensayaba en el local vecino y, a veces, se acercaba hasta el nuestro para tocar conmigo e imaginar proyectos. Me di cuenta de que, a pesar de la importancia que había tenido la figura de Cárdenas en un momento muy especial de mis decisiones biográficas y a pesar de su frecuentación constante, no había desempeñado hasta el momento más que un papel secundario en mis preocupaciones. En lo que llamaba su sano materialismo entraba como parte sustancial no creer posible una verdadera amistad entre hombre y mujer.[1] Consideraba la adoración por Warhol obligada, a pesar de que a él no le impresionaba mucho. Decía que si uno, por razones de gusto propio o temperamento estético estrictamente personal, no conectaba con ese mundo visual más valía que callara en aquellos tiempos y pasara desapercibida su apostasía. La perspicacia de Cárdenas le hacía tomar esa actitud y lo atemperaba recomendando a todos Dalí, mucho Dalí. Del loco de Figueras, aparte de su pintura, se releyeron sus libros y se descubrió un sentido del humor fabuloso, astutísimo. La voluptuosidad de Dalí me atemperó, a través de Cárdenas, esa rusticidad sombría de granjero urbano, propia de Warhol, que empezaba a ser, entre toda aquella gente, tan fría y tiránica como la de un Picasso. Yo no me interesaba tanto como él por la pintura, pero los dos seguíamos muy apasionados por la música e intercambiábamos discos. Su interés era más risueño, menos dramático que el mío. Más impersonal, diría. Hablábamos además de libros, de política, de viajes, de fotografía, cosas todas éstas en las que yo proyectaba

1. Joseph Conrad, *Nostromo.*

mis sueños pero en cuyo ámbito Cárdenas, en cambio, no parecía soñar nunca. Despreciaba a Miró porque decía que cualquier cuadro en el que no salen seres humanos visibles vale menos. Según él, esos cuadros vida no tenían; no poseían juicio, ni sangre, ni voz, ni color de vida.[1] Me fijé en que también leía como un caníbal. Cualquier trámite aburrido que tuviera que hacer lo entretenía llevando un libro. Debía de tener una capacidad de lectura velocísima y una memoria prodigiosa, porque siempre era él quien nos descubría nuevos clásicos extravagantes. Su lista de prescripciones era interminable. Me da la sensación de que a las vanguardias, sin embargo, las miraba por encima del hombro. Tenía una capacidad innata para justipreciar la frase exacta, precisa; lo que no podía decirse de otra manera. Creo firmemente que habría sido el poeta más grande desde Yeats si hubiera estado interesado en el tema, pero, aunque leía poesía, creo que sentía más fascinación por los deportes. También le gustaba mantener relación con los viejos amigos y saber todo sobre ellos.

El resto de los que fuimos sus compañeros habíamos perdido prácticamente todo contacto. De una manera más que nada teórica, sabíamos que, entre algunos, se conservaban espaciadas y superficiales correspondencias epistolares (más postales que cartas) y también alguna invitación o intercambio de discos entre la mayoría de los que se habían quedado por Barcelona. Pero al cabo de ocho meses tuvimos noticia de unos cuantos de ellos que, atraídos por todo lo que se contaba sobre la efervescencia de la capital, empezaron a aparecer por Madrid de visita. Inevitablemente, a los únicos que al final recuperamos entre nuestros antiguos compañeros fueron los que, de una manera más intensa, se mostraban interesados por las artes. El primero fue Sebas la Histérica.

Por aquella época, existían unas pequeñas revistas musicales marginales, de papel barato y distribución precaria, que se acogían a la etiqueta de contraculturales. En algunas de ellas, encon-

---

1. Snorri Sturluson, *Voluspá. La profecía del vidente. Edda mayor* (saga islandesa).

tré su nombre y apellidos al pie de crónicas de conciertos y críticas de discos y recuerdo que me pregunté si podía ser el Sebastián Mendo de hacía pocos años. La interrogación quedó olvidada hasta que al cabo de un tiempo descubrí que, efectivamente, se trataba de nuestro antiguo condiscípulo y que Cárdenas, como no podía ser de otra manera, lo sabía, había recuperado su viejo número de teléfono ya hacía medio año y me habría resuelto el interrogante fácilmente de haberle preguntado.

Nos encontramos con Sebas cuando acompañó a un paquete de bandas catalanas que venían a tocar a Madrid. Físicamente, se había desarrollado mucho y ya no era el pequeño de la clase. Sabía que el estirón le había embellecido porque cuidaba la indumentaria, con poco dinero pero sentido práctico. Sus únicas fantasías incluían la consabida cazadora de cuero negro, de una tienda pequeña en donde se vendían algunas cosas de imitación y baratas para obreros.[1] Dijo que tenía como principal objetivo en ese viaje a Madrid buscar toda posible ceremonia ocasional de apareamiento, lo cual nos hizo ver que Barcelona, nuestra Barcelona, seguía siendo una capital básicamente erotizada. Se proponía además escribir algunos artículos de prensa sobre el viaje y las actuaciones de los grupos. Su prosa era tan estereotipada y efectista que firmarla con su nombre completo habría puesto excesivamente de relieve ese defecto. Pero Mendo Amorzín tenía un latido sentimental de emoción y verdad que hacía que sus crónicas de música fueran excitantes y amenas. Sólo le faltaba oficio, y era una incógnita saber si lo conseguiría con los años. Mientras tanto, usaba una adjetivación de grandes sensaciones, con muchos ecos de palabras industriales, que en aquel momento lo hacían popular entre los círculos alternativos.

Vivía en Barcelona, donde acababa de emanciparse de sus padres. Había alquilado un piso compartido; un piso que uno podía imaginar con algún mueble funcional y viejo (propiedad del casero), un televisor de segunda mano frente a sillones de skai y una colección precaria e incompleta de libros under-

1. Kavafis, *Preguntaba por la calidad.*

ground apilados de una manera incongruente sobre un carcomido aparador de principios de siglo. Intuía que el paraíso parece estar cerrado para los que no tienen dinero[1] y defendía a Barcelona como la ciudad de la cultura, pero se notaba que estaba emocionado de estar en Madrid, el lugar donde pasaban las cosas. Yo creo que esperaba que una de esas cosas le sucediera a él. Fue Sebas quien nos puso sobre la pista de que Omar Mesas se hallaba también viviendo en Madrid. De Omar, ni siquiera la agenda de Cárdenas tenía noticia, pero Sebas nos puso pronto al corriente e insistió en que lo llamaría para vernos todos la noche siguiente.

4

Omar Mesas Diez-Bonn apareció por la sala Rock-Ola tal como lo esperábamos: como gay evidente y desafiante. El muchacho rollizo con cráneo de sapo y mofletes se había convertido en un gigante robusto de piel morena que bordeaba la obesidad evitándola con flexibilidad felina. El pelo fino y escaso que siempre había tenido le caía ahora como una elegante cascada de color castaño por la frente. Era el único entre nosotros que tenía conocimiento de primera mano de las capitales extranjeras, y eso, a esas edades, se notaba. Había sido adoptado en cierta forma por todo un grupo de pintores homosexuales mayores que vinieron acompañándolo, pero se ocupaba en hacer saber sutilmente que tenía un sincero miedo, paralizador y distanciado, únicamente carnal, al trato sexual. Cuando era muy pequeño, su padre había quedado estúpido a causa de una enfermedad venérea que seguía siendo una especie de tema tabú en la familia. Su prevención hacia el sexo era una especie de melindre físico que no tenía nada de intelectual o mental, pues era desbordante socialmente, de verbo provocador y coqueto. Vestía con dispendio y gusto: las finanzas familiares se notaba que

---

1. Alfonso de Valdés, *Diálogo de las cosas acaecidas en Roma.*

funcionaban. Sus amigos mayores esperaban simplemente que la madurez y el tiempo hicieran su efecto para que respondiera a ofertas y posibilidades. En ellos, quedaba de relieve que el acuerdo sexual era veloz y directo cuando lo deseaban. Sebas, dado que su paz de espíritu dependía de la aprobación de sus semejantes,[1] se sintió muy pronto incómodo con los amigos de Omar, de quienes sospechó que lo miraban como a un provinciano. Cárdenas, por el contrario, se llevó muy bien con los pintores desde el principio, aunque un poco como flotando por encima de sus cosas. Aprendió enseguida a tratar a Omar como lo hacían ellos y la reacción de éste fue glacial, como si le estuviera ofendiendo imperdonablemente.

Terminamos la noche bebiendo muy tarde, de madrugada. Sebas empezaba a darse cuenta de que, aunque había conocido a gente muy interesante, esa noche no iba a pasarle nada excepcional que cambiara su biografía. Por camaradería, le acompañé a hacer la última, puesto que se negaba a rendirse. Quedamos solos y, con la lengua un poco envenenada por el alcohol, la emprendió con todos (grupos, público, madrileños, barceloneses...), incluso con Cárdenas, aunque no recuerdo que pudiera esgrimir contra él ningún argumento más allá de su ropa de marca.

No dejaba de tener cierta lógica que Sebas, nada más pisar Madrid, sólo con mirar a su alrededor, estuviera ansioso de que le sucediera algo nuevo. Era uno de los efectos fugaces que provocaba la urbe en aquellos días. Le parecía posible a cualquiera, porque en la ciudad nacía un verdadero cosmopolitismo callejero y práctico; rudimentario pero que saltaba a los ojos. Se veían en calles y locales nocturnos muchos europeos: alemanes, holandeses, franceses y británicos; también hispanoamericanos y algún norteamericano desclasado. En los lugares más improbables se generaban rockers, glam-rockers y punk-rockers con la humorística idea de que su existencia, allí donde precisamente se daba, debía resultar imposible. Cuanto más improbable era el lugar donde aparecieran, más valor y empuje daba eso a

1. Saki, *La penitencia.*

su ideología paradójica y humorística. Se querían surfers del desierto en mares de arena, bluesmen de Ucrania allí donde la piel nunca parecía oscurecerse, mods dandis en los barrios donde todo el mundo llevaba camiseta, cazadoras de cuero calurosas en la soleada estepa manchega, trajes de cóctel futuristas en los grasientos bares pintorescos de jamón y gambas.

5

Fue allí, sólo en el momento en que avanzaba en mis veinte años, cuando identifiqué lo que yo tenía como un don. En el grupo de música que formamos, había quien se preocupaba mucho del aspecto teatral y resultaba muy atractivo vistiendo ropas de gran efecto. También se encontraba, en otros, el vigor aplicado a la obsesión musical; es decir, algo parecido al talento. Muy pocos se ocupaban de las palabras, que a mí me parecían lo más importante. Como accesibles que me resultaban, las hice mías y nuestras canciones empezaron a ser muy comentadas. No hay posición más desconcertante que la de aquel que ha creado algo cuyo alcance no está capacitado para comprender. Probablemente, se trataba tan sólo de expresividad, pero, para mi desconsuelo, lo que atraía al público eran las imágenes que representaba, mientras que yo no parecía atraerles en absoluto. Y, puesto que el ser humano, con su eterno deseo de más experiencia, combina todas sus infinitas astucias para obtenerla al menor precio posible,[1] mi estrategia fue usar esas palabras para acercarme a mis semejantes. Empecé a leer mucho, de una manera absorta y obsesiva, para alimentar mis palabras con otras palabras y encontrarme con que gran parte de los misterios que despertaban mi curiosidad también germinaban en otros lectores al contacto con ellas. Quien trataba las palabras con seriedad de propósito tarde o temprano acababa compartiendo un diálogo interior sobre problemas y preguntas similares. Eso,

1. Henry James, *El futuro de la novela.*

en cierto modo, me salvaba para siempre de la soledad, porque cuando me hallaba rodeado de libros, de los mejores libros, estaba rodeado de amigos. Cada uno de ellos me hablaba con su voz desde dentro de una mente, y hablaban de lo mismo que yo al ponerse en tratos con las palabras. Pero el misterio de esa expresividad, de su motor, del motivo que la animaba y del lugar de mi cerebro del que brotaba, persistía.

El resto de mi vida ha sido un constante periplo en busca de las fuentes y los porqués de ese misterio. En ese camino me encontré con otros viajeros. Tuve amigos que persiguiendo esa temblorosa pista visitaron países lejanos donde el ser humano sufre y se envilece todavía casi exactamente de la misma manera que hace mil años. Otros, los menos, volvieron la vista hacia los pisos lóbregos situados en calles estrechas o a los desiertos de polígonos industriales desvencijados donde, al lado de su casa, sus paisanos enarcaban aún la ceja embrutecida de la misma manera ruin, mezquina y primaria que se hacía en las selvas más lejanas. Siguiendo esas huellas, borradas a medias, llegamos a las bibliotecas, los templos y los lugares más en penumbra de la vida humana. Algunos visitaron sin complejos los dos lados de las leyes, por si en su dorso se hallaba algo, y con esa misma inocencia que exhala un frescor casi infantil, fueron también a tocar de propia mano los lugares de los que nadie quiere hablar, derramados de la naturaleza y puestos a la vista en esta gran casa del mundo,[1] donde el ser humano chapotea entre un mar pegajoso de analfabetismo y miseria que lo constriñe, lo asfixia y termina poniéndole anteojeras para todo lo que no sea pura supervivencia, todo lo que no sea poner un pie delante de otro cada día para seguir adelante.

Yo me acerqué a todo eso temerosamente, como el cobarde que siempre he sido, y de la misma manera asustada quise explorar la intimidad de los hogares de lujo, aquellos cuyas luces a través de las ventanas altas, sobre todo en las tardes que paseamos durante el crepúsculo de un día frío, nos hacen imagi-

1. Luis Vives, *Socorro de los pobres.*

nar y hacernos preguntas. Como técnico de mi artesanía, ambos escenarios me parecieron simples gajes del oficio.

El año pasó rápido, y de golpe me di cuenta de que faltaban poco más de cuatro meses para que obtuviera la cartilla de licenciamiento y el Estado me dejara en paz, considerando que ya había saldado mi cuenta con él. Como el grupo estaba funcionando, no me costó demasiado convencer a mi familia de que debía permanecer en Madrid. Al fin y al cabo, habíamos salido en televisión, todo un acontecimiento en aquellos tiempos de cadena única. Pensé, tomando como base tan magros razonamientos, que prefería cambiar los peligros e inconvenientes del refugio familiar por la seguridad y las comodidades de la vida independiente y el viaje.[1] No encontré demasiada resistencia, más allá de algunas objeciones materiales y de tener que tranquilizar convencionalmente a mi madre. En aquel momento, mi hermano mayor se había echado una novia progresista y les estaba dando muchos quebraderos de cabeza metiéndose en política, así que supongo que pensaron que se evitaban tener al lado otro frente abierto. Lo que mis padres difícilmente podían adivinar es que, en aquel medio aparentemente tan fútil, yo estaba adquiriendo una experiencia profesional delimitada y concreta, moviéndome todo el día entre técnicos de sonido, organizadores de conciertos, dueños de salas y cazatalentos discográficos de una industria musical paupérrima pero cierta. Formábamos una población flotante donde, en los conciertos, los unos iban a ver a los otros de una manera constante, realimentándose mutuamente. Ese aprendizaje preciso, de un medio que encima era tan imaginativo como picaresco, fue el factor decisivo para quedarme en Madrid con el objetivo de ponerme unos años más a cubierto de la vida, en lugar de volver a casa de mis padres. Alquilé un pequeño semisótano en la calle Conde de Peñalver e hice un único viaje al domicilio familiar en Cataluña para organizar la mudanza de mis cosas.

1. Savinien de Cyrano, *Consolación para uno de sus amigos sobre la longevidad de su suegro.*

6

Desempaqueto mi biblioteca. En el tipo de vida que elegí por esas épocas, una mudanza siempre tenía un aire de fiesta, de viaje escolar de vacaciones. Para abrir las cajas de los libros esperaba un día soleado y a media mañana empezaba el festín. Los libros se alineaban en las estanterías provisionales, adquiriendo, cuando éstas quedaban desbordadas, las posiciones más singulares (tengo un amigo que usó cuatro montones de libros exactos, simétricos, como patas de su tablero de escritura). La abundancia o carencia de mobiliario importaba poco. Es posible una casa hecha de libros. Limpia no sé, pero posible. ¿Acaso alguien ha podido garantizarnos la limpieza de la vida? Una vez extraídos de sus cajas, los libros formaban en los estantes para su desfile. Me deleitaba con los caprichos de la extracción, y la operación siempre quedaba detenida por un volumen que me llamaba la atención. Me demoraba en él porque me traía buenos recuerdos: de una época, del paisaje donde lo compré, de quienes eran entonces mis amigos. Hojeaba sus páginas al azar y me adentraba en el recuerdo de lo que el autor había querido comunicarme. La recepción de nuevos viajeros en la terminal quedaba detenida y bruscamente levantabas la cabeza del libro y ya había pasado media hora. Agachado en el suelo, yo sostenía en las manos mi corazón y lo mordía. Estaba amargo.[1] Así, con ese ritmo de sístole y diástole intelectual, al que no habría renunciado por nada del mundo, el desempaquetado de la biblioteca (que siempre era finalmente parcial) podía durar innumerables días. Había empezado a media mañana y ya se adentraban las horas de la madrugada. Con ese ritmo no se avanzaba, pero renunciaba a dejarlo para otro día. Eran días en que se dormía poco. Días de fiesta solitaria. ¿He dicho solitaria? Los libros, colocados caprichosamente en las estanterías, unos junto a otros, hablan entre ellos. De golpe, tomaba sentido que el libro recién publicado de aquel contemporáneo quedara al lado de un mora-

1. Stephen Crane, *Los jinetes oscuros*.

lista romano. Se llevaban bien. Estás junto a Plinio, no te quejes, le decía en mi imaginación.

Es fácil, cuando se hace una operación mecánica, pensar en otra cosa; pero es extremadamente difícil verse actuar, examinar la marcha de la bestia.[1] En el semisótano que daba a una avenida principal (lo que luego daría en llamarse la milla de oro madrileña) veía las piernas amputadas de los peatones, presurosas, pasar por mis ventanas. En el pequeño piso se amontonaban las cajas con el logo de una empresa de mudanzas. Sacarlos de su caja y abrir sus cubiertas era hacerlos renacer uno a uno. El semisótano se convertía en una maternidad multitudinaria, llena de voces y proteica vitalidad. No hay mejores capítulos de una autobiografía que los lomos de una biblioteca particular; es todo un itinerario intelectual y sentimental.

Luego se desempaqueta la colección de discos, de revistas y fanzines con su diversidad interminable de artículos, un jardín de voces, de ecos que hablan entre ellos. La conversación mental se generalizaba. Se oía en las paredes el entrechocar de los vasos y el crujir de los aperitivos. Se extendía la fiesta y las conversaciones, de la misma manera que hablan entre sí los cuadros de retratos en los museos cuando los guardianes nocturnos han apagado la luz y nadie les ve. Chandler, siempre tímido, estaba cerca de Cicerón y no se atrevía a confesarle la admiración que sufrió por él de joven. Cuando se empezaba a imponer poco a poco la moda alfabética, las parejas eran todavía más chocantes. Joyce, en contra de lo que la gente tiende a imaginar de él (como un cenizo serio y aburrido bajo sus lentes reflectantes), resultaba ser un chusco incorregible que usaba en broma palabras como *acumen* o el adjetivo *lutulento*. Ponía bombas fétidas bajo los cojines, petardos bajo las sillas, y espolvoreaba de polvos para estornudar los canapés. Desde una estantería, alguien preguntaba con voz ebria: ¿han llegado ya los griegos?

A los que no leen, sólo con mirarlos se comprende que vi-

1. Xavier de Maistre, *Viaje alrededor de mi habitación.*

ven en un mundo que no es el nuestro y ven, sienten, escuchan, otras cosas que nosotros.[1]

7

El resto del país, la fuerza obrera y la edad adulta, seguía yendo al trabajo con normalidad. Parecían ocupados en construir torpemente la nueva democracia habiendo extraviado el manual del usuario. No puedo decir que supiera lo que pensaban, pero no parecían molestarse excesivamente por nuestras niñerías. Ni siquiera parecía inquietarles que el honor de sus hijas pudiera peligrar, porque ellas, muy jóvenes, querían acercarse a conocer aquellas diversiones. El tema del honor de las hijas se evaporó del país aquellos días como por arte de magia salvo en algunos lugares muy herméticos, y no sé si ha vuelto nunca a condensarse. Creo que a todos les gustaban las hijas de los otros y entreveían en ellas un sueño remoto de cambiar de vida para siempre. Los conciertos se llenaban de muchas jóvenes. A las muchachas, lo que les gustaba de esos ambientes era una especie de curiosidad instintiva que tenían por el cuidado y el lujo, también por el desafío de selección que suponía colarse en ellos. Esas fiestas y lugares pensé equivocadamente que eran el sitio adecuado para buscarlas, porque se reunía gente muy variada y de generaciones distintas, toda entre los quince y los treinta años. El sector adolescente resultaba el más llamativo, en ambos sexos, por la frescura de su pureza. Eran precoces en sus gustos y aficiones, sin los complejos e insatisfacciones que ya habían tenido que encajar los que se adentraban en la treintena. Sus intenciones sobre el mal eran mucho más rudimentarias de lo que ellos imaginaban, dado su todavía escaso conocimiento del mundo. No eran en absoluto ni indecentes, ni viciosos (su inocencia los ponía muy lejos de tal posibilidad), pero sí obscenos en el sentido original de la palabra. Lo hacían todo a la vista,

1. Cesare Pavese, *La libertad.*

174

indiferentes, sin ocultarlo. Ni presumiendo, ni disimulando. Si decidían beber, incitar al sexo o probar una droga, lo hacían sin esconderse por ello, y eso provocaba que parecieran conductas más frecuentes de lo que realmente eran. Las mentes más acomplejadas que lo miraban desde fuera se sorprendían de que esas conductas se perpetraran de una manera tan dulce, pero, acto seguido, se escandalizaban aún más por esa dulzura que no encajaba en su cuadro preconcebido; un escándalo que sentían con cierta fascinación. Para justificar las grietas de su idea preconcebida y darles cierta coherencia en su imaginación, les atribuían todo un catálogo, que suponían oculto, de perversiones sexuales de último grito. Para aumentar la confusión, entre las muchachas más jóvenes que gozaban de libertad para moverse por la ciudad –y de suficiente sentido del humor como para detectar las posibilidades provocativas del malentendido escandaloso– se puso de moda jugar con su indumentaria cuando salían. Silvia y Eva no sé si sumarían entre las dos treinta y cinco años cuando las conocí, pero no podía saber entonces que serían mis vecinas durante cuatro años. Trataré con ellas, hablaré y reiré de día y de noche.[1] Pueden servir para explicar esto. Voy a intentar hacerlo al estilo de los literatos.

8

Simón Be, nuestro narrador, llega con su cazadora colgada del hombro a uno de esos locales de conciertos (el más amplio, el que ha abierto hace poco), y aunque es pronto y el local está todavía semivacío ve ya a Silvia y a Eva hablando con aquel grupo de bribones que se las habían presentado días atrás. Son dos muchachas con un dinamismo pícaro de intenciones que, aburridas de la monótona grisalla indumentaria, visten prendas provenientes del cine porno. Las usan con una fría coquetería, como el adorno de una frase sugerente. Corpiños, medias de malla, ligue-

---

1. Fernando de Rojas, *La Celestina*.

ros bajo la minifalda, tacones de aguja (una de sus amigas, más pacata, no se atreve y lleva el liguero ridículamente por encima de un pantalón de satén) y también dos pelucas de flequillo recto (una albina, la otra negra) que les afilan los pómulos y les dan más intensidad a la mirada. Como perfectas adolescentes, se las intercambian cada semana de tal manera que resulta difícil saber quién es hoy Eva y quién es hoy Silvia. En realidad, una peluca bien hecha y cuidadosamente peinada hace más joven la cara.[1] De cualquier manera, en la tensión de su espalda, en un movimiento inexpresivo de sus omóplatos, Simón Be sabe que le han visto. Silvia está contando que su mejor amigo heterosexual se la ha dejado chupar por unos gays, mayores que ellos, que viven en un piso de publicitarios muy frecuentado. Le ha dicho que, al fin y al cabo, si cierras los ojos el placer es el mismo sin saber quién te lo proporciona. Como cualquier muchacha de su edad, Silvia y Eva fingen estar enfurruñadas, desean emocionarse y enamorarse. No hay nada tampoco que no sea un poco pueril, un poco infantil, desde luego, inocente. De pura familiaridad con todos esos motivos, sucede que un día, bajo la luz propicia, se pone en marcha la maquinaria del deseo, lo cual es más infrecuente y menos indiscriminado de lo que parece desde fuera. Puede ser un día como ése marcado por el despecho y disponer de un coche, que, bien concurrido, siempre es un escenario adecuado para el vodevil. Con el viejo Seat que la madre de Silvia le presta a veces, ella hace la ronda de acompañar a los amigos a su domicilio y, cuando queda el último, se sorprende de que Simón Be no tenga otro lugar para dormir que esa litera que tan macabramente le ofrece el ejército (faltan aún unos meses para que llegue el momento de la emancipación y el desempaquetado de la biblioteca). Ella imaginaba otra cosa de las figuras en ascenso de los nuevos grupos.

Cómo hablar a las chicas, volumen uno: cuando tenía catorce años, todavía rezaba y le pedía a Dios una chica bonita,[2]

1. Rafael d'Amat y de Cortada, barón de Maldà, *Calaix de sastre*.
2. Ray Loriga, *Héroes*.

pero entonces, pocos años después de eso, ya sólo aspiraba a una leal camaradería de aprendizaje. Si te ofrece su casa –porque ese fin de semana sus padres han ido a la sierra o algo parecido– optar por el halago seco y directo y recordarle que a cualquier masculinidad le haría efecto encerrarse en un habitáculo de equis metros cuadrados con su fragancia deseable. Si el reposo va a ser amistoso, se afirma preferir el tormento del catre de cuartel, que será menos. Los ojos de ella pueden aclararse, pensativa, de burla o de ternura, pero lo siguiente es verla volverse a medias desde lo alto de la escalera (dejando ver su frescura de garganta blanca sobre fondo de pelo negro) asintiendo cuando se le pregunta si está segura. Luego, Simón Be posará con la imagen que los cursis del arte llaman «en academia» y la vemos a ella incorporándose después de estar echada boca abajo mientras se acaricia la oreja ensordecida y humedecida por un mal calculado restallar de labios.

Sonrisas y complicidades. Visita a las diferentes estancias y éxtasis de la casa familiar. Visita a la nevera para reponer fuerzas y renovar los asaltos. La virilidad alegre de un Simón Be a esas edades le permitía repetir varios rounds hasta agotarse y, de no haberse dormido placenteramente Silvia en uno de los entreactos, la función habría tenido varios bises (como así fue por la mañana). Antes, aún hubo tiempo de pedirle que vistiera una pequeña pieza de ropa interior que él había vislumbrado entre su minifalda en aquel concierto inolvidable de hacía dos meses. Silvia, buen soldado, rebusca entre cajones y qué delicioso quejido de fibra apartándose y, sin piedad ni prisa, deslizar suavemente astil y mástil en el rincón más caro mientras se mordisquea con cuidado la nuca y ante Simón Be aparece, en blancura de carne, la forma más perfecta de guitarra que un músico pudiera imaginar.

Como escuela sexual, aquellos procesos y juegos eran francos y abiertos, pero estaban inmersos en una desconcertante ducha escocesa de muchos momentos monásticos. Al ser todos casi semiadolescentes (unos por edad, otros por mentalidad), se producían muchos acercamientos cautelosos, largos, desconcertantes. De la misma manera, un día concreto, de una manera inexplicable y natural, se vulneraba algún tabú sagrado, sólo por probar. Luego la mayoría volvía a la rutina, protegiendo con cariño su timidez estrictamente personal y la propia individualidad.

Por tanto, las pelucas, los tacones, los corpiños, los pantalones de cuero negro, las muñequeras de clavos, las cazadoras y las mallas sólo consistían en un nuevo código de consignas y juegos. El humor estaba en sacarlas de la iconografía porno que entonces arrancaba como gran industria. Los adolescentes más precoces se relamían, narcisos, ante el efecto drástico que provocaba en sus mayores. Se complacían en descubrir que la atracción es un simple procedimiento de sugestión mental, y llevarlo a la vía pública era un emblema. Pero sus vidas, más allá de adornarse con esos motivos estéticos y permitirse alguna alegría, no eran, desde luego, nada pornográficas.

Así que no hallará aquí el lector las escenas de nalgas oferentes y suplicantes hacia fríos narradores de sentidos aturdidos: el autor pornográfico que hace arremolinarse a la multitud con curiosidad y luego dispersarse con rubor y tedio.[1] Tampoco encontrará la melindrosa expresión de «la penetró» que, tarde o temprano, hace que esa voz entone (deprimida y depримente) el gastado lamento filisteo de la falta de contenido verdadero. No confundimos nuestro fracaso personal con el de la literatura. No somos misioneros. Usamos esa posición sólo en el usufructo del mobiliario. Nunca en el lecho, cama o dormitorio y, por supuesto, aún menos en el púlpito.

9

En comparación con Silvia, Eva poseía una dulzura menos táctil, más humana y menos felina, tocada por ese punto gélido propio de los procesos intelectuales. Peluca blanca o peluca ne-

---

1. Emilia Pardo Bazán, *La cuestión palpitante.*

178

gra, tanga de cuero o medias de encaje, Eva disfrutaba también del humor de las provocaciones pero con una disposición de temperamento menos evidente. Eso la encerraba en un mundo mental más reconcentrado que no le permitía reposar tanto en el contacto como a su amiga. No era el miedo a la locura lo que la hacía bajar la bandera de la imaginación.[1] Todavía no había probado lo suficiente el sexo como para saber lo que le gustaba en realidad. Como muchos, en la duda, prefería mantenerse célibe. En un arrebato de impaciencia decidió, como han hecho generaciones de hembras siempre en épocas de libertad, desprenderse de la virginidad con alguien que no le gustara, para que cuando apareciera su posible favorito no la rechazara por inexperta. La experiencia no fue satisfactoria y no consideró que hubiera aumentado su sabiduría sexual. Se subió entonces al autocar de unos músicos en gira y tuvo relaciones desde con el primer vocalista hasta con el último peón técnico. Expliquémonos sin rodeos: gañanes punk que intentaban aprender a dominar su instrumento, teóricos del sexo hippie que acababan de cortarse el pelo (y que verdaderamente apenas habían probado el amor libre en la práctica), algún bisexual de clase alta en viaje exploratorio, más algún autostopista bohemio recogido por el camino cuando las drogas ya habían hecho su efecto. El tema recurrente de todo este desfile de contrincantes somnolientos fue un recuerdo de las farolas de la autopista de la utopía reflejándose pautadamente de una manera constante sobre el techo del autocar y unos asientos que podían haber estado más limpios porque era una gira pobre. La adquisición, ahora sí, de unos cuantos matices de sabiduría sexual para su bloc mental se mezclaba con algunas desalentadoras imágenes de unos calzoncillos ridículamente indecisos a media asta o un aliento que podía haber estado más fresco.

Nunca lo repitió, ni habló demasiado del asunto. Descubrió que podía lubricar durante un tiempo asombrosamente largo y, aunque pareció desconcertada una temporada, se recu-

---

1. André Breton, *Primer manifiesto del surrealismo.*

peró pronto. Pasó un largo tiempo sin novios conocidos, tuvo romances con algunos de nosotros, dentro de una sexualidad más científica que apasionada, y, después de un par de espaciados enamoramientos con gente ajena a nuestras amistades, desapareció del mapa. Decía que le había quedado cierto grado de bisexualidad más orientada a ellos que a ellas. Reapareció años después como alto cargo técnico de la administración pública, lo cual no deja de ser paradójico porque aquella gira pobre de los músicos del autocar había sido financiada por la concejalía de Cultura local.

Sé que recuperó su amistad con Silvia en la cuarentena. ¿Queréis saber qué fue finalmente de ellas? Muchos años después, las follé tanto como vais a oír: ciento ochenta y ocho veces, que por poco rompo mi correaje y mi arnés y no os puedo decir la gran enfermedad que cogí.[1] Pero eso sucedería mucho más tarde, y entonces estábamos aún en esa edad en que aceptamos todavía con agradecimiento nuestro propio reflejo en los espejos, en los escaparates y en las cristaleras de las ventanas urbanas.

10

Así, de una manera natural, puramente biológica, me orienté hacia la heterosexualidad práctica. Como decía Cárdenas, al ser un ambiente de vanguardia tampoco había demasiada competencia, lo cual aumentaba las oportunidades. Pero el observador Cárdenas también me hizo fijarme en otro fenómeno lleno de posibilidades. Seguía frecuentando a Omar y su grupo de estetas gays. Éstos, entrados en la treintena y ávidos siempre de carne fresca, ejercían cierto tipo de ascendiente o magisterio sobre los más jóvenes, dándoles algo que sus madres nunca les podrían dar. Muchos de ellos ya estaban instalados en profesiones subsidiarias de la publicidad, la plástica o la arquitectura, con lo cual frecuentaban ambientes más sofisticados que

1. Guilhem de Peitieu, *Farais un vers, pos mi sonelh.*

180

las simples salas de conciertos de rock. Arrastrados a esos locales de música popular por la devoción a sus más jóvenes alumnos, descubrieron todo un mundo que hasta entonces habían observado desde lejos en los discos extranjeros. Los gays más jóvenes, inseguros aún de su propia sexualidad en un medio que hasta hacía poco les había sido hostil, eran casi todos vírgenes y prudentes: las plumas de la medianoche.[1] Sus pigmaliones, recordando todavía los calabozos de la recién abandonada dictadura, eran aún más prudentes aunque hubieran perdido la virginidad hacía tiempo. Todo de nuevo muy inocente, y además (eso era lo que me quería decir Cárdenas) estaban las madres.

Cuando uno de esos cachorros gays pertenecía a la alta burguesía, su madre, ante la perspectiva de que la homosexualidad fuera a tener una vida corriente en las calles en los próximos años, intentaba que sus hijos no fueran a buscarla fuera. De tal suerte que facilitaba las cosas para que invitaran a sus amigos al domicilio familiar con el objeto de supervisarlos y estar al corriente de sus andanzas. Eso significaba lugares donde la comida y la bebida eran de calidad superior, aparte de ambientes más espaciosos y referencias culturales mucho más elaboradas que el voraz Cárdenas absorbía con interés y entusiasmo. Descubrimos que los gays eran gente muy divertida y que, como decía Omar, no solían violar a paletos. Gustaban también de adoptar ocasionalmente a alguna muchacha inteligente en esos grupos, con lo cual también aparecían a veces oportunidades.

Así, apenas sin darnos cuenta, recuperamos al trío del colegio de una manera extraña, más cercanos en algunos aspectos y con una mayor frialdad distante en otros. Para terminar de compactarlo, se nos unió el pequeño Ramón, recién alojado en un colegio mayor de Madrid después de un belicoso divorcio de sus padres que no había tenido acuerdo ni siquiera en el lugar de residencia. Mientras se agotaban mutuamente en los tribunales, habían decidido que a Ramón Medinas Bezós, hijo único y el talento de la familia, no le faltara de nada en sus es-

---

1. Oscar Wilde, *Balada de la cárcel de Reading.*

tudios, pero lo más lejos posible de sus peleas familiares. Eso terminó por darle cierta cohesión a una amistad que tenía sus raíces en los estudios de letras de nuestra infancia.

11

Un fin de semana que nos desplazamos a un festival de cómicos que se celebraba en Segovia, nos distrajo a media tarde la gente que contemplaba en una plaza la actuación de un meritorio que intentaba abrirse camino. El poeta leía en voz alta unos papeles que sostenía con la mano izquierda, mientras con la derecha acentuaba las palabras ahí donde le parecía mejor. Cuando terminaba un poema se oía el aplauso del público, tan tenue y tan desganado que casi podía tomarse como una desaprobación. El sol daba con entusiasmo en las cabezas, pero todos habían encontrado la manera de defenderse de él poniéndose encima los programas. Una niñita de tres años y medio señaló riéndose este hecho a su padre, quien también se rió, al mismo tiempo que admiraba para sus adentros la inteligencia de su hija.[1] Con sorpresa, reconocimos a Moisés Menz en el titiritero. Había interrumpido los estudios y también abandonado el negocio familiar. Trabajaba como guionista en la radio de un pueblo cercano a Barcelona, huyendo de las presiones familiares. Se moría de hambre y estaba a punto de tirar la toalla. Antes de hacerlo, se había enrolado en un grupo de teatro con el que viajaba de vez en cuando, actuando de humorista o de payaso, cuando la radio le dejaba tiempo libre. Todo eso nos lo contó con una acidez tristísima y una sonrisa torcida al pie del diminuto escenario que la municipalidad había puesto a disposición del festival. No es que no se esforzara nada por fingir, sino que ése era su aire natural para comunicarse. No había crecido gran cosa desde el colegio. Se hacía raro verlo en mallas contando todo eso con una expresión displicente de asco resig-

1. Augusto Monterroso, *El poeta al aire libre.*

nado. Así también era su actuación (una parodia del monólogo de Hamlet), que sin embargo nos había hecho reír bastante. Lo había reescrito él, según nos explicó con una mirada orgullosa y desconfiada. Una mirada que fue perdiendo a lo largo de la noche cuando se nos unió para investigar la ciudad a través de la bebida, aunque siempre mantuviera, a cierta profundidad de las pupilas, una luz fija característica de estar pensando en otra cosa. Un payaso triste, con hocico de galgo,[1] que se expresaba con un humor adusto, de pocas palabras.

Los Dame Nalga (sí, lo siento, ése era efectivamente el nombre de nuestro grupo) habíamos rodado nuestro primer videoclip con el realizador de una de las televisiones locales que se estaban formando por la zona. Era un admirador de «Amor a gatas», la canción que habíamos popularizado. Le dije a Moisés que hablaría con él por si necesitaban guionistas. Seguro que pagan peor que en la radio, me contestó. Decidimos hacer una colecta e invitarlo al concierto del pianista loco de Holanda, al que pensábamos ir todos el siguiente fin de semana.

12

En Holanda, el sistema educativo garantiza un inglés bastante aceptable. Herman, que así se llamaba el pianista loco de Ámsterdam, piensa que al menos con su inglés tiene una oportunidad de cruzar el canal, tocar en Inglaterra y, si consigue ser conocido allí, quién sabe, quizá ser apreciado en los USA, donde hay un mercado y una industria de verdad para ese tipo de música. Allí a la gente así (que hace blues y rock) la tratan como a señores, con toda la respetabilidad de la clase media para estas cosas. Pero no sé si Herman quiere ser clase media. Probablemente no, porque con cierta fama en su país le da por irse en verano a Cadaqués, en la costa catalana, para pintar cuadros y tocar tranquilamente el piano entre gira y gira en el solitario casino del pueblo. Cuando no

1. Catulo, *Sátiras.*

está de vacaciones, se viste elegantemente con corbata, americana corta y el toque de humor de unas incongruentes zapatillas deportivas de colores. Es aún más incongruente que, siendo de Ámsterdam, tenga el don de aullar como el mismísimo Little Richard (el melocotón negro de Georgia), si bien casi tres décadas después de que éste se hiciera famoso. Se conmueve con el blues y escribe canciones llenas de escalas pentatónicas, hechas para tocarse a toda velocidad. Tiene poca voz y encima todos los vicios para limitarla aún más. Bebe, fuma, toma drogas y se exhibe haciéndolo. Ahora bien, muchas de sus canciones son imprescindibles para quien se aficiona a ellas, desde títulos paradójicos como «I Love You Like I Love Myself» (Te quiero tanto como a mí mismo), «Rock and Roll Junkie», «Dope Sucks» o «Doin'It» hasta vocablos indescifrables, que suponemos holandeses, como «Shpristz».

En épocas volubles y variables, que tienden a la fluctuación, es habitual encontrar a grupos de gente que escoge a artistas o figuras como fetiche. En general, se exageran las particularidades que exhiben, y el público se encomienda a ellas como a un amuleto de un modo coyuntural, con la misma infidelidad de la moda. El artista arbitrariamente señalado tiende a creerlo y a autosugestionarse. Recibe las visitas de las musas y hasta quizá fornique con ellas.[1] Tampoco es la peor manera de pasar por la vida, y al menos sirve para darse a conocer.

Aquel octubre de 1981, vimos a Herman tocando sobre el escenario su canción «Still Believe». Después de cuatro latidos de corazón, el batería empezaba un hipnótico trabajo sobre los dos platos con pedal (que los percusionistas llaman charles). Una labor de percusión constante, creciendo, sobre la que discurrían las palabras, la guitarra sinuosa de Dany Lademacher, el tempo medio, musculado en la ejecución, que no es balada ni rock, con un punto siempre difuminado de soul o rhythm and blues. Sobre ese fondo, Herman habla y toca su piano, se deja llevar por el ritmo y sus manos buscan las teclas con un ataque parecido al de la percusión, mientras exhala las palabras como

---

1. Ignacio Vidal-Folch, *El arte no paga.*

cuando empujamos la pelvis hasta el final buscando un punto de suspiro: *still believe that I can win,* o sea, sigo creyendo que puedo ganar, y luego una pausa: *your love,* tu amor.

Cuando salimos, comentamos todos que poseía precisamente aquella característica de la expresividad sobre el escenario que transmitía una plusvalía a sus interpretaciones. Sus canalladas en escena conseguían seducir aunque tuvieran la insustancialidad de la infancia. Al final, con frecuencia, después de un escepticismo inicial, muchos del público se apasionaban con su verborrea, sus gestos de humor, sus escenificaciones, su invitación al desorden, que tenían un aire puramente adolescente.

Si dedico tantas líneas a la descripción de esta pantomima no es solamente porque el público lo que antes olvida es la importancia de los artistas minoritarios en un momento muy concreto, sino porque me parece oportuno consignar las emociones que experimentábamos frente a aquella práctica. Lo que más llena de esa artificiosa fábrica que es el hombre son los ojos, que aunque todo lo ven, no se ven a sí mismos.[1]

No hay arte sin ritmo. Puedo afirmarlo sin lugar a dudas. Lo vimos todos claramente en el pianista loco de Holanda. Un ritmo interior, de nuevo una pauta (estilística, moral, etc.), que exige algún tipo de verificación interior, autorreferencial. Si bien, en verdad, lo que todos principalmente le copiamos en ese momento fueron los trajes innovadores y las estrechísimas corbatas.

El sentido de las corbatas ya lo conocíamos en nuestro país desde los flamencos. Siempre constituirá una facilidad democrática la compra de ropa hecha.[2] Había mucho cantaor gitano de flamenco que apenas era dueño de su propia camisa o de una guitarra cuya funda de lona siempre tenía la cremallera rota. Pero también, sobre todo si habían conocido un relativo éxito, había algún flamenco dandy, que gustaba de salir al atardecer, para empezar con los aperitivos, perfectamente atildado con traje, corbata, sombrero y gafas de sol. El aperitivo de la

1. Baltasar Gracián, *El Criticón.*
2. Ramón López Velarde, *La derrota de la palabra.*

tarde, con repostajes intermedios, llevaba a la copa de la noche. Es esa hora de la música popular en que, tras muchas bebidas y cigarrillos, se afloja el nudo de la corbata para abrir paso por la garganta al torrente de emociones que vienen empujando desde los pulmones y el diafragma (el estómago, al fin y al cabo), como cuando te da por llorar.

Puesto que, como ya hemos dicho, la proscripción de las corbatas había quedado obsoleta como bandera de rebelión contra el mundo adulto (debido a la torpeza e inacción de los hippies), no fue difícil empezar a jugar con aquellos artilugios de fantasía. Si la vestías modificada, rota, atravesada por chapas, heterodoxa, de colores chillones, estabas levantando un estandarte que se reía tanto de las corbatas formales de los consejos de administración como del primarismo del que sólo por obligarse a vestir contra la norma piensa que ya ha vencido a las normas y es más libre.

Pero me olvidaba, tenemos que escribir un libro. Estamos obligados a contar una historia. Seguro que queréis saber lo que fue del pianista loco de Ámsterdam. Despista su mezcla de calzado deportivo y traje, a medio camino entre un jazzman y Kafka. También desconcierta cómo se desarrolla su infancia, con los primeros lujos cuando la posguerra europea empieza a superarse. Luego, en su juventud, unos cuantos brillos y algo de atención por fin a su alcance, que le conduce a la boda con la musa vanguardista del momento, estrella en ascenso (que pronto decaerá: musa y matrimonio), y a sus escapadas al sur mediterráneo. Finalmente, el sueño de cruzar el océano en busca de la respetabilidad no se dará nunca. El hecho es que el pianista loco de Holanda vuelve a su llano país muchos años después, no sé si envejecido, no sé si todavía yonqui. Busca un hotel muy alto en el centro de la capital y pide alojarse en un piso de los más elevados. Una vez en lo alto, se suicida tirándose de una habitación desde donde misteriosamente se ve de una manera perfecta la casa de sus padres.

Es algo que no suelo encontrar demasiado mencionado por ahí, y tampoco vamos ahora a hablar más de ello. No por pudor, sino porque aún faltan muchos años para que suceda.

13

Finalmente, llega un amanecer inesperado en el que te despiertas el primero. Abres los ojos en la cama antes que nadie y la abandonas con cuidado para examinar por dentro el diminuto ático que tienen sobre la ciudad tus amigas. Supongo que sucede así porque has dormido con un sueño ligero, alerta, ya que por primera vez te ibas a la cama con dos chicas a la vez y tu mente estaba en guardia, deseando hacer las maniobras corteses adecuadas. Mientras curioseas los objetos, te enfundas los pantalones pitillo, buscas la camisa blanca entre los montones de prendas de vestir y decides encerrarte un rato en el baño para hacerte el nudo de la corbata a solas. Ellas duermen plácidamente o sólo lo fingen, quién sabe. Como dicen los surfistas: no hagas olas.[1] Frente al espejo, despeinado, te deleitas con el tacto suave de la seda de la corbata, que es sutil y discreto pero no tibio. Un escozor en el glande te hace pensar que quizá deberías haber estado un poco más por tu placer y no tan pendiente de quedar bien. Pero ya oyes el sonido satinado del roce de un edredón en el dormitorio. Un mugido de efluvio cálido, entre vaca y sirena, hace pensar que alguien se está despertando. Es mejor salir deprisa y llamar luego por teléfono. Cuando salgo, soy un gran acontecimiento. No tengo que pensar, ni que prepararme: lo que suceda en mí, sucederá por sí solo.[2] Que lo que acabe de devolver a aquellas damas legañosas al mundo en vela del despertar sea una rápida y jovial despedida, anunciando que vuelves al rock'n'roll, y luego, el sonido de la puerta.

¿El objetivo? Conservar intacto el sueño del harén seráfico antes de que algún comentario agudo, no cruel sino de crudeza psicológica, algo banal pero casi hiriente, desate la inseguridad. La fantasía del harén es imperiosa por irreal que sea. Cualquiera sabe que es imposible por razones meramente técnicas, pero algo en lo más profundo de la naturaleza se lo susurra en deli-

1. Elliot Murphy, *El león duerme esta noche.*
2. Sylvia Plath, *Tres mujeres.*

rios a muchos varones. Ahí está, si no, el sueño de Flaubert de dormir con seis mil mujeres que cuenta a los dieciocho años en su «Cuaderno íntimo»: nacer para ser emperador de la Conchinchina, fumar pipas de 36 toesas, tener seis mil esposas y 1.400 amantes. Después, la grosera realidad: el músico Fela Kuti, en África en el siglo XX, se hizo con doscientas esposas aunque no se sabe en virtud de qué las llamaba esposas, ya que en realidad parecía un gigantesco burdel. Había quien le acusaba de ser traficante, además de músico y también un poco gángster, para cuya acumulación de poder usaba sus propias coartadas ideológicas. No sé si será verdad. El ejército estatal atacó su casa con estudio de grabación, que estaba fortificada, y los habitantes del interior, con armas a su disposición, respondieron a tiros. El combate, según la leyenda, duró varios días. Para saber cómo funcionan las armas, para manejarse con ellas y mantener un ejército a raya, hay que dedicar unas cuantas horas de atención y trabajo a ese adiestramiento. Horas que no usas para la música. Resulta enojosa esa versión de proxeneta y gángster, pero, en realidad, estamos hablando de otro mundo. No el mundo de expresar algo que antes de ser expresado sólo tiene una existencia crepuscular, sino uno en llamas, de guerra y armas, de matones y venganzas, de poderes y luchas como las del emperador de la Conchinchina en los tiempos medievales.

Volviendo al tema del harén, en el fondo, lo único que se pretende es dormir con todas las mujeres que provoquen el pensamiento de merecer ser amadas. La biología segrega en los varones una valoración de ese merecimiento harto optimista (¿seis mil?, ¿mil?, ¿veinte mil?). Parece ser que, en las hembras, la valoración biológica hace su recuento con mucho más pesimismo. En cualquier caso, la operación aritmética es fácil: tiempo, noches disponibles y demografía. Ahora bien, la vocación es lo importante. La vocación en ese sentido y la posibilidad de que esa intención venga marcada por la supervivencia de esa especie formada por máquinas pensantes.

En cualquier caso, a medida que uno avanza penosamente en ese sueño de las seis mil mujeres, pronto (ya probablemente a la altura del acortamiento cinco mil novecientos noventa y cuatro) reflexiones como las anteriores nos adentran inevitablemente en lo que será la vejez. La alteración de la memoria es, tanto en los humanos como en los pueblos, el primer signo de la degeneración física y moral.[1] A veces no se percibe, pero ahora, escribiendo esto, me doy cuenta de que es así. Quizá lo noto precisamente porque escribo convertido en un primate barrigudo, en el que el pelo se ha desplazado desde la frente hacia unas nalgas velludas, dicho sea con una santidad cariñosa e indolora, inevitable.

14

Frente al espejo, en primavera, a punto de salir por la noche, recuerdas los inviernos infantiles mirando desde la ventana el frío de la calle. Ganas de volar, de ir de aquí para allá, de bailar, de tener recuerdos. Deseos de conocer gente que sabe asuntos del mundo diferentes a los que uno conoce. Imaginar interlocutores y hembras. ¿Qué cosas debe de preferir? ¿Con qué libro se irá dormir por las noches? ¿Usará gafas de leer? La adoro. ¿Le gustará sentir el sudor sobre su piel empapándose de vida y transpiración? ¿Pensará en mí, mientras tanto?

Luego, comprobando todo en sus correspondientes bolsillos antes de salir, miras por la ventana el paisaje del horizonte nocturno; las luces de la ciudad brillando prometedoras en la distancia. La capacidad de las mentes jóvenes más potentes es la de tener varios pensamientos a la vez, como si las divagaciones saltaran en el dial sintonizando varias radiofrecuencias simultáneas. Encendiendo el enésimo cigarrillo, la mente se sentía dividida. ¿Discutiremos sobre los colores de un cuadro o un vestido? ¿O sobre el valor de un relato en llamas? ¿Se divertirá?[2] ¿Disfrutará de los conciertos frenéticos y los libros? ¿Cuándo la conoceré y

---

1. Anatole France, *Pages d'historie et de littérature*.
2. Paolo Conte, *Happy Feet*.

cómo? La noche es como un tren largo, larguísimo. Como un endecasílabo o un poema épico. Como un dragón volador, un *riu*. También cuando has envejecido, por causas diferentes, termina siendo lo mismo. Veo ahora el frasco de las gotas y las pastillas del futuro sobre la mesita de noche. En cualquier caso, un buen recuerdo para la aburrida vejez que nos espera.

El grupo de música marchaba bien y esa limitada popularidad nos permitía conocer gente de todo tipo. Éramos una de las pequeñas sensaciones de la reducida escena punk, marginal y alternativa. Tocábamos bastante en los pueblos de alrededores de la capital y gracias a la capilaridad de la radio empezaban a contratarnos en ciudades de los extremos de la península. Pudimos organizar, alrededor de nosotros y de otros grupos similares, una precaria oficina de contratación situada en un piso céntrico de paredes desnudas y mesas sobre caballetes. Actuábamos una o dos veces al trimestre en Rock-Ola para las más diversas causas y a veces nos teloneaba el grupo de Cárdenas (unos energúmenos que vestían todos de cuero negro), quienes no habían alcanzado nuestra fama pero conseguían alguna actuación que otra en provincias. Siempre faltaba dinero, todo quedaba a medias, pero la impugnación del mundo férreo que nos había rodeado hasta entonces era cierta. Todo era más frágil, más inconsistente, más incierto, pero era nuevo. La voluntad de cosmopolitismo era ingenua, torpe, desordenada, pero verdadera. Se perseguían imposibles que ya se sabían como simples aporías o paradojas, a saber: el cosmopolitismo castizo, ese oxímoron que siempre ha fascinado a los humanos.

Inventábamos y luego nos aplicábamos nuestros inventos. En un pequeño taller, el amigo que quería ser perfumista fabricaba sus productos y luego, fracasando en su proyecto de crear una red de distribución, llenaba su piso de frascos para repartirlos entre los amigos mientras se arruinaba graciosamente. Nos untábamos entonces en leche corporal de vaca gallega marca «Deleite», fumábamos cigarrillos «Superyo», calzábamos zapatos «Leguas» con calcetines «Extensa» e íbamos a ver las performances que hacía en pequeños locales Franz Temor, el supuesto cantante de ópera checo que luego resultaba que era de Toledo. ¿Qué película te gustaría ver? ¿Qué canción te gustaría oír? Esta noche no tengo a nadie a quien hacerle esas preguntas.[1]

Todos los atardeceres íbamos a la misma sala de conciertos, aquella planta baja, amplia, rectangular, que ahora aloja una tienda de muebles. La efervescencia de la capital madrileña empezaba a interesar a las revistas multicolores y los programas de televisión sensacionalistas. El mito de la libertad es tan poderoso, se asocia de tal manera a la felicidad y a la diversión, que los periodistas, habitualmente tan cínicos y trapaceros, encontraban un filón en la historia de una sociedad que salía de la tiranía con un río de alcohol y semen en lugar de la habitual salida torrencial de sangre y mierda. Rumores cuidadosa y hábilmente alimentados (ya que éramos pobres) daban a entender que la ciudad era un paraíso de tolerancia y vanguardia parecido a la Carnaby Street de los sesenta. Incluso Amelia, cuando su familia le dio a elegir el lugar donde cursar sus estudios universitarios, vino desde Menorca a explorar las posibilidades del lugar. Pasaba sus horas libres en medio de sus complicadas y pícaras combinaciones. Con la excusa de escoger el mejor lugar de estudios, había conseguido de sus bien instalados progenitores nada menos que un periplo de tres meses por Europa hasta encontrar el lugar adecuado. Viajaba sola porque nadie hubiera dudado nunca, ni por un segundo, que aquel carácter fuera incapaz de cuidar de ella misma por su cuenta.

Fabulosa Amelia. Desde que nos conocimos, había contestado poco a mis ocasionales cartas, pero esta vez me anunció con exactitud su llegada. Del contexto de sus líneas era imposible adivinar si esperaba que durmiéramos juntos o si parecía que a ella la fruta caída ya no le apetecía.[2] Consulté a Cárdenas dónde la podíamos llevar, porque estaba seguro de que la insaciable Amelia se cansaría pronto de nuestra afición al rock y de la repetición de nuestro local favorito. Cárdenas me recomendó

---

1. Jorge Teillier, *Carta a Mariana*.
2. Nikolái S. Leskov, *Lady Macbeth de Mtsensk*.

que la paseáramos por el colegio mayor de Ramón, donde se organizaban muchas actividades. Yo conservaba cariño por la figura del pequeño Ramón Medinas. Gran cabezudo y empollón, pero buen camarada de fútbol; el alumno más solitario en todo el tiempo del colegio. Ya de pequeño, leía mucho y construía razones bien fundamentadas. Habíamos coincidido desde muy niños en los primeros cursos, aunque nunca habíamos desarrollado una gran amistad. Ahora había cambiado mucho. Crecer hasta una talla media había mejorado sus proporciones y su cabeza sólo llamaba ahora la atención por su contenido. Su trato era mucho más abierto y dócil aunque, para las proporciones de un Cárdenas, siguiera resultando de una rigidez extraña y prescindible. Vestía americanas de lana con vaqueros y llevaba un buen tupé de pelo castaño grueso. En conjunto, era un adolescente bastante presentable, si uno conseguía que se abstuviera de meter a Céline o a Boecio más de dos minutos en una charla coloquial. Cárdenas le intimidaba, pero a mí me causó muy buena impresión y fue la primera vez que oí decir a alguien que quería ser escritor. Lo cierto es que, pese a esos rasgos, Amelia no le hizo mucho caso. Se presentó en una fiesta del colegio mayor vestida con una elegancia fastuosa que nos dejó a todos boquiabiertos y enseguida trabó amistad con el grupo de alumnos que precisamente organizaba las actividades culturales. Los bautizó como *la izquierda elegante* porque se habían fabricado un logo en el que figuraba una pantera negra con un collar de perlas, avanzando sensual y exquisita, bajo el lema *Cómo casarse con un proletario*.[1] Ramón, que hubiera deseado trabar amistad con ellos con la misma facilidad con que lo había hecho Amelia, decía que eran dandys trotskistas.

—Cariño, eres un muchacho encantador, pero a veces pienso que tu cabeza no funciona demasiado bien —contestaba Amelia con ojillos picantes, y el pobre Ramón enrojecía entonces, tragando saliva, sin saber qué decir ni adónde mirar, imposibilitado para percibir que, cuando eso sucedía, era precisa-

1. Lluís Fernàndez, *L'anarquista nu.*

192

mente el momento en que más cerca se hallaba de que la pícara le tomara allí mismo tres veces seguidas sin piedad.

El bueno de Ramón Medinas Bezós se había tomado muy en serio lo del punk, al igual que todos los que luego verdaderamente hicieron algo en la vida, como si el refugio para no sacrificar el intelecto en aquel momento de cambio estuviera en un fulgurante salvajismo. Demasiado tímido para cualquier extravagancia indumentaria, sólo si lo conocías bien podías saber hasta qué punto aquellas ideas de *no futuro* influían en que se propusiera ser poeta. Dado que era de temperamento tranquilo y bondadoso, sensible a los matices emotivos y sentimentales, el punk resultaba en él una cosa muy civilizada, una especie de entrega a la vocación del propio temperamento, con un rasgo de obsesión muy parecido al de la concentración poética. A pesar de las pullas de Amelia, todavía se creía obligado a informar:

–Son peculiares y leídos, individuales y desconfiados, sabedores de su singularidad –decía de aquel grupo–. Tienen una idea de la izquierda como de que ya existen por fin los medios técnicos posibles para conseguir un mejor reparto de la riqueza y no esa difusa idea pseudomágica, religiosa, que es la habitual en el romántico bondadoso, ebrio de buenas intenciones. Yo creo que quieren ser extravagantes porque son sagaces y saben que es la mejor manera para pasar por una criatura de ensueño.

El pobre Ramón no podía ni imaginar el efecto que hacía en Amelia escuchar ese tipo de expresiones (por mucho que ella supiera que no dejaban de ser en cierto modo exactas). Nuestra amiga se limitaba a sacudir la cabeza y mirar hacia otro lugar de la sala, considerando que aquella cháchara no merecía ni siquiera ser dignificada con una contestación. Yo sabía que luego me contaría su estupefacción ante el hecho de escuchar en boca de alguien, de viva voz, palabras como *singularidad,* que le resultaban difíciles de concebir fuera de un manual de autoayuda. En esa mirada de través residía el genio de Amelia. No tenía un pelo de tonta y sabía que Ramón, con esos discursos, quería a su extraña manera hacer un homenaje a su inteligencia femenina. Por ello enseguida le cogió cariño, aunque lo trataba siempre con un látigo sutil, detestando todo lo obvio.

—Me gustaría, querido mío, que te esforzaras por encontrar un tema de conversación en el que los demás pudiéramos hallar algún interés racional.[1]

Para mis movimientos estratégicos, era muy conveniente que Amelia se hubiera entendido bien con aquella pandilla de estetas homosexuales, porque eso agrandaba mis perspectivas para aquella noche. Cárdenas, astuto camarada, me miraba con complicidad, un poco desde lejos, tomando aquella distancia que, desde los lejanos días de Menorca, siempre adquiría cuando Amelia estaba presente. Sin intercambiar una palabra conmigo, leía como yo la situación, y se dedicaba a engrasar la charla con los muchachos de la pantera, bromista sociable. Incluso conseguimos una propuesta para hacer algo en el auditorio del colegio con nuestros grupos; gente importante para nuestra escala en aquel momento, porque también trataban con comités de actividades culturales de otros colegios mayores. Cuando ya se hizo bastante tarde y consideré que Amelia estaba saciada como aventurera de alta sociedad (que ha arrastrado hasta allí su ropa de diseñador carísimo), intenté un acercamiento más directo. Su vestido, sucio y manchado (lo cual sucede a veces), se combinaba con su costumbre de beber directamente de la botella. Conseguí llevar el tema a lo que había hecho en los últimos tiempos. Lo pomposo puede usarse bien si se mezcla con lo grueso. No hay nada más excitante que tratar los temas gruesos de una manera delicada y lo fino de un modo grosero. No perdía de vista que no nos habíamos preguntado por Paco en toda la noche. Le toqué con dos dedos un mechón del pelo rubio y pajizo que se escapaba rebelde de su peinado de peluquería.

—¿Realmente hay alguien que tiemble si acaricia despacio tu frente o si esconde su mano en tus cabellos?[2]

1. Charles Dickens, *Los documentos póstumos del Club Pickwick*.
2. Giovanni Papini, *El piloto ciego*.

A medias obsceno, a medias grandilocuente.

–¿Y si ahora te toco, voy a hacerlo muy despacio, con la misma suavidad y sólo la punta de estos dos dedos en este hombro que dejas desnudo con la adecuadísima blusa que has elegido, y desplazo las dos yemas, así, casi flotando, hasta la tercera vértebra de tu espalda contando desde tu cráneo? ¿Qué? ¿Qué me dirás?

–Que mi habitación es la dos, cero, siete y que allí estaré mañana a partir de media tarde, en cuanto resuelva los temas que me han traído aquí.

–Podíamos salir a cenar algo.

–O no. –Y lo dijo con una mirada hipnotizada y tan sumisa que parecía que, por un momento, los papeles de la obra estuvieran cambiados.

–¿Por qué no ahora?

–Porque he tomado el puente aéreo a primera hora y estoy deslomada, querido. Sé buen chico. Vente ahora si eres bueno, no molestas, y no esperes de mí esta noche un gran rendimiento.

Una felicidad cálida y abundante, de momentos dichosos, revoloteaba en torno a mí aquellos días. Puedo decir que, entonces, habité el paraíso si es que tal cosa o algo parecido está permitido a los humanos. Fue un paraíso mental, puramente anímico (de imaginación lo más seguro), pero qué bien se respiraba en él, cómo ensanchaban los pulmones los suspiros más infantiles y banales. Lo percibí con nitidez, en tres dimensiones, y no pretendo estar contando lo que vi, sino lo que recuerdo haber visto de ese jardín del edén. Todo esto pasó en Madrid, cuando Madrid era un lugar al que todo el mundo quería ir.

15

Mientras nos miraba a los ojos con picardía y ceño prometedor, sonreía a la vez dulcemente.

Por toda su tez dorada y sus pestañas negras se veían resplandecientes manchas blancas y redondas gotas de repostería cremosa que, con un punto de esplendor reluciente, escapaban hacia arriba unidas a pequeños hilos brillantes, salivosos; los cuales, en cuanto ella dejó de mirarnos y se puso de perfil levantando oferente la cabeza, salieron todos despedidos en la misma dirección, arrastrando tras de sí el resto de gotas y manchas de su mejilla y mandíbula. Un universo de pequeños brillos reflectantes se expandió por el espacio. Sus alegres gritos daban tanto hechizo a los lugares que acabo de recorrer: iba descalza, tenía la tez morena. Si fuéramos a beber leche a la granja suiza, todos me dirían: «¡Qué bonita es tu enamorada!»[1] Un verdadero festival aleteante para la percepción: gotas y salpicaduras, las segundas brotando de los pómulos, las primeras remontando la barbilla y las más audaces de ambas deslizándose por unos labios grana y redondeados que ahora enseñaban la punta de una pequeña lengua de color sangre, fueron a reunirse en un hilo serpenteante, espasmódico, que voló hasta la punta de un glande tenso, con forma de corazón vacuno, que apareció de pronto por la derecha de la escena. Con un movimiento único y terminante, de velocísimos reflejos y puntería milimétrica, el glande se colocó en el lugar exacto para que el hilo tomara forma de bolsa y se introdujera directamente por el orificio de su punta.

Desapareció cualquier rastro acuoso y la carne quedó perfectamente limpia y seca. Visualmente, parecía que fuera de terciopelo o de la textura del geranio. Entonces ella, como persiguiendo las gotas fugitivas y deseando recobrar el contacto perdido con los hilos de fluido transparente, tal que si obedeciera las órdenes de una mano misteriosa y velluda (que había aparecido sobre glande, prepucio y mástil para frotarlos concienzudamente hasta sacarles brillo), dirigió sus labios hacia el orificio y se introdujo en la boca todo su grueso recubrimiento de carne densa con un beso definitivo, goloso, intermitente, de pómulos contraídos. Tanto eran las cabriolas circulares de un cachorro retráctil con forma de lengua, como un vaivén frenéti-

1. Gérard de Nerval, *Sylvie.*

196

co. Un vaivén que, por el propio miedo que provocaba su potencia, alguien tuvo que decidirse a detener.

Entonces, apretamos el *pause* y dejamos de hacer funcionar el *review* del vídeo. Ver porno al revés y cosas similares formaba parte de las humoradas infantiles de aquellos días.

16

Cárdenas, a pesar de ser quien llevaba una vida sexual más activa de entre todos nosotros, se negaba a participar en esas bromas que él consideraba vulgares, e incluso afirmaba que no iba a ver obras de teatro donde se escenificaran simulacros de felación. Parecía que al hablar se documentaba sobre el cuerpo de las mujeres como un niño.[1] Hacía dos semanas que no lo veía. Como yo había andado aquellos días muy ocupado con Amelia (quien sí gustaba de esas bromas, y más cuando eran en una reunión de amigos para espiar sus reacciones), sintió una punzada de celos y quiso recuperarme para sus salidas. Lo hizo anunciándome que había tenido noticias de Paco Valls desde Barcelona y que lo había convencido para que se viniera a hacernos una visita a Madrid.

No había oído hablar de Paco en los últimos dieciocho meses. Sabía que se había librado de su servicio militar por excedente de cupo. El mío había transcurrido prácticamente sin tener noticias suyas, ni preocuparse él de mi estado. Ramón propuso que aprovecháramos la ocasión para reunir a algunos de los elementos más revoltosos de los antiguos alumnos. Su proyecto era que hiciéramos lo que llamaba una *reunión de lectura,* en la cual cada uno debía traer un libro para recomendar o algún escrito dedicado por pequeño que fuera. Cárdenas casi vomita al oír la demanda e ignoró por supuesto las instrucciones, pero tenía en común con Ramón la afición a conservar el contacto con los antiguos compañeros y puso a su servicio todas las

---

1. William Faulkner, *Luz de agosto.*

agendas. Coincidían en canalizar hacia un trabajo feroz y fanático, con anteojeras, sus rachas de desconcierto. En menos de una semana tuvieron organizada la reunión.

Ramón se proponía ser poeta y lo vivía con intensidad. Se había fijado el mismo programa que el cabildo de Sevilla impuso al arquitecto que iba a edificar la catedral: «Construyamos un templo que haga decir a las generaciones futuras que el cabildo estaba loco por haber emprendido algo tan colosal.»[1] Citaba nombres como D'Arthez, que había encontrado en los mismos lugares en los que yo desenterraba a los Rastignac o los Rubempré, y decidía que ése era su camino: renuncia a la vida social, retiro, estudio, encerrarse en una lucha cuerpo a cuerpo con las palabras. Supongo que ubicaba el inicio de ese destino en algún tiempo más o menos futuro, porque, mientras tanto, se le veía en todos los conciertos y eventos que se organizaban en el colegio mayor, que hervía de actividad y programaba algo casi cada fin de semana. Pero la veracidad de su intención, su ingenuidad demente, hizo mella en Omar, quien era el único de nuestros antiguos compañeros que yo había visto verdaderamente interesado en poesía. Tenía un conocimiento profundo en varios idiomas y, ni que decir tiene, se había entendido muy bien de inmediato con los muchachos de la pantera del colegio mayor de Ramón. Omar se había vuelto un animal fabuloso, vivificante, y Ramón, después de un par de años de soledad, volvía a tener amigos y a disfrutar de las mieles de la fraternidad. Con sus dos maneras de hacer (la mezcla habitual de rígida fantasía y minucioso protocolo de Ramón, combinada con la exuberancia intimidante de Omar) usaron con eficiencia la agenda de Cárdenas para aquel proyecto que parecía una jeremiada.

No vi a Paco el fin de semana de su llegada, pero el lunes siguiente, seis horas después de dejar a Amelia en el aeropuerto, me acerqué al domicilio de El Viso donde se alojaba. Lo primero que me preguntó es si le podía acompañar a pillar algo. El alcohol y el cannabis eran sustancias habituales en casi todas las fiestas de

1. Franz Lizst en carta a Richard Wagner.

aquellos días; a veces se consumían también pastillas de anfetaminas que podían comprarse aún en las farmacias, y de vez en cuando se conseguía bajo mano el gran lujo de un poco de cocaína. No era infrecuente que organizáramos también ingestiones colectivas de porciones de LSD, como una especie de excursión mental de boy-scouts. Incluso conocíamos a algunos extravagantes que, por experimentar con su percepción y sus nervios, se pinchaban sustancias tranquilizantes de farmacia como el Plidán o algunos hipnóticos: el mar entrando lentamente en sus venas.[1]

Al igual que me pasaba con los libros, cuando se ponían a mi alcance no dejaba escapar ningún ejemplar de todas esas sustancias, sólo para hojear sus páginas por ver qué había dentro. Pretendía cándidamente curiosear sus estilos sin intención de adquirir ningún ejemplar de la colección. Pero era la primera vez que veía de cerca a alguien enganchado a los opiáceos. Externamente, no parecía afectarle porque físicamente no estaba nada cambiado. Por lo visto, Paco había decidido adquirir el tesoro de bibliófilo entre los narcóticos, el calmante definitivo que hace estar a los hombres fríos, ponderados y nunca ansiosos: la heroína. Lo único que sabía de ella era que Cárdenas había prescindido de su consumo, allá por la época en que sus padres lo habían querido meter en los paracaidistas después de un verano muy malo en que tuvo que sufrir los dolores y sudores de un síndrome de abstinencia. De cualquier modo, puse a disposición de Paco todo el catálogo de excéntricos que conocía y, después de movernos un poco, pudimos conseguir lo que buscaba. Por amor propio, no le pregunté si había recurrido antes a Cárdenas, quien debía de tener más experiencia que yo en esos temas.

Callejeando, mientras duró la búsqueda, pudimos hablar de diversas cosas. Le pregunté cómo le iba por el extranjero. Me explicó que se había dedicado durante algún tiempo a un proyecto de disipación y vida bohemia que enseguida le pareció infantil. Al menos, dijo, le había servido para descubrir nuevas maneras de intoxicarse. Tras su proyecto fracasado de envilecerse, había

---

1. Alfonso Costafreda, *Ave rapaz.*

empleado la mayor parte del tiempo gris y lluvioso de la Europa continental en leer sin descanso. La apertura de compás que le habían otorgado la erudición y el trato cotidiano con idiomas foráneos, hacía que se expresara (en un carácter que por delicadeza siempre había tendido ya a lo ceremonioso) de una manera como congelada, inundada de un escepticismo que se desplomaba verticalmente sobre sus hombros.[1] Esa pompa, momentánea y coyuntural, era lo más contrario al tono de desfachatez, también coyuntural y momentáneo, que vivía la capital en aquel momento. Quizá por eso lo miraba todo con cierto desdén en aquella ciudad a la que acababa de llegar, negándose voluntariamente a cualquier intento de comprensión. Nada era de su gusto. En ninguna cosa encontraba comunión o armonía. Asuntos en los que yo depositaba ironía le parecían chabacanamente superficiales, y, por el contrario, se ponía súbitamente trascendente cuando se perdía algún matiz central de una broma o un giro de humor. Notaba que podía colocarse entonces, a ojos de todos, en la posición del provinciano y su amor propio sufría. Cuando eso sucedía, reaccionaba con una mordacidad desconocida en él. Siempre fui consciente de que su cerebro, de buena potencia, podía fabricarla, pero nunca la había visto coagulada hasta entonces. Cuando volvimos al chalet de El Viso, céntrico y tranquilo, propiedad de una familia de cineastas que conocían a una de sus hermanas, no me invitó a pasar y aún menos a compartir su tesoro, como si diera por descontado que yo no estaba interesado en esas cosas. Gran parte de sus trabajos esos días estuvieron orientados a conseguir la sustancia que necesitaba, a muchos de cuyos tratos fuimos a acompañarle, pero nunca juntos, Cárdenas o yo.

17

El único gesto de desprendimiento que se permitió Paco fue ofrecernos para la reunión la casa donde se alojaba. Acudi-

1. Vicente Aleixandre, *Los poetas.*

mos como quien, agarrados por la nariz, arrastra a sus discípulos.[1] Tuvimos toda la tarde para nosotros el salón de la casa, con la única obligación de cuidar del benjamín de la familia en ausencia de sus padres, un niño que se pasó la tarde leyendo tebeos. A pesar del sosegado escenario, la reunión fue un fracaso. Omar, fascinado y súbitamente devoto de su antiguo compañero, se pasó las dos primeras horas intentando coquetear con Paco, pero en cuanto recibió el primer latigazo de la nueva malevolencia de éste replicó con su propia mordacidad, que no era poca. Sebas, encantado de verse desplazado del papel de provinciano, se alineó junto a Omar sobre todo porque ya sabía que no le atraía y así se sentía suficientemente moderno al lado de un gay y, a la vez, a salvo de su miedo paralizante a la homosexualidad. Moisés, de quien cabía pensar entonces que era un poco homófobo, se puso inesperadamente de parte de Paco, cosa que a éste tampoco le hizo ninguna gracia.

Dani Masem Bozornés, que a petición de Ramón había venido desde Barcelona en su propio coche, lo miraba todo cómo preguntándose si había hecho seiscientos kilómetros únicamente para aquello. Nadaba en la abundancia gracias a su trabajo en publicidad y se acompañaba de una morena preciosa, de pelo largo y lacio –como cristalizado–, que era una verdadera muñeca. Quería impresionarla y creía que sus amigos estaban dando un pobre espectáculo. Supimos que aún se trataba con Isma, relación fruto de aquellos deberes políticos de guardería que compartían cuando íbamos a clase, pero éste no había mostrado interés en venir. En cambio, Boris, el grandullón Sanzedón Mema, que estudiaba duramente para registrador y se había convertido en una máquina erudita, había aceptado viajar, eufórico, sentado en el asiento de atrás del coche de Dani. Ahora, sin embargo, tomaba una distante actitud de censura de brazos cruzados frente a Omar y la situación en general. Cárdenas era el único que seguía alegre de una manera veraz, mirando a sus viejos compañeros como a un pelotón desordenado que se en-

1. J. W. Goethe, *Fausto*.

tregara a la embriaguez bajo su mando. Yo, al igual que Ramón, intentaba engrasar toda aquella circulación conflictiva y sentí una enorme camaradería por él, viendo cómo sus mejores intenciones se desmoronaban. Paco Valls desapareció para pincharse en el piso de arriba y creo que Cárdenas se dio tanta cuenta como yo de lo que pasaba. Finalmente, la cocaína financiada por la publicidad de Dani y su chica puso a todo el mundo de acuerdo en el piso bajo. Ella también estuvo muy gentil con todos y, gestionando con instinto las heridas de los diversos orgullos masculinos, consiguió que la velada se mantuviera con pinzas hasta el final. Un grotesco collage que había que ajustar con vodka y categorías kantianas, esos tranquilizantes contra cualquier coagulación demasiado brusca de la realidad.[1] Ramón Medinas tenía al marcharse una cara que era el retrato de la más pura desolación, sobre todo porque no eran razones literarias sino personales las que habían provocado aquel desequilibrio que más parecía una refriega.

Me marché en el asiento que quedaba libre del coche de Dani. Solamente se quedó Cárdenas, de lo cual me alegré porque pensé que, en cierto modo, era el único capaz de consolar (o acompañar) a Paco. Como aún era pronto, enseñé a Dani, a su chica y al resto del pasaje una buena parte del muestrario de descubrimientos que había hecho en Madrid. Boris lo miraba todo con una admiración estupefacta y no cabía duda de que lo que veía le gustaba, por mucho que se abstuviera de decirlo. Presenté a Denia, que así se llamaba la chica de Dani, a Silvia y a Eva con buen resultado. Dani me expresó su respeto y admiración por mis amistades madrileñas; indudablemente estaba subiendo en su escala de valores. Boris no sabía ni cómo hablarles, pero se lo estaba pasando en grande. Me enteré de que a quien más habían comprendido era al pequeño Ramón y a sus tortuosos sufrimientos. Realmente les conmovía esa voluntad de conservar noticia de los viejos compañeros. Pero un demente abate a otro demente, así que iluminemos el almacén de

1. Julio Cortázar, *Rayuela*.

accesorios: la bolsa universal se derrumba a cero, los motores pierden sangre y fallan las bujías.[1] Descubrí que no eran reacios a volver en la próxima ocasión porque al fin y al cabo lo habían pasado bien. Para Boris, que decía que sí a todo, siempre habría un asiento libre en el coche de Dani. La provisión de cocaína, que parecía inacabable, contribuyó a que tuviéramos un ánimo espumoso hasta el final de la noche. Silvia y Eva, picantes, decían que ellas deberían consolar a ese pobre Ramón del que tanto hablábamos.

Cuando me recuperé de la resaca, Dani y su chica, al igual que Paco, habían abandonado ya la ciudad. Éste último se marchó de nuevo enfurruñado porque, cuando volvieron los dueños de la casa, se encontraron con que aún estaba Cárdenas y le propusieron que se quedara a cenar. Terminaron entablando tal amistad con él, que se convirtió en un habitual durante los siguientes días, lo cual pareció herir íntimamente a Paco. Parecía una damisela dispuesta a hacer una escena, comentó Cárdenas.

Con más éxito, conseguimos levantarle el ánimo a Ramón trasladándole las opiniones de los otros sobre que en el fondo no había sido tan terrible y pensaban repetir. A Omar, que me veía ahora con frecuencia, le había parecido todo normalísimo. Incluso Cárdenas, que se había presentado sin nada desoyendo las reglas, terminó muy convencido del resultado. A partir de ahí, toleró mucho más al viejo Ramón Medinas e incluso alguna vez se les vio en confianza. La visita de Paco, siendo decepcionante, sirvió al menos para que les cogiéramos afición a aquellas reuniones de libros y las convirtiéramos en una espaciada costumbre.

Como la mayoría de sus contemporáneos, mis amigos se acercaban a la letra escrita como a un lugar enigmático de consulta; siempre la sensibilidad comienza por buscar la forma viva y acaba por eludirla, como aterrorizada o asqueada, recogiéndose

---

1. J. V. Foix, *Desa aquests llibres al calaix de baix.*

203

en signos abstractos.[1] Más allá de eso, de una manera inconsciente, miraban los libros como algo venerable; una convención a adquirir, cuya importancia para el perfeccionamiento humano nadie en su sano juicio debía pretender discutir. Era una prolongación de la actitud social habitual de aceptarlos y olvidarlos inmediatamente. Probablemente, sólo Omar y Ramón habían empezado a descubrir en el fenómeno de la letra escrita una óptica diferente. Por eso, quizá tan sólo ahora es cuando me doy cuenta de la importancia que tuvo su vocación inicial para darnos ese empujón inconsciente: la patada en los huevos que espabila a los pardillos. No creo que fuera a propósito, pero sí es preciso señalar que, en todos aquellos a quienes habían conseguido convocar, se daba cierto instinto innato para aceptar que existieran en la mente humana algunos estados del ser en que el arte es la norma. Así y todo, no resultó extraño que los textos que se leyeron aquel día, propios o ajenos, fueran bastante pobres. Dani Masem, que no quería quedar mal delante de la chica que traía, decidió no correr el riesgo de presentar algo propio y leyó un fragmento de un contemporáneo sudamericano de cierta fama intelectual: una mezcla de lenguaje coloquial y reflexiones de ciencia ficción pseudotrascendente. Ramón, por su parte, ya poseía una perfección formal superior al resto. A pesar de ello, el fragmento suyo que nos leyó no dejó huella en la memoria de nadie. Boris, que nunca miraba a los ojos en el primer contacto visual y había empezado a engordar de una manera preocupante, escribía tal como era, y, por compasión, procuramos olvidar inmediatamente su escrito. Paco, en cambio, recurrió a los libros de las estanterías que se encontraban a nuestro alrededor y en un momento improvisó una ensalada de fragmentos entre los que se hallaban Cervantes y Neruda y, oído por primera vez por casi todos, el nombre de Drieu La Rochelle; ese tipo de obras sin las cuales no tendríamos conciencia de lo que realmente constituye la humanidad.[2] Luego

1. José Ortega y Gasset, *La deshumanización del arte.*
2. Elias Canetti, *La conciencia de las palabras. Discurso pronunciado en Zúrich en enero de 1976.*

se dedicó exclusivamente a poner discos de fondo, seleccionándolos con Cárdenas y compartiendo a veces a nuestras espaldas alguna explicación sobre ellos. Moisés hizo una muestra del sarcástico número de mimo en el que estaba trabajando últimamente, que gustó. Cárdenas, como he dicho, no trajo nada y tampoco Sebas, quien no se cortó en añadir que él venía a emborracharse y esperaba strippers, convencido de que la propuesta de Ramón había sido una broma. Yo les leí sentado, de una manera pausada y cariñosa, un trozo de Hugo von Hofmannsthal que, modestamente, pienso que hizo su efecto. Entre mis papeles, conservo todavía lo que aquel día trajo Omar. Era un escrito propio titulado *Página ciento noventa y ocho*. No recuerdo por qué lo tituló así; aunque en este momento me da por pensar que fue para que yo lo incluyera, precisamente ahora, en este texto.

Nuestros patanes, nuestros fariseos:
¿que haríamos sin ellos?
Nuestros bufones, nuestros grotescos,
en las colas de los mercados,
en los salones de diseño.
Tratadlos a todos de uno en uno:
nuestros patanes, nuestros fariseos,
con el cerebro comprimido
y su higo seco latiendo en el pecho.
Pasad las páginas de ese libro
siempre generalizando y reduciendo,
tan avaro a veces en eso.
En los obreros de producción en serie,
en las familias de tres coches y piscina,
la página equivocada, la errata del individuo,
será el arte, el genio.
Tratad al humor como venganza,
usad la bondad de coartada.
Os oigo creciendo aquí dentro;
nuestros patanes, nuestros fariseos.

Y luego, después de leernos esto, probablemente consciente de cuán endeble era su frialdad poética, Omar te miraba desde su altura inflada, los ojos brillantes e intensos, como si le sudara la mirada o fuera víctima de una fiebre.

18

Con el magnetismo de un imán, los grupos de rock de aquella época atraían a los personajes más inquietos e inclasificables de las ciudades. Eso pasa cuando hay fuego en el corazón, fuego de vida.[1] En nuestro país, la muerte del dictador en 1975 había coincidido con el auge en el extranjero de la moda del glam-rock, que ensalzaba las virtudes del andrógino. En drugstores y librerías empezaron a encontrarse publicaciones europeas que hablaban de producciones artísticas de ese tipo. El afloramiento de la libertad sexual llevó a la calle esas actitudes y un gran número de extravagantes criaturas encontraron un paraguas de acogida bajo el espectáculo del rock. Era el canal de expresión menos controlado, más desinteresado y descuidadamente anárquico. Puesto que no existía una estructura industrial para ellas, las bandas actuaban donde podían. Lo que en otros lugares había sido un producto mercantil con sus correspondientes canales comerciales, aquí era un simple manifiesto de heterodoxia y disconformidad. Sin embargo, de una manera casual, todos los estamentos de la sociedad deseaban en aquel momento aparecer como relacionados con la modernidad. Esa apariencia externa parecía el mejor afidávit, tras una dictadura, para conseguir el salvoconducto de demócrata que se iba a necesitar en los tiempos que se avecinaban. Debido a ello, a nuestro grupo de rock lo contrataban en los lugares diversos para los eventos más dispares, siempre un poco pobres e inconformistas. En el plazo de un mismo mes, tocamos en la fiesta popular de uno de los innumerables partidos comunistas que

1. José María Arguedas, *El zorro de arriba y el zorro de abajo*.

afloraban (una facción trotskista-budista-ecologista donde todo
el público estaba compuesto en su mayoría por barbudos y po-
rreras culibajas) y también fuimos contratados para hacer un
show en el Satyricón, un pub gay cerca del metro de Tribunal.
No eran buenos lugares para probar las drogas psicodélicas; la
propia realidad estaba ya demasiado pasada.[1] Todo el mundo
quería ver a los muchachos de la guitarra eléctrica, pero, como
se encomendaban al idealismo y la bohemia, les pagaban poco.

El Satyricón resultó ser una sala pequeña, que sólo figuraba
reseñada en el papel barato de las revistas eróticas. Por su escenario solo parecían desfilar camioneros con vocación de travesti.
Antes que nosotros hizo playback un Goliat de ciento veinte
kilos vestido de Rita Hayworth. Su cuello era casi tan grueso
como uno de mis muslos. La compañía, sin embargo, era excelente. Dado que dimos permiso para decorar el escenario a uno
de los artistas del colegio mayor, tuvimos la asistencia garanti-
zada tan sólo ya con su círculo de amistades. Se presentó con
toneladas de papel de plata, tela de leopardo y motivos de jungla
recortados en cartón. Nos hizo actuar tras unas rejas de jaula,
como fieras. Los jóvenes padres de nuestro teclista vinieron a
vernos y les pareció simpática la escenografía, aunque se quedaron un poco impresionados por aquellas señoras tan obesas que
habitaban el local. Creo que lo juzgaban todo como una gran
travesura. La frescura de las granujadas inocentes jugaba a nuestro favor en todos los bandos. Las sirenas indígenas de gran cuello encontraban, en el cómico primarismo de nuestro espectáculo, una franqueza básica parecida a lo que ellos practicaban, y a
los muchachos de la izquierda elegante todo aquello les parecía
de lo más transgresor y lúdico. Muchos eran de clase alta y les
atraía lo que desconocían: lo canalla, el inexplicable vigor de la
diversión hecha pobremente; una prueba de la sustancia profunda e involuntaria de un hombre.[2] No dudo que posteriormente

1. Hunter S. Thompson, *Miedo y asco en Las Vegas*.
2. David Foster Wallace, *Algo supuestamente divertido que nunca volveré a hacer*.

algunos de ellos iniciaron a varios de los miembros del grupo en prácticas más sofisticadas, pero entonces aún era la época en que esos locales no tenían cuarto oscuro, se escuchaba todo tipo de música y la gente bebía y ligaba en la barra. Yo llegué con mi recién estrenado abrigo de cuero (cuya piel crujía con un chirrido llamativo en cada movimiento), y aunque los homosexuales me interesaban de una manera entomológica como animales fabulosos, y a pesar también de que entablé conversaciones francas y divertidas, nadie pareció estar interesado en pervertirme. De hecho, a día de hoy, sigo preguntándome qué es la perversión. Detectaban algo en mí que enseguida desechaban, pero lo hacían de una manera distante. Yo tenía la sensación de que me perdía algo de sus códigos y complicidades, pero mi propio desinterés creo que ejercía en ellos como algún tipo de señal. La animación que generábamos en gente tan diferente me empezó a hacer creer que quizá podía salir algo sólido de todo aquello.

Estaban, además, las canciones: las palabras no eran mejores o peores por sí mismas; era la combinación en grupos lo que las hacía vivas o muertas: mezclarlas con los sonidos de la manera adecuada para que creciera su vigor o quedaran feas y marchitas. Pronto, muy pronto, nos cansamos de la colección de rimas previsibles de la música popular; simples clasificaciones de palabras y contar de sílabas. Era más doloroso y difícil de lo que pueda parecer esparcir y olvidar todas aquellas costumbres defectuosas. Lo estimulante era jugar con los límites de esas formas para conseguir transportar significados nuevos. Canciones sobre el pasado, sobre la venganza, sobre la separación, sobre la muerte. Queríamos simplemente conmover al público, hacerle sentir lo que nosotros sentíamos.[1] Las palabras en hilera, acostumbradas a su garantía mutua, habituadas a ir juntas, no querían quedarse sin pareja. Para ello, las reuniones de lectura y poesía con mis antiguos camaradas me fueron muy útiles. Si había cosas que queríamos expresar (de modo tan natural, reflejo y espontáneo como late el corazón y los

1. Michael Delorme (ed.), *My Favorite Things. Conversaciones con John Coltrane.*

208

pulmones se dilatan para respirar), debían por tanto de hallarse en algún sitio o disposición las palabras que son jóvenes y respiran.

Con los sonidos sucedía algo parecido, y aunque sus posibilidades combinatorias eran infinitamente más pequeñas que las de las palabras (porque sólo se disponía de doce sonidos contando los semitonos), qué alegría y sensación de plenitud cuando se conseguía una disonancia que por su colocación no espantaba a la audiencia. Notábamos claramente que el público no veía las costuras de ese trabajo de orfebre pero que, emocionalmente, detectaba un resultado por el que te alababa como a un ilusionista. El triunfo en ese sentido era innegable; minúsculo, pero de plenitud absoluta.

Tras el concierto, fuimos todos a celebrar el éxito al piso de uno de los pintores, decorado por él mismo. Había colgado neones del balcón, y las paredes estaban pintadas de rosa y verde con diversos motivos, todos ellos corporales. El cuarto de baño fue la estancia más concurrida de la casa a medida que avanzaba la noche. Era la única puerta que podía cerrarse con llave en una época y día propicios para probar cosas nuevas; cosas toleradas en algunos países, prohibidas en otros y practicadas en todos.[1] Primero entró una de nuestras cantantes con uno de los músicos y estuvieron besándose. Luego, salió ella y entró un poeta más mayor, quedándose dos chicos solos, sin saber el poeta que ella llevaba instrucciones muy concretas de que, si el músico no salía en poco tiempo, debía aporrear la puerta con toda su energía femenina. El músico era demasiado joven todavía para atreverse a cualquier contacto genital. Ella, desconcertada porque se sentía besada intensamente y luego no pasaba nada, decidía probar con otro y lo llevaba hasta el baño sustituyendo a la pareja cuando los golpes en la puerta despejaban la estancia. Finalmente, el lavamanos empotrado en la pared cedía con gran estruendo bajo el envite de las caricias y todo quedaba a medias.

Los pintores y los estetas, que eran más mayores, valoraban mucho el físico y tenían ya un sentido mucho más carnal de la

1. Henry Fielding, *Tom Jones.*

vida, una comprensión real y física de la existencia. Miraban con ternura voluptuosa, no exenta de cierta malicia, la complicidad íntima entre dos músicos adolescentes de uno de los grupos. Veían benévolamente cómo se podían atraer mutuamente pero conservando entre ambos una relación asexual, de pandilla infantil y correrías de pilluelo. Para casi niños como ésos, el mundo de vanguardia de un Warhol, que entonces cautivaba como fenómeno de moda a los pintores, resultaba accesible de una manera natural en la medida en que su concepción minimalista, su gusto por usar la frivolidad con ironía, e incluso su debilidad por los ricos y los famosos coincidía perfectamente con sus más ingenuas inquietudes. Eso les instalaba de una manera instintiva, sin pretenderlo, en la vanguardia del momento; porque hay que decir que, en aquel momento, el mundo del arte no consideraba a Warhol ni siquiera un pintor. El conformismo empieza en la definición,[1] pero los adolescentes se sentían más cómodos ante el brillo, la promesa y la sugerencia un poco vaga de los colores resplandecientes de pósters como los de Iggy Pop fotografiado con el torso desnudo que adornaban las paredes del piso de aquel pintor.

Cárdenas, que ya estaba lejos de esas inocencias, había bebido mucho aquel día. Se mantenía a duras penas en pie, animando cualquier conversación de una manera balbuceante y maquinal. Lo acompañé y lo dejé en su casa, no sin antes despedirme de Omar, que se sentía muy a gusto y decidió quedarse un rato más. Una implicación, inhabitual en él, anunciaba que probablemente esa noche quería seguir adelante y, quizá por fin, llegar más lejos. Me hizo pensar así el hecho de que nos acompañara para despedirnos hasta el descansillo de la escalera, como tomándose un respiro, muy franco y relajado, cosa infrecuente. Allí nos transmitió la invitación de Ramón Medinas –quien no había podido venir– para que asistiéramos a la fiesta de fin de curso de su colegio mayor. Recuerdo que pensé que Omar parecía enamorado.

1. Georges Braque, *El día y la noche.*

210

19

–¿Diga?

–Menuda voz... ¿De resaca?

–Qué dices..., tuvimos ayer seis horas de local de ensayo y, al final, un amplificador de guitarra fundido. Nos tocó cargarlo hasta la tienda antes de que cerraran, para ver si nos lo tienen antes del fin de semana, que hay dos bolos... Al llegar a casa, la nevera vacía y el súper cerrado. En fin, desgracias.

–No está bien que yo lo diga, pero hay que ver cuánto trabajáis para no tener que trabajar.

–¿Qué te cuentas? No os he visto ensayar últimamente.

–Calla. Exámenes finales. Soy el único de mi grupo un poco responsable. Un hombre con obligaciones.

–Me han dicho que Lui, vuestro guitarra, anda con los motoristas...

–Cierto, cierto... ¿Tú te crees? Vaya tropa. Pero ya les he dicho que, en cuanto acabe, nos ponemos en serio. Si no, les despido a todos y me quedo con el nombre. Ah, sí, sí, les despido. Tampoco tocan tan bien. Aquí son todos muy ignorantes, no saben distinguir.[1]

–Bueno, el cantante no lo hace mal...

–Pss, bebe demasiado. Tiene presencia y una voz potente, pero no la trabaja. Sólo piensa en las tías. Estuvo Dani Masem el fin de semana. Sin novia. Y se lo llevó de marcha.

–Cárdenas, no me lo perviertas que la chica era una preciosidad.

–No parecía echarla de menos. Intentó cambiar de montura cada día, y, a veces, con éxito. Por lo que cuenta, ella no es tampoco una beata precisamente.

–No te hagas el tonto que te veo venir.

–Ella sabe que Dani sabe que ella lo sabe. Me temo que la venganza sea terrible. Estas cosas se complican.

–¿Has hablado con Ramón?

1. Camilo José Cela, *Viaje a la Alcarria*.

—El jueves es la fiesta de fin de curso del colegio mayor.

—Ah, los muchachos de la pantera. ¿Habrá chicas?

—Sí, hemos quedado con unas cuantas pérfidas.

—Nosotros tenemos actuación el fin de semana en Puertollano. Salimos el viernes y no me gustaría llegar hecho polvo, pero me apetece ver a Ramón y su pandilla.

—Anímate. Puede que sea la última. Dicen que el año pasado hubo un escándalo terrible porque ataron a una chica en una de las habitaciones.

—Los de la pantera no serían; como no ataran a un efebo o un cantante de moda.... ¿Hay que llevar algo?

—Nada. Venir con lo puesto.

—Por poco que pueda, me apunto.

—Bueno, tú ya me dices...

Quién dice qué. Quién llama a quién. Quién dice qué de quién. Sabes esto, sabes lo otro. Aún recuerdo con tierna displicencia el enorme aparato de color crema, percudido por los años, que el viejo piso había heredado de los setenta y cuyo modelo respondía al esteticista nombre de góndola. Su mayor innovación de modernidad era el cable extensible diseñado como un muelle que, indefectiblemente, terminaba enrollándose sobre sí mismo y convirtiéndose en una especie de animal retráctil con forma de pelota. Se adivinaba que los diseñadores no iban a poder preverlo todo en el futuro. Conversación telefónica bajo el triste sol del sur de Europa.

20

La moda de Madrid en 1982 era mucho más pobre y extravagante de lo que las fotos posteriores (cuidadosamente seleccionadas para la Historia) podrían hacer pensar. La baja calidad de los tejidos, el brillo deslucido de la falta de dinero, se compensaban con una despreocupada alegría y una agresiva vocación por combinar los colores más llamativos. Nos vestíamos con grandes alardes de lujo y modernidad pero con una sordidez estremecedora.[1] A la fiesta de fin de curso de aquel año del colegio mayor me presenté con unos vaqueros rojos de piel de melocotón (un tipo de algodón que recibía ese nombre) y una camiseta marinera a rayas azules, del tipo que hacía furor entre los gays. Sobre ella, la inevitable cazadora de cuero y unas deportivas de baloncesto de color fucsia. En cambio, Cárdenas dejó inexplicablemente en casa aquel día su eterna cazadora y se presentó con un traje blanco que no pudimos saber de dónde había sacado. El gigantesco clavel rojo en la solapa y una camisa de color jacaranda que completaban el traje parecían conectados a la red eléctrica.

El bar estaba en el sótano y lo atendían unas chicas de último curso. En el programa de la fiesta figuraban varios grupos jóvenes cuyas actuaciones se celebraban en el auditorio del colegio, una sala de aproximadamente ciento cincuenta localidades que ocupaba parte de la planta baja y el semisótano. Después de la primera actuación (un grupo cuyos componentes terminaron, años después, trabajando de registradores de la propiedad y abogados del Estado), varios amigos subimos a la habitación de uno de los colegiales. Allí estaba Omar, con una copa en la mano, charlando a pie firme con uno de los jóvenes organizadores, un muchacho orondo con tupé y traje. Deberían de haberse fijado en si había alguien que pudiera oírlos, porque era sitio apropiado para sorpresas.[2] Recostado sobre la cama, leyendo una revista, estaba el bajista de una de las bandas de la noche, con jeans negros y la chaqueta de cuero habitual que componía la más definitiva imagen de virilidad punk del momento, a pesar de que me constaba que era huidizamente homosexual. Omar no le perdía ojo. Al fondo del cuarto, un póster de David Bowie (en la época Ziggy Stardust) estaba colocado como motivo de adoración. El punk leía su revista refugiándose bajo su irradiación de color y brillo. Como el cuarto se estaba llenando en exceso de gente, el organizador nos pro-

1. Enrique Gómez Carrillo, *Ciudades de ensueño.*
2. Molière, *Tartufo.*

puso salir a ver las estrellas nocturnas en la pequeña terraza, casi un pasillo, que estaba encima del vestíbulo principal. Ese rincón estaba desierto en contraste con la algarabía bajo nuestros pies; a nuestra izquierda quedaban las ventanas de los dormitorios del colegio. Se añadieron al grupo tres muchachas y un varón de nuestra edad que no conocíamos. Dos de ellas, maquilladas al estilo «espejismo español» que hacía furor en la época, llevaban vestidos de noche cortos y escotados, de poco dinero pero buen ver. La tercera, de pantalones elásticos floreados, calzado deportivo y una gabardina cruzada, parecía ser quien las había incitado a subir. Poco alimento para siete varones arrogantes. Entre los de mi sexo, sólo conocía a Cárdenas, a Omar y a uno de los gays intelectuales. Como pronto quedó claro la orientación de éstos, pensé que nuestras probabilidades crecían. Cabía esperar una complicidad con Cárdenas y que maniobráramos juntos; al menos en un primer paso de mostrarse más interesantes que cualquier tribu ajena que pudiera operar en el marco de aquella terraza. Mejorar quizá el paisaje general de nuestra importancia, para que luego cualquier cosa concreta se rindiera a nuestro paso con un chasquido de los dedos. A mil metros de altura, desde el vuelo perdido de los pájaros, debía de ser lo mismo la toca de una bruja que el capuchón de un santo.[1] Pero Cárdenas estaba como siempre a sus cosas y las muchachas, incomprensiblemente, parecían encontrar más interesantes y hacer más caso a los gays que a nosotros. El que acompañaba a Omar era un joven delgado que anunciaba, al igual que éste, una futura tendencia a la obesidad de la cual a nuestro amigo no le salvaría el casi metro noventa que empezaba a culminar. El organizador era el único que vestía traje como Cárdenas, de un verde pistacho no menos fluorescente. Omar había preferido seleccionar cuidadosamente una sencilla camisa con mucho detalle. El único muchacho que llevaba el pelo largo liaba con papel de fumar una gran trompeta de hachís. A pesar de pretender vestir de pobre, se adivinaba el mejor situado de to-

1. León Felipe, *Versos y oraciones del caminante.*

214

dos nosotros. La muchacha de la gabardina traía varios sellos de papel grueso, cada uno con una gota de ácido lisérgico, y me ofreció uno. Lo rechacé con una urbanidad no exenta de simpatía porque ella había elegido invitarme, mientras que el resto de los sellos que flotaban en los estómagos de mis compañeros habían sido resultado de transacciones. Eso debía de significar algo, pero intenté ser cauto porque poco antes había estado hablando con una de las muchachas que atendía el bar y, si conseguía mantenerme sobrio hasta que ella terminara su turno, tenía fundadas esperanzas de acceder a algo mejor que aquellas redondeadas flores de licra.

Uno de los gays dijo que en esa terraza paseaban a veces, hablando de política, los seminaristas que residían en el colegio haciendo tareas subsidiarias. Tendríais que oírlos, dijo sin signos de exclamación: temas propios de trotskistas, con similares inquietudes, sólo que tratados y comprendidos de otra manera. Le dije que no entendía muy bien a qué se refería y si podía aclararlo un poco. Me miró como preguntándose si debía hacerlo.

–Todos se parecen un poco, no es curioso –sin ninguna entonación interrogativa–, tienen conversaciones de ideas muy radicales. Un día, dos de ellos hablaban en unos términos como de comando político más que de hombres de paz y oración. No deja de ser curioso, porque esa dialéctica tan teórica no sé qué lugar ocupa en gente de una vida de posibilidades tan limitadas. Hablaban con pasión y empezaron a virar hacia asuntos más personales, pero entonces un chucho asqueroso –él odiaba a los perros– se puso a ladrar y me perdí el resto de lo que decían.

Cárdenas escuchaba atento, con un interés hipnótico que yo sabía obedecía al subidón del LSD. El amigo de Omar, que llevaba un tupé prodigioso (una verdadera escultura de gomina) con un pelo de una vitalidad remarcable, muy cuidado, siguió hablando y creo que estaba encantado de la posibilidad de estar seduciendo al hombretón. Su elegancia, de cualquier manera, era muy poco sexual, como si en realidad lo que le complaciera fuera el hechizo de la seducción por sí misma, como un proceso de concentrar y dirigir la atención ajena. No creo

215

que en realidad pretendiera llegar a nada con Cárdenas, pero, en cierto modo, nos transmitía una enseñanza que, a pesar de dictarse desde la oscuridad, era superior a sus errores tácticos.[1]

Llevábamos ya un largo rato hablando sentados en el suelo de la terraza y nadie parecía haberse interesado realmente por el proyecto inicial de las estrellas. Abajo, el primer grupo punk parecía haber dado por terminado su estruendo y el cambio de instrumentos y aparatos en el escenario permitía que llegaran claramente hasta nosotros las voces, los gritos afectados y los murmullos del público. Alguien allá abajo se acordó finalmente de poner una grabación de música suave como fondo. Se oía lejanamente el entrechocar cristalino del comercio de la bebida. Semiestirado en el suelo de la terraza, me fijé en la suela desgastada de las finas zapatillas de una de las chicas del traje de noche y deseé haberme lavado las manos, cuyas palmas sentía ásperas. Cualquier tipo de locuacidad, por mínima que fuera, parecía haber sido sustituida por una lánguida contemplación. Nadie hablaba y, como mucho, alguien se acordó por fin de levantar la cabeza hacia las olvidadas estrellas. El ojo no encontraba ningún objeto digno de su lealtad.[2] Nos interrumpió un prometedor sonido de motor al máximo y música ruda, una especie de rugido, varios chirridos y un estampido al que siguió un ruido general de chatarra. Nos asomamos por la barandilla y vimos un descapotable de fabricación americana, pesado y antiguo pero aún imponente, embistiendo por segunda vez la valla metálica del colegio, sin conseguir traspasarla. Falló la puerta por muy poco. Nos costó distinguir quién rugía más, si el motor sobrepasado de revoluciones o el piloto sentado sobre el respaldo, que insistía en sus embestidas fracasando en su intento de encontrar la puerta para derribarla. Nadie hacía nada por evitarlo. Según nos notificó el homosexual del tupé, se trataba de uno de los notables matones de aquel colegio mayor, hijo de médico famosísimo, destacado en los deportes e irresis-

1. Alfredo Taján, *La Sociedad Transatlántica.*
2. Percy B. Shelley, *To the moon.*

tible para las chicas. Un reconocido ultraderechista y un estereotipo andante capaz de matar a alguien, nos informó. Cárdenas, que estaba como en trance pero muy concentrado en todo lo que le rodeaba, apretó de una manera muy desagradable las mandíbulas y miró hacia el coche con una furia demente que, aunque pocas veces dejaba que asomara, yo conocía muy bien. Eso se arregla, dijo, y vi cómo se tensaba como un gorila para saltar (con un cigarrillo que estaba liando a medias todavía en la mano) hasta ponerse de pie precariamente sobre la barandilla metálica a la que nos habíamos asomado para mirar.

–Cárdenas, que llevas el peta en la mano –le dije.

Sólo cuando braceaba para ayudarse a mantener el equilibrio con las piernas flexionadas (recortando una extraña figura de surfista blanco contra la oscuridad de la noche) pareció darse cuenta de a qué me refería yo y trasladó el pitillo mal hecho a los labios.

Ese simple movimiento bastó para desequilibrarlo definitivamente. Su grito poderoso se adelantó por una fracción de segundo al mío, que obedecía a intentar avisarle de lo frecuentes que son, entre los consumidores de lisérgicos, las crisis de credulidad aeronáutica y su mal final. Y aunque mi amigo Cárdenas era reacio a derramar sangre humana incluso cuando el fin justificaba los medios, prefiriendo, en su orden natural, la helioterapia, la fisoterapéutica o la cirugía osteopática, sabía perfectamente que, para él, puesto que había hecho fieras sus costumbres,[1] la agresividad era contagiosa y sería mejor distraerlo del conflicto que se daba abajo.

Pero mi amigo ya volaba, suspendido en el aire, y todos sacábamos medio cuerpo fuera de la barandilla (incluso las muchachas, con sus pechos apretados y el habitual surco en medio) para seguir su parábola. Un ser humano cae mucho más despacio de lo que habitualmente se da en creer. Como mínimo, al principio tarda bastante en adquirir velocidad e impulso. Sólo al final, cuando se acerca el choque, adquiere velocidades de vérti-

1. Pedro Calderón de la Barca, *La vida es sueño*.

go. O eso al menos me pareció en aquel momento. Mi amigo saltó, cayó pesadamente y nos llevamos un susto de muerte. Por un instante, vimos la espalda, blanca y brillante, de su americana flotando ante nosotros para luego hundirse en la oscuridad con un gargarismo de bestia que se interrumpió a la mitad súbitamente. Algo muy raro. Si hubiera caído sobre el conductor borracho (cabe pensar que era lo que pretendía), éste habría sentido como si el firmamento se desplomara sobre él. Pero la verja metálica quedaba más lejos de lo que parecía y nuestro amigo erró el objetivo. Comprobada su evidente inoperancia aerostática, nos quedamos mudos, mirándonos, en un momento embarazoso de pasmo considerable. Al fin, nuestras miradas erráticas lo localizaron allá abajo, entre los arbustos, riéndose, desahogándose entre aspavientos y escupiendo hebras del cigarrillo que casi se traga al volar. La última embestida del coche rompió el motor (doce cilindros dispuestos en hemistiquio)[1] y se hizo el silencio entre ruidos decrecientes de tornillería moribunda y algún gritito histérico de muchacha a punto de desmayarse. Como un eco desalineado de la risa de Cárdenas se oía la risa desencajada del conductor, mientras su novia lloraba al pie del coche destrozado. Nadie pareció salir de ninguna parte a imponer orden o a exhibir severas reclamaciones y, de una manera absurda, la paz invadió el lugar en su versión más rutinaria.

En aquel crepúsculo de la animación, cuando los sonidos empezaban a decrecer y los rostros parecían más en sombras que la oscuridad más oscura, yo esperaba una frase intensa y sugerente como las que decían los protagonistas enigmáticos y fracasados de las novelas de Hemingway o Scott Fitzgerald que estaba leyendo por entonces. Uno de esos diálogos que, según esos escritores, pronuncian las personas veladamente, aunque no sé muy bien a qué se refiere ese adverbio colocado así, y hacen que uno quede convencido de haber consumido arte y de haber visto la verdad cara a cara a través de la belleza.

Pero todo lo que dijeron mis compañeros de escena fueron

1. Boris Vian, *Vercoquin y el plancton*.

frases absolutamente ordinarias. Lo cual no quita para que yo experimentara una corriente de simpatía para con la muchacha de la gabardina, una sincera admiración por la erudición indignada del gay del tupé y un cierto amor reverente por el suicidio cómico de Cárdenas, que, con mucha suerte, no había sufrido ninguna fractura al aterrizar sobre un seto muellemente recortado. Un roto enorme desgarraba el bolsillo derecho de su americana, y estaba, como era de esperar, lleno de arañazos absolutamente repulsivos, porque mis amigos, a la postre, eran individuos y no valores universales, y no cabía ningún aura de generalizaciones que pudiera salvarles. Ni siquiera para hacer creer a un futuro lector la ilusión de que está disfrutando de una revelación profunda de la realidad (una de esas experiencias de orden filosófico superior) cuando lo cierto es que sucede menos de lo que se está contando. Ese estilo de relato que parece ejercer una maligna fascinación sobre la clase media intelectual. Y entonces, para remarcar la previsible vulgaridad de la suave atmósfera que anunciaba el verano, el último grupo de la noche empezó a tocar.

21

Del rock, lo que nos gustaba y que rompía cualquier posibilidad de rígida respetabilidad era su capacidad de tradición oral, de préstamo y copia constante, de cosa común, compartible entre todos los hombres. Se dirigía, además, a un auditorio que quería tomarse el trabajo de escuchar y de aprender.[1] Llegaba un negro que podía llamarse Chet Barry o algo similar y usaba un *riff* de cinco notas conocido y tocado bajo diversas formas en el Delta del Mississippi; lo hacía suyo, le inventaba una historia que, al cantarla sobre él, lo variaba imperceptiblemente y el resultado era único e intransferible. Nunca nos habíamos encontrado tan cerca de la singularidad inigualable de

1. Ígor Stravinski, *Poética musical.*

cada interpretación. Todos los primeros rocks se parecían, pero cada intérprete le daba su aire, propio de gentes poco formadas pero verídicas, verificables, irrepetibles. De una manera desacomplejada, sin pensar en ningún momento que aquello fuera malo, cogías el dibujo de guitarra de siempre e intentabas añadirle algo que todavía lo mejorara según tu gusto: una síncopa, un ritmo, un sonido un poco más sucio o un poco más limpio. Eran cambios, sutilísimos, minimalistas, pero muy efectivos que nos hablaban de la importancia del detalle en la vida humana. En aquel mundo, por tanto, la copia no estaba mal vista sino que era un deber y un homenaje. Sin saberlo, por ese método aprendías a escribir y a cuestionar todo los criterios sobre el arte que te habían sido entregados. A las academias traía noticias de un mundo, indomable e inasible, sin posibilidad de vetarlo o regularlo, que siempre existió allí fuera, pero cuya llegada por primera vez a los canales habituales de información cuestionaba abiertamente todo un método de conocimiento. No dejaban de mirarlo con aprensión, como si en el momento menos pensado fuera a abrir una ventana de la parte trasera y dejar entrar una brigada de saqueadores.

Era un pedazo de un mundo nuevo, en el cual la medida definitiva para valorarlo todo era la capacidad expresiva, su potencia para traspasar los años y los siglos, su capacidad para expresar matices sutilísimos. Se trataba de madurar la canción,[1] explicar asuntos complejos de la vida que nos rodeaba y transmitir detalles, en su levedad, casi divinos. Detalles que, como siempre sucede con lo que en nuestras limitaciones queremos llamar divino, eran minucias de capital importancia.

En la guitarra eléctrica, deslizando la púa que sirve para pulsar las cuerdas metálicas y haciéndolo longitudinalmente a través del mástil del instrumento, se consigue un ruido amusical que, sin embargo, tiene su propio valor armónico para el oído. Hay que ejecutarlo conectado a un amplificador que aproveche las posibilidades de la distorsión eléctrica al transmitir las notas. El

---

1. Friedrich Hölderlin, *An die Parzen.*

resultado no es una nota exacta sino un estruendo de modulación variable que puede introducirse de fondo mientras el resto de los músicos están interpretando la parte armónica de la pieza.

Es un rumor que se parece mucho (variado, constante, formado por diversos sonidos) al que oímos de fondo en cualquier núcleo urbano: la fritura omnipresente del tráfico a motor, la muela eléctrica del obrero, la sirena lejana y llorona, los terminales exteriores de aire acondicionado funcionando. De golpe, por ese paisaje de ruidos cotidianos, reconocibles, que cada día absorbemos sin darnos cuenta, se desliza, con el bombeo leve de los pasos animales, la muchacha más hermosa que hayas visto en tu vida.

Así nos lo cuenta Willy DeVille mientras sus músicos (los Mink DeVille) tocan un compás lento de cuatro por cuatro, suave, arrastrado, que acompaña la percusión con chasquidos de pulgares. Louie X. Erlanger, el guitarrista, pasa de hacer ese ruido callejero en el mástil a tocar delicados arpegios espaciados, fragantes, pulsando las cuerdas. Ruben Sigüenza, el bajista, hace un dibujo de notas rítmicas con cadencia perezosa mientras Willy, sobre esos sonidos, cuenta la historia con palabras. Lo que tenía que decirse lo ha dicho la música.[1] La canción habla de la Venus de la avenida D y lo inesperado no es el antiquísimo motivo grecolatino sino que, con esa construcción sónica, los músicos consigan la sinestesia y todo ese conglomerado de sonidos huela a calle en primavera, a media mañana, bajo un cielo radiante y glorioso. La narración de la voz es lo que nos lleva hacia los humanos, a los personajes de la historia. Visualizamos al paseante de Baudelaire, fumando desocupado. Aquí, en lugar de levita, lleva vaqueros y botines de tacón cubano, si bien está descubriendo como siempre el mundo. Luego, se nos describe el paso de ella, de la cual se sabe muy poco, salvo que la opinión general de los desocupados del barrio, después de una amplia calibración, la ha designado como la más hermosa de aquellos parajes. En la canción en concreto, al igual que en la vida, no sucede nada de particular. Ella pasa y se va. La grandeza es cómo nos

1. Arnold Schönberg, *Diarios,* 1 de enero de 1912.

transmite ese narrador, con una delicadeza sutilísima, los contrastes que ese momento de contemplación provoca. El abrigo de la monotonía de la calle y la delicia de estar vivo, palpitante, mientras todo, incluso la belleza, está en marcha. Las sensaciones crecen en sus palabras y arrastra a los músicos, que hacen un crescendo contenido hasta que la testosterona se desborda en un motivo rítmico poderoso, a todo volumen, mientras el cantante grita, aúlla, todo lo que soñaría con hacerle. Tras alcanzar el momento más alto de lo inexpresable y convertirlo luego en grito impotente, en emoción desbordada (en no llegar las palabras y por eso aúllo), la canción –igual que la vida– vuelve a la normalidad, a la cotidianidad de siempre y retorna el arpegiado calmo, la rutina de cada día cuando el cantante interrumpe, al final del compás, todo aquel frenesí de ruido y deseo. Lo hace susurrando un simple, arrastrado y alargadísimo monosílabo. Una simple palabra estirada al máximo con las tres letras finales pronunciadas para que coincidan con el golpe de bombo.

Así: Sssssssssssstop. [1]

22

Escuchando esas esculturas sonoras y estudiando sus movimientos descubríamos que el charles de la batería *(high hat* lo llaman los ingleses) chista, susurra o silba a voluntad. Que el golpe de la caja es una bofetada o un disparo. Que el bombo cierra como una lápida la tumba de las palabras. El bajo puede murmurar o golpearte la cabeza, los acordes de órgano traen secciones de cielo y nubes o tranquilo oleaje marítimo, según se ejecuten. Toda la naturaleza en la punta de los dedos para hablar de nosotros, de la calle que presenciamos, de cómo vivimos. La más alta expresión de la música popular.

Ocupados en aprender todos los trucos, las técnicas, las infinitas posibilidades descriptivas de aquellas herramientas, el

1. Kiko Amat, *El día que me vaya no se lo diré a nadie.*

resto de las cosas del mundo desapareció de nuestra vista durante un tiempo. Cárdenas, a la vez que tocaba el bajo con su grupo, seguía sin descuido haciendo avanzar sus estudios, pero yo estaba totalmente entregado a mi banda como el resto de sus integrantes. Nuestras cantantes, las hermanas Larra y Parra (que no eran hermanas pero nos gustaba llamarlas así por la similitud de sus apellidos), habían dejado de ir a las clases de su instituto porque querían ser artistas y las artistas, decían, debían dormir mucho. En casa de Laura Parra (delgada, lírica, con dinero y no muy despierta) por supuesto no habían aceptado el argumento y andaba siempre en perpetua lucha con sus progenitores para que no la pillaran saltándose las clases. En el caso de Beatriz Larra, que era mucho más independiente, sensual y astuta (con su perfecta y terminante forma de reloj de arena), la cosa se resolvía mejor debido a que gozaba de mayor libertad. Hija de un matrimonio mal avenido entre un redactor de *El País* y una escenógrafa, jugaba perfectamente con las grietas de criterio entre ambos y con su tipo curvilíneo que cuidaba de manera espartana y adornaba de forma ateniense. Eso le permitía mostrarse siempre ocupada presentándose a castings cinematográficos, publicitarios, teatrales y defender su vocación frente a la inquietud de la familia: un corazón infiel, desnudo de cintura para abajo.[1] Ambas llevaban el pelo como creo que era la moda de la época, muchas veces crepado y adornado con tintes. Aunque son sólo conjeturas, sospecho que fue la minuciosa Beatriz quien convenció a Laura, mucho más alta y delgada (elegante, diríamos), de intentar ser modelo y la introdujo en el consumo de heroína, explicándole que adelgazaba. Javier, el teclista, mostraba hechuras de gay y parecía enamorado del bajista, que probablemente también lo era sin saberlo. Tenían una amistad muy íntima pero totalmente platónica. El contacto de Javier con los pintores del colegio mayor le había espabilado mucho y presentaba a su amigo novedades como la cocaína, las anfetaminas o los vasodilatadores, aunque no creo que ninguno

1. Jaime Gil de Biedma, *Pandémica y celeste.*

de los dos tuviera todavía un perfecto conocimiento de su uso. Entretanto, a los dos les parecía elegante beber mucho.

El mal, el desorden, parece lo lógico. Lo milagroso es que todo funcione. No obstante, el cruel hacedor de los cuentos de nuestra infancia falla muchas veces y es como si alguien (una pequeña fuerza), nuestra mascota, nuestro artista favorito, aquel viejo abuelo que falleció hace muchos años, conspirara a nuestro favor para una disposición más amable del destino. No tengo pruebas en que apoyarme, pero necesito demasiado sospecharlo como para resistirme, y además me ayuda a entender lo que nos pasó. La banda no marchaba mal, y aparte de en las revistas especializadas habíamos conseguido aparecer, por dos veces, en reportajes de las páginas centrales de los periódicos de difusión general. El deseado contrato con un sello discográfico multinacional parecía hallarse muy cercano. La esperanza del tesoro es algo magnífico, nada se le puede comparar.[1] Pero mientras nos decidíamos, el propio torrente de las costumbres de cada cual, los regímenes de vida alterados, la persecución de lo fugaz cada día, el tipo de vida de aceptación y prueba de toda novedad, propio de la noche y los músicos, resquebrajaba la corteza de nuestra maquinaria de proyectos, como si fuera un artefacto que, para vivir, debiera mantenerse en el aire, pero que, al reflexionar sobre qué dirección había que darle, corriera el riesgo de caer al suelo. Para mantener esa inercia podía siempre contar con López Antílope, el batería, a quien creo que habíamos escogido porque su nombre nos sonaba como a filósofo o poeta griego. No tocaba muy bien y llevaba un pelo sospechosamente largo que nos recordaba desagradables y cercanas épocas hippies, pero, además de tener una inagotable energía optimista, era dulce, distraído y comprensivo con todos. Sólo nosotros sabíamos la furia demente de bruto que se encontraba tras su dieta de cerveza y hachís, descargándose contra los pobres tambores. Vivía con su madre en un barrio del extrarradio y creía en un mundo futuro donde todos los hombres deberían

1. Céline, *Muerte a crédito*.

vivir en armonía fruto de sus pensiones. Carlos, el otro guita-rrista, lo quería mucho, aunque no entendía muy bien que nunca se mostrara interesado en perseguir chicas, ni siquiera las de nuestro propio grupo, que a él lo llevaban a mal traer. Esta-ba convencido de que Juan Luis, el saxofonista, debía de ser bi-sexual, porque tanto lo veía intimando con ellas como juntán-dose en misteriosas excursiones sofisticadas con el bajista y el pianista. Obsesionado por esos temas, se obligaba a distraerse de ellos practicando sus escalas de guitarra, lo cual le hacía me-jorar. Llegué a pensar que debería estar prevista alguna indefi-nida compensación para nosotros por ser una especie de seres experimentales, de ratas de laboratorio para el futuro.

Yo seguía entregado a la composición y la grabación de canciones, escribiendo cada vez más, aprendiendo el funciona-miento de grabadoras, de equipos de sonido y de cualquier ar-tefacto de posibilidades técnicas. Casi todas las cosas tocantes al oficio pasaban por mi mano.[1] También leía cada vez más y el grupo aceptaba de una manera natural que marcara la línea con mis lecturas, lo cual me hacía sentirme cómodo. Un día de por entonces me di cuenta de que los escritores de mi generación eran probablemente los primeros que habían escuchado tantas canciones durante su vida como libros habían leído. ¿Serían por eso más musicales? ¿O traicionarían a la vida y su música como siempre, tarde o temprano, de una manera decepcionan-te, terminan haciendo los artistas? Es imposible biológicamen-te, para un ser humano, mantener la tensión intelectual y sen-sual que esa lealtad requiere de una manera permanente.

23

Durante todo el verano, tocamos en diversas ciudades de la costa y en algunas capitales de provincias, pero los conciertos más interesantes fueron los que dimos en Madrid durante ese

1. Anónimo, *Lazarillo de Tormes*.

interregno en que acaban las clases de los estudiantes y empiezan las vacaciones de los empleados. Antes de partir en una furgoneta hacia la costa, actuamos en algunas salas pequeñas y varios colegios mayores, entre ellos el de Ramón. Eran días ciudadanos y calurosos en los que siempre nos íbamos a dormir tarde. En uno de los conciertos que dimos junto a otras bandas, en la céntrica sala de dos plantas que luego se convertiría en una tienda de muebles, vino a vernos casi todo el mundo que frecuentaba aquel ambiente, incluso los miembros de los otros grupos. Tras el concierto nos dedicamos a divertirnos en la antesala del local, donde había una barra de bar llena de televisores y varios sofás con mesas bajas. Los guitarristas habíamos tenido una noche inspirada provocando al público, lo cual nos ponía en el centro de la atención. Silvia y Eva estaban prometedoras, incluso Beatriz parecía lo bastante suavizada como para mostrarse menos inasequible de lo habitual, pero quien cosquilleó mi oído medio fue una voz clara y extraordinariamente ágil que hablaba en un círculo de gente contiguo al nuestro. Allí se encontraba Cárdenas, quien también había tocado aquella noche con su grupo e incluso había sido invitado a subir al escenario para una canción durante nuestro set. Conversaba con la parte opuesta de una espalda delgada y pelirroja que descendía hacia una cadera liriforme (de lirio o de lira). Los desvergonzados movimientos de los actores, los mimos que cultivan la misma ciencia de la seducción,[1] no conseguían ni de lejos el efecto de gracia natural de aquella columna vertebral. La espalda se dio la vuelta súbitamente y me habló entusiasmada, desconcertándome: reconocí a Gemma, la hermana pequeña de Paco que había conocido en Palafrugell. Estaba muy crecida, y aunque poseía la fragilidad física general de la familia, no se parecía en nada a Paco. Tenía el pelo de ese color entre castaño y rojizo que era mi debilidad. El florecimiento de la edad le daba una sonrisa conmovedora, extrovertida, plena de entusiasmo; algo que la alejaba aún más de su hermano. El brillo de los ojos, un poco extraviado, acompa-

1. Lactancio, padre de la Iglesia, *Sermón* (siglo IV).

ñaba con levedad ese don facial. Era muy expresiva: los ojos, verdes, moteados de manchitas de color óxido, eran la puerta de entrada a su cerebro. Se hallaba en Madrid para asistir a una boda familiar, había oído hablar de nosotros y no pensaba perderse la ocasión de presenciar todo el movimiento que se contaba de la capital en aquellos días. Sí, Paco también había venido, pero esa noche por lo visto tenía otros planes; no, no le había dicho cuáles eran, creía que le había querido dar esquinazo, ya sabes, como cuando éramos pequeños, aunque seguro que lo veríamos los próximos días. El viejo Cárdenas, malvado depredador, miraba a mis ojos por encima del hombro de ella. Socarrón, yo le enviaba el mensaje visual de que había comprendido: efectivamente, se había convertido en una auténtica sirena. Pero el efluvio de simpatía, inocencia (parecida a la nuestra hasta hacía bien poco) y exaltada dedicación a la vida, envolvía todo lo que la rodeaba, incluyendo nuestro trío. A cada palabra endulzaba más la voz y yo era al tiempo el héroe y el esclavo.[1] Se pegó a nosotros para que le enseñáramos todo lo posible de la noche madrileña y tuvo suerte porque fue una jornada brillante. Junto a Cárdenas, nos convertimos en alegres protectores por unas horas. Venía con dos compañeras escolares de su edad y todo les parecía fascinante: las vestimentas de Silvia y Eva, la galanura de los guitarristas, el humor malicioso de los gays. Al alba, desde la blanca piscina de un chalet de Alcobendas donde terminamos reuniéndonos un buen grupo de gente, tuve que buscar un teléfono para llamar a un taxi que las llevara hasta el piso familiar donde se alojaban. Las familias estarían escandalizadas y ellas contentas por ello. A última hora, no pudimos encontrar por ninguna parte a una de ellas (la de las piernas más largas) y también faltaba Cárdenas, viejo sátiro, pero en el chalet, lástima, no podíamos quedarnos a dormir. Las acompañé hasta la verja exterior para comprobar que las dejaba seguras en el taxi y una de ellas, no creo que fuera Gemma, dejó caer que habría estado bien ver donde yo vivía. Les dije desmayado que estaba ya amaneciendo,

1. Joan Salvat-Papasseit, *La meva amiga com un vaixell blanc.*

que no podía dejar así a mis amistades del chalet, que debían marcharse, que yo aún tenía que buscar a Cárdenas (cosa que no pensaba hacer), que se portaran bien...

Gemma levantó muy suavemente la mano y me tocó la mejilla en señal de despedida y agradecimiento. Sus ojos, que (ya lo hemos dicho) eran la puerta de entrada a su cerebro y su espíritu, se achicaron.

–No, no. Hasta mañana –me dijo con añoranza–. Mañana quedaremos todos y veremos a Paco.

Pero no lo vimos. Al día siguiente, ellos tenían la boda y yo me pasé casi todo el día durmiendo. La víspera siguiente sí que me llamó Paco, sorprendentemente jovial e inesperadamente cómplice, y me propuso que me pasara a verlos. Cuando fui a buscarlos, lo encontré solo y me propuso que la acompañara a buscar su sustancia favorita. Le pregunté por Gemma y me dijo escuetamente que estaba castigada, pero que no me preocupara. Era como estar en un astro en rotación: cuando desapareces tú, emerjo yo.[1] Nos pasó a recoger en su coche una rubia cuyo físico era el mejor presagio. Vestía con pantalones y chaqueta de cuero, se peinaba con una media melena alisada y debía de tener la misma edad que Paco. Provocaba una curiosa reminiscencia o reflejo en mi memoria del Paco de la época de Baleares. Le resultaron muy interesantes todos los lugares que yo conocía y demostró una tremenda habilidad en el manejo de las jeringuillas. Cuando quedó claro que entre Paco y ella no había nada, decidimos intercambiar teléfonos y aquel verano terminó acompañándome durante toda la gira de conciertos, de ciudad en ciudad, por la costa y el interior, para lo cual usamos su coche y los lugares sombreados de las carreteras secundarias con el fin de aliviar nuestro romance. Gracias a eso me libré de la esclavitud de la furgoneta y sus sudores de rebaño.

1. Ibn Jafaya, *Al escondite.*

24

Tras el verano, reanudamos las reuniones de lectura con savia nueva que procedía de elementos impensados pero bien conocidos para nosotros. Cuando Cárdenas o yo visitábamos por alguna razón a la familia que nos quedaba en nuestra ciudad natal, faltos de asideros de nuestra edad, buscábamos a los viejos amigos. Madrid era una ciudad que cambiaba y se renovaba muy rápidamente. En Barcelona, en cambio, por mucho que tardaras en volver, te encontrabas siempre a las personas en el mismo lugar en que las habías dejado, haciendo lo mismo o algo parecido a lo que hacían la última vez que los viste. Ese verano, cuando la gira del grupo me llevó a algunas poblaciones de la región, Cárdenas me hizo saber que andaba por la zona visitando a sus parientes y disfrutando del mar de la Cataluña sur, el mar que no escucha.[1] Su banda no tocaba ni lejanamente tanto como la mía, y el consuelo de su falta de éxito era que podía disfrutar de unas vacaciones con su parentela catalana. Por supuesto, lo primero que hacía era dejar aparcada con sus tíos a la madre, quien estaba muy desmejorada, y salir corriendo. El balneario de primera clase, de decorado de Riviera francófona (la Cataluña norte, donde estaban los Valls), ya les quedaba vedado por posición económica y se habían de conformar con el paisaje africano de la zona sur de Barcelona. Vino a un concierto vestido con bermudas y coincidió con Sebas, quien se había desplazado con el objeto de hacernos una entrevista para su revista musical. Cuando éste vio a Camila —que era el nombre de mi acompañante rubia de la media melena—, alargó sus intereses hasta hacerle un artículo también al grupo de Cárdenas y se convirtió en un habitual de todas nuestras fechas por la zona. Trajo también a Dani Masem, que se quedó deslumbrado con nuestras cantantes y procuraba venir sin acompañante a los conciertos. Pregunté por los Valls, pero me dijeron que andaban de vacaciones en Italia. Con Dani vimos alguna vez a Isma, que había adoptado

1. Luis Carrillo y Sotomayor, *Canción 15* (siglo XVII).

ceño de muchacho grave y sólo se dedicaba a asuntos intelectualmente serios; ambos a su vez se encargaron de traer al viejo Boris, que seguía apuntándose jovialmente a todo, y a Simó Aznar,
a quien no veíamos prácticamente desde los días de las aulas.
Simó viajaba mucho a Madrid, pero frecuentaba unos ambientes
muy diferentes a los nuestros, diferentes incluso a cualquier espécimen de nuestra edad. Mundos totalmente cerrados de catalanes que visitaban la capital con desconfianza y tan sólo ocasionalmente. Vivían en una isla social que tenía sus intereses en
otra parte. A pesar de sus ocasionales viajes se notaba, por su curiosidad en asuntos concretos y obvios, que no pisaba la calle cotidiana de la capital, aunque mantenía frecuente correspondencia con algunos de sus nombres insignes por diferentes asuntos.
Cuando nos recitó la lista de nombres con los que se escribía,
nos quedamos estupefactos por su importancia pública en aquel
momento. Con cierto humor, pensamos de una manera cómplice que, si tenía tal relación con ellos, era porque nunca le habían
visto en persona. Con su obesidad, su seriedad impermeable y su
perplejidad social helada, era con mucho el más demente de todos nosotros para el trato. Pero se había convertido al credo del
nacionalismo regional (un espantoso progreso en conciencia
propia)[1] y era un erudito en tradición literaria catalana, no des-
deñando ninguna batalla, incluso las lingüísticas o las de simples
cuestiones de fonética, de las que hacía bandera y convertía en
cuestiones de orgullo. Sus discusiones con Isma Rozmanes Debón eran épicas y decidimos convencerles para que se unieran
cuando pudieran a nuestras reuniones madrileñas de oportunis-
mo intelectual. Creo que eran los únicos que seguían usando la
jerga sociológica de años atrás; ambos militaban en partidos y
ambos eran totalmente ineptos para la coquetería con el sexo
opuesto. La salvedad era que, mientras Simó conservaba la novia
«de toda la vida» y era el único de nosotros que tenía planes de
casarse en breve, Isma era un monógamo en serie, porque su físico resultaba viril y atractivo para las hembras.

1. Jacques Maritain, *Arte y escolasticismo.*

Les invitamos a que se unieran a una de esas reuniones cuando algún viaje a Madrid se lo permitiera el siguiente trimestre y creo que accedieron sobre todo al saber que a ellas acudía nuestro viejo compañero Moisés Menz Nabodar, quien aquel verano se había convertido en una pequeña celebridad.

Moisés, que había persistido en su vocación teatral, consiguió trabajo en un programa nocturno de la única cadena estatal de televisión dando vida a un humorista llamado Simón Manos de Zebra, seudónimo que había adoptado haciendo un acróstico con todas las letras de su propio nombre, Moisés Menz Nabodar. El personaje, que no dejaba de ser la encarnación de un actor, tenía un gran éxito y era muy popular. A Isma y Simó, devotos de la sociología de la comunicación y, como todos los antinorteamericanos, interesadísimos en todos los fenómenos estadounidenses, el hecho de que nuestro único compañero de clase judío se inscribiera en la tradición de los monólogos humorísticos y los comediantes semíticos les parecía un signo de progreso y novedad superior a todos aquellos grupos de rock que no comprendían.

25

Ocho semanas después nos reunimos todos en Madrid, en uno de esos otoños templados que entrega a veces la capital antes de que el mes de noviembre se abata sin piedad sobre ella. Esta vez nos atrevimos a prolongar la velada con una cena que, regada con buenos vinos, fue muy agradable. Tanto que se decidió repetir al cabo de pocas semanas aprovechando que, por diversas circunstancias, el grueso del grupo de los que residían en Cataluña coincidía en tener que volver a la capital por asuntos varios. Sólo faltó Paco Valls, que de nuevo estaba en el extranjero. El más feliz con todos estos proyectos era Ramón, quien se veía resarciéndose del fracaso de su inicial ingenuidad, y de pura euforia cogió una borrachera tremenda para celebrarlo. El más escéptico era Omar, que veía cómo su grupo de *hap-*

py few se iba ampliando peligrosamente con heteros demasiado rígidos para su gusto, que representaban el triunfo del incivil al que ninguna educación escolar resulta suficiente para proveer de inteligencia y razón.[1] Demasiada gravedad diocesana para su sutileza y, encima, sujetándole la cabeza al pobre Ramón mientras vomitaba su felicidad por el inodoro, porque realmente era el único de todos nosotros que tenía un rasgo lo bastante maternal para superar ascos.

Estuve a punto de perderme la siguiente reunión, que se celebró un poco antes de las fiestas de Navidad. Mi banda se hallaba en el trance de firmar, por fin, el tan esperado contrato con una discográfica multinacional y me encontraba muy ocupado, pero finalmente pude acudir. Moisés, ya mucho más seguro de sí mismo debido al éxito de su personaje, se atrevió a traer unos versos pulcros y sencillos. Omar insistió con los suyos, que seguían conservando aquella factura límpida, aunque esencialmente distanciada, que poseían los primeros que nos dio a conocer. A mí eran los que me gustaban más, no sé por qué. Nunca usaba palabras lánguidas ni se permitía construcciones afectadas, pero el resultado final conseguía un efecto en el cerebro de delicadeza dura y diamantina para el cual yo era especialmente sensible. Dani trajo un pequeño cuento propio algo naíf. Isma dijo que le habría resultado demasiado violento leer algo propio y trajo un sesudo y breve texto ajeno, aunque sabíamos que a escondidas era un poeta nada desdeñable. Cárdenas, como siempre, se presentó sin nada. Sebas nos leyó un fragmento de una novela que pensaba escribir y en cuyo diseño estaba trabajando. De golpe, todos querían ser literatos. Desbordado de trabajo, sólo pude aportar algunas letras del próximo disco en que trabajaba y fui mirado con cierta displicencia por mis colegas, como si eso no justificara el hecho de ser, aparte de Moisés, el único que estaba adquiriendo cierta fama a través de la banda. Simó Aznar de Benmós trajo un fragmento de prosa poética, excepcionalmente desafortunado, que de una

1. Charles Eliot Norton, *Carta a Leslie Stephen*, 8 de enero de 1896.

manera visible pretendía transponer al castellano el estilo del clásico catalán Josep Carner. Traducida al castellano, aquella retórica novecentista resultaba inflada, mineralizada, medievalista, inoperante. Vestía de verdades la mentira.[1] Pero fuimos discretos y mesurados en nuestra apreciación crítica por miedo a que su carácter susceptible se sintiera herido y eso lo alejara de aquellas reuniones que empezaban a tomar un aire muy interesante. Boris, con su perpleja cara de juez que no comprende efusiones, trajo las únicas pequeñas líneas que he conservado, quizá imperfectas pero limpiamente nostálgicas. Se titulaban *Barca de cal* y le pedí que me las firmara:

> *Ventanas abiertas, transistores altos.*
> *Noches luminosas, bulevares cálidos.*
> *Viento desde el mar, tiempo de verano.*
> *No lo podrás entender si no has navegado.*
>
> *Verbenas saladas. Bikinis tostados.*
> *Islas de cal de millones de años.*
> *Brisa fenicia, brillo soleado.*
> *No lo podrás entender si no has navegado.*
>
> *Vivo en un barco de piedra, mediterráneo.*
> *Mi ciudad: un galeón.*
> *Mi ciudad: un transatlántico.*
> *Yo vivo en barca de cal, navegando.*

Cuando quiero escoger en la memoria una de aquellas reuniones para visualizarla y que quede en mi recuerdo como santo y seña, como emblema y metonimia, síntesis y resumen, de todo lo que fueron y así poder transmitíroslas mejor, me encuentro con que sólo dispongo de iluminaciones fragmentarias, escenas de aquí y allá: bares, restaurantes, dos o tres pisos alquilados de estudiantes con sus materiales baratos y muebles prefa-

1. Lope de Vega, *A la muerte de una dama.*

bricados. A veces, un piso pequeñísimo con las inevitables plantas verdes y la estantería de obra blanca. En algún caso, el salón amplio y clásico de un piso ostentoso cedido por algún familiar para la ocasión. También recuerdo bebida, mucha bebida, porque estaba pactado que todos debían traer como cortesía alguna botella. Empezábamos a descubrir que la ausencia de vicios no añade nada a la virtud.[1] Al principio, consumíamos licores dulzones de colores estridentes y alcoholes vociferantes que fueron pronto arrinconados como síntoma de inmadurez y sustituidos por un buen conocimiento de los vinos.

La imagen aparece suspendida a una distancia intermedia en el aire, con una luz levemente barroca, en armonía a pesar de ello con los trajes estrechamente ceñidos de la época. Chaquetas de cuero y americanas de blanco brillante, gafas de sol y peinados exagerados adrede, con manchas de color en algún caso, haciendo juego con el estallido estridente en las solapas de una flor reventona (seguro que Cárdenas) o un pañuelo chillón que asoma por el bolsillo. El lugar tiene un aire de capilla y es un resumen de los mejores escenarios: una casa rica cedida por la madre de uno de los contertulios. Los libros venerablemente encuadernados, que se ven al fondo en la estantería, están de alguna manera visible también en nuestras cabezas. Con el mismo ritmo con que laten las cortinas ante la brisa del ventanal entreabierto, en ellos también está el latir de la sangre en los cerebros cuya sangre circuló antaño. En torno a esa imagen suspendida y a sus diversos ecos, descubríamos en esos días cosas como la inevitable multiplicidad del yo poético, la generosidad de la conciencia, la serenidad de la percepción cuando por fin es aquietada. También algo de trascendencia cuando nos dábamos cuenta de la importancia de la simultaneidad temporal de pensamiento en la mente del artista. Ramón, sentado, se golpea con el lápiz la rodilla: un cuerpo con poca sangre pero con dos corazones.[2] Sebas se recuesta hacia atrás en su sillón y mira al techo. Omar se lava las manos

1. Antonio Machado, *Juan de Mairena*.
2. Luis de Góngora, *Angélica y Medoro*.

en el baño antes de sentarse majestuosamente para abrir un libro. Boris lee un poema de pie, declamatorio, poniéndose visiblemente colorado y enfureciéndose interiormente, obstinado en aguantar el tipo hasta el final, aunque sabe que todos hemos advertido su progresivo color grana. Moisés lee uno de sus versos, sentado con una copa en la mano, con los hombros encogidos sin darle ninguna importancia, y finalmente volvemos a encontrar el mismo lápiz inicial en manos de Dani, que lo mordisquea y, mientras piensa, se da con él suavemente en los dientes.

No conservo ni una foto de esas reuniones.

26

En esa sociedad de hombres, las ofensas eran retadoras. La contienda verbal no llegaba a la agresión, pero tenía una ferocidad que parecía añorar los viejos duelos. Lo que al principio habían sido juicios discretos y contemporizadores, para no ahuyentar nuestra propia timidez, se convirtieron en críticas demoledoras en cuanto se desarrolló la confianza. A mí, de natural contemplativo, me acoquinaba un poco; así que pensé intentar atemperarlo con un poco de presencia femenina. La idea era que ellas trajeran también sus letras y sus lecturas. En la reunión siguiente, Dani Masem colaboró trayendo a Denia, pues le convenía calmar las suspicacias provocadas porque la marginara de sus escapadas. Amelia tenía que visitar Madrid por asuntos de estudio, trabajo o negocios familiares –no llegué a saberlo exactamente– y aproveché para invitarla a esa cita sin demasiadas esperanzas. Aceptó. Le encantaban los chismes sobre vidas ajenas. No la iba a creer, pero ella no conservaba ningún contacto con ninguna de sus compañeras de escuela. Ni siquiera con aquellas con las que había mantenido relaciones sexuales, decía provocativamente. Sabiamente, había decidido al final seguir sus estudios en Londres, aunque le estaban resultando más difíciles de lo que imaginaba. Pese a que le expliqué claramente las reglas y el objetivo del proyecto, se presentó sin nada.

235

–Soy analfabeta. Odio la palabra escrita. Me asusta responder a una voz que se dirige a mí sin inflexión[1] –dijo.

Por supuesto, era otra de sus chifladuras.

Su falta de cooperación quedó compensada por la avalancha de textos que trajeron todos, cada día más confiados en sus posibilidades. Ramón nos leyó un texto que no puedo transcribir por razones legales dado que ahora forma parte de sus obras completas, recién editadas. Dani trajo por primera vez un poema propio, cotidiano pero honrado, yo creo que para impresionar a Amelia. Isma, por su parte, daba forma a su prosa a través de una masiva acumulación de detalles, detalles físicos y detalles psicológicos. Trabajaba por medio de un constante amasar información y no era malo en eso. Pero yo echaba de menos los súbitos cambios de enfoque combinados con detalles exactos, comprobables, que pudieran recogerse a nuestro alrededor. Desconfiaba de la simple información. En cierta manera, intuía que una de las características constituyentes de la inteligencia (y de la curiosidad del científico o el artista) consistía en poner en contacto cosas y fenómenos que aparentemente no tenían una relación entre sí, pero que podíamos observar en la realidad que nos circundaba.

Convencido de la peculiaridad, de la especificidad infinita en cada caso individual de este mundo, me parecía que la única manera posible de dar cuenta de ese fenómeno era combinando la precisión de las referencias, la veracidad y exactitud de los detalles, con súbitos cambios de enfoque a los cuales sí les estaba permitido ser arbitrarios e inventados. En definitiva, conseguir la representación de la inacabable capacidad de contraste que la vida nos ofrece siempre.

Se trataba de diferentes maneras de abordarlo, pero era eso; poesía: por así decirlo, la juventud y la alegría proyectadas hacia un descubrimiento que la humanidad ya había hecho muchos años atrás pero que nosotros debíamos hacer privada e individualmente. Quizá sea a causa de como están hechos nuestros

1. Hiromi Ito, *Horrorosa mañana.*

ojos, pero es cierto que, a veces, sólo vemos verdaderamente a través de las palabras.[1]

Tuve que marcharme pronto y no pude escuchar la mayor parte de las intervenciones. Cuando abandoné el piso, Boris estaba leyendo su escrito, un texto largo cuya longitud, carente de toda la naturalidad del anterior, fue vencida por mi impaciencia.

27

Durante el primer trimestre del año siguiente, poco pude ver a mis amigos letraheridos. Ellos intentaban imponer una voluntad erudita sobre una realidad desordenada,[2] mientras que yo iba de emisora de radio en emisora, dando a conocer nuestro trabajo junto con otros miembros de la banda. Los sellos discográficos independientes, precariamente gestionados por gente de nuestra edad, proliferaban con nombres como Discos Dro, Nuevos Medios, Grabaciones Accidentales, Discos Tres Cipreses y nombres aún más crípticos. Unos arriesgados que consiguieron reunir algo de capital fundaron una revista de arte que perseguía capturar y retratar las intenciones de todo aquello. Sin saberlo, eran vanguardia escénica y literaria, tan jóvenes y viejos como la vanguardia misma. Alquilaron los salones de uno de los principales hoteles de lujo de la capital para intentar ofrecer una fiesta que se consolidara como la cita anual imprescindible de toda aquella escena o movimiento. El objetivo de la importante reunión que reclamaba mi atención era tratar con ellos de la posibilidad de tocar con nuestra banda en el evento. El concierto se desarrolló finalmente a pie firme, sin escenario, sobre las alfombras de los salones en los cuales se habían apartado los muebles e instalado un modesto equipo de sonido. Compartimos su uso con un grupo de flamenco suburbial que tocó después de nosotros. El lugar se llenó hasta la

1. Arcadi Espada, *Contra Cataluña*.
2. Edward G. Said, *Orientalismo*.

bandera. Las luces de las arañas estaban todas encendidas y los salones relucían. El presentador llevaba cosidos en el traje pequeños estropajos de colores a modo de flores.

Después de haber inundado aquellos salones de estridentes sonidos de guitarra eléctrica, los recorrí bebiendo de la mano de Camila, buscando un rincón donde inspeccionar su montículo pubiano, espolvoreado de bronce. Vi de lejos a Amelia, que, tan bien educada para cultivar la mentira, hacía como que se llevaba bien con mi musa. La elocuencia de los detalles de sus ojos, cara, manos, sus labios superiores e inferiores, de arriba y de abajo, y de cualquier diabólico y escondido lugar que fuera de su anatomía, vociferaban desde la distancia, pero puesto que yo le había hecho saber que aquel día no había lugar para tríos, se distraía con otros conocidos, relacionándose con nosotros con un tono sutil que no dejaba entrever si trataba de cerrar el capítulo, dejarlo en suspenso o saltar hasta el capítulo siguiente.

Uno de los muchachos de la pantera, muy bebido, se atrevió por fin a hacerme una propuesta que, gentilmente, rechacé. El propósito que nos animaba era el mismo que, consciente o inconscientemente, parecía animar a la mayoría de aquella juventud por esos días: desenmascarar a los falsos profetas, combatir la fealdad y la grisalla, crear claridad donde sólo había confusión, vencer sobre la indiferencia y el embrutecimiento del pensamiento masivo.[1] Los restos de canapés, las botellas vacías, tocadas sólo por el personal de servicio, anunciaban que la fiesta se estaba acabando. En la acera, frente a la majestuosa entrada del hotel que hervía con las entradas y salidas de personajes estrafalarios, infrecuentes para el lugar, amanecía. Sobre la claridad azulada y oliendo no muy refinadamente, los organizadores discutían sobre la mejor forma de comunicarles a los hosteleros que la gestión del acto no había sido la calculada y no tenían cómo pagarles. En el momento de más angustia llegaron los titulares matutinos, recién impresos, del diario más importante de la nación. La fiesta venía en portada, era un aconteci-

1. Harold Acton, *Memorias de un esteta*.

238

miento, y eso significaba que los acreedores serían magnánimos y mantendrían su crédito hasta el año siguiente.

Un conocido galerista decidió intentar canalizar toda esa agitación y organizó una visita a la ciudad de Andy Warhol, a quien entonces el mundo del arte apenas si consideraba un verdadero pintor. Se le ofreció una fiesta de homenaje en una gran mansión, pero las negociaciones para tocar no favorecieron esta vez a nuestra banda. Conseguí colarme yo solo a última hora, pero sin poder meter a nadie de mi grupo o a Camila, de quien en esos lugares solían aprobarse visiblemente sus encantos. Amelia volvía a estar en Londres y pensé que habría disfrutado viendo los Grecos que colgaban de las paredes y a la gente apoyándose descuidadamente, con la copa en la mano, sobre los Morris Louis que adornaban la escalera. Para Amelia, rebelde irónica más que revolucionaria, eso era lo más próximo a la toma del Palacio de Invierno. Avanzada la noche, salí al jardín a tomar el aire y, sentado con un cigarrillo y una bebida en las gradas de la pista de tenis, vi cómo, a lo lejos, patrullaban los miembros de la seguridad privada con sus dobermans.

28

La semana santa de ese año, coincidiendo con las vacaciones de sus estudios en Europa, Paco pudo disponer de la casa de Palafrugell para él solo e hizo una generosa invitación a todos los amigos. Cárdenas me dijo que él pensaba acudir desde Madrid. Finalmente, no pudimos hacer el viaje juntos (no recuerdo bien por qué), pero nos encontramos en Barcelona para seguir desde allí en el mismo tren y compartir taxi de la estación a la casa. En el lugar se había reunido ya un buen grupo de gente. De entre los que formaban parte del grueso de lecturas madrileño, creo que sólo faltaban dos o tres, retenidos por compromisos previos. Camila se había tenido que quedar en Madrid y escaseaban las féminas. Si no recuerdo mal, apenas una, novia de alguien además, acudió a la cita; lo cual era algo decepcionante para un varón que había dejado atrás su época marcial y empezaba ya a sentirse cómodo y narciso en las ropas de civil.

Durante siete días tuvimos la casa para nosotros y vagamos en reposo toda la jornada, bebiendo el primer aire primaveral.[1] Comimos y bebimos, disfrutando del escenario sin preocuparnos demasiado de reponer lo que saqueábamos. Cargando sacos y bolsas, nos distribuimos por las habitaciones según el instinto nos dio a entender, compartiendo a veces la habitación con un viejo amigo sin preguntar a quién pertenecía cada dormitorio. Para aquellas vacaciones, la novedad original que Paco traía de Europa –su pincelada de innovación, para entendernos– era el pelo teñido con mechas de color claro y una escasa barba, que no llegaba ni a perilla, transitando por el mentón. La llevaba, además, caprichosamente teñida de color claro. Causaba sensación y no sé hasta qué punto era ése el efecto que quería conseguir, como si quisiera resarcirse de la sordidez provinciana que le había embargado en su última visita a Madrid. Lo cierto es que la veneración sensacional que conseguía con esa imagen diluía en algún sitio, como si la enmascarara, el hipnótico estilo de dejada belleza que era propio en él. Fueron unos días que pasaron cortos, veloces, pero muy disfrutables. Probablemente fuera ésa la última vez que vi a Cárdenas y Paco juntos en muchos años. Su diferencia de talante era cada vez más notoria. Recuerdo a Paco vistiendo muchas veces un fez rojo que se había traído de uno de sus viajes a Marruecos y usando ropas blancas y amplias. Cuando el frío aún se hacía presente, a veces lo completaba poniéndose una especie de chilaba sobre un traje con chaleco de color gris tórtola. Todo muy afectado. Cárdenas por aquellos días era, en cambio, un gigantesco concentrado de cuero negro y vaqueros del mismo color. Los recuerdo a ambos, después de cenar, bebiendo sobre los cojines de lino en el suelo del salón y ensuciándose al mismo ritmo que la casa, a medida que avanzaban los días de nuestro sitio a aquella plaza. Veo a Paco, en una de esas vísperas, irguiendo la diminuta perilla de

1. Fiódor Ivánovich Tiutchev, *No, la locura que me inspiras*.

una manera displicente y efectista, mientras preguntaba, con voz ya enturbiada, por qué no nos escapábamos todos hacia el sur del mapa, hacia los perfumes del zoco o la luz de África. Cárdenas se reía como un ogro joven y prometía que iría. Cierta actitud desdeñosa de Paco lo mantenía en una ambigüedad estupefaciente. Quien le buscara en la vida que estaba viviendo, no encontraba más que alusiones de él, pretextos donde se escondía.[1] Parecía seguir un poco desubicado con respecto a nosotros, pero pronto comprobé que las cosas no iban mejor por la parte de su familia. Una de esas jornadas, apareció Gemma con un muchacho de su edad que parecía ser su pareja. Se quedaron una noche y todo el día siguiente. Los tres últimos días de la semana también vino Carme, una de las hermanas mayores, de paso hacia otro destino. Gemma se había convertido, ya de una manera definitiva e implacable, en una preciosidad delgada y pecosa, tímida y sonriente, más alta que Paco. Carme, en cambio, era una matrona ancha; tenía los mismos rasgos de belleza que la familia pero dispuestos de forma apaisada. Gemma era alargada y mucho más expresiva, algo escasa de curvas, de larga y lacia melena pelirroja. Recordé cómo la había conocido en el vestíbulo de aquella misma casa, cuando debía de ser una niña de apenas catorce años. Ahora iba casi todo el rato de la mano de su amigo, tan delgado y lacio como ella, pero era Gemma quien le guiaba por toda la casa, con tirones decididos e inconscientes, casi vulgares. Se entusiasmó al verme y vi que se acordaba mucho más de lo esperable, lo cual provocó una corriente de mutua simpatía. Paco bromeó sobre si me iba a hacer novio de su hermana, pero creo que fue sobre todo para provocar un poco al adolescente que la acompañaba. Yo, de cualquier manera, estuve bastante pendiente de por qué parte de la casa discurrían, pero sólo para llevarme la decepcionante sorpresa una noche de encontrar a la pareja en una habitación donde Paco les estaba introduciendo en los secretos del opio. El flequillo rubio y demasiado largo del amigo de Gemma se inclinaba

1. Pedro Salinas, *La voz a ti debida*.

sobre el tubo por el que aspiraba el humo del opio quemado. No había hipodérmicas a la vista. Paco había conseguido, no sé cómo, opio puro, y lo quemaban en un infiernillo que ocultaban, junto con todos los trastos necesarios, bajo una cama. Sentados junto al resplandor de las pequeñas bombillas, buscaban la cima del tiempo, las peligrosas laderas.[1] Me invitaron e hice una prueba, más por cortesía que por curiosidad. Acostumbrado a los opiáceos en vena, no vomité como hacen los principiantes pero me venció la somnolencia y perdí de vista a Gemma. Al día siguiente se despidió de mí con una alegría sanísima y cierto recato sensual y, quizá por eso, no me di cuenta de que me había preocupado más de lo que pensaba por ella.

A Carme, la hermana mayor, le parecimos todos encantadores, pero dejó enseguida claro, con una atención de disciplina maternal, que no pensaba fijarse demasiado en nosotros porque se hallaba en tránsito hacia otro lugar. Reclamó los derechos sobre su habitación, que había sido ocupada, y nos trató benévolamente, como a elfos o duendes. Su mirada era la de una alta autoridad magnánima incrustada en un mundo de enanos. No nos hizo —o quiso simular que no nos hacía— mucho caso, pero, extrañamente, noté como si Paco deseara que Carme fuera aceptada en nuestro mundo a través de un desviado proceso en el cual ella nos adiestrara o modificara para que tal cosa fuera posible. No me sé explicar mejor ni decir en qué lo noté, pero temí por mi amigo. Sin poder avisarle, era como si lo que siempre más había odiado y despreciado fuera a atraparlo dando un lejano rodeo. Al principio pensé que eran imaginaciones mías, pero enseguida me di cuenta de que no. Supongo que tuvieron que ver en esa impresión dos breves pero fecundas conversaciones que tuve con su hermana pequeña antes de que se marchara. Era franca y directa, con una inocencia inoportuna que quedaba equilibrada por la veracidad de su curiosidad. Le llamaba mucho la atención saber qué tipo de vida llevaba yo en la capital desde que me vio allí. Yo, por aquel entonces, fuera

1. Jacques Réda, *Amén.*

cual fuera el asunto, practicaba un tipo de conversación elusiva, revoloteando alrededor del tema, por así decirlo. Deslizándome por los márgenes, obtenía más segura información sobre las gentes y sus circunstancias, a condición de saber observar luego sus detalles bajo la luz correcta. Usando ambos la natural prevención con que nuestro sexo mira siempre los intereses del otro,[1] tuve con Gemma conversaciones domésticas en las que me enteré de que Paco, no hacía tanto, la había invitado a su primera raya de caballo pero no le había introducido en las jeringuillas. Afortunadamente, como a muchas muchachas de su edad, le daban miedo las agujas. Supe que quería estudiar arquitectura porque le gustaba dibujar. Detecté que era un carácter moral de una pieza, que integraba el disimulo como un mal menor, consciente de que su apasionada espontaneidad siempre lo desintegraría en los momentos decisivos. Pero, sobre todo, descubrí a través de ella la figura de la madre de los Valls, que, a pesar del retrato admirativo de su hija más sincera, me llenó de íntima repugnancia. Gemma admiraba su belleza, su elegancia, su independencia –aseguraba ella–, pero no se podía imaginar la impresión que me hizo el relato de una pequeña escena de infancia cuando su madre le dijo a un Paco joven de qué manera era una lástima que con todos los talentos que tenía como hijo no poseyera el de ganar dinero o encontrar trabajo.

De la hermana mayor no pude sacar nada. En total eran seis hermanos. Por lo que se desprendía de Gemma, todos consideraban que Paco iba por libre, pero, por como lo contaba, parecía que en los demás debía de estar ausente ese tono de simpatía y admiración con que ella lo manifestaba. Todos evitaban cuidadosamente comentar cualquier tipo de intimidades sobre sus respectivas amistades.

Es una empresa harto dudosa intentar explicar el diagnóstico de una vida con arreglo a una sola herida, como si ésta fuese un foco de infección, y afirmar que allí tienen su origen todos

1. Jovellanos, *Memoria sobre si se debían o no admitir las señoras en la Sociedad Económica de Madrid.*

los problemas y las miserias,[1] pero las desconcertantes actitudes de inteligencia compartida son una tortura para los que están en peor posición que uno. Vi cómo el lugar del que provenía ya no le consideraba uno de los suyos, quizá con la única excepción de Gemma. Y él ajeno.

<h2 style="text-align:center">29</h2>

Los días pasaron muy rápido y la verdad es que no nos portamos muy bien. Carme se marchó el penúltimo día, como sin vernos, cuando el lugar ya estaba tan sucio como la ropa que habíamos vestido desde el primer día. Desatendimos el cuidado de la casa, cierto, y aún se quedó sin presenciar cómo el último día asaltamos abusivamente la bodega, que guardaba algunos vinos de renombre. Paco tuvo luego que hacer frente a quejas familiares. Se habían expoliado en particular algunas botellas importantes que tenían muchos años (la proclama de Cárdenas había sido que, tras diez años, no hay vinos buenos sino botellas con suerte). No supimos si fue simplemente reconvenido o hubo escándalo. Lo cierto es que, tácitamente, le fue retirado el permiso para ocupar la casa él solo, incluso cuando estuviera desocupada por ausencia de la familia.

Para el viaje de vuelta, Cárdenas y yo nos encontramos en Barcelona el domingo al mediodía, con tiempo más que suficiente para que él alcanzara su tren nocturno. Yo, más libre de obligaciones, me quedaba unos cuantos días en la ciudad para visitar a mi familia. Él debía volver para llegar puntualmente a sus clases. Nos acercamos hasta los viejos bares que frecuentábamos de adolescentes, pero, una vez en la zona, perdimos todas las ganas de visitarlos de nuevo. A media tarde, se celebraba en una pequeña sala de conciertos del barrio viejo la actuación de algunos grupos locales del momento, en sintonía con lo que sucedía en el resto del país. Calculamos que nos daba tiempo

---

1. Sándor Márai, *Confesiones de un burgués.*

suficiente para verlos antes de que cogiera el tren y nos acercamos al lugar, hirviendo de ímpetu y con la sed detrás.[1] Era una sala pequeña, en el barrio viejo, aquel entramado de callejones viejos y húmedos de color excremento fosilizado que databan de la época gótica. En la puerta encontramos a un solitario punky, muy bajito y delgado. El callejón se prolongaba, serpenteando, hasta perder de vista el final. Los grupos estaban aún haciendo la prueba de sonido, todo iba con retraso, y empezamos a pensar que no nos iba a dar tiempo de verlos. En cualquier caso, estaba claro que la velada no iba a ser un éxito de público. La indiferencia de los organizadores era tal que habían dejado la puerta abierta de par en par mientras los grupos probaban sonido, y pudimos entrar casi hasta la cocina del local. No había necesidad de saber más. Ahí estaba todo. Ése era el rollo.[2] La sala estaba vacía, no había mucho que ver y decidimos volver afuera. En la acera mínima, el sonido de cacharrería disonante de la prueba de sonido reverberaba con ecos, entre la total indiferencia de una tarde templada de domingo en Barcelona, con su deposición fresca de perro en el bordillo y esa descamación casi invisible del aire caliente en torno a las palomas y la ropa tendida. Escuchamos unos gritos y al principio pensamos que formaban parte de la actuación que se estaba probando dentro, pero enseguida, por la manera en que cortaban ese sueño –o pesadilla– de sonido, nos dimos cuenta de que procedían de un lugar más cercano a nosotros. Donde el callejón se curvaba, apareció el pequeño punky dando gritos enfurecido, vociferando. Avanzaba, furioso, con grandes lagrimones corriéndole por las mejillas, y luego retrocedía, insultaba impotente, fuera de sí, a tres figuras que aparecieron siguiéndole. De nuevo, volvía a avanzar hacia nosotros, a buen paso, huyendo a contra corazón, avergonzado de su miedo e increpándolos a voz en grito con los insultos más vejatorios que se le ocurrían. Los perseguidores no perdían la calma, avanzaban despacio pero se-

1. Nikolái Nekrásov, *Tu vena irónica.*
2. Robert Greenfield, *Viajando con los Rolling Stones.*

guros, conscientes de que su cachaza les daba un aura inexorable. Todos morenos, llevaban media melena, pantalones acampanados y cazadoras sintéticas muy ceñidas que dejaban al aire el ombligo. Aunque aún no habían dicho una palabra, supimos en el acto que tenían el acento andaluz de la emigración. Nos podíamos imaginar lo que había pasado. Eran rumberos de los barrios del extrarradio que habrían bajado a pasar la tarde dominical al centro. Se trataba de pandillas, ancladas todavía en una versión castiza de la moda glam, que escuchaban los restos de flamenco que habían traído sus padres desde su región y lo mezclaban con los Rolling Stones. Se habrían reído de la pinta del punky bajito, algo grotesco e incomprensible para ellos, y éste les habría contestado. Un error. Chiquillerías. Por sus lágrimas de vergüenza e indignación, se deducía que le debían de haber calentado el morro. Se llevó la mano a la nariz, tosiendo. Sangraba, no se sabía si por la boca o por dónde.[1] Podía darse por afortunado, porque esas pandillas tenían fama de gastar cuchillo. No se nos hubiera ocurrido ponernos en su camino, pero el punky, para ganar refugio dentro del local, se deslizó hacia la puerta entre nosotros dos y nos quedamos en la desagradable posición de parecer que estábamos cortando el paso. El de mayor talla, que parecía el jefe, miró a Cárdenas (quien era todavía más alto que él) con una expresión a la que podríamos aplicar la consabida fórmula novelesca de «terrible», supongo que esperaba que se apartara por sí mismo, pero éste le devolvió la mirada de una manera rocosa, absolutamente neutra y preguntando inocentemente:

–¿Qué pasa?

La respuesta fue torva.

–¿Quieres que pase algo?

Obviamente, deducían que Cárdenas debía de tener algo que ver con su presa. El error es comprensible, porque yo volvía de nuestro fin de semana con ropa deportiva, pero Cárdenas se había mantenido fiel a su cazadora de cuero y sus panta-

1. Ana María Matute, *Los chicos*.

246

lones oscuros. Para aquellos tipos, que lo veían corpulento con sus gafas y su calvicie prematura, debía de ser una figura tan extravagante como el punky miniaturizado. Mi época marcial me había robustecido bastante y ya alcanzaba casi la misma estatura que mi amigo. En cualquier caso, ambos abultábamos más que el mayor de ellos. Tres contra dos. Número y masa equilibrados. Nos mantuvimos quietos y su líder también, pero vimos que las tropas contrarias estaban maniobrando, porque uno de ellos se dirigió a su velomotor, aparcado enfrente, y con una destreza admirable desmontó en un momento el tubo de escape que enseñó como arma de ataque.

–¿Has visto tú lo que tiene mi amigo? –dijo el jefe.

El acento con las sibilantes finales aspiradas y las líquidas vibrantes era exactamente el que habíamos imaginado. Lo que ellos no se imaginaban (ni yo, ni nadie) es la seria, fría y seca respuesta de mi amigo:

–Ya veo. –Pausa–. Por mí puede introducírselo en su amplia analidad.

Al capitán enemigo se le escapó una risa torcida, casi perversa, que delató cómo, aunque no había comprendido bien del todo la respuesta, no le había dejado de hacer gracia el modo y la actitud de emitirla. Nos dimos cuenta de que nos encontrábamos ante un Kutúzov y no ante un caníbal, lo cual posibilitaba el pacto honroso; pero el general no podía quedar mal ante sus tropas (ningún general puede hacerlo si quiere seguir al mando), así que inventó muy rápido una nueva estratagema:

–Mira esto –dijo, sacando la mano del bolsillo de la cazadora y enseñándonos una navaja automática ya desplegada–. La voy a tener aquí delante y te voy a apartar despacio. Si desvías mi mano, te pincho.

Muy tranquilo, Cárdenas expandió todo su rostro en una sonrisa beatífica de humor y superioridad física, a la vez que hacía el clásico gesto mediterráneo de separar las dos manos con las palmas hacia arriba, queriendo decir que no se comprende el significado de lo expresado. Nunca sabías si estas sutilezas las hacía adrede, pero lo cierto es que al hacer el gesto le apartó la mano al matón y no se podía saber si lo había hecho involuntariamente o no. En cualquier caso, se rompía el suspense y la situación drástica que nuestro oponente quería provocar: no se acuchilla a nadie por un gesto simpático; no queda bien en el alto mando. Era la justa distancia de lo helado en el acercamiento:[1] Cárdenas siempre había sido muy veloz mentalmente.

–Oye, tío, yo te entiendo. Pero ¿por qué no te vas a darle el palo a algún tipo forrado en vez de a un colega del barrio? Tú me puedes hacer mucho daño y yo también te puedo hacer mucho daño. Ya ves qué mal. Mientras tanto, corren por ahí pijos gilipollas forrados hasta las cejas riéndose de nosotros.

El capitán enemigo no dejaba de sonreír perversamente para no perder el tipo, pero con un fondo de perplejidad admirativa frente a la desfachatez de Cárdenas. A mí me picaba la axila izquierda (supongo que estaba sudando) y, puesto que a mí no me habían dado ningún tipo de instrucción, introduje la mano bajo la cazadora para rascarme, gesto que sin saberlo le otorgó una honrosa salida al alto mando oponente.

–Vosotros ganáis esta vez –dijo, con una nota de desdén en la voz–. Pero el próximo día nosotros también vendremos con pipas.

No hubo tiempo ni necesidad de explicar que no existía ninguna funda sobaquera porque, seguramente alertados por el punky desertor, ya salían del local el técnico de sonido, uno de los dueños y algunos de los músicos y técnicos que estaban trabajando en la prueba del espectáculo. Tantos testigos no eran del agrado del exiguo comando del extrarradio y se batieron en retirada, no sin mantener la dignidad. Su cabecilla sonrió de nuevo, esta vez ladinamente, y le dijo a Cárdenas, a modo de despedida:

–Anda que tú...

Se lo pensó un poco y añadió:

1. Lionel Ray, *El cuerpo oscuro*.

248

—Si vienes alguna vez por La Mina, pregunta por el San Roque.

Y esto último lo dijo con una sonrisa que iluminó toda su cara de picardía (o de un sospechoso desequilibrio, por mejor decir).[1] La despedida de Cárdenas atronó a su vez el callejón:

—Un saludo, tío. Pero relajaros, que no pasa nada. Hay una buena casa de putas aquí a la vuelta de la esquina.

Los que acababan de salir no entendieron nada de esta críptica conversación y yo me pregunté, una vez más, si Cárdenas no había ido demasiado lejos; pero la situación se disolvió en el acto. Los rumberos y su ciclomotor desaparecieron para siempre por la parte curvada del callejón. Volvió la normalidad. El resto de la pequeña aglomeración se quedó comentando el suceso y ni siquiera creímos necesario preguntarle al pequeño punky qué fue lo que había originado todo aquello.

El técnico, el dueño y alguno de los músicos (por su acento, todos de origen catalanohablante) comentaron los problemas que generaban las expediciones de aquellos emigrantes de acento andaluz. No se habían apercibido (ni siquiera seguramente parado a pensar ni por un momento) de que el pequeño punky también era de origen andaluz, sólo que, con unas posibilidades económicas un poco mejores, había ya aprendido a disimular su acento por conveniencia. El técnico de sonido, que llevaba una coqueta melena hippie, era el más discursivo, con unas agallas tardías. Se preguntaba, para congraciarse con el melancólico punky, por qué ese tipo de gente siempre se metía con los más pequeños. Mostraban una sincera preocupación paternalista e intelectual. En el caso de que se pueda llamar intelecto a la astucia que opera con los sentimientos más mezquinos de los hombres, ellos poseían su pedazo.[2] Cárdenas, que hasta entonces había estado callado mirando los restos del tumulto con distracción, abrió de nuevo la boca y, con voz oronda, se dejó decir de nuevo su frase favorita de esos días:

1. Juan Marsé, *Últimas tardes con Teresa*.
2. George Elliot, *Middlemarch*.

–Bueno, eso tiene arreglo...

Lo dijo con aquella calidad de trueno suave, de bajo profundo que exhalaba a veces; una dicción terminante con una pausa a continuación que dejó a todo el mundo en silencio, como interrogándose sobre a qué se refería, y añadió:

–Bien mirado, tú tienes la misma talla que ellos...

Siguió un momento incómodo y embarazoso, tras el cual cada uno volvió a sus ocupaciones. Lo que quedaba claro era que, después de haber sido confundidos con una especie de porteros de discoteca, ni a Cárdenas ni a mí nos quedaban muchas ganas de asistir al concierto. Abandonamos el lugar con dos o tres horas de antelación antes de acudir a la estación y entonces se me ocurrió una pregunta improcedente que podía adaptarse de forma extravagante a la situación.

–Oye, ¿es verdad lo de que hay un burdel en la esquina?

–Me lo he inventado –dijo con un encogimiento de hombros.

Dejó pasar un suspiro temporal, mientras miraba a lo lejos como si buscara un horizonte remoto en las perspectivas de la ciudad que le había visto nacer, y, sin ser preguntado, añadió:

–Mucha gente aquí cree que todavía existe el Pijoaparte.

Otra pausa, otro suspiro prematuro de la primavera que nunca empieza, y luego siguió:

–Si es que ha existido alguna vez más allá de la imaginación literaria de Marsé. O puede que sí, del mismo modo que finalmente a lo mejor hay una casa de putas en aquella esquina; porque no todos los burdeles están a la vista y hay muchos en estos barrios. Casi todos repugnantes y domésticos. Pero no lo hemos comprobado. Y aunque no lo hemos comprobado, tú y yo lo sabemos seguro, ¿verdad?

Con estas palabras, que una larga amistad me daba el poder de descifrar, supe que lo que Cárdenas me estaba diciendo es que lo llevara a beber a un sitio claro, cómodo, acogedor y reconfortante, a poder ser cerca de la estación, de tal manera que el traslado de su cuerpo desde ese lugar a su vagón fuera luego tarea no costosa, porque necesitaba un buen copazo y aspiraba a subir al tren lo bastante borracho. Sed beoda.[1] En cierto modo, sabíamos que habíamos presenciado una vez más cómo aquel cetáceo, aquel monstruo mítico de la emigración (del sur árido al norte próspero), había emergido y mostrado su lomo por un momento. Aquel animal fabuloso, al que se atribuían los peores males y la ferocidad más ciega y primitiva, había oteado los alrededores, y después de mirar a los ojos advirtiendo la incomprensión mutua en todo lo que veía, había vuelto a las profundidades a seguir su vida secreta. Todo estaba en orden. El miedo estaba sólo en los ojos de quien miraba, por mucho que lo hiciera desde el escaño, el púlpito o la cátedra.

30

Gran parte de esa semana se desarrolló entre nosotros usando el catalán para comunicarnos. En Madrid, cuando llevaba muchos meses hablando sólo el castellano de la meseta, había temido perder uno de mis dos idiomas originales. Fue un alivio recuperar en esos días el bilingüismo de mi infancia. Mi falta de vocabulario era evidente, y los castellanismos se deslizaban en mi conversación fluida. Pero yo seguía en pos del aroma de la poliglosia y sentía alegría cuando volvía a ver el mensaje de *benvinguts* en la carretera o la palabra *sortida* en alguna puerta. Decidí que, en cuanto llegara a Madrid, iba a copiar cada día una palabra nueva del diccionario catalán para no perder su uso. Era una de tantas quimeras que gobiernan mucho mejor que las realidades vivas.[2] Antes, pasé dos días en Barcelona, en el piso de mis padres, para estar con ellos mientras esperaba la fecha exacta del billete que me tenía que llevar a Madrid. El día en que tenía que coger aquel mismo tren nocturno en que se había marchado Cárdenas me quedé dormido, justo después de comer, en un sofá de skai que estaba al fondo de una pequeña

1. Iglesias de la Casa, *Anacreónticas*.
2. Gaziel, *Tots els camins duen a Roma*.

habitación oscura y olvidada. La semana había sido intensa y arrastraba todavía una modorra insípida y constante que me hacía echarme frecuentes siestas. Sonó el teléfono y me dijeron que era para mí. Para mi sorpresa, era una voz en catalán que reconocí como la de Gemma. Estaba de paso en Barcelona con unas amigas; iban a visitar un lugar que les habían recomendado en los alrededores de la ciudad. Sólo tenían aquella tarde. Tímida y algo reverente, preguntaba si me gustaría acompañarlas. Me disculpé como pude, medio dormido, intentando articular la explicación entre el cálculo imposible de ir hasta donde estaban, volver, preparar mi equipaje y estar a la hora correcta en la estación. La modorra debió de hacer que mi explicación pareciera abúlica y desinteresada, porque noté en la voz del otro lado un eco de decepción que no esperaba. Cuando colgué, aún aturdido por el sueño, me pasé los dedos pensativo por el mentón y noté que tenía la marca de la costura del sofá en la mejilla, la boca pastosa y el cuerpo un poco destemplado. En el viaje, leí los libros que llevaba en catalán hasta altas horas y dormité el resto del trayecto.

Qué vida más extraña a caballo entre dos idiomas, siempre temiendo por uno o por otro, por sus palabras. Idiomas. No aprendidos cuando ya se tiene conciencia de las cosas –tal como se hace en los estudios y las exploraciones–, sino absorbidos mientras creces, con sus sonoridades diferentes que entran cada una a su manera hasta el tuétano, igual que las vitaminas y las vacunas. A la nostalgia, añadíamos un miedo a que se perdiera una de nuestras dos lenguas, la más local, la más débil. Durante casi un año, me dediqué con obstinación a memorizar cada día una palabra del diccionario de la lengua catalana. Por ambos países lingüísticos de ensueño, llenos de castillos y de princesas del intelecto (el nombre de las dos regiones derivaba de la misma palabra románica, *catla:* castillo), la venganza de los semánticos discurría por los mismos caminos que mi venganza contra Babel. O, al menos, uno lo siente así cuando piensa cómo ha llegado hasta él la expresión *ben bé que ho saps* (bien que lo sabes), con su triple remachado de bilabiales. O el *llepafils* para designar al melindroso: literalmente un chupahílos, lo más cercano al pinchaúvas del castellano. Con aire mañanero lo confirma el Fabra.[1] El *mandrós* (perezoso) provoca un *enrenou* (alboroto) en torno al *foc de camp* (hoguera). La *fondaria*, término tan técnico –pero a la vez más familiar que el término castellano profundidad–, de una manera no percibida, resulta que oculta una ligera evocación remota similar a *el moll de l'os* (la médula del hueso, en traducción libre). El *xivarri* es también un alboroto, pero en la frecuencia sónica de la sardana (o las cigarras) y guarda un murmullo fonético que nos recuerda secretamente al *xiuxiueig*. Está también el extrañísimo *marranxa*, o la expresión *fa soroll,* por hace ruido, pero también por suena, aunque cuando alguien «te suena» ya no te *fa soroll* sino que en la calle, contagiada de castellanismos, *et sona*. Luego, vendrán los centinelas de la gramática reprochándole a la calle su viveza y sus pocos reparos, pero las transfusiones entre idiomas hermanos siempre son mucho más estimulantes para las visiones verbales que las que se dan entre idiomas alejados. Uno apreciaba la predilección del extranjero por ese tipo de hallazgos sinestésicos entre *smell* y *spell*, pero eran incomparablemente más económicos que la exuberante prodigalidad de expresiones como *s'ha begut l'enteniment* (ha enloquecido..., se ha bebido el juicio) o el coloquial y polisémico *on vas a parar.*

31

En Madrid me sumergí de nuevo en la intensa actividad del grupo. Volvimos a la carretera a mediados de julio de 1984 para intentar darle a la banda el empujón definitivo que nos hiciera alcanzar el deseado contrato con una gran discográfica. Un mes antes, el chismoso semanario *Rock Sagrado* nos colocaba ya, oficiosamente, en el catálogo de una compañía multinacional recién instalada en nuestro país. Leía este cotilleo mien-

1. Pompeu Fabra, *Diccionario General de la Lengua Catalana.*

tras viajábamos por una carretera polvorienta (con los hiatos de sus baches que a veces coincidían con los puntos y aparte), cuando una réplica mordaz del pianista a Beatriz Larra –una venerable expresión proctológica[1] sobre las relaciones que habían saciado los tormentos sexuales de nuestro guitarra solista– provocó que éste le arrancara las carísimas gafas de sol y las tirara por la ventanilla para que se achicharraran en la venganza del desierto. El grito histérico, pidiendo socorro, del humillado hizo frenar de golpe al temperamental López Antílope, que conducía, y una maleta viniendo de atrás golpeó en el occipital a Laura Parra. Se armó una pelea formidable, y durante varias noches Laura se negó a actuar, e incluso a salir del hotel, con la cabeza abollada. Suplí con mi escasa voz sus partes vocales y todo el protagonismo quedó para la otra cantante cambiando, leve pero irreversiblemente, el guión del grupo. El bajista, fiel a la amistad criptogay que le unía con el teclista, creó con él un mundo aparte y no colaboraban en esa desviación del argumento. Los conciertos empezaron a convertirse en una fluctuación de tensiones, insoportable desde nuestro lado del escenario. No fue ajeno a toda esa tensión de mutuos sabotajes el hecho de que unos días más tarde, en medio de una de las actuaciones, López Antílope abandonara su asiento de baquetas para agredir a dos espectadores que le estaban provocando desde las primeras filas.

El bajista tomaba LSD e introducía también a su amigo en el uso de las benzodiazepinas, el saxofonista consumía cocaína, el batería gustaba de pasarse la noche bebiendo, el guitarra solista creía en difusas religiones orientales, con cuyos dioses contactaba fumando todo el día derivados del cannabis. Laura enfrentaba constantes síndromes de abstinencia para intentar mantener su delgadez, el mánager tomaba anfetaminas, y su esposa, tranquilizantes. Las parejas de todos opinaban. Tengo muchos amigos, pero los dones son pobres; vergüenza tendrán de ello.[2] Era muy difícil intentar construir una jerarquía operativa.

1. Tom Wolfe, *Los muchachos de la melena.*
2. Única canción que se conserva de Ricardo Corazón de León.

En el grupo de Cárdenas sucedía algo parecido. Todos tomaban opiáceos en su versión más dura; es decir: heroína. Ya conocía esas sustancias, pero no pensaba que, a aquellas alturas, tal como me estaba sucediendo a mí por inexperto, pudieran casi atraparlo a él de nuevo. Le quedaba un año para acabar Derecho y tenía que elegir entre dilapidar toda la energía y la disciplina atesoradas en aquellos cursos o abandonar el grupo. Él, al fin y al cabo, sólo trataba con un sueño que parecía imposible; pero en mi caso lo que tenía delante era una ensoñación con indicaciones objetivas de que quizá iba a poder ser realizable.

Por eso, al principio, quise creer que todo lo sucedido en la gira de nuestra banda había sido un altercado propio del desgaste de un verano plagado de actuaciones, conviviendo demasiado, ahondando los roces y las afrentas. Me negaba a ver las claras señales que se venían sucediendo desde hacía tiempo. Al cabo de tres semanas sin ensayos, de llamadas infructuosas y de bregar con intentos de mediación y reconciliación, me percaté de que no conseguía nada y fui consciente de la magnitud del destrozo. La banda se separaba justo cuando estábamos a punto de firmar el primer gran contrato, ese tipo de cosas que dejan su huella en los comentarios del medio profesional. Mis camaradas, absortos en la explosión de sus particulares infiernos personales, no se daban cuenta; pero para mí era obvio que, después de eso, no sólo sería casi imposible reflotar el grupo, sino también conseguir el crédito inicial imprescindible para cualquier carrera en solitario. La misma distancia que hay entre *es* y *solía ser* es la que separa el mayor placer del tormento.[1] A media tarde de un día del final del verano, un vértigo desconocido lanzó sobre mí las paredes del piso y me fui a la calle para conseguir algo de mi soma favorito; pero a medio camino cambié de opinión y me dirigí al local de siempre, nuestra sala de conciertos favorita, a donde a aquella hora debía de estar llegando la gente y, entre ellos, los amigos que podían distraer mi ánimo desabrido, furioso y asustado.

Pero no encontré consuelo. Silvia y Eva estaban comunicati-

1. Jorge de Montemayor, *Los siete libros de la Diana.*

vas, pero apenas me salían las palabras. Nadie parecía notar un cambio externo en mí, a pesar de que me sentía como un anuncio luminoso del pánico y el desconcierto. No supe explicarme. Unas manos salían a mi paso y me ofrecían cerveza o aperitivos que rechazaba. Unas sonrisas entusiasmadas o excitadas, sin ninguna duda sinceras, se ofrecían a explicarme algo hilarante que yo no comprendía, y no me daba tiempo a hacerme entender. Nadie parecía detectar mi mal humor y mi confusión. Hallarse uno cargado de obligaciones y sin remedio para socorrerlas hace buscar medios y remedios como salir de ellas.[1] Un arrebato de incomprensible orgullo aumentó la distancia entre todo lo que me rodeaba y el malestar acelerado de pensamientos y sensaciones que me obnubilaban. Al poco de llegar a la sala ya me encontraba sin ganas de hablar.

–Hace tiempo que tú y yo no hablábamos. ¿Habéis estado tocando? Os vi en televisión, pero ni una llamada. Pensé que estabas muerto.

–Casi. Estuve tocando por provincias.

–¿Qué te pasa? Te veo como ido.

–Estoy destrozado. La furgoneta en que volvíamos de la actuación ha derrapado a la entrada de Madrid. Hemos dado varias vueltas de campana ardiendo. Todos han muerto. Vengo polvoriento. He hecho el camino a pie hasta aquí, atravesando todos los barrios de la ciudad.

Pero mi interlocutor ya se había marchado buscando otro conocido más inteligible. Sin darme cuenta de lo grosero y extraño para mí mismo que me había vuelto, le pedí al barman de siempre que me sirviera algo fuerte. El vuelo de Iberia en el que volvíamos de nuestra última actuación ha explotado en pleno vuelo a causa de una bomba terrorista. Soy el único que ha sobrevivido, colgándome de las caderas de la azafata hipocondríaca que siempre lleva un paracaídas en su equipaje de mano. El descenso desde ocho mil metros me ha mareado. Creo que estoy delirando.

1. Mateo Alemán, *Guzmán de Alfarache*.

Me miró, comprensivo, y me sirvió la copa que le había pedido, todo ello sin decir palabra. Le aseguré que le odiaba. Me dijo, impávido, que no sabía cuántas veces gente mucho peor que yo le insultaba de la misma manera.

–Perdón –rectifiqué–. Estoy muerto de cansancio. No sé bien lo que me digo. Los huesos y la sangre que natura me dio para vivir no poca parte de ellos he dado a la locura.[1] No me lo tengas en cuenta.

Quise apretarle amistosamente el antebrazo, pero en aquel momento una muchacha, casi una adolescente, de risa cristalina vino a reprocharle su tacañería con el alcohol en los gin-tónics y, aprovechando la distracción para irme sin pagar, escapé.

32

–¿Y adónde iré ahora? –pregunté, reflexivo, a mi cerebro.

Veía a los vehículos y a los peatones pasar frenéticos a mi alrededor, aleteando de tics. Me cruzaba con ellos sin verlos. Giré la esquina de mi calle y empecé a percibir los rastros de sus hábitos, las conductas de los vecinos en que nunca reparaba. El primero al que vi llegar por la acera fue un empleado del parquímetro, bandido y ladrón. El segundo, un niño desocupado que era el hijo mayor del chino que regentaba el pequeño supermercado de la esquina (entonces todavía era murciano porque, en realidad, el chino sólo llegaría muchos años después para sustituirlo). La tercera que vi era la suegra del administrador del edificio, que llevaba un bolso en la mano y venía de pelearse con su yerno porque no iba a pagar el bautizo de su segundo nieto en el lugar que ella quería (demasiado caro). Me sentía como poseedor de una especie de percepción simultánea, de una capacidad de absorción de todo lo que me rodeaba; pero había que ordenar las ideas. Lo primero era desengancharse de los opiáceos fuera cual fuera el grado de adicción que hu-

---

1. Francisco de Aldana, *Epístola a Arias Montano*.

biera alcanzado, una cuestión aún por comprobar. Beber luego sólo lo imprescindible como lubricante social, tirar todas las botellas que hubiera en casa, montar un nuevo grupo, o comprobar las posibilidades que tenía de vender canciones a artistas emergentes o dedicarme a grabarlos dirigiendo la producción. Podía quizá encontrar trabajo también en una discográfica. O quizá escribir en revistas como hacía Sebas. Todo antes que recurrir a la familia y admitir mi derrota.

Ninguna de esas posibilidades me atraía o motivaba. Pero cantar, soñar, reír, vivir, estar solo, ser libre me gustaba. Lo había probado y ya no me acostumbraría seguramente a otra cosa. Por un sí o por un no, pelearme o hacer un verso. Había decidido ya probablemente no volar muy alto, pero hacerlo solo.[1]

Pasaron largos, largos meses en que intenté ensayar esas posibilidades. Muchas simplemente no estaban a mi alcance tal como yo creía, o quizá no atinaba a enfocarlas con el empuje necesario. Hacía esfuerzos por mantenerme bajo control, pero combatir la ansiedad resquebrajaba frecuentemente mi serenidad. Nunca sabía si la ansiedad procedía de la situación o de los síndromes de abstinencia, pequeños pero constantes, que tuve que sufrir. Rompí con Camila, quien me veía durante aquellos días como una presencia insoportable. Cárdenas me sacaba a veces a pasear, pero cada vez lo veía menos; no tanto por repudio sino porque estaba muy ocupado acercándose al final de sus estudios, que sacaba adelante a golpe de sustancias no muy recomendables para mí. Los pequeños trabajos ocasionales me mantuvieron económicamente a salto de mata, consiguiendo salvar el piso, mi viejo semisótano. De cualquier modo, me quedaba poco dinero para salidas y no podía hacer ascos a sus invitaciones. En esa primera fase anodina, haciendo excepción de las rachas de misantropía casera y neurosis, mis rutinas de amistades y lugares se espaciaron, pero no cambiaron mucho. Todo era más hiriente en la medida en que otros grupos, otros proyectos, ascendían y triunfaban con brillo, mientras que yo

1. Edmond Rostand, *Cyrano de Bergerac.*

no encontraba la manera de descubrir un hueco donde acomodarme. Durante casi un año, seguí frecuentando los mismos lugares y al principio parecía externamente en mí que nada hubiera cambiado. Pero, en realidad, detectaba en mi interior un rumor de fondo que me tenía inquieto, como si el cristal de las intenciones se hubiera opacado y, aunque estuviera en el lugar correcto, el reloj de la sincronía anduviera siempre un poco adelantado o retrasado a la hora de acercarme y capturar las cosas como antes. A pesar de ello, mis costumbres no cambiaron en lo esencial, fuera de lo estrictamente doméstico o sanitario.

33

Por ejemplo, llego una tarde inesperada al vestíbulo de la sala de conciertos y no encuentro a nadie. Dios dice que te diga que te envidia: tú solo, y en Madrid, y en agosto, sin novia y sin amigos, con calor y sin cartas, una vez más la noche madrileña logra liberar tu cerebro de ansiedades estúpidas.[1] Aparece sólo Silvia, sin peluca, con una simple gabardina cruzada con cinturón, de la que asoman sencillas prendas deportivas: pantalones de licra negros, jersey fino de cuello alto, también negro. Apenas va pintada y se ha recogido el pelo descuidadamente en un apelotonamiento sin forma, a medio camino entre moño y coleta. No viene nadie, no ha aparecido ninguno de los habituales. Omar entró un momento y se fue a asuntos urgentes, nos dijeron; qué puede esperarse de una tarde así. Vamos a tomar algo a un bar cercano para hacer tiempo. De pie, ante la barra, no tenemos muchas ganas de hablar. Hay días así, portátiles, en los que no apetece cuidar el aspecto externo (sólo en ellas, quizá, algún pequeño resto de coquetería). Lo cierto es que a mí no me queda dinero y lo único que puedo hacer en la calle es pasear. Muchas veces vuelvo a mi piso andando para ahorrarme el metro o el autobús. Silvia aún vive en casa de sus

1. Luis Alberto de Cuenca, *La noche madrileña*.

padres, pero no le apetece volver tan pronto ni quedarse sola. Detecto un estado de ánimo parecido al mío, un punto de futuro enervado, desabrido, que ha aparecido en ella inesperadamente y que no sabe explicarse a sí misma muy bien; así que la invito a compartir la poca cena que tengo en mi semisótano. Hiervo pasta y la comemos sobre el cubrecama de mi habitación, la cena que recrea y enamora.[1] Mientras despachamos las viandas en silencio, miramos una pequeña televisión portátil en blanco y negro que heredé junto con el piso.

La programación nos aburrió pronto porque había que descifrarla entre rayas y borrascas electrónicas ocasionales (el viejo aparato tenía una antena que había que reposicionar constantemente). Sentados en la cama empezamos a comparar experiencias de los últimos meses. Las líneas del destino se unen y separan caprichosamente. Por primera vez, hablo con franqueza de la disolución del grupo y de mi desubicada situación. Algo de eso debió de avivar tus recuerdos porque, súbitamente, me pediste que te disculpara un momento y te acurrucaste junto a mí con un suspiro triste. Tuvimos que apartar las bandejas con sobras, cubiertos y platos. Te pregunté si querías que te abrazara. El abrazo se convirtió en algo más concreto. Nos quitamos la ropa. Te desprendiste de una liviana ropa interior negra y te quedaste con sólo una cadena de oro al cuello. Pero, abrazados e inmóviles, nos quedamos dormidos al poco de ponernos cómodos. No llegué a dormir profundamente, poco más de una hipnótica modorra; mi subconsciente estaba alerta. Oía lejanamente los sonidos de la escalera de vecinos que, mentalmente, parecían pesar muchísimo más que la cháchara de la televisión a bajo volumen. Mi cerebro se hallaba en un mundo bucólico donde los murmullos de fondo eran como el sonido de agua clara rebotando contra piedras. Conseguí, por fin, que mi cabeza emergiera por encima de la superficie del sueño. Era pronto: el despertador de la mesilla aún no marcaba la medianoche. Tú te desperezaste porque también te habías quedado amodorrada y vi un mechón so-

1. San Juan de la Cruz, *Cántico espiritual.*

bre tu nuca del color del vientre de una mosca. Hubo una pausa de serenidad que duró bastante. Hablamos de nuestro día a día, que entonces nos parecía tan lleno a pesar de aquellos momentos de peso remoto y aplastante. Hablamos de nuestros particulares avatares, de nuestras aficiones y nuestros gustos y lo criticamos todo despiadadamente, desde nuestras amistades hasta la decoración de la habitación que habitábamos. Repasamos toda aquella paciente escenografía que venía con el alquiler amueblado de mi piso y que recibía indiferente a un inquilino tras otro. Te pusiste de rodillas para observar de cerca una imagen religiosa con forma de T que colgaba sobre la cabecera de la cama. Sobre tu cuello brillaba el oro. A lo largo de tu columna vertebral descubrí una recién nacida hilera oscura casi imperceptible. Más abajo, entre el arco cóncavo de dos mejillas enfrentadas, asomaban unas pequeñas pestañas oscuras de vello que no llamaban la atención de una manera vertiginosa sino con una cierta melancolía, como si fuera el lugar destinado para que colgara una minúscula lágrima. Quería ser el único en el mundo que no hubiera visto nada en absoluto.[1] No me deshice en lágrimas, sino en gotas que en realidad se desprendían como cera blanquecina desde el ardor de la llama de un cuerpo joven. La vela con su llama ya estaba dentro de ti, y apenas te retorciste, sólo te contrajiste y supe que habías cerrado los ojos y apretado los labios. El abrazo puso de acuerdo el pasado que no habíamos vivido juntos y lo que los tratadistas llaman mundo real, cinco sentidos, experiencia empírica, percepción. Momentos después estábamos recostados, fumando el más convencional de los cigarrillos en la más convencional de las posiciones. Hicimos planes cada uno para su futuro, hablamos de política internacional (el primer gran conflicto con el libio Gadafi era el tema de moda por aquellos días) y, cuando se hizo tarde, intentamos poner orden en el caos de prendas, todas negras, que se hallaban por el suelo. Algunas de ellas estaban caídas conservando todavía el hueco, la forma que les había marcado cada una de nuestras anatomías,

1. Jacques Roubaud, *Yo quería apartar su mirada por siempre.*

como moldes vacíos y olvidados. La tibieza y el olor permanecían impregnando levemente los tejidos. Lo notamos al alcanzarnos mutuamente las ropas, queriendo ser amables, motivo por el que quizá abandonamos el lugar a toda prisa y no nos volvimos a ver durante las tres semanas siguientes.

34

Cuando las habitaciones estén vacías, cuando la única luz que entre en ellas sea la de los astros (¿estrellas, cuerpos celestes?), abolidos la electricidad y el fuego sobre la faz de la tierra, los objetos yacerán eternamente en las posturas que los humanos antes de desaparecer les hayamos impuesto. Todo sucederá muy lentamente. La gran naturaleza parece apetecer su antigua nada.[1] La radiación ultravioleta moverá, poco a poco, los electrones de todo aquello que no esté en la zona de sombra. Sólo el viento pasará las páginas de un libro y sólo él, junto al trueno y los seísmos, dará portazos irritados.

Bien, imaginemos que queda otra forma de vida y una raza monstruosa de chimpancés, roedores o invertebrados son los únicos que degluten y trafican con letra impresa. Todo seguirá siendo igualmente muy lento. Demasiado lento para salvar una vida. ¿Qué quedará de lo que dejamos, mientras tanto, que pueda ser flexible, equilibrado, que pueda tanto erguirse como descender con gracia? Te lo diré: la ropa, sólo la ropa, junto con la comida y el lenguaje. Las cosas más meritorias que ha creado el hombre. Sus mejores espectáculos, siempre obtenidos por pura necesidad.

Mira, si no, los evocadores toldos del verano, flameando resplandecientes a lo lejos bajo el sol; la corbata que cuelga y serpentea en el ropero; las chaquetas vacías, con sus hombreras, prometedoras de acción y dinamismo; los vestidos que se redondean al caer sobre las caderas de ellas. Recordaremos los

1. Blanco White, *Una tormenta nocturna en alta mar*.

tiempos en que las cubrían de una manera inimitable, cuando se movían en aquellos lugares del cuerpo en que exactamente debían moverse y se estaban quietos en las partes en que les correspondía hacerlo. Si existe la posibilidad, el arreglo indumentario siempre es una muestra de urbanidad y respeto hacia lo que se expone a los otros. Nadie debería ser tan estúpido como para juzgar a los demás por su vestimenta, pero cualquier artista sabe la importancia, en las cuestiones expresivas, de que vayan adecuadamente envueltas. Las fotos que han quedado de Faulkner demuestran que tenía poca ropa, pero toda ella de buena calidad. Incluso Cervantes la única vez que permite que Alonso Quijano, antes de su muerte, dude en su empecinada locura es cuando, en el inolvidable capítulo 44 de la segunda parte, descubre un gran agujero (lo que ellas hoy llaman una *carrera)* en sus medias rotas, ya baqueteadas por muchas aventuras, y al ver las dos docenas de puntos que se le han soltado (convirtiéndolas en una verdadera celosía)[1] sufre un momento de flaqueza porque no puede permitirse repuesto y ha de seguir vistiéndolas; como preguntándose por primera vez si todo aquello que persigue no será una pura quimera, insensatez, sueños presuntuosos. ¿Por qué, si no, se afanaba tanto Flaubert en describir los tocados de Emma Bovary o acumulaba tantos detalles el siempre descuidado Tolstói sobre los vestidos de Anna Karénina?

Haz la prueba: cuando tengas que comunicar algo importante y verídico, dilo dejando salir la expresión más vulnerable e infantil sobre el cuello de la camisa de pequeñas rayas y la corbata; el puño asomando bajo la americana en el gesto de ir a encender un cigarrillo. Oh, por supuesto, son bobadas accesorias, pero las cosas mostradas de esa manera sólo pueden hacer algún efecto de un tipo u otro. En esto se echará de ver que es antiguo el uso del almidón y de los cuellos abiertos. Queda claro que es mucho más difícil conseguir ese punto de suavidad fluyente, de naturalidad deliciosa, cuando el decorado de fondo es el de un concierto en gira. En esos lugares, es mucho más difícil mante-

1. Miguel de Cervantes, *Don Quijote de la Mancha.*

ner el planchado del traje y sueles terminar sudoroso y con el nudo de la corbata torcido, querido Herman. Pero si ella es una delicadeza de carne, una auténtica princesa autoproclamada, no te lo tendrá en cuenta. ¿Qué fue de tanto galán? ¿Qué se hizo de las damas, sus tocados, sus vestidos, sus perfumes? ¿Qué se hizo de la música y los acordes que tañían, sus bailes y las ropas chapadas que llevaban?[1]

Las vestimentas se adaptaron abnegadas a eso extravagante y muchas veces monstruoso llamado figura humana (siempre lo más interesante en cualquier arte), realzaron su singularidad, hablaron de ella hasta cuando reposaban blandamente en sus perchas a oscuras. Fueron nuestra única prueba irrefutable —cuando las mirábamos colgar inertes desde el lecho que nos acogía desnudos— de nuestras medidas, de nuestras limitaciones, del hueco de aire desplazado que alguna vez ocupamos en el universo.

35

Un año y medio después comprobé que ya sólo poseía dos jerséis, un chaquetón y dos vaqueros, ambos igual de desgastados. No tenía camisas; tan sólo camisetas de variados colores, todas regaladas como publicidad de diversos grupos, compañías o productoras. La verdad es que nunca llegué a pasar hambre rigurosa, pero todas las puertas que encontraba parecían cerradas y empezaba a hacer equilibrios para pagar el alquiler. No hacía ascos a aceptar el regalo de la ropa usada de otros. Dos o tres relaciones con muchachas bienintencionadas, que intentaron ayudarme económicamente durante algún tiempo, prolongaron un poco más la agonía, y aunque ya no tomaba drogas —más por imposibilidad de bolsillo que por disciplina—, andaba cerca de caer en ese alcoholismo cotidiano de cervezas diarias y ocasionales, libradas a la invitación de los paisanos y cofrades.

1. Jorge Manrique, *Coplas por la muerte de su padre.*

Finalmente, se apiadó de mí el propietario de un apretado bar musical que había frecuentado mucho, cerca de la Carrera de San Jerónimo. Me contrató, a cambio de un ingreso pequeño pero constante, para que pinchara música por las noches en las dos plantas de su pequeño local. Volvía a casa poco antes del amanecer y dormía gran parte del día. Intentaba mantenerme informado de las novedades para incorporarlas a la programación, me mantenía lejos de la bebida y de los líos con las clientas. Una especie de rutina depresiva entró durante largos meses en mi vida, y si bien cumplidor y nunca malcarado (porque consideraba aquel pequeño trabajo casi como el regalo afortunado de un príncipe), no puede decirse que nunca me mostrara, por esas épocas, alegre. Parecía que en sueños se me fuera a morir el corazón, como un obrero que se rebelase a cumplir sin descanso una jornada de día y de noche en el fondo de una mina lóbrega y húmeda, húmeda de sangre...[1] La rutina de sobrevivir había arrinconado las guitarras y las grabadoras, aunque no sería exacto decir que estaban intocadas únicamente por eso. Las cuidaba, limpiaba y mantenía, pero lo que sucedía es que me hallaba inmovilizado frente a ellas por un extraño sentimiento de no tener nada que decir, a pesar de que sintiera que tenía mucho que enseñar. Esa especie de ánimo desorientado y contradictorio me decía que lo que podría –y debería– hacer es cobrar cantidades enormes por transmitir algo misterioso y refinado que sólo yo sabía cómo se transmitía. Cosas como la transparencia para mí de las emociones y cómo podían visualizarse en el aire de la misma manera que el soplador de vidrio da forma a la claridad de sus obras. También la simultaneidad de esas visualizaciones, en diferentes capas de tres dimensiones, que se da infinitamente entre las personas cuando se relacionan.

Con las metáforas y las comparaciones del lenguaje uno se acercaba a dar noticia y vislumbre de ese fenómeno. Pero, al añadirle el ruido ordenado de la música, era cuando se encarna-

1. Ramón Gómez de la Serna, *Greguerías*.

ba, tomaba corporeidad y visibilidad, toda la profundidad de esas sucesivas capas transparentes. Ocasionalmente, se hallaba en esos alambiques la perla de una piedad sucia o el zafiro de una ternura lacerante: desde los churretes lacrimales que corren por la mejilla de un niño cuando se los seca con el dorso de una mano pobre y sucia, hasta las finuras profesionales con tacto mental de guante de cabritilla propias de la teoría literaria. Pero no había nadie que quisiera pagar por aprender eso, y aún menos las enormes cantidades que valía en la vida humana. Y era una lástima, porque aunque todo lo demás lo tuviera aún que aprender, eso al menos yo podía enseñarlo, enseñarlo como nadie y enseñarlo bien, con la serenidad y nobleza de su merecida importancia. No es extraño que entonces cayera ya en el vicio irremediable de los libros: sobarlos, manosearlos, subrayarlos para licuar todo su jugo de palabras. Sin un libro me sentía como si me enviaran a pelear contra mucha gente. Con este remedio, que era como una compañía o escudo en que había de recibir los golpes de los muchos pensamientos, andaba consolado.[1] El poco tiempo libre de que disponía, puesto que estaba condenado a no poder gastar en nada ni ver apenas a los amigos por las diferencias de horarios, lo repartía entre largos paseos a pie por la ciudad y lecturas compulsivas. De una manera impensada, tuve la complicidad para ello del ya no tan pequeño Ramón Medinas Bezós, quien era el único que tenía libertad de horarios suficiente como para quedar conmigo de una manera asidua.

36

Ramón había recibido el estímulo definitivo a su proyecto de escritura en forma de cambio del colegio mayor. Le faltaban aún dos años para terminar la carrera cuando los muchachos de la pantera abandonaron las actividades culturales, muy

1. Santa Teresa de Jesús, *Libro de la vida*.

descontentos de la jerga marxista en la que se veían obligados a chapotear para llevarlas a buen puerto. Poco a poco, fueron disgregándose, y sin casi darse cuenta, sin cataclismos, sino a través de una especie de último suspiro primaveral, Ramón se dio cuenta de que aquel paisaje que le rodeaba de habitaciones adornadas con ilustraciones de Beardsley y Mucha, de discos compartidos con brillantes carátulas desde donde le interrogaban con arrogancia un frágil David Bowie o un desnudo Iggy Pop, era fugaz e insólito fuera de aquellas cuatro paredes. Tardó casi ocho meses en darse cuenta de que ya no había nada que le uniera a aquella residencia de cubículos adosados. Fue la llegada de un nuevo vecino de habitación –un tipo inoportuno de buen carácter y mal fondo, que siempre cuando pasaba desocupado frente a su puerta entraba «sólo para charlar un rato»– lo que le decidió a abandonar el lugar. La certidumbre de que por fin peleaba por su propia liberación, y no por ideales abstractos, por consignas que los políticos podían voltear al derecho y al revés según las circunstancias, le había infundido un entusiasmo enardecido.[1] Por otra parte, ya no tenía con quién hablar sobre los prerrafaelistas de la manera entusiasta e interesada (contagiosa) en que lo había hecho con sus convecinos. Planteó a sus padres que, con el dinero que se gastaban en su alojamiento, podía alquilar un piso modesto para él solo e incluso, haciendo economías, ahorrar algo para sí mismo. Después de una visita por separado de cada uno de los antiguos cónyuges, le mantuvieron la cantidad intacta, concluyendo probablemente que, si no se había corrompido hasta entonces, sería improbable que fuera a hacerlo ahora. Además, en aquellos tiempos labrarse aún muy joven el propio futuro y asumir voluntariamente obligaciones todavía estaba bien visto.

Vivía Ramón, para ello, en un primer piso del barrio de Malasaña, ínfimo pero pulido, rodeado de libros. Salía muy poco y estaba cumpliendo al fin, de una manera efectiva, su tantas veces anunciado programa de retiro. Raramente lo aban-

---

1. Gabriel García Márquez, *Cien años de soledad*.

donaba, y cuando lo hacía, era para equilibrar con algo de ejercicio su sedentarismo. Los amigos habíamos ido a alimentarlo con yogures y tabaco en las temporadas en que, distraído en sus cosas, no encontraba ingresos para sostenerse. Al cabo de unos meses, incluso dejó de fumar, lo que nos convenció de su seriedad de propósito.[1] A veces le obligábamos a que saliera a beber con los amigos pagándole las copas, después de una escena conmiserativa en la que nos contaba el poco dinero que tenía. Ni siquiera disponía, como yo, de esa vida social nocturna que garantiza al menos la benevolencia y disponibilidad de algunos barmans. Nunca abusó de nuestras invitaciones o nuestro crédito. Tampoco jamás se sintió humillado. Decía que ya tendría tiempo para intoxicarse y envilecerse cuando fuera viejo. Se nos hacía difícil comprender esa vocación de pobreza pasiva en un momento en que todo el mundo estaba montando negocios o bien deseaba hacerlo. Sin saberlo nosotros, estaba aprendiendo la constancia para trabajar como un arte de encerrar la agitación en el corazón. A veces aparecía con un poema sencillo, límpido y perfecto y fue el primero en conseguir que no nos riéramos de la palabra *poesía*. Antes de las reuniones de lectura, todos habíamos escrito versos a los quince años, pero lo ocultábamos porque en nuestra época, más generosa en emociones fuertes para los jóvenes, eso era visto como un poco cursi. Las reuniones fueron el primer paso para que considerásemos la poesía como una prolongación natural, menor pero gimnástica, de nuestros proyectos o de lo que pensábamos hacer con nuestra vida.

Hasta entonces, lo que habíamos conocido era un mundo engañoso en un momento de cambio, que proponía sensaciones aparentemente más excitantes de investigar: las drogas, la creciente liberalización sexual que se veía en la calle, la revolución ideológica, el rock'n'roll. Maneras de señalar que estabas vivo con formas más espectaculares de cataclismo. Pronto pudimos comprobar que esas formas más drásticas eran o más gregarias de lo que se suponía o no tan fáciles, o bien más epidér-

1. François de La Rochefoucauld, *Máximas*.

micas de lo que aparentaban. A la vez, una mayor familiaridad con las palabras nos hizo ver que la versión más decantada de la escritura se encontraba en esfuerzos de poetas, a veces poetas secretos, otras poetas oscuros y olvidados. Unos pocos años después de los primeros versos ocultos, empezamos a ocuparnos en serio de la poesía.

A veces, Ramón me llamaba después de comer o se pasaba directamente por mi semisótano y probaba suerte por el interfono. Nos íbamos entonces a dar un paseo por las calles, donde prefería las avenidas y los parques a los bares y cafés. Seguía en estrecho contacto con Omar, aunque sus citas eran más rigurosas y programadas, no tan aleatorias y naturales como las nuestras. Omar, mientras terminaba sus estudios, había empezado a asesorar en cuestiones de arte a una red de anticuarios propiedad de la familia de Boris. Disponía de menos tiempo y llevaba una vida casi marcial, plagada de obligaciones y compromisos con la armada de la estética y la sensualidad. Por aquellos días, andaba en lucha con la canalla anticartesiana[1] y fascinado por Mario Praz, pero no disponía del tiempo indiferente, sin objetivo, que podía poner yo a disposición de Ramón. Muchas veces, me gustaba acompañar a este último a donde le quisieran llevar sus pasos, y la hora en que yo debía marchar inexorablemente a poner música siempre le resultaba conveniente, regulando su actividad con una temprana cena para volver a sus libros. Durante esos paseos y charlas le vi desmenuzar mentalmente un montón de lecturas. Me descubría, por ejemplo, los diarios de Gombrowicz, y en el ejemplar de 1950 encontramos una entrada en la que reivindicaba la inmadurez como motor creativo. Los románticos habían reivindicado la juventud y la belleza, los vitalistas el ansia de vivir como un motor en sí mismo, pero hasta ese momento nunca habíamos visto reivindicada la inmadurez de una manera positiva en ningún texto. Lo más llamativo es que esa entrada de su diario estaba datada poco menos de veinte o

1. Thomas de Quincey, *Del asesinato considerado como una de las bellas artes*.

treinta meses antes de la primera aparición del rock'n'roll, como si Gombrowicz no fuera un polaco olvidado, dejado de la mano de Dios en el punto más perdido de una Argentina separada del mundo, sino que estuviera conectado con las agitaciones ocultas de otras partes del globo a través de una red subterránea, como la de uno de esos líquenes u hongos gigantes que cubren las estepas de Alaska.

Era un fenómeno inexplicable, desordenado; imprevisible pero sincopante. En todo caso, Boris, el intolerante ilustrado, sólo veía en esa valoración del desorden –tal como les sucedía a los cobardes y gentes poco informadas– indicios de corrupción.

–Por el amor de Dios –decía Omar Mesas Diez-Bonn (que precisamente por aquellos días había dejado de ser, por fin, estricta y técnicamente virgen)–, yo también estoy asustado, pero eso no significa que tenga que ser un patán. ¿Es que la diversión no constituye también una necesidad elemental? Si la escritura se atreve a hablar no es en absoluto porque está segura de su verdad, sino porque está segura de su deleite. Escribir sobre literatura es más fácil que escribir literatura.[1] Tantos años admirando el verso inicial de Claudio Rodríguez en *Don de la ebriedad* y entonces, inesperadamente, cae en tus manos un papel de Nashe con aquellas palabras fosforescentes: *brightness falls from the air*. Contra ese desorden en que nadie escucha, la repetición machacona con variaciones no es mala estrategia.

Y, acto seguido, enlazaba con un discurso sobre las sutiles diferencias que animaban la estatua sobre el mito de Diana, hecha por Bernini, que se encontraba en los museos vaticanos, comparándola con la escena de Eros y Psique que guardaba el Louvre, para marcar bien claramente las diferencias que constituían a la primera en un elemento de genio un poco inferior con respecto a la segunda, monumento delicado e imprescindible. Al final, el método estético que seguía era realmente incierto, pero lo que quedaba claro era que Omar era un hombre verdaderamente culto.

1. Witold Gombrowicz, *Diarios*.

37

Fue por esas épocas cuando acudí a las últimas reuniones de lectura, casi siempre el primero que debía marchar para llegar puntual a la cita con mi cabina de disc-jockey, justo siempre cuando las cosas empezaban a ponerse interesantes. En la última etapa del grupo, yo les había ocultado mis adicciones porque sabía que muchos –víctimas de un pánico supersticioso por las sustancias ilegales– hubieran salido huyendo, pensando que se repetía o aumentaba el caso de Paco, lo cual habría supuesto el final de nuestras reuniones. Supongo que por eso, a excepción del discreto y más cercano Ramón o del sagaz Omar –que nunca dejaba de sospechar algo sobre todas las cosas–, los demás no entendían muy bien cómo el callado comparsa que siempre fui, con aquel *tanto me da* de quien no tiene rey que lo gobierne ni Papa que lo excomulgue,[1] se había convertido en un tipo algo siniestro y sempiternamente fatigado. Intenté poner a su disposición el local donde yo trabajaba para que se acercaran a tomar algo tras las reuniones y así prolongar el contacto, pero no tuve éxito. A mis amigos, ya crecidos, las reuniones de lectura les servían de precalentamiento, sobre todo a los que venían de Barcelona, para salir en grupo en busca de compañía y aventuras sexuales. El local donde yo trabajaba era pequeño, pobre, de música de género; sus paredes un poco mugrientas no prometían demasiados encuentros rutilantes. Y no sería porque no visitaran en sus exploraciones locales aún más sórdidos puesto que Cárdenas aún aparecía por las reuniones (aunque sólo una vez aportó una biografía de Wagner) poniendo a su disposición un verdadero plano de la capital para salir en grupo. Pero preferían en general lugares de última moda, donde poderse tomar el pelo alegremente unos a otros. Simó, con su infantil manía de poder decir cuando fuera viejo que había conocido todos los mejores restaurantes y locales de las más importantes ciudades del mundo, era una perfecta víctima pro-

1. Narcís Oller, *Els pardals de la Rambla.*

piciatoria para sus bromas. Puesto que le descubrían el mundo de los cócteles Esmeralda, de los Negroni, del French Seventyfive o el Tequila Sunrise (toda una jungla prometedora de botellas y coctelería), éste dejaba de lado por un rato sus melindres y los acompañaba incluso hasta las discotecas más sórdidas. En ellas fue invitado a considerables cantidades de Brandy Alexander, con el cual se relamía, sólo para enterarse mucho más tarde de que la fama del cóctel en ciertos círculos se debía a la densidad que tenía, supuestamente similar, según decían, al esperma humano.

Hay hombres sólidos, líquidos y gaseosos.[1] Simó pertenecía al segundo grupo y Dani Masem al tercero. El amor le ayudaba a madurar, y Dani, en esas excursiones, llegó a agotar ese gas de despreocupación mucho antes que los demás. Guapo, de talla media, dinámico, alegre y con dinero, conocía a una muchacha detrás de otra, pero nunca se quedaba mucho tiempo cerca de ninguna, y lo que más le angustiaba es que mientras tanto su relación con Denia, allá en Barcelona, había llegado a un punto muerto. Temía que el carácter de ella, desalmado y egoísta, con una mezquindad de lo peor del ama de casa, se quedara dentro de él y se adhiriera de tal forma a su espíritu que fuera imposible despegarse para siempre de aquel lastre. Su trabajo, tan apegado también a emociones directas y superficiales, no ayudaba. En un destello de supervivencia intelectual, se puso a escribir versos en su tiempo libre, empujado por las reuniones de lectura. A mí, por mucho que los músicos de rock me parecieran mucho más fascinantes que los escritores, todo ese entorno de preocupación por las palabras me hizo su efecto y empecé a escribir textos largos, aparte de los esbozos que hacía para letras de canciones. Por esa torpe y rudimentaria sincronía de rebelión en letra es por lo que guardo una debilidad por el arrogante Dani Masem, más arrogante que nadie en la medida en que su displicencia era aspirar a hacerse pasar por un noble hombre medio sin pretensiones, pretendiendo que nos estaba engañan-

---

1. Mariano José de Larra, *El hombre-globo.*

do a todos con su grosera simulación. El perseguir muchachas y los versos eran los únicos lugares por donde podía escapar a su bienintencionado (en la medida en que estaba enamorado) simulacro. Dónde-buscar y no-hallar le aquejaban a menudo: doña cruel necesidad de-qué-comer era su fiel compañera.[1]

Encontró su mejor cómplice cuando, acompañando muchas veces a Simó desde Barcelona, empezó a frecuentar las reuniones el rubio Ander. Se había convertido en un ejemplar de varón de más de uno noventa, rubio y viril, que había acabado una carrera de filología en un tiempo récord y ya optaba a profesor adjunto. Quizá por ello se erigió en el crítico oficial de las reuniones, para desprecio e indignación de Omar. Ciertamente, no era el más dotado y uno no se lo imaginaba escribiendo otra cosa que plomizos ensayos o ejerciendo de cronista, pero la autoridad que le daba su título de conocedor de la norma dejaba sentir su peso. Llamaba mucho la atención de las hembras allí donde fuese, y a pesar de que estaba formalmente comprometido con una estudiante alemana –a la que veía poco–, era el señuelo perfecto con su semblante bondadoso, musculoso e inofensivo para acercarse a los grupos del sexo opuesto. Durante cierto tiempo el grito de «útero a la vista» fue lo que terminó de compactar aquella diócesis formada en torno a la letra.

Si bien Ramón y Boris, con su incapacidad para la zalamería, eran capaces de desperdiciar la ocasión más clara (y el viejo Moisés, con su timidez hierática, se mantenía siempre al margen), casi todos los componentes tuvieron ocasión de ampliar su conocimiento carnal. A veces era alguna lánguida poetisa invitada a las reuniones o una alegre camarera del bar subsiguiente. También las dinámicas amigas de aquel mundo de rock y arte que se movía por el Madrid de entonces probaron suerte con alguno de ellos. Hasta Sebas la Histérica alcanzó hitos eróticos, lo cual le tuvo exultante durante cierto tiempo, hasta que comprobó que no sabía cortar a tiempo y pronto se vio compli-

1. Süskind, el judío de Trimberg, *Canción*. Conservada en el manuscrito Manesse.

cado en tres relaciones simultáneas, una en Barcelona y dos en Madrid.

Muchos años después, Isma se atrevió a decirme, casi más bien a reconocerme en secreto, que eso fue lo que le alejó de nosotros. Como Simó, encontraba totalmente fuera de lugar esa especie de frenesí sexual, y realmente había llegado a pensar que era pura promiscuidad, una promiscuidad, pensaba él, desequilibrante, que debía de convertir la vida en una montaña rusa de ansiedad e incertidumbre insufrible. Le gustaban las mujeres, pero encontraba esa obsesión banal, como la diferencia que se da entre la imaginación y la imperfección de la realización. Parecía, ya entonces, mucho mayor que nosotros, y terminaría escribiendo pulidos editoriales a la vez que algún ensayo aéreo, preciso y ágil que, al contacto con la información privilegiada de su trabajo, le darían un conocimiento muy ceñido de los entresijos de la vida humana. Me explicó que, por aquel entonces, no podía evitar ver un punto de contacto o similitud entre las ondulaciones de toda aquella agitación erótica y las irregularidades del estilo en todo lo que escribían sus amigos. La misma escritura, si la miráis con cuidado, os lo mostrará, dijo, no dicen lo que querrían sino lo que quieren los vocablos que tienen.[1]

Y mientras me contaba todo esto muchos años después, y paseábamos conversando, deteniéndonos a veces para adecentar un recuerdo, se balanceaba de punta a tacón, impaciente, mirando hacia el cielo como para rescatar algo de la memoria. Y no podía imaginarse él, de un natural tan pudoroso, hasta qué punto ese balanceo distraído y nervioso era un verdadero monumento ensalzando las glorias del paquete testicular.

38

¿Por qué varios de mis contemporáneos creyeron necesario, en un momento u otro de su vida, dejar constancia en letra de

1. Juan de Valdés, *Diálogo de la lengua*.

sus invenciones o experiencias? Unos lo hicieron innecesariamente, otros para ganarse un exiguo sueldo, siempre miserable. Algunos conocieron cierto éxito y la mayoría conocieron tal fracaso y anonimato en esa iniciativa que hasta ellos mismos prefirieron olvidarlo. Por eso yo, que no soy un literato, he pensado que alguien debería redactar el libro que narrara esas conductas; lo cual no quiere decir que ése sea necesariamente el que estáis leyendo. No encuentro nada tan fácil como tratar todo esto en forma de novela, pero no encuentro nada más difícil que responder a ello.[1] Dado que no confío en mis dotes, he pensado que podría hacerse cogiendo palabras de otros. La historia de la humanidad está llena de escritores brillantes que hablaron de prácticamente casi todo. Se podrían usar sus frases para contar nuestra historia.

Usar, cuidado; no copiar. No sé si eso será delito o una práctica inmoral. Pero, leyendo con orden y con la ventaja de saber lo que buscaba, he entrevisto en páginas ajenas las vidas de mis amigos y, bajo la luz de las velas o del ordenador portátil, he percibido momentos absurdos y solitarios, hermosos de una manera indiscutible. Vislumbres de una brevedad y fugacidad leve e inútil, tal como exactamente fueron muchos de los sueños verbales que distrajeron y enamoraron a mis amigos en diversos momentos de sus vidas.

Moisés escribía epigramas soñadores, satíricos y anodinos, excepto por una pequeña pincelada de humor vulnerable que hacía pensar en lo que podían haber sido de haberles dedicado más tiempo y una selección más rigurosa. Su voz narrativa tenía una dicción clara, diáfana, y aunque los temas eran obvios a veces (la realidad política y social, las costumbres que nos rodeaban), y le perdía su facilidad para el ripio, nada de eso invalidaba su destreza combinatoria de palabras. Durante un tiempo estuvo de moda entre nosotros intercambiar poetas desconocidos para romper el hielo cuando hacía meses que no nos veíamos. Sus poetas favoritos eran siempre los grandes nombres, y

1. B. Pascal, *Pensamientos.*

cuando descubría alguno nuevo, siempre se trataba de algún captador de la realidad más cotidiana. Con sus letrillas rítmicas y teatrales aprendimos a fijarnos en la métrica y la prosodia. Luego le dio vergüenza y dejó de escribir esas cosas.

En el extremo contrario se encontraba Simó. Después de sus primeros fracasos en castellano, se negaba a escribir en otro idioma que no fuera su catalán materno. A pesar del cambio, sus poemas seguían siendo artificiosos, inflados, retóricos. Estaban llenos de giros arcaizantes como si eso fuera a ennoblecer por sí misma a la prosa. Las voces que sonaban en sus escritos parecían surgir de boca de títeres medievales, de una Edad Media benigna, desinfectada, de cuento de hadas, propia de una escenografía belga. Padecía ese defecto hasta para describir un taxi.

Yo primero probé a hacer versos que terminaban siempre asemejándose a letras de canciones. Eso me llevó a descubrir pronto que hacer poemas y hacer canciones eran dos especialidades diferentes, ambas igual de complejas pero cada una con sus especificidades. También comprobé que sólo el dominio de la técnica mediante el ejercicio incesante convertía a uno en un buen intérprete de sí mismo y de los demás, es decir, en un escritor.[1] Probé entonces con cuentos a la manera de Onetti y Faulkner, cuya densidad y opacidad me los hacía aparecer importantes y serios. Desanimado por la dificultad de lo hermético, lo intenté después con un hermetismo más asequible, que intimidara menos a autor y a lector: cuentos cortos al estilo de Raymond Carver. Al releerlos los encontré horribles. Culpé a la dispersión como probable causa y decidí que debía ser más ambicioso e intentar una novela para, con un proyecto de largo horizonte, disipar la monotonía instantánea de mi trabajo de pinchadiscos. Inventé una trama detectivesca, embarazada ya de grandes lagunas en blanco cuando todavía estaba escribiendo la primera línea. A medio trabajo me pregunté qué estaba haciendo y no la terminé nunca. Desde luego, influyó en mi brusco rechazo descubrir que Sebas la Histérica había tenido el mismo pensamiento que yo.

1. Patricio Pron, *Unas cuantas palabras sobre el ciclo de las ranas.*

Cada vez que se le preguntaba a Sebas Mendo Amorzín por qué no traía nada a las reuniones contestaba que él ya tenía bastante trabajo escribiendo en las revistas de música (de hecho, era el único arrogantemente profesionalizado entre nosotros, aunque fuera de modo precario y pobre), y añadía que escribir no consiste en otra cosa que en tener una buena historia, afirmación en la que indudablemente acertaba. Finalmente creyó tener una y me confió sus líneas generales, a las que estaba dando forma aún mentalmente. Él era uno de los pocos que aún se acercaba, cuando estaba en Madrid, a verme trabajar y charlaba conmigo, copa en mano, en la cabina. La historia que me esbozó era policíaca y no peor que muchas de las que se defecan en los quioscos de los aeropuertos. No había preparado sus armas, sin embargo, ni ampliado durante esos años sus recursos lingüísticos, ni formado sus modos léxicos en otra cosa que no fuera la prosa vendible (puñales, pistolas y blasfemias).[1] Por lo que pude ver años después –en forma de manuscrito corregido mil veces y rechazado por innumerables editoriales–, la historia era buena, pero quien la contaba no conseguía poner de acuerdo lo que quería explicar con los medios expresivos de los que disponía para hacerlo.

Ander, a pesar de ser tan adepto al regionalismo como Simó, escribía alternativamente en catalán y en castellano. Éste, cuando bebía y se ponía malévolo, le mortificaba por eso y le llamaba traidor y tibio. Ander había crecido muchísimo y llegó a practicar el baloncesto casi como semiprofesional durante el tiempo universitario. Sus viajes a partidos ignotos hacían que le viéramos poco, como un resto de un mundo antiguo de hermandades deportivas que los demás habíamos abandonado, pero ésa era una de las principales causas por las que recalaba alguna vez en Madrid. Era disciplinado y estudioso (filología alemana), e ignoraba prácticamente toda la música moderna y cualquier movimiento juvenil del siglo XX, a excepción del cantante italiano Adriano Celentano, por quien expe-

1. Diego de Torres Villarroel, *Vida*.

rimentaba un disparatado interés. Lo había descubierto de pequeño en un tocadiscos familiar y le había acompañado siempre. En una edad més intelectualizada, alguien le descubrió su presencia en una película de Fellini. Para él la música parecía tener más que ver con algo gimnástico y biológico que con otra cosa, lo cual probablemente explicara su gusto por los cantantes de pulmón potente. Docto en enlazar razones,[1] fue el primero de nosotros en tener acabados sus estudios universitarios, y gracias a su conformismo, su tranquila ponderación y su alta nota media (aparte de ciertas escondidas influencias familiares) le aceptaron como adjunto y luego como profesor titular en un departamento universitario. Viajó a Alemania y allí conoció a Selma, su mujer. Lo pasó mal, años más tarde, cuando el sistema universitario español tocó fondo y tuvo que publicar estudios y ensayos prescindibles que se empeñó en completar como un buen soldado para simular que se ganaba el puesto. Dani ya había hecho uso de esa ingenuidad marcial de Ander para atraer presas cuando, de jóvenes, salían a cazar hembras. Los versos de Ander, las pocas veces que se atrevió a escribirlos, eran, en castellano, los más decorosos de todos, aunque parecían como traducidos del inglés. Su poesía en catalán era de léxico más sensual y temática austera, a veces infantilmente social. A los versos que escribía en castellano les sucedía todo lo contrario; eran rimados pero parecían prosa noble y digna. Cuando se unió a nuestras orgías de escritura practicó también unos cuentos breves, saltarines y chispeantes, algo sentimentales, que siempre tenían como eje argumental algún recuerdo, un paisaje, una anécdota de nuestro territorio natal que les daba un tufo a redacción de clase. A veces no hay nada más insensible que un sentimental. Uno terminaba sospechando la existencia de una manoseada colección del *Reader's Digest* eternamente aparcada en la estantería inferior del viejo tocadiscos familiar. Fue, con mucha diferencia, el que llevó una vida más ordenada y plácida de entre nosotros.

---

1. Juan Pablo Forner, *Discursos filosóficos sobre el hombre.*

39

Puesto que no es propio de un verdadero artista aceptar el mundo mansamente, leíamos y leíamos. Soledad, horas por delante, objetivos inciertos. Mis días por entonces se parecían al melancólico inicio de los cursos en otoño, cuando el tiempo nos convida a los estudios nobles.[1] Del intercambio de poetas canónicos se fue pasando con el tiempo a la exigencia de descubrir a poetas y prosistas ignorados o secretos. También dietaristas, columnistas, articulistas y libretistas. Leíamos a Tal y a Pascual, a Macedonio Fernández, a Guillermo Sheridan, a Jorge Ibargüengoitia, leíamos la literatura de las ciudades, la que nuestros inmediatos antecesores habían producido y la mayoría no había querido leer, convencida de que el futuro se encontraba en la superstición del buen salvaje pasado por la selva guerrillera.

Un día levantamos la cabeza y descubrimos, sorprendidos, que casi nadie leía a esos escritores de las ciudades antiguas y olvidadas, quizá porque antes habíamos querido vivir las urbes y no leerlas. Pero las obligaciones del crecimiento nos habían ido apartando de aprehenderlas de una manera presente y transparente; y cuando finalmente las perdimos en el pasado, resultó que el único lugar en que encontramos vestigio de ellas fue en esos libros. El resto de nuestros coetáneos miraba la tele, los late shows, veía la película del año, hojeaba los suplementos dominicales para hablar de oídas, y si encontraba tiempo para hacerlo, leía algún libro mágico en el peor sentido de la palabra.

Omar no quería ni oír hablar de nuestros compañeros como escritores. Su obsesión era leer, devorar, adquirir, no significarse con vanas pretensiones. Cuando escribía algo lo hacía como una distracción, como un juego de volatines, y creía que luego debía ser destruido inmediatamente. Un día, en la barra de Rock-Ola, mientras yo intentaba convencerle de las bondades terapéuticas de todo aquello, bebimos como nunca habíamos bebido a solas. Más tarde, paseando borrachos por el ba-

1. Fray Luis de León, *Al licenciado Juan de Grial.*

rrio de las letras, en paralelo a la Carrera de San Jerónimo, detecté hasta qué punto se estaba convirtiendo en madrileño cuando su pronunciación melindrosa y espaciada se convirtió en un torrente de furia. Habló con una voz llena de giros callejeros que sonaban a castellano antiguo, con una voz que parecía salida del túnel oscuro de los siglos por mucho que apestara al último cóctel de moda caribeño:

—¿Escribir? ¿Queréis escribir? Ni se os ocurra. Estáis a tiempo de dejarlo correr. De esto no saldrá nada bueno, sólo rencor, odio, escándalos.[1] Hubo un tiempo, es verdad, en nuestro país, que parecía presagiar a las letras más alta fortuna; pero incluso entonces fue preciso esconder la cualidad de hombre de letras para aparecer bajo el aspecto de discreto palaciego. Los que, como Quevedo, Mendoza y Saavedra, supieron combinar ambos personajes merced a un trabajo infatigable, salieron adelante como hombres públicos pagando un precio y un desgaste que sólo ellos saben cuánto afectó a su escritura. Sin embargo, es un hecho que muchos de los más geniales (Cervantes, Lope, Moreto) a duras penas consiguieron asegurarse una subsistencia y legarles algo a sus hijos. Lope de Vega quedó empeñado al morir, después de haber escrito dos mil comedias que los cómicos solían pagar a quinientos reales. Calderón vendió todos sus autos sacramentales a la villa de Madrid por 16.000 reales, y Miguel de Cervantes tuvo que mendigar el socorro de un magnate para dar a luz la obra que luego hemos conocido como eterna. De aquí la prostitución de las letras bajo el oropel de los honores cortesanos. Así se confundió el fin con el medio y es normal, hoy en día, que la escritura sea un medio para conseguir algo pero no un fin en sí mismo. Los escritores concienzudos, que ven en el cultivo del sustantivo y el adjetivo su única misión, yacen arrinconados, sin saber adónde ir en su propia tierra. Y el público que los mira sin comprender y las grandes fortunas, que no entienden la causa noble de su desdén, les arrojan al pasar una mirada compasiva, dudando de sus inten-

1. Delmore Schwartz, *En los sueños empiezan las responsabilidades.*

ciones e, incluso, de su talento.[1] Incluso si lo único que pretendes es ordenar palabras puedes buscar trabajo en el cine, en la publicidad, en los periódicos, pero olvídate entonces de las palabras por sí mismas. El cine actual vuelve a ser cine mudo, olvídate de la palabra y crea una situación. En la publicidad olvídate de la complejidad de la vida humana que siempre ha acompañado a la escritura y sintetiza una emoción primaria y sencilla. En los periódicos olvídate de la verdad y de la suspensión precautoria del juicio. No. Si quieres escribir de verdad, si vas en serio, si quieres aprender el valor de las palabras y su sentido, sólo sirve la poesía. Hay que aprender, durante años, en la poesía. Pero entonces el hambre, la intemperie, es inevitable.

–Entonces, ¿qué me recomiendas?

–La astucia. El insulto. La gran estafa. Si quieren un timo lo tendrán, pero que sea un timo hecho con un arte elevadísimo. Trabajado durante años. Así, los artistas llegarán a donde han llegado siempre pero por caminos impensados, con una carcajada que salga verdaderamente del fondo de las tripas. Para el artista siempre hay una vía de escape. Pero siempre negaré haber dicho estas palabras.

40

Astucia, patria querida. Confieso que aquella noche y la siguiente, así como las que la precedieron y las que vinieron después durante varios meses, me perturbaba la extraña sensación de estar desempeñando una parodia de una tarea que otro debía de estar resolviendo correctamente en mi lugar: una especie de gemelo, casi idéntico a mí, en nuestro mismo universo pero en otra dimensión. Era algo parecido a un error de traducción en el libro de la vida. Y un error del traductor siempre crea pequeños espectros, palabras fantasmas. No lo comprendí hasta que, un día, Omar llegó con uno de sus libros infantiles. Omar: tan

1. Ramón de Mesonero Romanos, *Escenas matritenses.*

feo, tan gordo de niño como aún lo recordaba, con su fisono-
mía de sapo (ahora un sapo delgado y siempre recién lavado).
De joven, le podían deslumbrar las palabras que leía. A menudo
no tenía siquiera que leerlas de tan en él como estaban.[1] En el
fondo de sus ojos siempre la travesura, con toda la inocencia y
el aroma a maldad que transporta la infancia, y al final de todo
eso, su penetración impagable. Según él, la mayoría de conflic-
tos de escritura se reducían a un problema de traducción: de un
idioma a otro, del propio idioma a él mismo, de las cosas a signos. Estaba leyendo a Stevenson, una de piratas, e intentaba
como siempre contagiarnos su entusiasmo cuando se aficionaba
a algo. Buscaba por todas partes todo lo que podía encontrar
del autor y lo leía hasta las últimas consecuencias. Localizó unos
ensayos literarios de Stevenson sobre el arte de escribir y, exa-
minándolos minuciosamente, descubrió que al ser vertidos al
castellano habían sufrido una notable incoherencia. Allí donde
el escocés daba una definición de lo que podía ser la escritura,
una palabra que en realidad quería decir «pauta» se había tradu-
cido descuidadamente como «trama». Stevenson hablaba del estilo como de «una pauta sensitiva y lógica»; la equivocación
provenía de la época del estructuralismo (tan absorto en sus tra-
mas, sus estructuras, sus andamios, sus tejidos, sus mallas y li-
gueros). Pero, afortunadamente para los finales felices del sentido, Omar localizó un artículo de Nabokov donde éste citaba el
mismo y hermosísimo párrafo. Allí, el traductor, no sugestiona-
do por la albañilería de los estructuralistas, lo vertía del inglés
por su significado más recto: pauta. La definición era precisa,
sintética, rica y perfecta. En otras palabras: era verdadera. Pero
además confirmaba lo que Ramón, Omar o yo siempre habíamos sospechado: todo era ritmo y música; una música cerebral,
inaudible en la atmósfera. La combinación del sensual y silencioso ruido mental de la lógica y las emociones sentidas.

Los platos, los mezcladores, los programas de ordenador
que reproducían el sonido y las mesas de mezclas con las que

1. Pere Gimferrer, *L'agent provocador*.

yo trabajaba aquellos días (poniendo música de otros para otros) me decían que, efectivamente, todo dependía del acierto de esa pauta. Había que saltar, ondulando, desde momentos sensuales (que lo hacían deseable) a momentos lógicos (que lo hacían comprensible). Durante algunas semanas comentamos aquella iluminación cómplice, con ese placer que otorga comprobar que lo que uno sospechaba es cierto,[1] y luego lo olvidamos. Sin embargo, quedó una huella remota y dejé de ver los platos y mezcladores como simples herramientas de la condena diaria de última hora. Podía intentar construir con aquellas máquinas algo comunicativo y razonable, poco a poco, lentamente, insistiendo una y otra vez hasta hacerme con sus posibilidades expresivas. Al fin y al cabo, lo que me sobraba era tiempo y monotonía.

El número de meses que tardé en obtener algún resultado que fuera presentable han quedado muy difuminados en el recuerdo, pero sé que fueron muchos. Mientras tanto, seguía llevando mi vida mísera y rutinaria sin demasiadas diferencias. A veces venían a verme a casa Eva o Silvia, aunque cada vez se acordaban menos de mí. Las acompañaba entonces a visitar un mercadillo o tomar una caña en la plaza de Santa Ana. Muy ocasionalmente, se pasaban de noche por el local donde pinchaba, creo que por no tener nada mejor que hacer. A veces, se acompañaban de algún grupo de amigos que habían conseguido arrastrar hasta allí. Quien seguía visitándome era Ramón, y aunque nunca conseguía que le acompañara Omar, era el puente inevitable para mantenernos en contacto y vernos alguna noche de salida con él. A los demás los veía cada vez menos, así que cuando los congregué una noche en el bar para que escucharan algo que había hecho, las ausencias fueron muchas y notables.

El local estaba casi vacío y después de la medianoche intercalé alguna de mis mezclas entre la música que pinchaba. Descarté algunas de las primerizas y seleccioné las dos o tres más prometedo-

1. Rosa Chacel y Ana María Moix, *De mar a mar. Epistolario.*

ras de las últimas. El lánguido y escaso grupo de amigos que había conseguido reunir las apreció, y en alguno de ellos vi que me dedicaban incluso una mirada como si yo volviera de algún lugar lejano, mirada que para mí era muy violenta y embarazosa. No insistí por tanto y me consideré satisfecho. Quince días después, el dueño del local vino hasta la cabina acompañado de un individuo bajito y moreno que tenía un modesto estudio de grabación. Me dijo que lo que yo hacía podía grabarse usando las horas sueltas que le quedaban desocupadas los fines de semana. Ni pasó por mi imaginación hablar de dinero. Me pareció un trato resplandeciente, maravillosamente egoísta, solitario. Había decidido entonces que no me gustaba la gente. Quería el mundo para mí, y lo quería solo. Ama tu ritmo y ritma tus acciones.[1] El resto de la noche me atreví ya a pinchar otras de mis mezclas que tenía grabadas en casetes. Lo hice para un local casi vacío pero resplandeciente de ecos, lleno de mi propia pauta. A la hora de cerrar, recogí cuidadosamente mis cintas y caminé con ellas bajo el brazo hasta mi viejo semisótano. Mientras me desnudaba, cuando salía ya el sol de enero débil y sin fuerza congelando los huesos a las ocho de la mañana, un empleado del parquímetro empezaba su turno al otro lado de la ciudad, probablemente desvalijando el interior de algún coche aprovechándose de las calles desiertas.

41

Mi trabajo en aquel local nocturno duró seis años, contando desde el día en que llegué miserable, adoptado y agradecido. Pero vamos a decir, por usar el cadáver putrefacto del tópico periodístico, que lo abandoné en olor de multitudes. Trabajando irregularmente, recogí y construí casi todo el material sonoro con el que luego compuse durante casi dos décadas. La primera pieza que conseguí encadenar con cierto sentido, de unos veintidós minutos, me llevó cuatro meses. La grabé a retazos en las ho-

1. Rubén Darío, *Ama tu ritmo.*

ras que el estudio de sonido no conseguía alquilar a nadie. No fue esa pieza la que mostré a mis amigos (lo que yo llamo mis «obras de juventud», ahora precavidamente destruidas), sino otras más ligeras y bailables pero menos hipnóticas. Con el paso de los meses, fui acumulando un buen número de ellas. Algunas fueron prensadas en vinilo (el material del momento) para locales de baile no muy exigentes de la ciudad. Por el propio peso del minutaje que iba acumulando, pude disponer de alguna noche en el bar (generalmente los días flojos de escaso rendimiento en caja) para pinchar casi exclusivamente mis mezclas y creaciones. Enseguida me di cuenta de que, cuando superaban los veinte minutos, la pauta, la cadencia, admitía una guionización como un film o una obra de teatro. Se me ocurrió, en nombre de la experiencia estética, dar gusto al mirón que duerme dentro de uno: manufacturar un compuesto de *voyeurismo* y *ennui* para consumo público.[1] Con la ayuda de un joven dibujante de cómics (que aspiraba a convertirse en director de cine y que murió de sobredosis a final de década sin conseguirlo) experimentamos en acompañar con imágenes esas secuencias rítmicas y proyectarlas en la pared del local, a pesar de que apenas había espacio y todo eran problemas para visualizar algo correctamente. De hecho, ése sería a largo plazo el hecho determinante para que abandonara finalmente aquel lugar (al que los entendidos saben bien que he conservado una secreta fidelidad oculta). La falta de espacio, unida a la aparición de los ordenadores que podían programar los efectos de luces, me fueron haciendo asiduo de otros locales más grandes, en los cuales recibí incluso ofertas con ciertas garantías. Los ordenadores ya habían llegado también al estudio de grabación, donde al frecuentarlo recuperé los contactos con músicos de mi época. Se trataba de saber coordinarlo todo adecuadamente; la música secuenciada, las imágenes, los efectos de las luces y también, por qué no, actuar un poco, enfatizar el trabajo del artista que había detrás. Debía simular construir, saltando de un lado a otro del escenario al ritmo de la música: ahora

1. Barbara L. Goldsmith, *La Dolce Viva*.

ajustando un volumen, modificando manualmente un efecto de agudos, arrancando o deteniendo un disco o una grabación, etc. Al principio, era necesario hacerlo constantemente porque la propia precariedad de medios hacía que siempre fallara alguno de los mecanismos, pero incluso cuando mejoró la informática digital hasta el punto de estar todo programado seguí manteniendo la gran gestualidad. El público, al fin y al cabo, se excitaba y agradecía aquella pantomima, sobre todo cuando la hacía con gafas de sol provistas de linternas en la semioscuridad de la sala. Una escuela de astucias: intensificar el gesto; pies ligeros, chispa, fuego y garbo; la gran lógica.[1]

Conseguí algunos contratos de espectáculo único, que compatibilicé al principio, lleno de buena voluntad, con mi trabajo de cada noche en el local. Tanto el dueño como yo sabíamos que era cuestión de tiempo que el prestigio que empezaba a acumular se tradujera en una oferta que él no iba a poder igualar. La oferta llegó al fin en forma de contrato con una de las principales macrodiscotecas de la capital, y lo resolvimos con tacto y comprensión; al fin y al cabo, le había puesto de moda el local durante los últimos meses y él iba a vivir aún mucho tiempo a estela de esa fama. De cualquier modo, hubo cierta justicia poética para con él en el hecho de que un nuevo giro de los acontecimientos hiciera que ni siquiera mi nuevo contrato llegara a cumplirse. Pronto me hallé en posición de comprarlo yo mismo por una cantidad elevadísima que ni el empresario más caprichoso se habría permitido rechazar: todo ello debido a que una de las grabaciones comercializadas tuvo un éxito de difusión tan enorme que me colocó en lo alto de las listas de ventas.

42

No sería en ningún modo exagerado afirmar que «El día que te conocí... silencio» fue la primera canción de habla hispana

1. Friedrich Nietzsche, *Contra Wagner*.

286

que entró en el mercado anglosajón por méritos propios, sin jugar la carta del pintoresquismo. Se construía con una mezcla de español e inglés primario que funcionaba como coda humorística, lírica y desesperada del tema principal. La abría un bombo suave, apagado, que se repetía, insistente, a un tempo lento, como el de los latidos del corazón cuando estamos serenos. El bombo es el tambor más grave de la percusión, aquel que el batería toca con el pie. Sobre esa nota grave y amortiguada (llenamos el interior del bombo de pesadas mantas de lana para conseguir el sonido) se desplegaba a muy pequeño volumen una capa de teclados leves y lejanos desde el cuarto compás, imitando en agudos la polifonía etérea de los violines. La zona de frecuencias medias se rellenaba a partir del octavo compás con un órgano en la zona central de la tesitura que tenía un trémolo discreto y un timbre untuoso, sensual, casi líquido. La armonía escogida era la de los acordes menores que siempre entregan al oyente un tono crepuscular de melancolía. Un bajo sin trastes empezaba a marcar desde el compás dieciséis una progresión de dibujos tonales espaciados con notas que subían y bajaban como si siguieran las sinuosidades de cúpulas barrocas u ojivas góticas. Sólo entonces aparecía la voz, tratada en estudio para que sonara como la de un hombre frágil, una mujer ronca o un transexual especialmente sentimental (no se sabía bien qué). La voz confesaba, más que cantaba, cómo únicamente se pueden decir cosas cabalmente sobre el amor cuando éste ya ha pasado. Sólo se puede hablar de una manera convincente sobre él cuando éste ha conmovido la sensualidad. Pero cuando el corazón ha sido fulminado, al hombre no le queda sino callar.[1] Eso es lo que cantaba (o contaba) la voz.

Cuando ese parlamento desgarrado se rompía en un lamento frío, aparecían sobre el sonido el segundo bajo, sintetizado electrónicamente con un secuenciador, y los restallantes golpes de caja en el segundo y cuarto compás. La canción se disparaba así hacia una cumbre de potencia y rabia que provo-

1. Marko Levi (M. Aguéiev), *Novela con cocaína.*

caba en el espectador un efecto de baile suicida y desesperado, cosa que, por otra parte, es lo que siempre siente el público que el baile ha de ser cuando se practica en serio. Era entonces cuando empezaba a sonar el detalle que dotaba a la canción de una especial singularidad que aún hoy es recordada: unas notas de piano, intercambiando su posición, cuatro por compás, con un sonido afásico y subacuático. Sé que cuenta la leyenda que, para conseguir ese sonido, llenamos de agua el Steinway de cola del estudio, arruinándolo para siempre e intentando sellar sus fugas a base de cinta aislante con tan poco éxito que el agua que se escapaba llegó a los fusibles de la mesa de mezclas y ese –y no otro– es el estampido que cierra la canción. En realidad, no fue agua sino ginebra, porque Lacasa, el productor y técnico de grabación, era alcohólico y estaba, como siempre, tan borracho que se dedicó a tirar chorros de Tanqueray Diez (47 grados) sobre los martillos del Steinway mientras un horrorizado pianista de estudio tocaba la melodía. Leyendas de ese tipo se han atribuido también tanto a productores como Guy Stevens, de The Clash, o a Martin Hannett, pero hay que desconfiar de los bulos populares.

Esta canción era el, tan milagroso como típico, producto de una cultura periférica y, sin embargo, perfectamente atenta a lo que ocurre en el mundo.[1] El pintoresquismo y el exotismo del que carecía la letra se lo terminó adjuntando un panorama de música en concreto: el de la música de baile de discoteca con que la concepción de la canción estaba emparentada lejanamente. El auge que tuvo la figura del disc-jockey en la última década del siglo pasado no hizo más que beneficiar la leyenda de la canción. La versión, exacta a la original pero con una carátula en inglés que llevaba por título *Looking for Mr. Caveman,* fue éxito en doce países, pero sobre todo, lo más importante, sirvió durante más de medio año para cerrar cada día, como última canción, las pistas de baile de muchas discotecas desde Nueva York a San Petersburgo. Para mí, fue tan decisivo

1. Rodrigo Fresán, *La Roca Argentina (12 Grandes Éxitos).*

que se usara masivamente en los Estados Unidos como que también se hiciera en los demás Estados Desesperanzados. Gracias a ello pude viajar y recibir ofertas de actuación en muchos lugares del globo.

43

El resto de la historia ya es conocido y no habría sido el mismo de no haber conocido a Hannes, quien fue el adecuado gestor de todo aquello. Hablamos por primera vez en una playa griega, donde me pagaban espléndidamente por hacer un pequeño set en una *rave* para turistas. Hannes me hizo ver las posibilidades y las dimensiones del fenómeno, y después de convencerme de hacer aquel intento de éxito del siguiente verano que fue «Mykonos Estación o el Gran Susurro» (decididamente un paso en falso, pero que económicamente no funcionó nada mal) volvimos a dar en la diana del pequeño acontecimiento más selecto con el tema «Una canción de circunstancias sobre sucesos del pasado», que nadie supo sacado del libro más famoso de Joyce.

Con las ganancias, no sólo compré mi contrato, sino que compré también la pequeña discoteca donde había empezado a pinchar e incluso algunos locales más en ciudades importantes. También dos o tres domicilios, uno de ellos junto al mar. No quise comprar ni alquilar nada en Madrid, donde prefería alojarme en buenos hoteles que impresionaban a las muchachas. En los momentos en que un tema técnico o alguna novedad informática relacionada con el universo de producción de mi trabajo me absorbía, podía pasar jornadas consecutivas de hasta catorce horas bailando y cantando todos los días y las noches, como las gentes que tienen seguro el comer.[1] Ahora que tenía motivos para presumir y beneficiarlos, intenté reanudar el contacto con mis antiguos amigos, con la pandilla de la música, los

1. Alvar Núñez Cabeza de Vaca, *Naufragios y comentarios*.

colegios mayores y los locales nocturnos. Haber recuperado mi autoestima mucho más allá de lo que podía haber imaginado parecía remolcar también la idea de recobrar la alegría de poco antes; como si las amistades fueran al fin y al cabo un coqueto y alegre tren de juguete donde un vagón se pudiera hilvanar a otro de brillantes colores, parecidos en el fondo, aunque siempre cambiantes a causa del paso del tiempo. Me sentía como si me dedicara a la exploración del mundo mediante el análisis de la energía luminosa que irradian o reflejan los objetos.[1]

Pero, fuera de los fieles del grupo de lectura, no pude localizar a casi nadie de mi antiguo grupo o de los conocidos nocturnos de la reciente década. Silvia se sabía que se había ido a vivir a Ibiza, pero nadie sabía exactamente en qué circunstancias, ni conservaba su dirección. No había existido una voluntad deliberada para borrar huellas; sucedía simplemente que, siempre, o se había extraviado la agenda correspondiente o se había perdido la nota donde alguien había apuntado unas señas. El hecho era que, sumado eso a lo que debía de ser una vida ocupada en otros temas, nadie tenía noticia de ella ni para bien ni para mal.

De Eva se sabía que estaba viviendo su aventura americana, pero todos los encuestados ignoraban cuánto iba a durar. Cárdenas simplemente había desaparecido; ni siquiera su teléfono habitual funcionaba. Las hermanas Larra y Parra estaban en paradero desconocido. Lo único que se sabía de una de ellas es que se había emparejado con un hombre que se jactaba de ser muy tradicional y que le exigía que no se relacionase con ninguna persona con la que hubiera tenido contacto sexual en el pasado. Me lo contó López Antílope, el único al que encontré todavía de una manera natural (en casa de su madre). López Antílope tenía la costumbre de repetir en voz alta, de forma interrogativa, todo lo que le decían. Por eso también le había repetido a la muchacha lo que ella misma le contaba, añadiendo inocentemente que le parecía un plan estupendo, lo cual había

1. Ignacio Morgado, *Cómo percibimos el mundo.*

provocado en ella una ira desmesurada. A causa de ese malentendido, no existían de nuevo ni teléfonos ni direcciones.

Camila, por su parte, pensaba que yo la debía de odiar y yo pensaba que me debía de odiar ella. Sólo mucho tiempo más tarde supimos ambos que en ningún caso era así. Se casó con un antiguo admirador, heredero de buena familia, y formaron una pareja bien avenida a pesar de que a veces, cuando salían y bebían demasiado, ella se ponía a recordar con un cariño jovial sus aventuras de tiempos pasados y a él le daba un ataque de celos. Caras nuevas entraron en mi vida. Pasé ese período follándome a un montón de chicas probablemente estúpidas, una detrás de otra, que me parecieron notablemente mezquinas, cobardes y embusteras. Puesto que me entretenían y me distraían, soportaba sus problemas aunque me costaran pequeñas cantidades de dinero. Nada grave. Sólo deseaba que no me hicieran perder mucho tiempo porque una parte amorfa, de lo más elemental y primario que existía en mí, conservaba cierta ternura jovial por la estupidez y tacañería de aquellas pequeñas muñecas.

44

Los seres humanos, una vez dotados de un buen traje, correctamente tapizados y con signos exteriores de lujo, cambiamos notablemente a ojos de los demás. Es uno de los actos en que más veces se ve burlada la perspicacia humana.[1] Quizá quise que lo notaran mis amigos del círculo de lectura, quienes me parecían los únicos recuperables para mí en aquel momento, pero incluso eso no resultó sencillo. Yo podía cobrar tres millones y medio de las viejas pesetas de entonces por un show en una capital europea, unos veinte mil dólares que me mantenían en gira de Tokio a Helsinki, o de Belgrado a Berlín, de club en club; pero precisamente por eso no siempre podía acudir a sus reuniones, que sabía seguían manteniendo cada vez más ocasio-

1. Robert Robert, *Un tros de paper.*

ocasionalmente. Mis compromisos contractuales crecían en importancia, ascendiendo a veces hasta los ciento cincuenta mil dólares, y esa vida de viaje e ingresos, después de haber estado tantos años estancado, me divertía. Las veces que pude acercarme a alguna reunión de lectura, comprobé que sin un plan previo o predeterminado, tan sólo por las comodidades de sus propias rutinas, todos andaban, al igual que yo, cada día más reclamados por sus obligaciones. La diferencia era únicamente que las mías parecían menos gregarias. Con todo, puedo afirmar que en esa época estuve muy cerca de vivir contento.[1] Con el cambio de década, el rock había caído en desuso como expresión de las inquietudes juveniles; o así, al menos, lo consideraban los prescriptores de las políticas culturales financiadas con dinero público. Resultaba muy conveniente para ellos, porque era una música muy imprevisible y dada al alboroto. Puesto que fueron incapaces de conseguir que el gran público se interesara en músicas de civilizaciones antiguas y ajenas (tipos raros, incomprensibles para ellos), se impuso de una manera natural la música de discoteca, que, como mínimo, confinaba el alboroto a un espacio y unos códigos muy concretos, controlables.

BOOM-PAH... BOOM-PAH... Bombo y caja... Bombo y caja..., siempre el bombo a negras y en compás de cuatro por cuatro. Era fácil programarlo todo previamente y la principal inversión, de trabajo y de dinero, había que hacerla en los equipos para producción y realización previa. Eran de suma importancia las proyecciones que debían acompañar, junto con el diseño de luces programado por ordenador, todo el espectáculo. A mediados de década, mi equipo ya no permitía a los periodistas ni a las televisiones que entraran con cámaras detrás del escenario durante la ejecución del espectáculo, de lo contrario habría sido demasiado evidente que todo estaba programado desde el principio y que me limitaba a desarrollar una especie de coreografía mímica acercándome los cascos a un oído, simulando regular potenciómetros por los que pasaba escasa señal y, sobre

1. Ausiàs March, *Cantos de amor.*

292

todo, incitando al público por gestos a saltar con más fuerza o levantar los brazos cuando la necesidad de sincronía podía realzar el efecto de la música.

Ellos mismos eran finalmente víctimas de su propia sugestión, y toda la pantomima creaba un bucle de emociones que engrandecía la música mientras ésta, a su vez, hacía lo mismo con las vulgarísimas pasiones de todos los que estábamos presentes.

45

Hannes, que tenía rasgos innatos de estratega, leía con claridad esos procesos. Hijo de una familia de abogados italo-alemana, llevaba más de década y media frecuentando discotecas desde que había abandonado su Berlín natal. Durante la adolescencia, había aspirado a convertirse en artista plástico, siguiendo una exuberante vocación de su infancia por mezclar colores. Se dedicó desde pequeño a la pintura: primero a la de su propia cara, pelo y uñas,[1] para continuar después con el resto de su entorno. A medida que avanzó en la madurez sin resultados perceptibles, fue abandonando esas distracciones. Al ser cuatro o cinco años mayor que nosotros, veía todo el panorama con un mayor distanciamiento, y pensaba que aquello podía canalizarse comercialmente para aprovechar la crisis del arte contemporáneo. Pronto, decía, por una simple cuestión de edad el público de las *raves* se convertiría en usuario del Club Med o lo que quedara de él; había que tener algo a mano para ellos, decía. Un evento. Y los tipos como nosotros éramos el evento. Había que infiltrarse en los circuitos de las programaciones públicas de arte, donde las democracias dedicaban buenas partidas de lo recaudado a simular que les preocupaban el arte y la cultura. Lo único que pedían a cambio de su simulación es que fuera multitudinario para que pareciera que de algún modo captaban votos. Las generosas donaciones que, fuera

---

1. Fabio de Miguel, *El chochonismo ilustrado (Catálogo).*

de Europa, hacían los mecenas que pretendían obtener algo de las universidades, seguían un camino parecido. Los espectáculos favoritos de todo ese circuito internacional que nadaba en la abundancia e irresponsabilidad del dinero público (el cual, por ser de todos, se percibía como si no fuera de nadie) compartían todos el odioso rasgo circense de la asemanticidad. Eran espectáculos inarticulados, más de impresión emocional que obras poéticas de significados complejos. Carecían de poesía en la medida en que renunciaban a usar los mecanismos racionales para dar cuenta de las emociones irracionales. Entre esos mecanismos de fascinación de los boquiabiertos, Hannes sabía que no había otro con más posibilidades de asemanticidad que la música. La música popular iba a la baja, pero todavía conservaba un buen tirón hipnótico la música de baile.

El muy bribón me pidió que, a todo lo que ya teníamos, le añadiera una somera teorización. Un mínimo soporte textual que él pudiera vender por teatros nacionales de Estonia, centros de cultura contemporánea de París, Austin o Eslovaquia, festivales de verano del Adriático o galerías de arte de Londres, universidades de Edimburgo, Maine o Chequia; cursos de verano en Cornell y ayuntamientos de ciudades que reivindicaran el día del orgullo gay, las jornadas de visibilidad zombi o el día del perro policía. Consciente de que el modo más simple de negar cualquier concesión al dinero es tenerlo en grandes cantidades,[1] le di mucho más de lo que esperaba con los tres primeros espectáculos: *Translation, El proyecto Nabokov* y *Elvis contra persona.* Textos narrativos y proyecciones holográficas inscritas en los intersticios del espectáculo musical. Éste a su vez se reducía en tiempo y vatios con respecto a lo que practicábamos en grandes recintos. Usando un patrón que luego repetí mucho (fuera cual fuera la anécdota narrativa que hilaba las viñetas sonoras, visuales y textuales), todo terminaba siempre en un final de fiesta musical catártico y seráfico, protagonizado por una pequeña bola cubierta de espejos que colgaba del techo.

1. Salvador Dalí, *Diario de un genio.*

Empezamos a compatibilizar esos minúsculos y elitistas espectáculos (por los que al principio cobrábamos menos) con las multitudinarias *raves* del verano, pero lo hacíamos pensando en el futuro. Aunque a alguien pueda parecerle extraño o ridículo que los músicos hablen de los pensamientos contenidos en sus composiciones,[1] debo confesar que no estaba mal dedicarles algo de tiempo a esas pequeñas giras: aumentaban nuestro nombre y nos otorgaban un discreto pero sólido prestigio cultural; una especie de retaguardia para cuando cambiara la moda que entonces nos aupaba. A pesar de que funcionaban bien, las abandonamos en cuanto se pusieron de moda las *raves* de contratemporada en el otro hemisferio, debido a que el auge de los billetes de avión de bajo coste permitía programar en Tailandia o las islas Feroe durante las semanas de invierno. Ocupamos incluso esos huecos del calendario en ganar dinero y dejamos todo el proyecto un poco paralizado. Rechazamos entonces amables invitaciones de instituciones de prestigio, lo que, paradójicamente, hizo que aumentara nuestra pátina de cosa inalcanzable, selecta.

Hannes se las apañaba bien para cobrar todos esos diversos cachés internacionales a través de los bancos de la larga y recta Kurfürstendamm de su Berlín natal. Cuando se daba algún cobro más complicado, siempre se podía contar con un par de oficinas de Zúrich o Basilea que tenían buenos tratos con las agencias de la Ku'damm. Al filo del cambio de siglo, me convertí en el privilegiado poseedor de un Bentley continental R descapotable con matrícula francesa y un Maserati 430 con el que podía hacer rápidos viajes a Suiza desde mi casa de Villefranche. Durante un verano, mientras viajaba actuando por varias *raves* del Mediterráneo, la casa estuvo alquilada a una productora para que un anciano Sean Connery rodara un nuevo remake de 007 que nunca llegué a saber si vio la luz. Todos esos ingresos, que ahora recuerdo casi como en un sueño, se compatibilizaban con la paradoja de una moda pobre, una es-

1. F. Schlegel, *Fragmentos críticos y escritos de estética.*

pecie de recuperación para el aliño indumentario de la estética hippie: el habitual y venerable desprendimiento aparente de las cosas de este mundo.

46

En los momentos en que tuve que acercarme a Madrid, mis sandalias se deslizaron por los salones y corredores del lujoso Hotel Savoy,[1] el antiguo Savoy, cerca de la plaza de Colón, que ahora tenía el nombre de una cadena hotelera. El grupo de lectura estaba prácticamente disgregado y los viejos compañeros de escenarios de los ochenta ya sabía que estaban dispersos y olvidados. En los bajos de lo que antes había sido el clásico hotel se había instalado un restaurante de nueva cocina que frecuentaban los gourmets. Allí me cité con Isma, quien se había convertido en un gran aficionado a la gastronomía y cuya palabra al respecto se estaba volviendo importante. De la parte barcelonesa, era uno de los que ahora más frecuentaba Madrid, según pude deducir de los suplementos gastronómicos de los periódicos. Pidió, a una de las publicaciones para las que hacía reseñas, entrevistarme como cliente célebre de esos lugares. En la conversación, me comentó que podía localizar a Ramón si lo deseaba. Que él, cuando venía, a veces lo veía. Me informó también de que Omar vivía en París y me puso al día de las vicisitudes que sufrieron las reuniones de lectura. Las mencionaba con cierta nostalgia, a pesar de que yo recordaba perfectamente que Isma siempre había sido reticente a participar en ellas. En su momento, las veía como si fueran un ejercicio de cierto infantilismo. Noté que me había perdido bastantes cosas en los últimos tiempos porque Isma parecía haber conocido más profundamente a Ramón y se lo tomaba más en serio. En cambio, despreció sin disimulos a Dani Masem, al rubio Ander y a Sebas la Histérica, diciendo que eran potenciales asesinos en serie

1. T. E. Lawrence, *Rebelión en el desierto*.

296

de lectores. Protesté diciéndole que la escritura de Dani, la poca que practicó, tenía una franqueza desnuda, sin afeites ni adornos. *(Yo, que para trabajar siempre he mentido, / que no sé casi nada por pereza de este mundo, / que creo calcular y me emociono, / que la vida me asusta y manda en lo que siento, / que resueno siempre en palabras de otros. / Yo, todo chulo. / Yo, tambor.)* Aburría a pesar de sus esfuerzos. Se cansaba mucho, después de cansarnos a todos,[1] pero lo intentaba con honestidad.

Isma me contestó que cuando quería escuchar un violín no le importaba si el ejecutante era un correcto padre de familia o una bellísima persona. Para eso, él prefería un hijoputa pero que tocara bien.

En realidad, quien debería haberse dedicado al periodismo y no a la publicidad era Dani y no Isma. La publicidad, en cambio, le llevaba por terrenos de fantasía que habitualmente debilitaban su carácter básicamente asertivo. Isma, a su vez, quizá habría satisfecho mejor su necesidad de rigor en la poesía o en una carrera de literato. El problema es que le cansaba imaginar, estructurar personajes, crear proyectos intelectuales abstractos de largo recorrido y darles una dirección concreta. Se aburría pronto de las cosas y, educado en la autodisciplina, tenía que hacer un esfuerzo para mantener su interés. No se cansaba por inconstancia, sino porque la monotonía de la vida, sus constantes repeticiones, le neurotizaban en grado sumo. Siendo un ejemplar de macho sanguíneo, vibrante, detectó enseguida que a su salud mental le convenían las noticias cambiantes de cada día, los enigmas y problemas renovados a tal velocidad que le impidieran perderse en uno solo hasta la obsesión. Su capacidad para separar a primera vista lo esencial de lo accesorio y su seguridad de criterio le hicieron pronto dar el paso de las elitistas crónicas gastronómicas, donde conoció a mucha gente, a los artículos de fondo y el redactado de editoriales para medios importantes.

Era absolutamente sordo para todos los movimientos musicales del momento, pero últimamente había oído hablar de mí

---

1. José Cadalso, *Cartas marruecas.*

y de mis viajes a Nueva York. Sentía inclinación por la gente famosa y adinerada, afición a codearse, y me hizo más caso que nunca. En ese punto, como una sombra, voló de nuestra vista la niñez.[1] Ni me molesté en intentar explicarle mi trabajo, sino que quedamos para comer y conversamos sobre libros. Le pedí que me hablara del grupo de lectura. Al parecer, conocieron un momento de auge que no llegué a presenciar, porque coincidió con mis primeros viajes al otro lado del océano. Hablaron de mí hasta cansarse, pero luego, tras ese momento de comunión y euforia, el grupo, según me contó Isma, se fue subdividiendo en tres partidas. La primera estaba formada por Dani, el rubio Ander y Sebas, la más fantasiosa e infantiloide, impetuosa y desordenada. Estaba centrada en Barcelona donde tenían facilidad para verse y consumían cocaína medio a escondidas. La segunda, interesada en la erudición y los clásicos, se fue aglutinando en torno a Omar, Ramón y Moisés, los tres instalados en aquel momento de sus vidas en Madrid. La tercera facción volvía a tener su base en Barcelona y estaba constituida por el propio Isma y por Simó, que era totalmente opuesto políticamente a éste pero con quien coincidía en el método sociológico para analizar las cosas (llegando siempre a resultados absolutamente contrarios). Adoptaron también a Boris, cuya presencia quedaba justificada porque era el único con suficientes ingresos para acompañarles a los caros restaurantes en los que gustaban de tener conversaciones sobre la pobreza. Su formación de registrador de la propiedad y su talante minucioso y serio les complacía. Últimamente, Boris se había tenido que instalar en Madrid por motivos de trabajo, y Omar, por razones parecidas, vivía en un piso parisién de la rue des Saints-Pères. Isma me contó que en los últimos seis meses había visto una vez a Simó, pero no había tenido noticias de los demás. Sostenía que, sin el cemento aglutinante de mi presencia y la de Paco, más el informal Cárdenas, que nunca parecía tomarse nada en serio, aquellas reuniones estaban condenadas a la desaparición. Claro que, si yo tenía

1. Juan Meléndez Valdés, *De mis niños.*

interés en mantener la llama de esos encuentros proveyéndolos de un lugar accesible donde reunirnos, podía intentarse, me dijo. Me dio la sensación de que lo que me proponía era que yo, que parecía próspero, financiara todo el asunto. Afirmaba que el principal obstáculo sería el complejo de inferioridad cultural que arrastraban Dani, el rubio Ander y Sebas. Sonaba difícil de creer, porque el rubio Ander ya había debutado como profesor universitario, pero Isma me dijo que eso hablaba a las claras del estado de la cultura institucional en nuestro país.

Dani Masem Bozornés era un gran futbolista en el colegio. Delgado, de talla media tirando a alto, musculoso, piel blanca y pecas, ojo certero, buena pierna derecha y una ceja siempre levantada. Ander, altísimo y tímido, también jugaba bien aunque participaba poco en el juego y no era tan creativo. Sebas tenía mucho arte con el balón en los pies pero no lo digería, sólo era capaz de ver al rival inmediato que se le venía encima y andaba siempre con arabescos esquivando a gente. Si levantaba la cabeza se quedaba deslumbrado y perdía el balón. Nunca pudo crear jugadas como las que provocaba Dani, ni provocar aplauso entre la plebe osada.[1] Isma, por su parte, no metió un gol en su vida aunque le hubiera gustado hacerlo. Y aunque ganó menos dinero que Dani o Ander, su posición y prestigio en la vida llegaron a ser incomparablemente más altos que el de cualquiera de los otros tres.

47

No fueron las únicas noticias que tuve por esas fechas sobre el grupo de lectura. Pocos días después, cuando entraba por la portezuela de mi vuelo para París me encontré a Omar, despatarrado sobre dos asientos de primera, rodeado por el *Paris-Match*, el *Hello, The Spectator, The Guardian* y una tonelada de revistas que acababa de adquirir en el quiosco del aeropuerto. Fue un reencuentro feliz.

1. Leandro Fernández de Moratín, *Al príncipe de la paz.*

Omar *sí* que sabía todo lo que yo había hecho últimamente. Tenía todos los discos, las remezclas, las canciones y daba a entender, con un eco de su tono de voz, que estaba orgulloso, envidioso y decepcionado de mí, todo a la vez y de una manera misteriosa e indisoluble. Le emocionaba aún más que nuestro encuentro sucediera precisamente *marchándonos* de Madrid. Le dije que, por mi parte, no me lo había pasado nada mal en la capital, pero que me había quedado con ganas de ver a Ramón. Sus análisis de todo lo que presenciaba, aunque expresados en una prosa pomposa, siempre me parecieron los más fiables a largo plazo. No me dio tiempo a buscarlo porque tenía que marcharme a París sin tardanza por asuntos de trabajo. Omar le había cogido mucho cariño en los últimos tiempos y me habló de él.

–Es el único verdaderamente invencible, querido. Sigue escribiendo sus poemas pulcros y perfectos y va consiguiendo publicarlos en colecciones de poesía. Se ha mudado de Malasaña al extrarradio y sigue llevando su insignificancia con total tranquilidad y escepticismo. Claro que, para no enloquecer, ha sido muy importante Alicia, su mujer, que tiene un puesto fijo de ATS en el Hospital Doce de Octubre. A ti, tan guapo, te resultará difícil imaginarlo, aunque supongo que podrás entenderlo; el bueno de Ramón, inexperto en materia sexual, en cuanto llega Alicia se entrega a ella con devoción y ya están esperando el segundo hijo. –¿Ramón Medinas padre? Eso sí que me impresionó–. Ha tenido suerte, ella es buena persona, le quiere y entiende su arte. Lo entiende con un orgullo que es casi parte de sí misma y eso será bueno para Ramón, porque ¿cuándo el orgullo es simplemente orgullo y cuándo es dignidad?[1]

»Es un secreto entre ellos y yo, pero supongo que no les molestará que te lo cuente a ti. Dentro de poco estará ya casi terminado el manuscrito de su primera novela, *La herramienta hablada*. Ojalá no pase desapercibida, se lo merece. Es el más fuerte, ha desarrollado su carácter en la ascesis espartana del poeta y es de trato fácil y agradable porque es humilde sin aver-

---

1. Gustavo Adolfo Bécquer, *Rimas*.

gonzarse. Se considera a sí mismo pura materia de observación para lo que escribe. Te daré su número de teléfono. Llámalo desde París, le darás una alegría.

Le pregunté también por el grupo de lectura.

–Oh, fue algo siniestro. Hubo un momento inesperado de verdadero brillo, más o menos a la altura del año pasado. No te sabría decir cuánto duró. Fue como si todos hubieran madurado de golpe y se dieran cuenta de hasta qué punto va en serio la escritura y el lugar que la palabra va a ocupar en el resto de sus vidas. Tú lo habrías disfrutado, habiendo vivido el instante en que la carne más próxima se transforma en conocimiento,[1] porque creo que eso sólo lo veíamos desde siempre Paco, Ramón, tú y yo. Bueno, y Cárdenas, aunque lo dijera sólo con gestos repulsivos, que es una manera muy rara de explicarlo pero es verdad, tú ya me entiendes. El caso es que durante unos meses aquello se animó, traían lecturas verdaderamente interesantes y yo mismo he de reconocer que me adentré en Corredor Matheos y Machado de Assis gracias a Ander. No creo que me hubiera detenido a hacerles mucho caso si no hubiera sido por su insistencia. Yo les introduje en André Pieyre de Mandiargues y en Papini y, por otra parte, en los moralistas franceses, que conocían muy mal y a trozos. También insistí en toda la escuela pragmática americana. Fue difícil con ellos. Realmente, no sé cómo una mente adulta puede estar mínimamente formada sin los moralistas franceses más Stuart Mill, Thoreau, Tocqueville y unas cuantas de esas lecturas básicas imprescindibles. Luego nos quejamos y es que hacemos la casa por el tejado. Leer a Lacan o a Bataille sin haber absorbido antes lo básico es absurdo. Tenías que haber visto a Dani Masem como un buen alumno, tomándose en serio las palabras de Ander, que es un provinciano pero con buena intención, y hasta la Histérica parecía bastante calmado, escuchando sin decir tonterías. Vaya, Ander no es muy brillante, pero en ese momento podía haber encontrado una tarea de amor que hubiera dado norte a su trabajo toda la

1. Yves Bonnefoy, *La salamandra*.

vida. Y entonces llegan los mellizos rollizos y, con muy poco tacto, lo fastidian todo.

—¿Mellizos?

—Sí, vamos a ver, Boris por lo menos cuida mucho la línea de los trajes y los abrigos para compensar los defectos de su físico. Vigila su cuerpo, lo pesa, lo pone al sol, lo saca a tomar el aire, lo obliga a hacer ejercicio y a seguir un régimen especial, a tomar nuevos alimentos y medicinas, seguramente casi todo en vano[1] (sé de lo que hablo, no soy otra cosa que un ex gordo de colegio), como mucho puede conseguir cierta elegancia aséptica, una sensación de desinfección de líneas perfecta y a la vez anodina e inexpresiva. Debe tener mucha disciplina, hacer bastante ejercicio y ha conseguido quedarse en un pícnico hasta cierto punto estilizado —cuando Omar hablaba así a ocho mil metros de altura, me hubiera gustado apuntar sus palabras, sus ondulaciones y modulaciones—, pero es que Simó es el único que nunca ha hecho el más mínimo esfuerzo por conservar un aspecto presentable. Lo cual es curioso porque en el colegio no era *verdaderamente* gordo, era más bien redondo, apaisado, no era corpulento como yo o Cárdenas. Y podía no haber sido malo en los deportes, pero, en fin, supongo que prefiere dejar hacer a la biología y al destino hereditario porque en su familia todo el mundo, hasta el perro, son gordos.

—¿Los mellizos son Boris y Simó? —me reí.

—Trillizos casi tendría que decir, porque se les unió Isma Romanes Debón.

—He estado con él en Madrid. Comimos en Apartheid.

—Pues ya habrás visto que, incapaz de forzarse a vivir con la gente ni por dinero ni por miedo, se ha dado cuenta de que tenía muchas posibilidades de ser siempre pobre y solitario y ha decidido ponerle remedio.

—Omar, sigue, por favor. Estoy disfrutando.

—Bueno, los dos están quedándose calvos ya en la treintena, e Isma, aunque lo oculta con el peinado, también tiene ya ese claro en la coronilla que se asemeja a la tonsura. Las pocas cosas que

1. Nancy Mitford, *The Pursuit of Love.*

nos dejó ver Isma de lo que escribía estaban bien, eran tensas y directas, con relieve, pero no dejaba de hacer otra cosa que hablar por boca de muchos. Los gemidos de los otros dos eran lamentables. Habían desarrollado últimamente unas lecturas más acertadas que los demás y fueron muy poco pacientes con el resto. Yo puedo contestar a la homofobia y sé cómo darle la vuelta y convertirla en reverencia lejana ante ese tipo de pardillos; pero habría necesitado el matonismo mental de Cárdenas para ponerlos en su sitio y frenar la ferocidad de bestia intelectual con que agredían el simple idealismo de los otros tres que venían de Barcelona.

–¿Y Cárdenas no apareció?

–Cárdenas está, querido, totalmente desaparecido, y esperaba que tú, que fuiste su gran amigo, me dieras razón de él. Nadie sabe nada. Su madre, sin saberlo, lo ha proyectado hacia el futuro y nadie se da cuenta. No os burléis.[1] En fin, por hacer el cuento corto, como dicen los ingleses, entonces la cosa se complicó un poco porque Paco seguía acudiendo en ocasiones, y a veces conseguía frenar ese tono pedantógico *(pedante + pedagógico)* que estaban consiguiendo imponer últimamente las trillizas: gualdrapas para su mula, igual de docta que ellos.[2] Pero como seguía consumiendo heroína y cada vez lo encontrábamos peor, se dieron un par de situaciones violentas. Yo creo que Dani, Ander y Sebas empezaron a plantearse si valía la pena tomarse el trabajo de todas esas excursiones para ser menospreciados y ver escenas tristes. También, como ellos andaban en el secreto de la cocaína –de una manera más infantil y menos peligrosa que Paco con el caballo–, creo que hicieron cierta causa de hermandad, de modos de vida, con él y contra los otros. Moisés se indignó con las trillizas, pero luego las perdonó. Se propuso un par de reuniones en Barcelona a las que yo no fui y, por lo que sé, Moisés tampoco, y desde entonces no sé nada más de ellos. La verdad es que también he estado ocupado con mi nueva vida a dos pasos del faubourg Saint-

1. Claude Esteban, *Alguien empieza a hablar en una alcoba*.
2. Ben Jonson, *Volpone*.

Germain. Con La Hune, Les Deux Magots y L'Écume des Pages al lado de casa. ¿Te lo puedes creer?

Gocé mucho en el vuelo con Omar, recordando a los viejos compañeros. Un gran fisonomista del mundo objetual. Quedamos en ir juntos a trastear por las librerías del bulevar Saint-Germain. Yo me alojaba en casa de un amigo de Hannes, lejos de donde él vivía. Pero me prometí reservar la próxima vez un hotel a pocos pasos de su casa.

48

–¿Qué podríamos decir de 1989?

–En 1977, dos años después de la muerte del dictador que había sumido a uno de los países más extravagantes de Europa en una era de miseria, polvo, monotonía, oscuridad y miedo, se conocieron varios jóvenes, todavía adolescentes, con un objetivo común: convertirse en hombres cultos. Dime, querido Simón Be. ¿Cómo ha sido tu viaje? ¿Has rogado por que fuera largo el camino? ¿Fueron bellos los amaneceres en tierra extraña? Los muy hermosos mueren de soledad, a causa de la admiración universal.[1]

–¿Por qué siempre has de hablar así? ¿No ves que ofende?

–Es mi carácter.

–Pues no sabes cómo molesta.

–Vamos, no seas así. Te he hecho enfadar, pero sabes lo que pienso.

Sentado con Omar en una terraza de la plaza de la Ópera, hablábamos del momento en que se había atomizado el grupo de amigos que nos reencontramos en los ochenta. Ambos juzgábamos que el auge había sido a final de década y la subsiguiente volatilización se había dado en los últimos cuatro o cinco años. Coincidíamos en las causas, pero discrepábamos en otras cosas. Para mí, que nos hubiéramos reencontrado, tras la escuela, un grupo de gente interesada en la escritura era algo que tenía un

1. Daniel Pennac, *La pequeña vendedora de prosa*.

punto de prodigio, que debía ser disfrutado. Omar decía que a él le provocaba más bien tristeza y que no pensaba mucho en ello. Anochecía, pero la temperatura era aún agradable, el tiempo viraba claramente hacia la primavera. Acabábamos de pasar un rato muy agradable curioseando en las estanterías de La Hune y L'Écume des Pages, viendo las novedades. Divagando, la conversación nos había llevado de nuevo al recuerdo de nuestros antiguos compañeros de clase. Yo le decía que lo de nuestro grupo de antiguos alumnos había sido como el paso de lo analógico a lo digital. Por correo electrónico podías pedir un libro, pero no podías curiosear entre los estantes y hojear páginas. Resultaba mucho más improbable terminar llevándote algo inesperado, algo con lo que no habías contado, que es lo que casi siempre pasa en las librerías. Leer clásicos era valor seguro, pero leer a amigos y comparar sus lecturas era una sorpresa donde podías salir llevándote algo valioso e inesperado. Se trataba sólo de entrenarse en tener cuerda para todo, para aguantar cosas malísimas, ser capaz de leerlo todo, de escucharlo todo.

Omar no quería ni oír hablar de ellos como escritores. Le parecían todos horrorosos. En París había conocido a sudamericanos pobres, ingleses desclasados, eslavos perdidos, escritores aspirantes a la fama o, más modestamente, a una simple publicación y a vivir de su trabajo. Poetas de verdad. Poetas ocultos que llevaban ya la marca del futuro olvido; perdidos para siempre en los anales de los tiempos que vendrían. Gente que, viendo que la fortuna había ya mostrado su voluntad sobre ellos,[1] para consolarse hacían con sus biografías verdadera poesía; eran esas escasas ocasiones en que la vida es un sucedáneo de la letra. Yo le contestaba que para eso no hacía falta que se hubiera movido de Madrid, que lo único que pasaba es que sólo a mil kilómetros de distancia veía más estético ese hecho tan elemental.

–¿Para qué has leído tanto si no? Porque te gustaba. Porque era la única actividad placentera que no te cansaba nunca. Por ese camino, además, has conseguido una gran cultura.

1. Jordi de Sant Jordi, *Desert d'amics*.

–¿La cultura? Querido amigo, os previne sobre ella desde el día de las primeras reuniones. Quizá debería haberlo hecho más alto y más claro. Ya sé que me admiras sinceramente, también sé que a la vez piensas que soy un funcionario que persigue prebendas, un arribista perdido para siempre. ¡La cultura! ¿Sabes lo que es la cultura a la que tantos esfuerzos se dedican? Una neurosis moral.

A mí me parecía en todo caso una compulsión biológica, así que le contesté:

–Para mí, consiste sólo en no querer equivocarse, en querer vivir las cosas de verdad, en saberlas. Eso es lo que yo quiero.

–No, hombre. Tú lo que quieres, como todos, es perdurar. ¿Te crees que por tratarte con condescendencia no nos dimos cuenta de tu locura? A veces, Cárdenas me miraba como diciendo: déjalo, deja al pobre tipo, no te ensañes...

–¿Cárdenas?

Pero Omar proseguía irritado:

–Enseguida nos dijimos: ojo con ese tipo, va muy en serio. Yo puedo pisar tu habitación con mis pies, puedo abrir tu persiana para encontrar el prado que tú has recorrido, fatigado, tantas veces.[1] Si se da cuenta todo el mundo enseguida, hombre. Lo tuyo, más que vocación, es impaciencia con el resto de actividades honradas de la vida. Lo que no sabíamos es hasta qué punto era grande la capacidad de resistencia de tu convicción y hasta dónde ibas a llegar. Estas cosas son muy complejas... Los demás no la tienen. Quizá Ramón sea el único. Y quizá Moisés en parte. Pero los demás seguro que no. Paco la aprecia, pero sabe que no la tiene. Cárdenas la disfruta, pero no deja que mande en su vida. Los demás, ni eso.

–¿Y tú? –le dije.

–Yo me siento dentro de una especie de orden de caballería extraña: cuando hablo en serio quisiera hacerlo para un oído del futuro que perteneciera a alguien a quien yo podría amar.

Y he de reconocer que, por una vez, el bello Omar me dejó

1. John Keats, *This mortal body of a thousand days.*

sin palabras. Vimos salir a la gente de la Ópera. París estaba hermoso y limpio, pero había que admitir que podía contener –e incluso provocar– la infelicidad y el deterioro. Súbitamente la plaza de la Ópera empezó a llenarse –a aquella extraña hora– de patinadores. Se trataba de una maratón nocturna de aficionados organizada por la concejalía del distrito. Era una protesta lúdica contra las restricciones que se avecinaban para los patinadores urbanos. A la cabeza y en la cola vimos gendarmes vestidos con una especie de uniforme deportivo y calzados también con patines de ruedas. La caravana era seguida de cerca por una ambulancia destinada a atender a quienes sufrieran caídas o accidentes, pero no querían en ningún caso que hubiera luz, para que no la viera nadie.[1] Lo surrealista del espectáculo y la ruptura de la templanza nos empujó a marcharnos después de contemplar un rato aquel extravagante panorama rodado, bajo la luna que se deslizaba por los tejados de la Ópera. Fue la última vez que vi de verdad a Omar Mesas Diez-Bonn. O eso he creído hasta la fecha.

49

Me acerco muy rápidamente al punto culminante de lo que sería la narración de aquellos años de bonanza. Me resulta muy difícil transmitirlos en su correcta velocidad de crucero, ni muy deprisa, ni muy despacio.

Si los setenta para mí despertaron de golpe con una explosión justo cuando se agotaban, y los ochenta pasaron veloces, plenos de acontecimientos (pero, por una extraña razón de tiempo narrativo puedo contarlos despacio), los años noventa del siglo pasado, al menos en lo que a mí respecta, tuvieron un tempo estable, constante, que los agotó de una manera inexorable en su plazo de tiempo natural. Un plazo que coincidió exactamente con el del calendario. Encajan exactamente en el

1. Ramón Muntaner, *Crónica.*

espacio narrativo que se les da y no suceden esos extraños fenómenos por los cuales, después de haber luchado por escrito contra cien páginas, uno descubre que a través de ellas han pasado apenas dos días. Para ponerme en tratos con ellos tengo incluso, en este caso, una ayuda menos abstracta: dispongo de los recortes de prensa de aquellos días.

A lo largo de la gira del verano de 1997, exactamente la noche del 26 de agosto (acaso era el día del juicio),[1] actuaba en Vocimanaro, cerca de Positano, en la costa amalfitana. Era una fiesta para despedir la temporada de los calores en un lugar privilegiado; una antigua villa de los primeros años del siglo XX. Hasta entonces no había estado abandonada pero sí cerrada, debido a que varios herederos no se habían puesto de acuerdo sobre su usufructo. Unos propietarios de discotecas de la zona hablaron con los miembros de la familia adecuados y consiguieron el permiso para abrirla por un día. Según el trato, debían recibir a cambio una buena cantidad de dinero que repartirían entre todos. El objetivo era celebrar un pequeño festival de música electrónica y trance. Se habilitarían los jardines de la casa, encarados a un acantilado beige y rocoso que posibilitaba todo el espectáculo del mar enfrente. Lo más interesante de la ubicación es que, a uno y otro lado, la construcción estaba flanqueada por dos pequeñas playas. Teníamos permiso para actuar sólo en el recinto del edificio, pero el lugar permitía albergar en los alrededores un número diez veces superior de gente. Era un sitio fantástico. Llegué al mediodía para supervisar el montaje y comimos tras el escenario, en lo alto del acantilado, con el mar del final de agosto a nuestras espaldas. Hacía un calor húmedo y espeso, pero una brisa última de verano evitaba que fuera sofocante. Para no ensordecernos mientras se probaban los graves retumbantes, tomamos el café y una copa sobre la arena de la playa, a la sombra del propio risco que sustentaba la casa. Llegamos hasta allí bajando unas escaleras de piedra que cruzaban una reja con forma de picas. Recuerdo que me arremangué los

1. Michel Deguy, *De oídas.*

pantalones de lino blanco y me mojé los pies en el agua mientras deslizaba por el esófago el aguardiente de la zona. Era una sensación contradictoria de frescor y quemazón a la vez en diversas partes del cuerpo, algo sensorialmente muy agradable. La sangre que subía, irrigada de naturaleza fresca desde los tobillos, se encontraba a medio camino con los vapores tibios del estómago: verdaderamente muy estimulante.

Los organizadores, los periodistas de la zona que soñaban con pertenecer a alguna mafia[1] y los técnicos que habían compartido con nosotros la comida me miraban como a un genio y yo lo sabía, por eso mantenía mi pequeño vaso de aguardiente en la mano, pensando que debía de componer una llamativa figura en el agua con mi panamá blanco, mis gafas de sol y una sombrilla japonesa, que era mi única concesión al personaje que se suponía debía interpretar. Cuando acabaron con los altavoces graves y se estaban probando los medios y agudos, mucho más soportables, volvimos a la villa para continuar cada uno con su trabajo. El camino de vuelta fue por las mismas escaleras que desembocaban al jardín por la parte lateral del escenario. Estábamos sorteando las adelfas y las palmeras hacia el *backstage* cuando vi una figura de espaldas sobre las escaleras que iban de la mansión al jardín, allí donde iba a colocarse el público. La figura me pareció familiar y me trajo revoloteando una sinestesia, un recuerdo agradable. Se trataba de un tipo delgado y huesudo, con pantalón negro y chaqueta de cuero a pesar del calor. Aunque lo vi de espaldas, estuve seguro de que debía de llevar gafas de sol también negras. Sobre el cuello de la chaqueta caía una melena color ala de cuervo que le llegaba a ras de hombros, de un pelo deshilachado, seguramente teñido. Me recordó algo así como una caricatura de lo que había sido nuestro grupo de amigos hacía unos años: la melena de Paco en Ibiza, los Levi's negros de Sebas Mendo Amorzín que en cuanto los compraba se volvían pardos en el acto (no sabíamos cómo), la cazadora de cuero que llevaba siempre Cárdenas pocos años antes, etc.

1. Roger Wolfe, *Mensajes en botellas rotas.*

Pensé en lo fugitivas que eran las modas y cuánto habían significado para nosotros. También en el error de medirlo todo con la gravedad de la inteligencia, sin darnos cuenta de los encantos de la imaginación que encierran las cosas frívolas. Con todo el elemento de farsa que transportaban mi panamá, mi foulard burdeos y mi sombrilla japonesa, su afectación indumentaria, lo espontáneo de su sombra,[1] respiraba de una manera más descongestionada que aquellas viejas y polvorientas figuras del siglo que se acababa. Tuve una inspiración y pensé en tomar unas notas sobre ese tipo de cosas para el siguiente espectáculo; algo al filo del cambio de siglo, una de esas ideas que iba a encantar a Hannes para sus negocios culturales. Pero la figura ya había desaparecido por las puertaventanas francesas en lo alto de las escalas y casi en ese mismo momento llegó el jefe de luces para decirme que tendríamos que poner un telón negro tras el puente de focos si queríamos que no se dispersara la capacidad lumínica. Desconfiaba de la resistencia de las estructuras de mecanotubo si aumentaba el viento. Hannes había llamado diciendo que no llegaría hasta una hora antes del mismo concierto y alguien tenía que tomar decisiones. Sólo cuando, treinta minutos después, estaba supervisando los camerinos, me dieron la nota que aquella figura de negro había dejado para mí. Fue una sorpresa que llevara la firma de Paco Valls. Estaba por la zona, había visto los carteles y pensó en verme. Decidió acercarse durante la prueba de sonido. El jefe de seguridad no le había dejado pasar más allá de las escaleras y se había cansado de esperar. ¿Sería posible que le dejara cuatro invitaciones en taquilla para él y unos amigos una hora antes del concierto? Un sobre a su nombre bastaría. No dejaba señas de ningún hotel ni número de teléfono, pero después de dar instrucciones al jefe de seguridad para que preparara un sobre con las entradas y una nota, me fui pronto a mi hotel para cenar, vestirme y estar en el concierto una hora antes de lo habitual.

El adelanto de horario hizo que tuviera que renunciar a la siesta que proyectaba en el hotel para recuperarme del aguar-

1. Claudio Rodríguez, *Don de la ebriedad.*

diente local. Lo cierto es que llegué a tragar menos de medio sándwich, y la agitación de pensar que iba a encontrar a mi viejo amigo sólo pudo calmarla un par de tequilas.

50

Llegué con tiempo suficiente y el sistema nervioso hiperactivo. Atardecía sobre la costa amalfitana y los primeros adelantados del público empezaban a acercarse a la villa. Abajo, en la playa, se veían pequeñas figuras que estaban encendiendo hogueras aisladas. Se movían con torpeza sobre la arena. Muy raras veces me permitía llegar al concierto con tanta antelación y aquel día, además, mi percepción estaba vivísima. No resultaba nada sencillo disminuir las pulsaciones con tanta basura en la sangre.[1] Un poco antes de la apertura de puertas llegó Paco. Había dado instrucciones a los de seguridad para que, en cuanto pidiera sus localidades en taquilla, lo condujeran a mi presencia. El jefe de seguridad comunicó por su walkie a mi guardaespaldas que habían llegado y que los traía hacia nosotros. Esperé a Paco en lo alto de las mismas escaleras por donde lo había visto desaparecer. Lo vi a contraluz atravesando el amplio vestíbulo que había sido despojado de muebles para la ocasión y habilitado con ceniceros, almohadones y sillas bajas. Estaba prohibido el acceso a los pisos altos, donde se habían instalado las oficinas de producción. Cuando, tras traspasar la zona bajo techado, emergió entre la umbría del atardecer amalfitano, vi una cara ahusada que me costó mucho relacionar con las curvas suaves de hacía pocos años. El cabello había perdido también aquel lustre natural que tenía cuando era más joven. Ese lejano hilo fue lo que me provocó ideas raras cuando no lo reconocí de lejos por la tarde. Diría que era un cabello teñido y planchado, aunque por edad parecía imposible que Paco necesitara ocultar todavía ninguna cana. Mantenía las gafas de sol pues-

---

1. Igor Paskual, *El arte de mentir.*

311

tas. Me saludó cohibido, diría que hasta intimidado, algo inhabitual en él. Intenté mostrarme jovial para disolver la violenta sensación de extrañeza que provocaba esa inesperada sumisión, pero no lo conseguí. No ayudó la mala impresión que me causaron sus acompañantes. El más pequeño era un hippie delgado de pelo corto y barba de chivo que emanaba una sensación de suciedad algo siniestra. Si hubiera cambiado sus pantalones de viscosa y sus sandalias por un gabán de cuero habría podido actuar perfectamente como sicario en una serie-B sobre el narco (el matón que da patadas a la víctima en el suelo). La chica que los acompañaba mejoraba algo el trío. Más alta que el bribón que los acompañaba y de la estatura de Paco, estaba muy bien proporcionada y tenía un gesto limpio, aunque era quien peor olía de todo el trío, un aroma a mercado de pescado que pude advertir cuando se sentó junto a mí en los camerinos. Llevaba gafas oscuras, pantalones cortos muy ceñidos, y aparentaba ser de alrededor de 90-60-90.[1] Por lo visto, el tercer amigo finalmente no pudo venir; nunca llegué a saber quién era.

–¿De vacaciones? –pregunté, zumbón, pero me arrepentí del tono al instante, en cuanto detecté que Paco se sobresaltaba con una vulnerabilidad desconocida. El humor que siempre habíamos compartido nunca provocaba efectos tan drásticos. Como siempre, no dio muchas explicaciones sobre sus compañeros pero sí contó que, desde que vivía en Roma, cada verano se prometía explorar la península de Sorrento, en particular el cementerio donde estaba la extraña tumba de Essaid Bey, autor que le interesaba. Este año había encontrado alojamiento a última hora con unos amigos: agua fría en un par de habitaciones pequeñas, pero en verano no importaba. Llevaban una semana y media de estancia cuando vieron los carteles de la *rave* en plena calle y el nombre de Simon Be. Había leído sobre mí en las revistas dominicales pero no imaginaba que fuéramos a tropezarnos.

–Ahora Simon sin acentos, ¿eh?

Fue un inesperado homenaje a los días del colegio que

1. Terry Southern, *Bastoneando en Ole Miss.*

Paco, años atrás, jamás habría mencionado entre nosotros. Sonrió con una timidez que progresivamente ganaba confianza y me contó más relajadamente:

–Estuve esperando al otro lado de la valla casi una hora a pleno sol. Primero en inglés y luego en italiano le expliqué al de seguridad que nos conocíamos y me prometió que en cuanto te viera notificaría mi nombre. No le creí, pero me negaba a desistir y marcharme después de haber llegado hasta aquí. Crucé la calle, bajé la cuesta, encontré una estafeta abierta y compré papel...

Le dije que había hecho bien. Estaba muy contento de verlo. Del camerino de los invitados les hice pasar a mi camerino personal, donde estaban las bebidas. Notando que la vista de las botellas animaba sobre todo al hippie pequeño, les invité a servirse lo que quisieran y abrí una botella de tequila para Paco y para mí.

–¿Cómo sabías que me gustaba el tequila?

Me eché a reír. Él también se rió, ¿con la misma clase de tensión? Ciertamente, hacía años, él raramente bebía licores tan fuertes. Le pregunté por su salud.

–Oh, bien. No tiene mucho remedio. Sigo la medicación siempre que puedo. Está muy bien todo esto –dijo mirando los paneles blancos transportables de las paredes y el techo de lona plástica–. Ahora no me digas que después de la salud vas a preguntarme por la familia.

Su amigo rió por una esquina de la boca de una manera para mí muy desagradable. Chasqueó la lengua, haciendo un ruido casi de carne.[1] A Paco le habría preguntado bien gustoso por su familia, pero preferí desviar la conversación y hablar de Cárdenas. ¿Sabía algo de él? Sí. Había ido a verle a Roma cuando murió su madre. ¿La madre de quién?, ¿de Cárdenas? Eso podía explicar su repentina desaparición de la calle y de los bares. ¿Dónde vivía ahora? ¿En Madrid o en Barcelona? Paco no lo sabía bien, pero creía que con unos parientes de una manera provisional.

1. César González Ruano, *Mi medio siglo se confiesa a medias.*

En Roma, donde les visitó, le habían propuesto que viajara con ellos a una *rave* en Gante, pero Cárdenas había preferido volverse a España. Le esperaba algún compromiso inevitable. Eso debía de haber sido más o menos el año anterior, ahora hacía ya quizá más de catorce meses. El hippie se animó al oír hablar de Bélgica y se puso a contarme cómo allí se habían dispuesto diez escenarios y uno de los disc-jockeys había exigido montar catorce toneladas de arena de lava bajo sus altavoces para cimentar los subgraves. Me di cuenta entonces de que, a pesar de su siniestro aspecto, hablaba un francés que no se aprende en cualquier escuela normal. Chapurreaba el español y hablaba un inglés sin acento. No habría sabido decir de dónde era; no me parecía alemán pero en cualquier caso su modo de expresarse era de casa bien, no así Anna, la muchacha, insegura y llena de dulzura, que resultó ser una buscavidas de los Balcanes, según entendí. El matoncillo, a pesar de los esfuerzos de dotarse de una ventilación distinguida (la desolada dignidad emanada de una tradición prestigiosa), no podía evitar un regusto rancio en lo que contaba.[1] Paco, que ya parecía mucho más relajado y animado, interrumpió la cháchara torrencial y exagerada de su amigo.

–Pero no nos vamos a quedar todo el rato aquí en el camerino, ¿verdad?

Salimos afuera y les enseñé el montaje de sonido y el escenario. Ya casi había oscurecido y en breves minutos se iban a abrir las puertas del recinto. Gente de los equipos técnicos desfilaba de aquí para allá. Alguien del equipo local había rociado con una manguera la vegetación de los jardines. Tierra húmeda, recién regada. Brisa tibia del mar; redondeada, táctil. Aspiré el aire como si todo aquello me encantara. Deseaba que Paco se interesara por mi trabajo, pero no preguntaba nada. Ni por los viejos amigos, ni por el tipo de vida que llevaba, ni por ninguna cuestión técnica que pudiera despertar su curiosidad sobre los aparatos gigantescos que nos rodeaban. Tampoco preguntaban sus compañeros, pero al menos miraban de modo reveren-

1. Josep Maria Planes i Martí, *Nits de Barcelona.*

te los puentes metálicos de focos, los grandes conos de los altavoces de graves, la mesa de mezclas instalada en medio del recinto y hasta mi persona e indumentaria. Distraídos como estaban con eso, pude tener durante un breve espacio de tiempo al indiferente Valls para mí solo. Paseando por el recinto, nos apartamos hasta las palmeras que adornaban un lateral. Le pregunté qué tipo de vida llevaba en Roma y a qué se dedicaba. Sin muchas ganas, terminó confiándome que tenía problemas en ese sentido. Al parecer, sus problemas laborales y de subsistencia estaban determinados hasta cierto punto por las dificultades de relación con su familia. Según me contó, el asunto tenía más que ver con sus hermanos que con sus padres.

–Bueno. Tienes a Gemma para defenderte. Con todas sus fuerzas a tu lado desde que era una cría. No me digas que se ha enfadado contigo. Cuídala y no discutas con ella.

Me obligaba a sonreír, esforzándome al máximo por parecer sincero. Había encontrado un punto de anclaje de verdad y pensaba aprovecharlo para abrirme por fin camino en el nuevo Paco, pero me desconcertó la expresión de su cara. Evidentemente, sí que había hallado un punto de verdad porque hasta el color de su tez fue instantáneamente verídico en su rigidez y todo lo que nos rodeaba (miles de vatios de luces, la música que empezaba a sonar por los grandes conos como aperitivo a la apertura de puertas) desapareció y pasó a segundo plano. Pero el color y la rigidez de Paco, vaciados los ojos de receta,[1] a fuer de verídicos, más que verosímiles eran aterradores en su fijeza.

–Gemma murió de sobredosis en noviembre.

Calló durante un instante larguísimo. Su silencio fue tan estridente y horroroso que todavía recuerdo su presión como si fuera ahora.

–Oye, lo siento mucho, pensé que lo sabías.

Puede que fueran los tequilas y un par de rayas que habíamos hecho en los camerinos, pero el abismo y la furia me empujaron a hacer un gesto inexplicable. Como una fiera, le arran-

1. Rafael Alberti, *Poema del color y la línea*.

qué las gafas negras de golpe y se quedó desnudo. Vi unos ojos pequeños, asustados, que tenían muy poco que ver con los ojos grandes, acuosos y soñadores que recordaba en mi amigo. Tenían arrugas en torno al lacrimal y a los párpados. Ni siquiera el color parecía el mismo. Se quedó desconcertado y vulnerable, como avergonzado.

–Coño, Simón...

Entonces me avergoncé yo, pero ambos sabíamos que mi vergüenza era animal y apasionada, mientras que la suya estaba arraigada en la tristeza. Esforzándome por calmarme, le dije que ahora que caía la noche no iba a necesitar las gafas; a continuación, se las puse en la mano con un apretón que quise que fuera amistoso. Inoportunamente, vino a interrumpirme el jefe de escenario buscándome bajo las palmeras para notificarme que ya se habían abierto las puertas. Hannes había llamado diciendo que acababa de llegar al hotel y que vendría en cuanto se cambiara de ropa. Se habían vendido todas las localidades, pero estaba preocupado porque aún había mucha más gente en la playa. Le dije con rudeza que nosotros no éramos los organizadores, que simplemente les vendíamos el espectáculo a los empresarios locales, así que era un problema de ellos. Le ordené que empezaran a actuar los DJ que hacían de teloneros, si Hannes iba a llegar hasta allí dentro de poco, enseguida se encargaría él del asunto. Mis últimas palabras fueron de una gran inconveniencia; entonces no sospeché su importancia pero después tuve que arrepentirme de haberlas dicho.[1]

51

Un par de malas experiencias iniciales me habían hecho adoptar la norma de jamás salir a actuar sin previamente haber cobrado. Hannes generalmente se encargaba de hacer la gestión e incluso en algunas ocasiones nos habíamos comunicado por

1. Mijaíl Lérmontov, *Un héroe de nuestro tiempo*.

walkie hasta el último segundo (yo al borde del escenario), esperando la señal, si antes no reposaba el dinero en sus manos de forma fehaciente. Como ya estaba en camino, fuimos a disfrutar de los teloneros desde detrás del escenario. Me di cuenta de que Paco no me diría mucho más aquella noche, al contrario que sus amigos, quienes, disfrutando sin problemas de la música, cada vez estaban más comunicativos y se pusieron a bailar. Pedí champán al jefe de escenario y literalmente los bañé en el líquido. La mezcla con el tequila, más un poco de mezcal que insistí en que probaran, hicieron su efecto y poco a poco Paco fue siguiendo el ritmo de la música. El desagradable griterío resonaba a nuestro alrededor en la sombra como un pozo.[1]

Hannes llegó a la altura del segundo telonero. Yo ya sabía que algunas veces nos sorprendía con ese tipo de cosas, así que no me extrañé cuando apareció con un vestido largo gris tórtola, sin mangas, que le llegaba hasta los pies. Se había maquillado, iba con peluca y zapatos de tacón. Medía uno noventa y el vestido le sentaba bien. Generalmente, era un tipo serio y muy eficiente, con un humor seco y preclaro, que venía vestido al trabajo con tejanos y calzado deportivo. Tenía una sonrisa plácida y una mirada penetrante. Pero todos sabíamos de su humor y picardía, especialmente cuando se acercaba un cambio de tiempo o el final de temporada, momentos en los que le gustaba permitirse fantasías. Indudablemente, aquel día había decidido que el paisaje acompañaba y yo me alegré porque su no anunciada extravagancia, bien cuidada y trabajada a alto precio, dejó impresionados a Paco y sus acompañantes.

Me eché a reír cuando lo vi. No sabía el favor que me hacía escogiendo justo aquel día para una de sus bizarrías. Yo había hecho un esfuerzo con los tequilas, los vinos y el baile, pero su llegada fue decisiva para el cambio de humor general. Le presenté a Paco y se entendieron instantáneamente. Hannes parecía irreal y resplandeciente, recién maquillado. Sus cejas habían desaparecido debajo de varias capas y enseñaba otras mucho

1. Juan Ramón Jiménez, *Sevilla*.

más finas, perfectamente dibujadas por encima. La línea de su labio superior se había acortado y la de su labio inferior estaba más gruesa y redonda. La peluca, crepada hacia arriba, le dejaba la nuca al descubierto. El vestido era tan translúcido que debía de llevar una combinación del mismo color debajo para que no se transparentaran sus formas.[1] Cuando se sentó en el camerino para picotear algún canapé, vi que en sus piernas depiladas se había puesto medias, aunque habría podido prescindir perfectamente de ellas puesto que el vestido le cubría hasta los pies. Arrastraba del hombro una pequeña chaqueta corta de piel, por si refrescara más tarde, y un bolso colgado de una cadena que hacía juego con sus pendientes y pulseras. Mordisqueó un bocadillo mientras se servía una copa y manchaba de rouge el filtro de un cigarrillo. El hippie y la balcánica encontraban divertidísimo que tuviera un mánager así; quizá creían que siempre iba vestido de esa manera y nadie iba a aclararles lo rutinarias que eran las cosas habitualmente. Paco conversaba con él y conectaban en sentido del humor; el carácter de Hannes tenía un sesgo artero que aquella noche contrastaba aún más con el mío debido a que la bebida me había contagiado una determinación demente, una especie de furor vago. Como Hannes no era tonto, Paco le interesó inmediatamente. Lucía una sonrisa en Metrocolor. Por un momento, me pareció estar viendo a Paco cuando charlaba con Thierry allá en Ibiza hacía muchos años. Hannes guardaba con aquellos espectros un lejano parecido de actitud reposada. Eso me hizo acordarme de Gus. Me pregunté qué habría sido de él y pensé si Paco se molestaría en recordar aquella época. La fluidez de su charla me los corporeizaba, pero eran demasiadas visiones y reminiscencias para un solo día. Cuando le pregunté a Paco si querría acompañarnos durante algunas de las próximas actuaciones, la felicidad asomó a sus ojos. Ya no llevaba las gafas y el aire olía a marihuana.

–Bueno. No debería estar charlando aquí cuando hay un caché que cobrar –dijo Hannes–. Hoy parece que vamos con

1. Patricia Highsmith, *Tras los pasos de Ripley*.

retraso en todo. ¿No es así, Simon? —Lo dijo pronunciando la primera vocal como un diptongo—. Voy a la oficina y te tengo informado por el walkie. Hoy no debe haber problemas, son gente con mucho dinero.

—¡En eso confío! —contesté falsamente eufórico, y me dispuse para mi trabajo con el mejor ánimo que pude reunir. Dejamos el camerino a disposición de mis invitados y me fui a la trasera del escenario a comprobar que los aparatos estuvieran correctamente conectados y los programas cargados. Me despedí de Paco con dos besos y vi que estaba enternecido. Cuando Hannes me envió la señal de luz verde, salí lleno de energía y tuve a la multitud bailando enfervorizadamente durante dos horas.

Qué baraúnda cuando aumenta el calor: sudo, ellos nunca; ahora la sombra también se recalienta, siento el recuerdo del sol que, reciente, todavía reverbera sobre la piedra, por encima de mí; pega, pega como un martillo sobre todas las piedras y eso es la música, la vasta música del mediodía, vibración de aire y piedras sobre cientos de kilómetros, ¡ra!, como antaño oía el silencio.[1] Hacia el final del concierto, la gente se resistía a que abandonara el escenario y tuve que amagar dos falsos finales para retirarme bruscamente, envuelto en una toalla. Hannes rápidamente hizo ocupar mi puesto a otro disc-jockey, una joven promesa, que sabía cuál era su tarea y empezó con un ritmo más suave, un *ambient* musculoso, para garantizar la tensión, bajando progresivamente la adrenalina. El lugar estaba lleno hasta los topes; se veía gente por todas partes. Muchos llevaban pequeñas cámaras de vídeo portátiles a pesar de estar prohibidas. Nos refugiamos en la zona más alta del jardín, donde se había habilitado una zona VIP para la gente del equipo y sus invitados, y, como siempre, el servicio de seguridad me mantuvo alejado de los fans y los borrachos que hubieran deseado expresarme su admiración y no dejarme en paz. Igual de bebidos estaban ya Paco y sus amigos, pero fueron los únicos sobre quienes, graciosamente, di órdenes de libre paso a los guardaespaldas. Paco ha-

1. Albert Camus, *El exilio y el reino.*

bía disfrutado mucho el concierto, estaba hablador y exultante como nunca lo había visto. Con el alcohol había ganado aplomo, pero eché de menos aquella fragilidad, aquella vulnerabilidad casi tierna que traslucía un par de horas antes. Me dije que yo era mucho más fuerte mentalmente que él, aunque probablemente lo único que pasaba es que me resultaba nueva esa inestabilidad emocional suya. Aparecía también en él otra faceta inesperada: era pendenciero; pendenciero no en un sentido matón, sino agresivo de palabra, como si, para mantener el espíritu alto de una manera artificial en un carácter desfondado, tuviera que hacer un esfuerzo suplementario de energía. Hannes estaba encantado con él y siempre aparecía cerca de donde estaba, pero fue reclamado por walkie y tuvo que acercarse a las oficinas del piso superior de la villa. No todo el mundo puede tomar un baño de multitud: disfrutar de la muchedumbre es un arte, un banquete de vitalidad a expensas del género humano.[1] La balcánica también había disfrutado mucho el show. Dijo que no había parado de bailar en todo el rato. Estaba cada vez más comunicativa probablemente porque sabía lo que le había propuesto a Paco y quería añadirse a la fiesta. Seguramente pensaba que podía formar parte del paquete y se ofrecía claramente. Yo, que ya iba bastante bebido, pensé lo que sería notarse en el interior de la parte blanda y cremosa de aquel abdomen. Tenía un esqueleto acogedor y agradable, aunque hacía un ridículo enorme cuando pretendía conmover (para lo que no tenía ningún talento); ternura difícilmente compatible con aquel grueso olor a sal y ácido que desprendía. Si su único aseo personal después de follar era bañarse en las aguas de la costa amalfitana era más que probable que transportara alguna infección. Huyendo de ella me refugié con Paco en la zona oscura del jardín que daba a la reja del acantilado. Le pregunté por qué les acompañaba y me dijo que porque era transparente y tal como se mostraba.

–Háblame de Gemma. ¿Cómo fue? –le dije.

1. Charles Baudelaire, *Le Spleen de Paris (Petits poèmes en prose)*.

52

Paco empezó hablando de su hermana casi con desprecio, como si tuviera necesidad de sobreactuar. Estaba borracho, pero no tenía la cara colorada sino más bien amarillenta y mortecina. Dijo que su hermana no debería haber probado nunca las drogas, que era muy ansiosa y compulsiva, aunque no se le notara de pequeña, pero él la conocía bien.

–Además, era *tan astuta*...

Hablaba de una manera repugnante, desenvuelta, casi diría que fría si no fuera porque una opresión sorda, grisácea y absoluta, muda como la eternidad, algo que sería inexacto llamar dolor, llenaba el poco espacio que había entre Paco y yo. Esa distancia se había reducido mucho porque, debido al ruido exterior, teníamos las cabezas muy juntas para poder oírnos. Su dureza me resultó inesperada. Hablaba como quien descubre que ha confundido a una prostituta con una condesa, como si tuviera el convencimiento de que, en cierto modo, lo recordamos todo de una manera universal; un conocimiento infundado.[1]

–Estaba deprimida y angustiada por no poder dejarlo y por no poderse controlarse a sí misma. No sé por qué se metió en esos rollos. No era fuerte. Supongo que quería ser moderna o impresionar a un chico. Estaba avergonzada de ser la pequeña. Uno no se droga por eso. Hay que ser imbécil.

Dijo muchas más cosas cuyo recuerdo me resulta insoportable incluso muchos años después. Cuando era más joven, Paco siempre estaba alerta, pero era una alerta curiosa, desenvuelta; ahora se trataba más bien de una actitud precavida, desconfiada, cautelosa y despreciativa.

–Fuiste tú quien le enseñó cómo funcionaban las drogas. Me lo contó ella... –le dije con toda intención. Le dije también que no fuera desgraciado y se puso hecho una furia. Me contestó que el desgraciado era yo. La ira me impedía sentir mi pro-

1. Joseph Brodsky, *Menos que uno*.

pia tristeza y eso era bueno. A Paco le animaban sólo la rabia y la vergüenza. Insistió en devolverme el insulto:

–¿Y tú quién eres para decir nada? Cuando la encontramos yo no quería soltarla. Puedo tener mis razones para tomar lo que me venga en gana, pero ella no tenía razones. No tuvo ni tiempo apenas para tenerlas. ¿Crees que no habría aprendido por su cuenta si hubiera querido? No seas imbécil. Todavía podía haber sido peor. No sé por qué se metió en eso, no era fuerte, era una cría. Quería imitar a los mayores.

Parecía devastado y pude ver pequeñas gotas de saliva a contraluz que volaban hacia mí mientras él hablaba rápido, con la copa en la mano, mostrando contracciones de respiración que se avasallaban unas a otras. Una pequeña vena azul se le dibujaba en el cuello, cual delicado trazo de lápiz.[1] Tuve ganas de pegarle, a medias de una manera terapéutica, a medias por infantil venganza. Ahora, aquella coagulación opresiva que se había instalado entre los dos se había convertido por lo menos en una especie de tormenta eléctrica de los nervios, algo que podríamos llamar dolor.

Le dije, creo que bastante desabridamente (yo evidentemente también había bebido demasiado), que si las palabras hicieron que muriera, las palabras deberían poder hacerla vivir de nuevo; lo contrario sería un fracaso. No me oyó bien y tuve que repetírselo muy cerca. Como nuestras cabezas estaban muy juntas, al decírselo de nuevo, agotado, di con mi frente en la parte superior de su ceja, no muy fuerte, pero lo bastante para temer que fuera malinterpretado. No pude averiguar cómo se lo había tomado porque nuestra particular tormenta de relámpagos se vio sepultada por un estallido superior. La música se interrumpió con un crujido de un volumen ensordecedor, un lampo cegador brilló por un momento desde la parte del escenario, tras la vegetación, y una muchedumbre animal provocó un desplazamiento tan largo hacia nosotros, levantando polvo, que casi nos tira al suelo. Dos metros más allá de nosotros, vi a la balcánica gritando, asus-

1. Rex Reed, *¿Duerme usted desnuda?*

tada, señalando una mancha oscura que la brisa movía de una manera macabra justo al borde de la reja que daba al acantilado.

53

Un bulto negro colgado de la cornisa como flotando en el aire verticalmente. Gritos, chillidos y otro bulto que caía en el agua con un plof pesado y, acto seguido, otro que le seguía, con un crujido hueco que provocaba escalofríos, rebotando como un fardo contra las piedras del precipicio.

Según dio a conocer luego la investigación policial, lo que sucedió fue que, a última hora, gran parte del público sin entrada que se congregaba en las playas decidió subir hasta la villa para curiosear el montaje. Pueden encontrarse fotos en las hemerotecas: las fotografías reducen lo visible a un rectángulo. Lo visible sin marco siempre es algo distinto. Y además lo visible en este caso tenía un olor demasiado fuerte. Mejor dicho, muchos olores.[1] La multitud se congregó en tal número ante la puerta que los organizadores locales, en vista de que ellos ya habían vendido todo el aforo y hecho su negocio, decidieron abrir las puertas y permitir la entrada libre. Contaban con que muchos de los que habían visto el show se marcharían y serían sustituidos por otros; las barras de bebidas seguían funcionando y eso podría redondear los beneficios. Pronto vieron que se habían equivocado, porque entraba más gente de la que salía. Volvieron a cerrar entonces por temor a una avalancha humana, pero eso lo único que consiguió fue empeorar las cosas. Dentro había demasiada gente y los que querían salir reculaban y se encontraban con el camino cortado. La confusión, por lo visto, fue indescriptible. Algunos jóvenes, empujados por la multitud, cayeron por el acantilado; se dio entonces un movimiento de pánico, de muchedumbre ciega, y fue cuando se desencadenó el drama: los que querían escapar por la puerta prin-

---

1. Antonio Tabucchi, *Nocturno hindú.*

cipal se encontraron los batientes cerrados; al otro lado, una masa tan incontrolada como la que ellos formaban los empujaba hacia dentro. Murieron varios adolescentes aplastados contra los portones y cuando el movimiento de pánico, en un juego de vaivén, se desplazó hacia la dirección contraria, muchos intentaron escapar escalando el acantilado, pereciendo en caídas contra las rocas, ahogados, aplastados contra las rejas adornadas y, en algunos de los peores casos, ensartados por las picas forjadas que la adornaban. El empuje de la masa espantada derribó parte del escenario y el puente de focos cayó sobre la gente.

Los recortes de los periódicos (engañados) afirmaban que todo empezó cuando, a última hora, se consideró que lo mejor era permitir el acceso libre para descongestionar las calles que subían desde la playa y donde se agolpaba una multitud de jóvenes. Un programa de televisión local, que aseguraba hacer periodismo de investigación pero que, por otro lado, tenía fama de trabajar para un grupo de comunicación sensacionalista, aseguraba que los organizadores habían vendido más entradas del aforo posible en el local. En aquel momento, yo en primera instancia intenté localizar a Hannes, pero comprobé enseguida que, desde donde estábamos, era imposible alcanzar las oficinas de la villa. Intentamos ayudar, pero los chillidos, el pánico, la confusión eran enormes por culpa de esa repugnante costumbre que las voces tienen de resonar.[1] Un muchacho que gritaba en italiano y que, por la seguridad de sus maniobras, debía de tener nociones de primeros auxilios intentaba reanimar con masaje cardíaco a una chica tirada en el suelo, mientras los corros de gente fuera de control los pisoteaban y zarandeaban. El puente de luces se desplomó sobre la gente con un silbido crujiente y siniestro y la muchacha de los Balcanes sufrió una crisis de histeria. Paco la abofeteó cuatro veces con una frialdad certera, seca, que me dejó estupefacto pero me hizo reaccionar a mí también. Viéndonos acorralados contra el precipicio por la

1. Alan Pauls, *El caso Berciani.*

multitud, les conduje hasta las rocas del borde y pasamos bajo el bulto oscuro y macabro que parecía levitar sobre la noche, la atmósfera y el acantilado. No era otra cosa que el cuerpo de uno de los empleados colgando, se había ensartado en uno de los adornos de la reja al intentar ayudar a dos jóvenes que se habían precipitado rocas abajo. La muchacha afortunadamente iba demasiado ciega para verlo. Paco avanzaba temblando, pero con agilidad y rapidez. Ni fingía valor ni mostraba miedo.[1] Yo le seguía cada vez más despejado y hacíamos avanzar a empellones a la chica, en cada paso al borde de un resbalón sobre las rocas húmedas. Conseguimos al menos sortear la reja y sus amenazadores salientes, usándola casi como una escala mientras descendíamos, intentando acercarnos lo máximo posible al agua para que cualquier caída fuera menos peligrosa. Descendimos hasta llegar a un punto ciego, un lugar por donde no veíamos cómo poder seguir avanzando por ningún lado. Bultos humanos de entre sesenta y cien kilos caían ocasionalmente alrededor de nosotros. La muchacha, al verse atrapada en aquel saliente, volvió a tener otro ataque, esta vez de vértigo y claustrofobia. Se pegaba a la pared de roca irregular gritando y cambiando constantemente de posición, de espaldas, de frente, agarrándose a nosotros y amenazando con tirarnos a los tres. Paco se hartó, miró abajo concienzudamente y, de un tirón decidido pero inesperado, la cogió y la lanzó al agua. Ella cayó gritando. Luego me agarró por las solapas y, por un momento, pensé que me iba a tirar a mí también, pero en su lugar me dijo que había visto el agua verdosa allá abajo y le parecía que había fondo, que me tirara por el centro y con los ojos abiertos. Me puso una mano en el pecho y suavemente pero con fuerza me desplazó hasta que el culo me tocó la pared de piedra. Acto seguido, se dio media vuelta y saltó antes de que algún cuerpo le cayera encima. El alboroto que había sobre nuestras cabezas me impidió oír si el final de su vuelo había sido el elástico soplido de agua desplazada o un siniestro crujido. Preferí seguir descendiendo desde la cor-

1. José de Espronceda, *El estudiante de Salamanca*.

nisa agarrándome a los matojos, despellejándome manos y rodillas contra la piedra ligera y rugosa hasta sangrar, pero consiguiendo así superar la cornisa que nos había cerrado el paso. ¿Cómo, pues, se desvanece una roca?[1] Hubo un par de momentos comprometidos (un resbalón, un bíceps agarrotado del que tuve que sacar una fuerza que creía que no existía para no soltarme), pero al fin apareció cerca de mis pies el vislumbre de la espuma de las olas y el sonido del mar contra la piedra. Cuando el agua me mojó las pantorrillas, me senté como pude a horcajadas sobre una peña, me quité zapatos, calcetines, camisa y pantalón y me sumergí en el agua. Temí que, después de haber sorteado lo peor, las olas me machacaran contra las rocas o me fracturara el cuello un cuerpo que cayera sobre mí desde las alturas. Nadé sin separarme mucho de la orilla vertical, tan temeroso de las rocas de la costa como de las que estaban bajo la superficie, una de las cuales, en mi precipitación, me golpeó con fuerza el pecho, cortándome la respiración. Afortunadamente el oleaje no era fuerte. Entre las piedras lamidas por el agua yacía un chaval, gimiendo y maldiciendo en alemán, con una fractura abierta de tibia. Lo arrastré como pude hasta al agua al notar que mis pies tocaban arena entre las rocas del fondo. A su lado estaba inmóvil un adolescente moreno más pequeño, con la mitad de la cabeza desfigurada en una postura quebrada, grotesca, inhumana. Conseguí ganar la playa contigua con el alemán cojo a cuestas deseando a veces que hubiera sido el pequeño el que hubiera sobrevivido, porque con su peso estuvimos a punto de irnos al fondo un par de veces. Sobre la arena habían ya varios cuerpos, y la reacción de la gente era curiosa y diversa. Había quien ayudaba, y se notaba que los que tenían nociones médicas —entre los que había jóvenes y viejos— hacían lo que podían. Alguna muchacha lloraba, presa de pánico, y bastantes hombres también. Era difícil distinguir el llanto histérico y emocional de los que iban puestos del de quienes lloraban con verdadera conciencia de la catástrofe. Me pregunté cómo podía

1. José Zorrilla, *Don Juan Tenorio*.

haber distinguido Paco el verdor del agua en aquella oscuridad y si realmente había alcanzado las olas o terminado como el muchacho alemán, que ahora gritaba arqueándose sobre la arena mientras un tipo calvo, de barba gris y tipo musculoso, vestido con una camisa de Coronel Tapiocca (¿sería español?, no intenté hablarle), trataba de reducirle la fractura. Erré por la playa, recordando que Paco me había dicho que saltara con los ojos abiertos. Quizá para girar en el aire e intentar caer en la posición menos dañina, viendo cómo todo (tu rostro, el mar, el cielo) se convierte en espuma,[1] pensé, si lo que nos esperaba abajo eran las rocas. Pero ¿cómo se podía girar en el aire en la oscuridad? Quizá la muchacha y Paco sabían hacerlo. Quizá la gente de los Balcanes conocía ese secreto desde la infancia, los educaban así, y ella había enseñado a Paco. Que tonterías, recuerdo que pensé. Los intenté localizar en la playa, pero pensamientos tan insensatos como éstos eran los que giraban en mi mente sin poderlos parar y no podía concentrarme. Gané la carretera del pueblo que estaba junto a la playa en el mismo momento en que empezaban a acudir las primeras ambulancias. Tres cuartos de hora después llegué a mi hotel, caminando en calzoncillos por el arcén, mojado en medio de la noche tibia de verano. Desde el teléfono de la habitación, dejé un mensaje en el buzón de voz del móvil de Hannes, que daba señal de desconectado o fuera de cobertura.

54

Al parecer, las cosas no eran contractualmente tan sencillas como yo había imaginado. Me contrataba la organización como artista, de eso no cabía ninguna duda; pero la organización del concierto repartía los beneficios de taquilla en una cuádruple alianza: entre la agrupación de los dueños de la casa, el cabildo local, la agencia de organización de eventos que ha-

1. José Corredor Matheos, *El mar, el mar.*

bitualmente trabajaba con Hannes y una empresa de espectáculos en la que teníamos participación tanto ellos como nosotros y que se había creado para casos como éstos y conciertos en lugares como Mónaco, pequeños principados o paraísos fiscales. Por tanto, sí que podríamos tener, de algún modo, complicaciones penales, por la posibilidad de una responsabilidad civil subsidiaria. Mientras la policía judicial trabajaba en esclarecer los hechos, lo mejor era que saliera de allí cuanto antes, según me dijo Hannes al amanecer, cuando por fin apareció por el hotel. No tardó en aparecer en mi habitación con dos dedos de whisky escocés en las manos: la charla de dos imprudentes.[1] Por suerte, me había tenido localizado desde bien pronto a través de mi mensaje (que me agradeció) y ya había llamado a un par de hombres de confianza que estaban en camino desde Roma y me depositarían en coche en Suiza rápidamente.

Lo mejor en las próximas horas sería que estuviera ilocalizable viajando por las autopistas italianas. Luego veríamos si tendría que venir a declarar o no, más pronto o más tarde, según discurriera la investigación. No le pregunté en qué momento de la noche había perdido la peluca. Se había lavado la cara, pero se notaba que lo había hecho apresuradamente, porque aún mostraba restos de maquillaje en torno a los ojos y bajo las orejas. El peor momento le había pillado en las oficinas superiores y su primera ocupación fue conseguir, no le pregunté cómo, unos pantalones, en vista de que no era cuestión de abordar un desastre como aquél con un vestido gris tórtola con ceñidor lateral en la cintura. Los pantalones le venían grandes, eran blancos, de tela militar, y los fijaba con un cinturón que llevaba muy apretado. Bajo la camiseta negra con el rótulo *Crew* que alguien le había prestado, se veían aún restos de los tirantes de encaje de la combinación. Los pantalones parecían los pantalones de un muerto, me dio por pensar. Le pregunté si sabía algo de Paco y sus amigos, pero no me supo decir. En la

1. Eugeni d'Ors, *Último glosario*.

lista provisional de víctimas no figuraban, pero faltaban muchos cadáveres por identificar.

—¿Qué te preocupa ahora? —le dije.

Hannes resopló y enarcó las cejas.

—No estoy preocupado, estoy aterrado. He visto cuerpos que seguramente estaban muertos.

Esperó a que las palabras, y un segundo después sus significados, murieran endurecidas; se disolvieran como sombras en el aire blanco.[1]

—Ahora, lo principal es que te vayas antes de que empiecen a llegar periodistas husmeando. Aún no nos han localizado ni saben que estamos en este hotel, pero lo indagarán... He llamado a un taxi que por una buena propina te va a llevar directo a la ciudad más cercana. Allí hay un casino que aún no debe haber cerrado. Espera en la cafetería a que lleguen dos tipos con la cabeza afeitada que te preguntarán por mí. Uno de ellos lleva perilla. Vete entonces con ellos. Ya te explicarán si hay noticias. Sal sin equipaje y lo mejor es que lo hagas inmediatamente. Yo me quedaré aquí, manteniendo la cuenta del hotel, y así los periodistas esperarán como mínimo un par o tres de días a que vuelvas por tus cosas. Con eso ganamos el tiempo preciso, convencidos de que sigues por aquí, para que el tema haya dejado de ser noticia de portada.

Partí inmediatamente y en los siguientes días recogí todas las informaciones que fueron saliendo. Los periódicos de gran difusión culpaban a los turistas alemanes e ingleses acusándoles de buscar turismo sexual. Los diarios locales responsabilizaban a la organización y el ayuntamiento de haber vendido más entradas de las permitidas. En algunos lugares se acusaba a los organizadores de no haber respetado las normas de seguridad. Los periódicos extranjeros vinculaban a la mafia con la familia de los propietarios de la villa. A medida que nos alejábamos del lugar de los hechos, los datos se volvían imprecisos y borrosos. Los dos empleados de Hannes, anchos como armarios roperos

1. Juan Carlos Onetti, *El astillero*.

con las puertas abiertas, me llevaron en coche de un lugar a otro durante un par de días. Nos inscribimos en hoteles franceses bajo su nombre, y eran buenos viendo televisión y preparando café en una cafetera portátil que cargaban en el equipaje. Al principio, me consumía con tristeza de lámpara[1] y hasta hubo un momento en que pareció posible que me acercaran a Villefranche, pero en el último momento preferimos esperar unos días. Luego, volvimos a entrar en Italia y fui yo quien propuso que, de forma anónima y discreta, podía coger el tren nocturno que iba de Milán a Barcelona. Allí me alojé en casa de mis padres en secreto, seguro de que nadie iba a buscarme en el hogar de dos jubilados. Inquieto por Paco, pensé en acercarme de alguna manera a su familia para preguntar por él. Finalmente, me pareció más prudente contratar –sin que supiera que le llamaba desde su propia ciudad– a un abogado discreto y anodino, con el cual ya había trabajado anteriormente. Hizo las gestiones en mi lugar, con resultados satisfactorios en cuanto a disimulo pero nulos en cuanto a información. La familia no parecía ni sospechar que Paco hubiera andado últimamente por la costa amalfitana y su nombre no figuraba en la lista de víctimas definitiva. El abogado me propuso entonces contratar a un detective si deseaba seguir adelante con más indagaciones, pero me cansé y le dije que no era necesario.

Durante esas semanas hablé cuatro o cinco veces con Hannes; luego las llamadas se espaciaron aún más y empezó a darme la sensación de que tenía problemas que no me contaba. Saber que había contratado a un abogado por mi cuenta pareció molestarle, pero intenté explicarle que no tenía nada que ver con el asunto del concierto. La jugada de volverme a Barcelona le pareció magistral y me dijo que dentro de poco ya iba a poder regresar a Villefranche. Él tendría que estar constantemente viajando durante un tiempo entre Italia y Alemania, pero consideraba que todo estaba hasta cierto punto bajo control. Los daños se habían reducido al mínimo. En realidad, eso fue una

1. Miguel Hernández, *Sonreídme.*

verdad a medias, porque en los siguientes meses pude habitar mi casa sólo en muy contadas ocasiones, entre un torbellino de viajes y desplazamientos por causas judiciales. En la avalancha habían muerto súbditos franceses, alemanes y holandeses, aparte de público local y media docena de jóvenes de otras nacionalidades. El cónsul francés había visitado el ayuntamiento para repatriar los cadáveres y también el holandés y el alemán lo habían hecho. En cada uno de esos países fue puesta una denuncia por asociaciones de víctimas. El caso fue judicialmente complicado, y aunque salí bastante bien librado, en los siguientes y larguísimos veintiséis meses empecé a perder casi todas mis posesiones, entre gastos judiciales, indemnizaciones pactadas y minutas de abogados. La vinculación de la empresa en la que Hannes y yo teníamos participación había sido pequeña pero suficiente; deseé que en esa ocasión hubiéramos cobrado sólo el caché como hacíamos otras veces y no haber intentado participar de los beneficios de taquilla, pero las cosas habían sido como habían sido. Esquivamos las responsabilidades penales al no ser responsables de la organización, pero fuimos designados parte civil solidaria de las indemnizaciones.

La brecha que se había abierto entre Hannes y yo, debido al malentendido del asunto del abogado en Barcelona, se fue agrandando y nos defendimos por separado. Él estuvo muy nervioso, desconfiado y desabrido esa última época. Todo lo secreto, prohibido, lascivo, incierto y solitario estalló, y aquellas oscuras conmociones se encauzaban hacia él.[1] Ciertamente, lo pasó muy mal todo aquel tiempo cuando, mirase a donde mirase, sólo le rodeaban problemas y miradas de distancia suspicaz.

Estábamos precisamente empezando a recuperar la confianza mutua cuando, después de una fase de pérdidas y embargos preventivos, hubo unas cuantas buenas noticias por parte de los abogados y, en un arrebato de euforia, según cuentan, Hannes decidió dar una fiesta para celebrar que por fin estaba saliendo del agujero. Al día siguiente, lo encontraron muerto

1. Robert Musil, *Las tribulaciones del estudiante Törless.*

en su piso, debido a una sobredosis. Sobredosis de opiáceos, anfetaminas y variadas sustancias, según el parte del forense, con fallo del corazón y pulmones encharcados; en todos los casos se trataba de estupefacientes que hacía mucho tiempo que no tomaba o que, si lo había hecho últimamente, había sido en absoluto secreto para todos los que le conocíamos.

55

A casa, cochero. Esta frase inicial de párrafo puede parecer de una soberbia insufrible, pero no es más que una pequeña venganza sobre el destino. Tantas veces, a altas horas de la madrugada, he puesto mi vida en manos de taxistas desconocidos de los cuales ignoraba todo: taxistas de Barcelona, de Madrid; taxis ilegales de Londres, de París o de Buenos Aires. Negociaciones con el conductor de un Volkswagen en México D.F.; discusiones con un joven chófer de Montevideo que me quiere estafar en el cambio. Taxistas que conducían con una lentitud exasperante o locos que lo hacían terroríficamente deprisa. Taxistas sobrios y también ebrios furiosos al volante. Sólo lo sabías cuando ya te habías embarcado y te conducían a lo que podía ser tu último viaje, hasta tu habitación, tu hotel, tu casa, donde morirías en una cama hasta el día siguiente.

Cuando no haya sino ayer, cuando se achique mi vida, cuando deje de beber,[1] echaré de menos esas resurrecciones de las épocas difíciles y plenas de energías. El vuelo que me traía de Barcelona me dejó en el aeropuerto de Niza cuando apenas acababa de salir el sol. El aire había girado y empezaban los primeros fríos poco rigurosos del invierno mediterráneo. El sol brillaba diáfano, sin fuerza para calentar. Me dirigí a casa en taxi (los dos coches ya habían sido embargados) y la encontré igual que siempre, un poco más sucia porque nadie había pagado a la doméstica los últimos meses.

1. José María Micó, *Letras para cantar.*

332

La muerte de Hannes había venido a complicar aún más todo el laberinto de responsabilidades, demandas y asuntos legales. Avanzadas las vistas, me di cuenta de que iba a ser muy difícil no perderlo todo. La exposición a los medios, la obligación que creaban de buscarme con sus cámaras cada vez que se daba una nueva noticia del proceso, podía conseguir que al final no me funcionara bien la cabeza. Todavía hoy dudo de si me equivoqué, pero decidí dejar todo en manos de los abogados y seguir el asunto desde muy lejos, llevando una vida muy austera. A los promotores de arte neoyorquinos para quienes habíamos trabajado apenas les había llegado un lejano eco del desgraciado suceso. Hice cálculos y me di cuenta de que vivir en un barrio de aquella ciudad, en algún lugar menestral alejado del centro, podía hacerse por poco más o menos el mismo dinero que me costaban unas vacaciones en la costa. Hablé con los programadores adecuados, con ciertas galerías y pedí consejo. Usé como coartada la necesidad de un descanso y un cambio de rumbo creativo y conseguí algunas promesas inconcretas para los siguientes meses que fueron suficiente para mí. Era una incertidumbre económica, pero podía proporcionarme un quiebro a la dinámica en la que me veía atrapado. Temía terminar como Hannes, esclavo del alcohol y los estimulantes para poder levantarme cada día y recibir las noticias adversas de los procesos penales. El progreso y la civilización habían perdido su efecto anestésico.[1] No tenía miedo a la muerte sino a mi propia debilidad para enfrentarme a las circunstancias de la vida misma.

La contratación de conciertos había descendido en picado; al escándalo y la estigmatización del nombre del artista se sumaba el que, debido a la muerte de Hannes, no hubiera en realidad una agencia que se cuidara del tema. La aparición de una nueva generación de disc-jockeys, con un sonido más agresivo, acelerado y ruidoso, estaba desplazando de los lugares de moda a muchos de los nombres de pocos años antes. En ese tipo de

1. Juan Villoro, *Tiempo transcurrido.*

negocio, los cambios se sucedían muy rápidos y era necesario estar muy atento cada temporada a los siguientes pasos, como el jugador que, en medio de un partido, no puede perder de vista a sus contrincantes. Si no podía mantener la tensión, todo aconsejaba la retirada a un circuito minoritario que sugiriera un entorno cálido, sin exigencias inmediatas. Aunque fuera un mercado más modesto, su previsibilidad podría ser reconfortante. Ni siquiera sabía si me iba a salir bien. Yo no tenía la habilidad bancaria de Hannes, aunque había conseguido conservar unos cuantos fondos en una cuenta suiza. Me dije a mí mismo: paciencia y coraje. Es lo único que tengo. Nunca tendré talento. Voy a dejar que esa pandilla mande durante los próximos cuatro años. Ninguno de ellos es capaz de crear nada lo suficientemente sólido para preocuparme.[1] Había decidido volver a Villefranche y empezar a empaquetar las cosas para un largo tiempo, un equipaje sólo con lo esencial, abandonando objetos queridos con la idea de trasladarlos más adelante, objetos que luego se perdieron. Mi idea era ponerme a resguardo, lo más pronto posible, al otro lado del océano. Ningún juez me había retirado todavía el pasaporte.

Es muy improbable, tras atravesar una época así, recordar luego todos los sobresaltos, los disgustos, las malas noticias, la sensación ansiosa de estar desbordado por los contratiempos y la imposibilidad de llegar a todo, junto con la obligación añadida de no poder dejar de intentarlo. El propio magma de las preocupaciones y los acontecimientos resulta de un tamaño imposible de absorber por una indefensa mente humana. El alcohol, los tranquilizantes pueden entonces ser una ayuda o también todo lo contrario, un infierno de paranoia. Por supuesto, prefiero recordar los escasos días en que confluía una abdicación de la mente con una ebriedad suave, calmante, evasiva. Al día siguiente, dolía la cabeza pero el mundo y yo amanecíamos limpios, enteramente renovados, parecía que quedaba atrás un pasado lleno de lágrimas.

1. Dashiell Hammett, *La llave de cristal.*

Mi esposa había vuelto a casa de sus padres, en San Petersburgo, al poco de recibir la primera visita de los agentes de embargo. Dejé la bolsa de cuero sobre el sofá del salón y encendí la calefacción y el televisor. Nunca como en aquellos días he tenido tan presente que ya de pequeño, cuando me hallaba en mi sillita en pantalón corto, escuchando, la muerte estaba allí; y que mi principal conflicto siempre había sido la incapacidad para tomarme el tiempo en serio.[1]

Me senté junto a mi equipaje, puse los pies sobre la mesita baja y me quedé dormido allí mismo sin quitarme la chaqueta. Había salido de Barcelona cuando todavía era de noche en el aeropuerto del Prat. Recuerdo claramente el placer físico que sentí cuando eché la cabeza hacia atrás en el respaldo acolchado y me abandonó la conciencia de mis propios miembros, mientras los párpados se me cerraban lentamente y oía de una manera remota el sonido del aparato de televisión.

Al mediodía, después de las noticias, apagué el televisor y lo proscribí hasta que mi ánimo cambiara. Poco antes del crepúsculo, desconecté el equipo de música que hasta esa hora sólo había conocido melodías suaves de Mozart y de Vivaldi. Me detuve unos segundos, antes de hacerlo, para escuchar el suave zumbido de fondo que emitía en reposo, única señal de vida en el salón en silencio. Luego, todo calló y la luz empezó a bajar lentamente. Se habían abierto claros entre las nubes de lluvia y el sol descendía sobre los campos. Hacía un frío húmedo, pero la casa estaba aún caliente. Lejanamente me llegaba de vez en cuando el susurro uniforme de los neumáticos de algún coche que pasaba por la larga recta de la carretera frente a la casa, a poco menos de un kilómetro de distancia. El murmullo –una crepitación lejana– se acercaba hasta alcanzar la vertical de donde yo me encontraba y luego se alejaba. Tras el crepúsculo disminuyó el tráfico y, a la hora en que todo el mundo se recogía para cenar en sus casas, estuve largos ratos sin escuchar ninguno, salvo algún ciclomotor audaz que huía en medio de la

1. Julien Benda, *Memorias de un intelectual.*

noche como el murmullo desamparado de una cortina de agua que cae remotamente sobre los campos.

Sentí entonces por fin sobre los párpados cansados toda la densidad de los últimos años. Percibí, gracias a esa detención súbita, todo el peso sobre mis hombros de la memoria de los acontecimientos protagonizados. Y pensé que cada cual, cada uno de los que había conocido y muchos de los que había dejado atrás aquellos días, cargaba con ese mismo peso encima. Con tales ojos secretos, vi a Camila, a Ramón Medinas, a Eva y a Silvia, a Omar y a Dani Masem, a Gemma, a mis padres y hermano, a Cárdenas y Paco Valls. Difícilmente sentirían lo mismo que yo en aquel momento porque seguramente no paraban de moverse. Según la hora que marcara el reloj, mi madre estaría jugando la partida de cartas de cada víspera con mi padre, mi hermano en su cocina de clase media comunista preparando la cena, Dani entrando en la capital catalana con su coche, Valls –si no estaba muerto– podría estar en la misma ciudad repasando las luces de los bares de la calle Robadors para conseguir algo de heroína. El presente tardará unas horas.[1]

Cuanto más quieto me quedaba, con más claridad podía inferir el movimiento de todos ellos, a la vez, en aquel mismo instante, y eso me hizo sentir –instantáneamente y de una manera diáfana– el movimiento de rotación del planeta. Encaré el sillón hacia el punto donde sabía que se encontraba el este y, por un momento, hasta creí notar claramente cómo la sangre se acumulaba en la parte posterior de mi cerebro por culpa del desplazamiento del globo terráqueo. Luego, el miedo y el vértigo fueron cediendo desde su punto máximo (en el que creí que mis nervios no iban a poder soportarlo) y todavía oscureció más en total silencio, difuminando los contornos de todo lo que me rodeaba. Sólo el eco de mi propia respiración rebotando contra las paredes me acompañó en la oscuridad hasta altas horas.

A la mañana siguiente me levanté de un humor excelente.

1. Luis Antonio de Villena, *El fin del mundo, excelencias.*

La noche había retornado todo lo que el brillante día diseminó, traído los ganados a los establos, traído a los niños para devolverlos a su madre.[1] Consulté los principales titulares de la prensa internacional en mi ordenador y contesté los correos. Después me estuve frotando largamente en la bañera tarareando melodías mientras el cuarto de baño se inundaba de un sol frío que hacía centellear los campos resplandecientes. No pareció quedar ninguna huella aparente del día anterior en mi memoria.

1. Safo, *Fragmento 95.*

Tercera parte

Hermenéutica. Malas interpretaciones

1

Volví a mi país a principios del año 2002. Para los hombres jóvenes que nos hallábamos en ese momento abandonando la treintena, nuestra madurez coincidió con un sentimiento general de amenaza a todo lo que habíamos conocido como Occidente. A punto de cumplir los cuarenta, me reencontré con muchos compañeros de juventud que, por diversas causas laborales o familiares, volvían a la tierra que les vio nacer en medio de los turbulentos sucesos internacionales. Las guerras en Oriente Medio proseguían, ascendían los fundamentalismos religiosos y aumentaban los grandes movimientos migratorios de poblaciones de desposeídos, como si fueran de la mano de atentados multitudinarios y terroríficos. Quizá fuera un prejuicio que surgía de nuevo, pero de éste no queríamos desprendernos;[1] no importaba tanto establecer hasta qué punto la situación podía ser un simple espejismo como que todos volvían a casa con un sentimiento defensivo, un aire bélico de la madurez eufórica. Un aire que, en el fondo, lo único que representaba, a fin de cuentas, era la última protesta, el último golpe de airadas energías para intentar protestar por la vejez que se acercaba.

Los fracasos íntimos, personales, aquellos que no se cuentan nunca porque son tan leves como persistentemente dolorosos, esos fracasos que raramente parecen lo bastante importan-

1. Leo Malet, *Niebla en el puente de Tolbiac.*

tes como para merecer categoría de relato, alimentaban ese espejismo. Volvíamos, en el fondo y aunque nadie lo reconociera, para defender la patria, ese lugar difuso e imbautizable. Aquellos que –de una manera ingenua o interesada– quisieron darle un nombre abrazaron nuevos y viejos nacionalismos de un signo u otro y ofrecieron discursos encendidos en las tribunas periodísticas o institucionales de las que podían disponer. Así, la aflicción que les aquejaba sustituyó en los medios de comunicación al pulso vivo y cambiante de la realidad que nos rodeaba. Hay que decir en su descargo que entonces parecía realmente que todo aquel mundo iba a desaparecer. Nadie se imaginaba el rebrote, la fuerza y el prestigio que iba a adquirir en los siguientes años hasta alcanzar el espléndido momento del que ahora disfrutan.

2

Envejecer fue una verdadera sorpresa para mí. En los momentos de más fuerza de mis sueños, había decidido ahorrarme las poco decorosas experiencias del envejecimiento, la pérdida de la vitalidad y la putrefacción de las ilusiones. Luego resultó que morirse dolía (a nosotros y a los que nos quieren) y me vi obligado a revisar mis planes a la baja. La experiencia de Williamsburg me había fortalecido pero también me había calmado. Allí descubrí que la individualidad consiste en la conciencia de que uno posee una voluntad y que es capaz de actuar.[1] El ritmo moroso, calmado, que imponían las esperas entre uno y otro de aquellos pequeños espectáculos que conseguía colocar en galerías de pintura, librerías literarias y algún local musical de vanguardia neoyorquino me hizo saborear la dulzura de hacer las cosas despacio, de dejar pasar el tiempo viéndolo deslizarse cada mañana por las calles. El pintoresquismo de los barrios de Nueva York para un europeo había ayudado a ese

1. Katherine Mansfield, *Diario.*

proceso contemplativo; también las imposibilidades económicas, puesto que mis asuntos legales eran un verdadero laberinto situado a miles de kilómetros de distancia. Era impensable gastar en nuevos equipos de grabación, y durante muchos, muchos meses tuve que seguir usando mis viejas cintas –que me habían acompañado digitalizadas– remezclándolas de diversas maneras hasta hacerlas irreconocibles. El único modo de que esa picardía pasara desapercibida fue aumentar la parte actuada, la parte hablada de mis actuaciones, performances e instalaciones. Tuve que recurrir a la palabra y escribir mucho durante todas esas temporadas. Escribí en inglés (un inglés, el mío, ignorante, torpe, directo y expresivo que, comparado con la riqueza y finura de mi idioma original, era como una herramienta roma pero que cortaba), escribí en castellano, en catalán (el toque de exotismo) e incluso en spanglish. Siempre, fuera en el idioma que fuera, la manera de poner en marcha la escritura era leer primero algo que me motivara y me pusiera la mente en el punto de ebullición preciso. Cada día leía más: libros, artículos, reportajes, estudios sociológicos, blogs, estadísticas. Toda esa información se mezclaba en una especie de hormigonera mental y salía regurgitada en textos variopintos. Para atreverme a exhibir aquellas cosas con la desfachatez necesaria me fue muy útil la experiencia previa de las reuniones de lectura con mis viejos compañeros. Sabía que el peor pasaje, declamado con la convicción adecuada, dejaba pensativo al oyente el rato suficiente para distraerlo con otra cosa y que pasaran desapercibidas mis granujadas. En cierto sentido no representaba nada en el sentido de que no mostraba nada.[1]

Comparados con tiempos anteriores, los ingresos no eran gran cosa pero permitían vivir austeramente. Poco a poco, fui asentando el circuito en el que trabajaba e incluso tuve las primeras ofertas del otro lado del océano, muy modestas (galerías de arte alternativo de Ginebra y cosas así), que me permitieron volver a actuar en Europa. Mi situación era la de un artista de cierto

---

1. Michel Foucault, *La pintura de Manet.*

nombre y prestigio que no salía de pobre. Los últimos litigios terminaron por comerse todo lo que quedaba de mi patrimonio, y la pensión de mi ex mujer amenazaba con llevarse el resto. De todo lo que había llegado a tener, sólo pude conservar un domicilio de alquiler y una pequeña casa de propiedad en el campo catalán; el lento goteo de derechos de autor me permitiría mantenerlos si me ceñía a un modo de vida muy austero, pero difícilmente podría hacerlo desde el otro lado del océano. Tuve que decidir. Cabía la posibilidad de venderlo todo en Europa y proseguir con el tipo de vida que había instaurado en los USA, potenciándola más ahora que ya había conseguido un pequeño hueco en las programaciones. Pero, de golpe, me faltaron las fuerzas. La vida contemplativa que había descubierto en Williamsburg me había dado algo, un sentimiento de intemporalidad, un desfallecimiento de las ansias, que no había conocido antes. Deseé poder vivirlo todo lentamente, en una vida minuciosa y diminuta, cerca de mi pasado. Una mezcla extraña de decepción y esperanza tranquila. En cierto modo, me sentía indestructible. Podía soportarlo todo. Y entonces recordé una vieja historia; el caso que les había sucedido a unos conocidos: su familia compró un terreno en el campo para construirse una casa. Durante años no tuvieron dinero para edificar, y se limitaban a visitarlo regularmente y merendar en un montecito, el elemento más atractivo del lugar. Les gustaba tanto visualizarse a sí mismos siempre allí que, cuando por fin construyeron su casa, la pusieron en su cima. El montecillo desapareció. No se dieron cuenta de que al suplantarlo lo destruían y lo perdían.[1] Seguramente me sentía deteriorado y envejecido cuando volví a Europa.

3

Visité Madrid. No podía evitar la visita y algo interior –un deseo irracional– me impulsaba además a hacerla. Una necesi-

1. Jane Jacobs, *Muerte y vida de las grandes ciudades.*

dad extraña, de nostalgia anticipada, me empujaba. Sabía que iba a encontrarme con un Madrid desaparecido y que eso iba a ser doloroso, pero también sentía deseos de experimentar ese dolor para curarme de él cuanto antes. Emplear la palabra *trágico* quizá sea demasiado fuerte para expresar ese momento de toda vida en que experimentamos cómo nos ha abandonado nuestra posesión más preciada, el pasado. Intuimos entonces que, a partir de ese momento, sólo podremos resucitarlo como fragmentos, como pequeñas piezas de recuerdo levemente interconectadas entre sí. La vida, con la vejez, deja de ser un todo.

Encontré un Madrid crecido, mucho mejor en muchos sentidos, más lleno de vida y de brillos, más cómodo, más sabio. Disfruté también de echar de menos el querido, viejo y polvoriento Madrid aldeano de mi adolescencia, aquel otro lugar más pequeño que había empezado por aquellos tiempos a crecer conmigo. En los últimos años, por unas u otras razones, apenas lo había pisado. Había hecho noche en hoteles a los cuales un taxi me llevaba, agotado, a última hora desde el aeropuerto. De ahí, al día siguiente, de nuevo a otro vuelo. A lo sumo, pisaba el edificio de una editorial o una redacción que ya empezaban a estar en las afueras. Más tarde, lo simplifiqué alojándome en hoteles cercanos al aeropuerto. Desde mi primer ordenador portátil, cuando supe solventar los problemas de pulsos o tonos para conectarme a las líneas digitales del momento, Madrid desapareció de mi horizonte y ya sólo pisé algún restaurante en la capital, una isla en medio de un paraje extraño, de día o de noche, algún figón aerodinámico con pretenciosa decoración según la moda orgánica de aquellos años.

Pero aunque los dioses son mortales, por manifestaciones del tiempo cíclico resucitan y regresan.[1] El primer día que volví a pisar de verdad la calle madrileña vi el anuncio de una exposición de Sigfrido Martín Begué y decidí ir. Nunca había sido muy aficionado a la pintura, pero ahora, después del reinado feroz de las instalaciones en los museos, la verdad es que echaba

1. Octavio Paz, *Los hijos del limo.*

345

de menos el simple arte de los pinceles. Me sorprendí de lo mucho que disfruté, y después de eso no pasaba día sin que entrara en una galería. Madrid me dio más de lo que esperaba en ese sentido. Encontré pintores muy buenos. Muchos eran hombres sin suerte, no famélicos pero sí olvidados por el río de la historia que se cocía en otras capitales muy lejos de allí. Ya habían renunciado a conquistar esos mercados y se consolaban con la locura o la introspección de su propia obra, pero he de decir que encontré muchas más obras valiosas de las que pensaba. Viniendo como venía del mercado principal, donde imperaba una formalización absoluta de criterios que, aun siendo del siglo pasado, todavía se creían rompedores, la simple pasión e individualidad desacomplejada, el no tener nada que perder, beneficiaba a aquellas obras olvidadas.

Una tarde, vi en un afiche una imagen que creí reconocer. Era un cuadro inspirado en una fotografía. Una mujer de mirada suculenta y un hombre de ojos pequeños estaban parados, retratados de cuerpo entero, sobre la acera. Separados por algo más de un metro, ella, que estaba delante, giraba el cuello y lo miraba a él. El varón miraba lejos y disimulaba. Llevaba un bebé bajo el brazo. Literalmente, bajo el brazo, colgando. En la mirada de los dos: el amor y la satisfacción de su propio amor. Parecían hermosos. Entendámonos, no provocaban el sentimiento de belleza sino la vital plenitud de la hermosura; la belleza es al fin y al cabo un italianismo que pertenece a las estatuas y lo destila gente de mucha pamplina. La belleza es cosa terrible y espantosa; en el seno de ella, las dos riberas se juntan y todas las contradicciones coinciden. Lo más horroroso es que la belleza no sólo es aterradora, sino también misteriosa.[1] La hermosura, en cambio, siempre parece tener la naturalidad de un simple hecho biológico.

Yo había conocido a aquellas figuras protagonistas. No recordaba cuándo ni cómo, pero las tenía muy presentes. Vestían de una manera inconcreta, nada demasiado propio de ninguna

1. Fiódor Dostoievski, *Los hermanos Karamázov*.

época, pero enseguida supe que eran de los ochenta. Quise ver el cuadro y me enteré de dónde se exponía. Dos días después, por la tarde, una vez acabado el trabajo, cogí el metro y me llegué hasta la calle del Barquillo, donde estaba la galería. Quedaba poco para cerrar y no pude estar todo el tiempo que habría querido delante del cuadro, que me gustó mucho. No pude recordar así, a bote pronto, pero el misterio permanecía. Pedí ayuda a mi inteligencia, lo cual es una cosa de los hombres, quienes han inventado mil sistemas para conocer la regularidad que existe entre los más ordenados fenómenos de la naturaleza.[1] Decidí volver un día que tuviera más tiempo y más despejada la mente, y también incluso informarme del precio del cuadro. Cuando llegó el sábado estuve una buena media hora larga merodeándolo sin ningún resultado positivo, pero pasé treinta minutos excelentes. Hacía que algo intentara asomar en mí con mucha fuerza desde muy lejos. Quizá por eso, y también porque al fin y al cabo significaba un dispendio considerable, decidí no comprarlo. No habría resistido vivir hipnotizado por el misterio de ese cuadro en mi habitación (porque, de comprarlo, estaba claro que su único destino posible era el dormitorio). Preferí conservarlo así: el misterio y la magia de lo perdido que vuelve oculto a medias en la memoria. Me acerqué a las figuras para despedirme y sentí el anhelo de hacer un movimiento absurdo cuando estaba muy cerca del cuadro: besar su superficie de una manera casi sagrada, suavemente, deleitándome, y luego salir bruscamente de aquella galería y aquella calleja y olvidarlas para siempre. Pensé que vaya tonterías que se me ocurrían. Podría hacerlo y nadie me vería porque la galería estaba casi vacía, pero detestaba los infantilismos. Con esas bobadas y una sonrisa en la cabeza, estaba poniéndome el abrigo y echándome la bufanda al cuello cuando –lo recuerdo perfectamente– se me escapó con jovialidad una especie de inesperado suspiro y entonces oí una voz a mis espaldas que me llamaba por mi nombre.

1. Jordi Llovet, *El sentit i la forma*.

–¡Cárdenas! –dije–. Esto sí que es una sorpresa.

–No tanto, no tanto. Soy amigo de los dueños. Me dijeron que se había pasado dos veces un famoso y me faltó tiempo para escaparme en sábado. Te reconoce más gente de lo que te crees. Pedí a la chica de la sala que me avisara al móvil si volvías a aparecer. ¿Tú la has visto bien? Está buenísima. –Le hizo un gesto de simpatía desde lejos con la mano. Ella contestó complaciente–. Iba a pedir que te pusieras al teléfono pero me dijeron que estabas tan embelesado que calculé que llegaba a tiempo de cazarte. La moto sigue haciendo maravillas en el tráfico de aquí.

–Me había quedado embobado con ese cuadro. Me ha gustado muchísimo.

–Ya. Traficantes y ninfómanas, no me extraña. Sigues con el gusto de siempre.

–No te burles. Me suenan muchísimo los protagonistas. Parecen estar condenados a decir algo muy diferente de lo que quieren decir.[1] Estoy seguro de que eran de los ochenta.

–Ya.

–¿Los conoces?

Me miró con la sonrisa incierta de siempre y, con la misma sonrisa, miró lentamente el cuadro como si saludara a unos viejos familiares. Yo aproveché para mirarlo a él. Tenía el pelo un poco más retirado y algo más largo por detrás. No habría podido señalar ni una sola cana, pero sí reflejaba un cierto tono gris casi indetectable. Pensé –nunca lo había pensado de nadie de mi generación– que Cárdenas era bien capaz de teñirse, pero lo descarté, era mi día de bobadas.

–No. No los he visto en mi vida –decidió finalmente.

–Julio –se oyó. (Casi no me acordaba de que se llamaba Julio, un nombre que nunca habíamos usado entre nosotros.) Dos mujeres rubias, altas, que estaban unos metros más atrás que nosotros, le llamaron por su nombre–. Vamos a hablar con Rita para comprar el paisaje nevado. Ya sé que no deberíamos,

1. Paul de Man, *Blindness and Insight*.

pero me he encaprichado. –Y él hizo las presentaciones. Luego nos dejaron para hablar con la encargada. Le pedí que me contara.

–Pues bien, soy un padre estupendo y un esposo cumplidor. Tengo dos hijos. Chico y chica. Pero Adela es mi pasión; pareja o amiga, como quieras llamarla. Toda una sorpresa. Una mujer de gusto. Una belleza, como ves, y un verdadero camarada. La conocí hace años. Creo que somos incluso primos, lejanamente, digamos. Para estas cosas, nunca he tenido ninguna idea preconcebida, simplemente me he dejado llevar, como siempre; pero Adi es la primera mujer con la que he bebido y hablado como con un hombre, a pie de barra, como en aquellas charlas en las que arreglábamos el mundo de adolescentes.

–O sea, una auténtica madrileña.

–Por supuesto, tan natural, sana y brillante como cordón de aceite sobre el pan.[1] No me di cuenta hasta que ya nos habíamos acostado varias veces. ¿Sabes? Es rarísimo encontrar eso. Al menos yo. Venga, no te rías. Sin coqueterías. Por supuesto, una auténtica madrileña. ¿O qué te creías? En esta casa sólo lo mejor de lo mejor.

–Pensé que era tu mujer.

–Mi mujer es una persona estupenda, y que la aguante sólo a ratos es problema mío. Pero Adela es mi pasión. Quede bien claro, mi pasión. Tú de eso no sabes nada, pobre artistilla de tres al cuarto.

4

Terminé instalándome en la capital. La presencia de Cárdenas creo que influyó en ello. En esos días me sentía solo y desorientado, y vernos de vez en cuando me animaba. Las cosas parecían marcharle mucho mejor que a mí. Había conseguido

1. Andrés Trapiello, *Rama desnuda*.

abrirse camino asesorando a empresas farmacéuticas y hecho un matrimonio ventajoso. A través de esa unión, había entrado en posesión de fincas en Segovia. Yo, por mi parte, tenía la casa del Ampurdán. Podía venderla o alquilarla e instalarme donde quisiera. Primero pensé en Barcelona, mi ciudad de nacimiento; pensé en el mar, en sus inviernos cortos de apenas un mes, pero también me atraía Madrid, con su mayor actividad y su mercado más poderoso. Entonces, un amigo me habló de un apartamento que quedaba libre cerca del madrileño parque del Retiro. El precio me convenía y desde aquel lugar podía intentar gestionar mi precario trabajo instalado en el centro de la península. Fue una época apesadumbrada al principio (la pobreza en Madrid tiene que ser resignada o cursi),[1] pero pronto entró en una fase de rutina cotidiana; una rutina leve, agradable, de objetivos diáfanos, concretos y ligeros. Se iniciaba una fase de crecimiento económico en el país. Mientras todo el mundo se encaminaba de nuevo hacia la línea de salida de la carrera de la prosperidad, yo llegaba empobrecido y agotado, pero habiendo conservado (e incluso recuperado) lo esencial.

Había vuelto al viejo minimalismo de tocar a solas la guitarra en casa. Conservaba algunos secuenciadores y grabadoras de la época anterior, pero no los usaba mucho. Mi equipo estaba incompleto y no tenía ganas de volver a empeñarme poniéndolo al día. Recordaba los viejos tiempos inocentes en los que lo esencial de una canción, de cualquier representación sobre el escenario, eran las líneas maestras de una melodía o un texto sencillísimo; cuando lo importante era su capacidad de transmitir emoción, por compleja o sutil que fuera. Fue una suerte que entonces se pusiera otra vez de moda durante cierto tiempo el «menos es más», lo básico, la vuelta al despojamiento. Pensé que todos esos antojos teóricos había que aprovecharlos en favor de mi situación económica: prescindí incluso de la guitarra eléctrica y me dediqué a la vieja guitarra española de madera que me acompañaba en las performances sólo con imágenes y voz. Cáli-

1. Leopoldo Alas Clarín, *La Regenta*.

do sonido de guitarra clásica. ¡Cómo resplandecen los clásicos! Iluminan todos los rincones oscuros de este mundo. No conocen la noche.[1]

Descubrí algunos esforzados samaritanos que sabían quién era yo, conocían el trabajo hecho en Williamsburg y la pequeña fama atesorada los últimos años, tras abandonar los grandes eventos de disc-jockey. Era un tipo de gente con la que me encontraba cómodo y fui aceptado en su difuso círculo sin que preguntaran demasiado. Me proporcionaban buena conversación, interesantes consejos y una ayuda distante, desapegada, tan sólo para pequeñas cosas pero cosas que afectaban a aspectos prácticos y concretos, muy útiles, de la vida diaria. Tenía una funda de guitarra del tipo mochila y llevaba mi guitarra de madera a sus reuniones de amigos. También conseguí una bicicleta. Sobre la bicicleta y con la guitarra a la espalda me desplazaba de una reunión a otra, de un ensayo a una negociación, de una cita a la siguiente, y acudía a algunas fiestas de mi pequeño círculo de amistades. Ya no eran fiestas desordenadas y abiertas en pisos pobres como antes. Ahora se trataba de reuniones de amigos, esferas más cerradas que se citaban en espacios más amplios, pisos burgueses, áticos con terrazas amplias hacia el horizonte ciudadano. Las frecuentaban pintores, escultores, artistas plásticos; un personal entre el que me encontraba al abrigo pero levemente desplazado en la medida en que me sentía un intruso, un impostor. Al fin y al cabo, yo no había entrado en aquel mundo por voluntad sino más bien de casualidad. De cualquier modo, puesto que parecían apreciar seriamente mi trabajo, me suministraban un punto de calidez y un sentimiento de cierto agradecimiento servil hacia ellos. A veces, pedían que con mi guitarra interpretara algo de una manera informal, entre amigos, y yo lo hacía. Por supuesto, buscaba entre mi repertorio lo más accesible. No se concebía ya que no apareciera sin mi guitarra (que, amortajada en su funda, era depositada en un armario ropero o un sofá olvidado hasta que indefectible-

1. Willa Cather, *My Mortal Enemy.*

mente era reclamada para animar la subida del alcohol). En cierto modo, mi figura recordaba la del ventrílocuo aficionado que va a las fiestas acompañado de su muñeco. Es difícil para un hombre hablar por extenso de sí mismo sin pecar de vanidad,[1] pero he de reconocer que los arquitectos y los escultores siempre comentaban cuánto les gustaría saber hacer aquello: tocar, pulsar un instrumento con los dedos, crear una canción moviendo el aire, hacer cantar a la gente fugazmente y que luego todo se diluyera en la misma atmósfera después de haber hecho su efecto. La palabra *contingencia* se había puesto de moda, y si no eras contingente no servías para nada. Desde joven, siempre había creído que mi labor sólo requería invertir un montón de horas en aprender a manejar un instrumento, fuera electrónico o no, y también que lo mínimo que se puede esperar de un arquitecto o un escultor es que su obra esté hecha para durar. Pero callaba, porque un silencio enigmático, bien administrado, tengo comprobado que siempre da aura de misterio y autoridad al artista.

Una semana después de mi trigésimo noveno cumpleaños, en una de esas reuniones informales celebrada en un piso frente al Congreso de los Diputados, el repique cantarín del timbre de la puerta dejó paso a una amiga de los dueños que venía encaramada en unos tacones negros, con un vestido ceñido del mismo color con la falda a medio muslo y el pelo castaño recogido sobre la nuca en una fantasía caprichosa. Ese día estuve especialmente animado. No se me ocurría gran cosa que decirle, pero las pocas veces que la conversación nos hizo cruzar unas palabras percibí en ella una sonrisa alentadora. Como me pareció que le agradaban los especímenes enérgicos, ese día estuve especialmente resolutivo y no se necesitaron demasiados ruegos para que cogiera la guitarra. Cuando todo el mundo estaba ya muy borracho y disperso, se dirigió hacia mí y comentamos lo que había tocado. Me dijo que yo estaba en lo cierto, que llevaba mucho tiempo rodeada de artistas plásticos y que al oírme

1. David Hume, *My Life.*

interpretar había pensado que mis canciones eran una acción artística imparcial, pero no por ello neutra, orientada con sencillez hacia la forma, si quería saber su opinión. Y eso por lo visto era bueno. Yo por supuesto estuve de acuerdo, más fascinado cuanto menos entendía. Algo dentro de mí aplaudía sonoramente cuando levantó los brazos para arreglarse, de un modo inconsciente, un tirante del vestido, dejándome ver un hueco marfileño y rasurado. En Gracia, lo mental discurría siempre de puntillas, en feliz y ligero equilibrio por el filo agudo de lo sensual. Estaba divorciada y esa misma noche, sin esperar a la segunda o tercera cita, dormimos juntos en su casa. Cuando la despojabas de su ropa, de sus infatuaciones, de sus teorías sobre el gugú y sobre el dadá y de sus ansias teóricas, poseía el innato reflejo prismático, felizmente egoísta e infantil, de un verdadero espíritu sonriente.

5

Como continuación de lo leído y precedente de la página que sigue, debo encaminar mi estrella al territorio amoroso.[1] Aquel grupo de gente que con tanta generosidad me acogió poseía un nivel de conocimientos y cultura ligeramente superior a la media. Gran parte de ellos procedía de familias que, durante la generación inmediatamente anterior, habían disfrutado de buen poder adquisitivo y cargos en la administración. Conocían bien los canales de difusión cultural que se gestionaban con dinero público, de lo cual sin duda me beneficié a través de su amistad. Pero uno no dejaba de percibir entre ellos la inquietante sensación de que su influencia había mermado, de que habían perdido los reflejos para manejarse con el dinero, y prolongaban de una manera pasiva los privilegios del pasado no tanto por incapacidad de ver la realidad como por no saber cómo defenderse de ella. En algunos casos, parecían simples

1. Pablo Neruda, *Residencia en la tierra (El joven monarca)*.

arribistas de izquierdas con buena agenda familiar. Dudé si yo sería simplemente un arribista más. Cárdenas decía que él, en cierto momento de su vida, también había sido arribista de izquierdas, pero brevemente, porque se había dado cuenta de que, para eso, ser arribista de derechas cundía más. Si tal cosa me interesaba, afirmó, ya me presentaría arribistas de variados tipos. Ahora bien, no me podía garantizar que todos pertenecieran al mundo de la cultura.

Cada vez que invité a Cárdenas a algunas de aquellas reuniones el resultado fue espantoso. Se las arreglaba para hacer o decir algo que enfurecía o molestaba a alguien, lo cual a él le daba igual en absoluto. Un venerable editor trajo a una de esas fiestas domésticas a la heredera de una importante familia de la Costa Brava. Acababa de salir de la adolescencia pero ya tenía la mirada sagaz de quien sabe que es bella, rubia, rica y debe llevarlo con la obligada levitación y modestia, puesto que la gente tiene su amor propio. El resto de su vida no necesitaría acercarse a nadie ya que todo el mundo gravitaría hacia ella. «Es preciosa», dijo Cárdenas, en voz demasiado alta, y añadió: «Debe hacer una caca finísima.» Esa mención a las sinuosidades de su aparato rectal no fueron muy bien acogidas. Siempre hacía o decía ese tipo de cosas, y en pocas visitas, sin necesidad de aclarar muy bien las causas, fue considerado un tipo perfectamente detestable. Una de las personas que lo veía con más horror era Gracia de los Ángeles, quien precisamente se había convertido en la principal razón de que yo no me alejara demasiado del círculo de gente que frecuentaba. Él la había visto una vez, dos veces, un número infinito de veces. Había pasado junto a ella y no había borrado su presencia. Que ella no supiera nada de él, nunca lo había dudado. Ella le ignoraba, él aceptaba su ignorancia.[1] Era nieta, hija y sobrina de una casta de funcionarios de los tiempos franquistas. Cuando aún era muy joven, había militado brevemente en un grupo armado anarquista, muy agresivo de intenciones, pero absolutamente inofensivo de

1. Maurice Blanchot, *La espera el olvido.*

resultados. Afortunadamente, nunca se vio relacionada con ninguno de sus desaguisados criminales.

Sus meteduras de pata y excesos eran antológicos, nunca ofensivos como en Cárdenas, aunque no menos llamativos. Su gran orgullo era haber conseguido convertirse, de una manera un tanto alocada, en una mujer independiente. Siempre hacía lo que le venía en gana, no permitía que nadie criticara su elección de amistades. Salía como, cuando y con quien quería y tenía a gala sostener opiniones estrambóticas, muchas veces contradictorias o suicidas, pero siempre originales. A sus treinta y cinco años, todavía era buena moza: cabello castaño oscuro, alta, con un aire marcial en la mirada cuando escuchaba y de traviesa dulzura cuando hablaba. Tenía un esqueleto magnífico y elasticidad de gata en los movimientos. Sus labios eran su punto fuerte, porque los tenía inflados y turgentes pero sin perder el poder de ser muy expresivos. Disponían de una amplia gama de rictus comunicativos, pequeños gestos, imperceptibles contracciones, que cuando se ponían en marcha podían devolverle a uno instantáneamente a la infancia con la misma eficiencia que la forma alegre de sus pechos. Pero sobre todo su principal don era la animación, provocando en todos la sensación de que estaban participando en lo que sucedía a su alrededor.[1]

Gracia era, además, la más fiel y exagerada admiradora de mis canciones y escritos, de mis improvisaciones escénicas y de mis tonterías. Probablemente fue la única persona que en toda mi vida creyó de una manera veraz, sostenida, en mí y en mi talento. Al fin y al cabo, mi primera mujer nunca había entendido muy bien lo que yo hacía. Compartió conmigo principalmente el éxito y los viajes, y se alejó cuando las cosas empezaron a ir mal. Sabía de mi carácter imaginativo, soñador, de mi talante emprendedor y versátil. Y sabía también de la desconcertante y muy aparente seguridad en mí mismo que no suele acompañar a esos temperamentos. Creo (vamos, estoy seguro) que eso le gustaba. Sabía también de lo que ella llamaba difusamente

1. Stendhal, *La cartuja de Parma*.

mi «personalidad», mis «dotes», mis «inclinaciones». Pero luego supe que fue sólo más tarde cuando se dio cuenta de la particularidad de que yo leyera lo que ella llamaba un número «asombroso» de libros, por mucho que lo hubiera hecho siempre delante de sus narices. Por suerte, la frenética movilidad de mi agenda y la eficacia anticonceptiva impidió encontrar el momento para que mi esposa y yo tuviéramos hijos. En Gracia, esa asignatura pendiente le quedaba ya lejos. Había concebido dos, recién casada, apenas salida de la adolescencia, como tributo a la época hippie. Los había tenido tan joven que apenas habían dejado huella en su figura. Cuando la mirabas, raramente veías en ella a una madre; era demasiado ligera, miraba siempre lejos, conservaba todavía el aura atenta de gacela peligrosa que pocas mujeres conseguían mantener más allá de la juventud.

Nunca entendí del todo por qué respetaba tanto mis creaciones dado que, en el resto de las cosas de este mundo, nuestros intereses apenas coincidían. Pero era sincera en sus apreciaciones y entendía con seriedad lo que yo hacía. Su cálido compañerismo me hacía sentirme muy cómodo, lo cual me ponía en serio riesgo de enamoramiento a pesar de saber que ella no me amaba. Me avergüenzo de haberme dejado, por un momento, llevar por la música de su rostro.[1]

Gracias a ella, esos meses se deslizaron con suavidad, sin responsabilidades. Después de años de juicios, de que la velocidad de mi respiración dependiera de una bandada de togas negras y de documentos indescifrables, era muy agradable dejar pasar los días sin un objetivo o una obligación demasiado inmediatos. Fue una época muy tranquila, tan reducida a lo imprescindible que la única cosa que atentaba contra mis nervios era la eterna construcción de un edificio de oficinas frente al piso que había alquilado. Sus obras ruidosas, que parecían no ir a acabar nunca, me despertaban muchas veces por las mañanas antes de lo que hubiera querido.

1. Josep Palau i Fabre, *La rosa.*

6

Un día en que un asunto de trabajo le había llevado hasta el barrio de Salamanca me tropecé casualmente por la calle con Boris. Vestía de oscuro, con un abrigo largo de cachemira, y olía a desinfectante. Venía del dentista y estaba vulnerable y dolorido. También desocupado, porque era implanteable trabajar en aquel estado enervado. Lo había intentado, pero no tenía la mente clara como para ello. En casa no lo esperaba nadie y se encontraba desorientado, aturdido e incapaz de pensar o decidir. Pobre Boris, ratón ciego por un día en el mundo del trabajo. Todas esas circunstancias (y el hecho de que aquel día de otoño templado no me apeteciera recluirme a escribir debido al tiempo estupendo, proclive al paseo) contribuyeron a que, por primera vez, pasáramos gran parte del día juntos. Buscamos un lugar donde fabricaran algo que él pudiera ingerir (sopa de calabaza) y pasamos un día entretenido hasta la hora del atardecer, hora en que volví a mi escritorio. Resultó que había sido antiguo habitante del barrio, y me enseñó algunos de sus secretos. Había perdido mucho pelo y estaba infantilmente orgulloso de haber habitado el mismo barrio en el que vivían algunos miembros de la familia real (y también, por lo visto, de que yo participara ahora de ese privilegio). Seguía viviendo mentalmente a tres manzanas del parque del Retiro y a cuatro siglos de la Revolución Francesa. La Ilustración era para él un sarampión que sólo se había contagiado a otros.

La imagen que tenía de mí, debido a lo que había leído sobre mi persona en los últimos años, era precavida. Se mezclaban en ella el miedo a los vicios, a las historias oscuras, las habladurías y el narcotráfico en versión televisiva; pero bastaron veinte minutos hablando de Borges para que se evaporaran sus recelos y volviera a ser el niño que fue mi compañero en el colegio; aquella simpática ignorancia que le hacía incapaz de artificios.[1] Me preguntó cómo eran las obras, las canciones y las

---

1. Joaquim Ruyra, *Aniversario*.

performances que yo hacía y le dije que eran una acción artística imparcial, pero no por ello neutra, orientada simplemente hacia la forma, no sé si sabes a lo que me refiero. Boris dijo que vale, muy inseguro con la escasa noción que tenía de la actualidad del momento. Pese a la ortopedia intelectual y social que al crecer había cuajado en torno a él como un exoesqueleto, conservaba, concentrado en alguna nuez de su temperamento, un trazo de pequeña demencia muy singular: accedía con facilidad a súbitos estados de entusiasmo infantil. Era un entusiasmo ingenuo con toda la verdad de la mente de veinte años atrás. Seguía viendo a Isma y a Simó. El primero defendía mi trabajo y el segundo lo denostaba, según me contó, pero ambos me seguían apreciando. Los dos se habían casado: Isma hacía poco, después de unos años de convivencia con su pareja, y Simó ya hacía mucho tiempo. El propio Boris seguía soltero y sin novia. Quedamos en que no estaría mal que organizara un encuentro con los viejos amigos un próximo día. Yo me comprometí a traer a Cárdenas, a quien hacía años que no veían. Le dije que de quien me había acordado mucho últimamente era de Ramón, de su proyecto de aislamiento y soledad, y que tenía ganas de saber cómo le iban las cosas. También le dije que valdría la pena intentar retomar el contacto con Omar, aunque sería difícil si seguía viviendo en París. Boris, con su habitual, casi inhumana, indiferencia de buen salvaje, no pareció muy interesado, pero me dijo que estaba al corriente de sus andanzas y me puso al día. Con quien más contacto conservaba era con Isma y con Simó, de quienes obtenía noticias de nuestros viejos amigos: Ramón había publicado ya varias novelas y se estaba convirtiendo en un escritor de cierto prestigio; sin combate, sin oposición, sin prueba, por una especie de acuerdo tácito.[1] El problema es que no lo leía casi nadie y no salía en los medios de comunicación. Su prestigio venía dado por el reconocimiento de la crítica y por el hecho indisimulable de que cualquiera que se acercara a uno de sus libros terminaba reconociendo que es-

1. Alexis de Tocqueville, *La democracia en América*.

cribía como los ángeles. Sin embargo, ese reconocimiento no le daba por ahora ni gran popularidad ni ingresos económicos. Según me contó Boris, Isma hablaba de Ramón con mucho respeto; decía que iba en serio. La brillante bestia intelectual en que Isma se había convertido se notaba que tenía muy orgulloso a su amigo Boris. Me confió que, aunque muy pocos lo sabían, Isma escribía ocasionalmente, en grupo con otra gente, algunos de los editoriales del principal periódico de la península, editoriales que muchas veces versaban sobre los asuntos más importantes de la actualidad y la alta política y llegaban a mucha gente. Su obsesión por la acumulación de conocimientos, por los datos verificables, había llevado a Isma a ocupar una posición muy informada y respetada; su prosa minuciosa y consecuente había hecho el resto. Simó también escribía unas columnas en una hoja local como divertimento, me contó Boris, y yo le dije que si todos sus amigos se habían casado y escribían, él era el único infecundo si exceptuábamos sus poemas de joven. Esa palabra, dicha por mí absolutamente en broma, pareció impresionarle mucho. Hasta diría que conservaba una extraña fidelidad a aquellos días en que decíamos, medio en chanza, medio en serio, frases grandilocuentes y escribíamos versos y cosas parecidas. Puede que, incluso, siguiera escribiendo en secreto. Me dijo que no era el único infecundo: a Dani Masem no le iban mal las cosas en publicidad pero sólo paría eslóganes y su pareja le daba muy mala vida. De Ander decía que aunque fuera un buen profesor y hubiera escrito un par de ensayos académicos, estaban tan claramente pergeñados para engordar su expediente que ninguna editorial normal había querido publicárselos. Sebas seguía buscando un lugar dónde escribir y no podía salirse del circuito de las revistas de música. Se llamaba a sí mismo periodista cultural (entre noble vergüenza y rabia lucha cualquiera de nosotros),[1] pero eso no se lo creía nadie, dijo. Mencionó luego dos casos que debían ser de compañeros suyos de trabajo que yo desconocía y finalmente me

1. Ignacio de Luzán, *Canción segunda*.

habló de las desgracias que había sufrido en los últimos tiempos el pobre Omar. Su trabajo en París había arrancado tan bien que había decidido convertirse en socio accionista de la empresa; pero precisamente entonces un cambio en el mercado hizo que tuviera que enfrentarse a una mala racha de grandes pérdidas. Atravesó problemas económicos que le llevaron a contemplar el proyecto de instalar su negocio en un país latinoamericano por razones de importación. Escogió Chile, desde donde hacía frecuentes viajes a Perú, Brasil y Argentina. Tampoco allí le fue bien, sufrió además un disgusto sentimental del cual no se sabían demasiados detalles y encima enfermó gravemente. Se trataba de una enfermedad seria, por lo visto, que había exigido tratamiento durante un año y medio y de la cual estaba reponiéndose en nuestro país, empobrecido y con ayuda de su familia materna.

7

Las desgracias de Omar me conmovieron; me resultaba muy difícil imaginarlo bajo el efecto del dolor; ¿resignado y animoso o tembloroso y hundido?, Boris no sabía y a mí me resultaba difícil visualizar en mi cerebro a aquel coloso, distanciado e independiente, en una situación tan penosa. La aceptación tan franca y orgullosa de su homosexualidad siempre nos había hecho percibirlo como una fuerza de la naturaleza, y la naturaleza no tiene ningún trozo, es la unidad de un todo, y en el instante en el que algo se trocea a partir de ella no es ya naturaleza.[1] Boris me ayudó con varios números de teléfono e intenté localizarlo infructuosamente los siguientes días, hasta que un mediodía antes de comer por fin conseguí que se pusiera al otro lado del aparato una prima suya que lo alojaba en su casa. Me dijo que Omar estaba bien, recuperándose, que no solía ver mucho a los viejos amigos y que en el momento en que yo llamaba había sali-

1. Georg Simmel, *El individuo y la libertad.*

do. Pregunté a qué hora iba a volver y si podía pasar a verlo. En la prima detecté una extraña cautela, pero por sus palabras entendí que le parecía mejor que fuera a visitarlo allá en la casa que quedar con él fuera. Noté también que mi voz y entonación le ofrecían, no sé por qué, cierta confianza. Me dijo hora y dirección y allí me encaminé al cabo de un rato. Preferí ir a pie porque la calle no estaba a más de media hora de donde yo vivía. La dirección era de un piso cerca de la parada de metro de Ibiza. Cuando llegué estaba su prima sola, que me hizo pasar y me invitó a una infusión. Era una mujer bajita, ancha de caderas, de pelo rubio ceniciento, cara de luna y ojos azules. La decoración de la casa debía de haberla heredado de sus padres, porque era mucho más antigua que ella. Me pidió disculpas y me dijo que Omar no iba a venir. Había hablado con él y le había anunciado mi visita, pero no iba a venir. Me pedía comprensión, me explicó que aún estaba muy afectado por todo, por los problemas que había tenido, por su enfermedad y su deterioro físico. Aunque de ninguna de esas cosas se le podía culpar a él, se sentía inseguro y mal de los nervios, todo le afectaba. Como me vio sinceramente preocupado, me dio muchos detalles y yo no dejé de preguntar durante la siguiente hora. Ella contó cómo, a veces, Omar cambiaba de opinión, a lo mejor reunía fuerzas y aparecía más tarde, pero preferí no quedarme. No quería que se sintiera incómodo. Lo que pensé y le propuse a ella fue una pequeña conspiración de cara a recomponer a Omar a través del trato con los viejos amigos. Ella me dijo que no sabía si sería posible, pero se mostró dispuesta a colaborar con nosotros en el caso de que así fuera. Se notaba que le quería de una manera muy emotiva. Cuando salí del piso se me ocurrió una idea un poco absurda. En la esquina más cercana existía un bar desde donde se veía el portal de la casa. Pensé en tomar algo allí y esperar a ver llegar a Omar para comprobar de qué manera la enfermedad le había cambiado. El presente parecía insoluble y era aburridísimo.[1] No tenía intención de acercarme ni de decirle nada, sólo verlo de lejos.

1. Jorge Ibargüengoitia, *Cine nostálgico*.

Pero esperé y esperé con el único resultado de emborracharme un poco, dado que para superar la impresión de tristeza pedí desde el principio alcohol fuerte. Cuando desistí –quizá hasta la noche Omar no apareciera por casa–, volví caminando a mi piso sin problemas. No estaba tan borracho como para no poder orientarme, pero tenía la cabeza pastosa y las obras del edificio en construcción de enfrente me levantaron un gran dolor de cabeza. Recuerdo que puse la televisión y no comí nada. Cuando anocheció, la súbita detención de los chillidos de las sierras, grúas y taladros me permitió poner la cabeza bajo la almohada y dormir un poco.

8

Al día siguiente, me levanté tarde y resultó que era festivo. Las obras del edificio de la esquina se habían detenido. Bajé por una suave pendiente entre las callejas a la arteria principal más cercana. Al otro lado de los muros de ladrillo de alguno de los colegios que poblaban la zona se oía el griterío de la chiquillería propio de las competiciones deportivas fuera de los días de clase. Excursionistas y atletas aprovechaban las últimas temperaturas templadas, ahora que se empezaba a acabar el buen tiempo. Por el bajo vientre de unas nubes infladas, táctiles, algodonosas, brilló al pasar el relámpago cristalino del pecho de una golondrina mojada. El sol, ese bribón al que queremos tanto, venció una vez más y encontró una grieta en el día que podía haber sido encapotado y se coló por ella para venir a saludar estas páginas de una manera resplandeciente, juguetona y cariñosa. ¿Vida es esto o ficción? ¿Soy feliz o sólo ingenuo?[1]

Con el aire tonificante que a veces dejan en los músculos las resacas modestas, benignas, fui andando por aquella avenida que descendía suavemente hasta el parque del Retiro. A veces, en nuestras latitudes, el otoño se resiste a marcharse y, un día cual-

1. Fet, *Muchas cosas amo.*

362

quiera, nos encontramos andando entre una atmósfera de luz diáfana mientras a nuestros pies se extiende una alfombra de hojas de variados colores entre el cobre y el ocre que revolotean traviesas y pacíficas. Allá arriba una nube solitaria, dentro de un azul planchado por la noche, respira tranquila. En la calle había muy poca gente. Al acercarse el invierno, la multitud de los festivos ya no hacía acto de presencia y se preparaba para prescindir del aperitivo en las mesas de los bares al sol de la acera. A la altura del cruce de Goya con Velázquez, llegó avanzando el sonido de unas sirenas seguido de dos motoristas, un autocar verde, una furgoneta blanca de cátering, otra furgoneta azul de la policía nacional y, tras ellos, un Mercedes negro de lujo con dos escoltas que protegían al equipo de fútbol que aquella tarde se enfrentaría a los locales. Todos los que paseábamos por la avenida con el deambular característico de un festivo por la mañana (ni apresurado, ni perezoso) dejamos de prestarles atención casi al mismo tiempo que desaparecían por el punto de fuga del callejero urbano. Y justo cuando en los subsiguientes cuarenta segundos el silencio, el rumor de la brisa y el tráfico en sordina se reordenaban plácidamente, avisté, entre los edificios, una aguja blanca, reluciente (la punta de la iglesia de la Concepción, donde dos ángeles pintados de blanco, sujetados con hierro a la cumbre del campanario, sostienen una imagen de la Virgen), mientras las campanas empezaban a sonar llamando a los fieles al culto.

Los estilizados ángeles de un edificio –que había querido ser una especie de neogótico racionalista y sólo había conseguido una variación más límpida y luminosa pero estéril– aspiraban a una espiritualidad apolínea, algo que hubiera podido emocionar a los fascistas de la década de los treinta pero que era inoperante simbólicamente en los tiempos cínicos, doloridos y llenos de remordimientos que me tocaban vivir. Ahora sólo sugería un intento de confrontar la trascendencia y las ideas sublimes con la vulgaridad de la existencia ordinaria, una incongruencia irónica, unos paralelismos que reflejan drásticamente las pretensiones humanas.[1]

1. Xavier Pericay y Ferran Toutain, *El malentès del noucentisme.*

Arcos ojivales, fachada blanca, una aguja que crece entre los edificios y una gasolinera en tonos naranja y azul al lado. A través de ese mundo de símbolos piadosos y oleoductos cromados, yo pisaba las aceras para acudir a una cita con Gracia. Caminaba con la alegría relajada, íntima, hija de la dilatación que provoca sentirse en posesión de un secreto dichoso mientras la humanidad, alrededor, bulle desconcertada. El mundo, para uno, retoza en paz por un momento: el paso muelle, las manos vivaces, el ojo lúbrico.[1] Un poco más allá, llegando al parque con el último eco de las campanas retumbando en mi cabeza, empotrada entre los edificios, estaba la iglesia de San Manuel y San Benito de los padres agustinos, con su lejano aire a Bizancio, al lado de la puerta de Alcalá, con sus pantallas de televisión en el atrio, su suelo de mármol, su rampa para minusválidos, su sistema de inhibición de telefonía móvil y sus consejos para marcar en internet la casilla tributaria favorable a la Iglesia en la declaración de la renta: un mundo de detalles a la medida de Boris y los suyos. Viéndolas restauradas, pude llegar a entender lo que podían haber significado para aquella mesocracia las iglesias de Nuestra señora de la Concepción o la de San Manuel y San Benito. Cipreses y palmeras en el pequeño jardín más allá de la reja forjada. A un lado, la valla de la iglesia de San Manuel, y al otro lado de la calle, la muralla de árboles del Retiro, bajo una de cuyas puertas enrejadas me esperaba Gracia: treinta y seis grados centígrados de temperatura humana.

9

Pasadas las navidades conseguí reunir en una comida a Boris, Isma y Simó con el propósito de contactar con Ramón y, entre todos, ayudar de alguna forma a Omar. Cárdenas dijo que no podía acudir pero que contáramos con él para la próxima. Todos tenían curiosidad por ver cómo estaba Cárdenas

---

1. Pico della Mirandola, *Carta a Hermolao Bárbaro.*

después de tantos años porque, según me contaron aquellos expertos, se hablaba de él con fuerza para un posible puesto de importancia: una dirección general o algo técnico dentro de la política. Les conté cómo lo había visto yo últimamente. Cuando estábamos en el postre, recibí una llamada de Gracia y le dije que pasara a recogerme, que estaba con unos viejos amigos. Se la presenté a todos y, por su expresión, vi que Boris se había quedado muy impresionado. Isma la trató con condescendencia, a la defensiva, y Simó se quedó mudo, como enfurruñado, lo cual para los que le conocíamos sabíamos que significaba que le había parecido tan hermosa que prefería no mirarla. Pero fue Boris quien instantáneamente le permitió libre acceso a su entusiasmo infantil. De hecho, un par de veces que hablamos luego por teléfono me repitió que era una «guapa chica». Que llamara «chica» a Gracia me hizo reír. El bueno de Boris no podía imaginar la descripción que ella le dedicaba: un Buda con abrigo de abogado del Estado, de quien habría que apiadarse regalándole una caja de condones. Temible Gracia.

Pese a su desacomplejado humor frente a lo carnal, cuando Gracia se acercaba al tema de una manera estrictamente individual y táctil, dejaba mucho que desear. Resultaba incapaz de conectar su chispa intelectual con las capas más superficiales de su piel y trasladar esa vivacidad a las células epidérmicas. Si su rigidez física dejaba entrever un fondo arisco, todavía era peor cuando, con la más cariñosa de las voluntades, intentaba mostrarse audaz o picante. Su actuación era tan torpe –tan grosera, tan de segunda mano– que se añoraba entonces a la criatura marcial y rígida de siempre, aunque sólo fuera para evitar la vergüenza ajena. Uno terminaba deseando echar un polvo pobre pero que devolviera a ambos la calidez y el cariño del ser más real, más natural. Descubrí que, de una manera paradójica, follarla era el camino más directo para evitar enamorarse de ella. La locura, desde ese instante mismo, se convirtió eternamente en lazarillo del amor.[1]

1. Félix María de Samaniego, *El amor y la locura. Fábulas.*

Unos meses después, tras comer en su casa, tuvimos una discusión por un tema de ese tipo que, durante un tiempo, afectó a los cimientos más profundos de nuestra amistad. Torpemente, quizá con poco tacto, intenté bucear en los motivos de ese fondo arisco para saber dónde residía su núcleo. Me trató de inquisitivo y dijo sentirse incómoda. Le recordé que lo que admiraba de mi trabajo sólo podía obtenerse saltando a las zonas de vértigo con los ojos abiertos, mirando a la oscuridad cara a cara, sin desviar la mirada; probablemente algo tan viejo y manido como la verdad de las cosas, de los comportamientos ante las dudas tenebrosas. Quise discutirlo brevemente y sin saña, sólo con el inevitable rigor.[1] No nos pusimos de acuerdo, los dos nos sentimos en cierto modo acusados, y aunque desde un punto de vista técnico no pudiéramos considerarnos ni pareja, ni novios, ni amantes, se puede decir que aquel día rompimos un poco.

10

Ese mismo atardecer, un poco después, frente a un aperitivo, le conté a Cárdenas cómo el día anterior, después de comer, había decidido acudir a un compromiso saliendo a dar un largo paseo con mucha antelación, montado en mi bicicleta y cruzando la ciudad. Era una manera de aprovechar el tiempo para dar vueltas en la cabeza a mis proyectos. Bajaba por la calle Arenal en dirección al Teatro Real cuando me topé con una gran aglomeración de gente que dificultaba el transitar de los peatones. Cuando me acerqué vi que se trataba de una procesión de semana santa y recordé que por aquellos días empezaban las vacaciones de Pascua. Alguno de los viandantes que veía interrumpido su camino se paraba a mirar. El espectáculo era colorista y llamativo. Sobre una plataforma paseaban la estatua de una Virgen que debía de proceder de una parroquia cercana.

1. Juan Ferraté, *Dinámica de la poesía*.

La escoltaban filas de hombres en traje y corbata, cubiertos con una capa blanca bordada con una estilizada cruz escarlata. Mujeres elegantemente vestidas con mantilla, medias y zapatos de tacón caminaban tras ellos llevando largos cirios en la mano. El tráfico rodado había sido cortado, pero los peatones que, como yo, se dirigían a sus quehaceres se filtraban discretamente entre las filas de la procesión. Los espectadores, que no eran muchos, se concentraban espaciadamente al filo del bordillo de la estrecha acera. Se podía avanzar, pero llegó un momento en que el estrechamiento de la acera formó un coágulo de espectadores y paseantes que impedía el paso.

Los que teníamos más prisa aprovechamos un hueco entre los espectadores y bajamos de la acera para seguir avanzando en fila india pegados al bordillo, entre la procesión y su público, con cierta reverente circunspección para no molestar. Deslicé la bicicleta que llevaba de la mano entre dos señoras que, con el aliento ardiente y seco por el ayuno,[1] protestaron un poco:

—Pero ¿dónde va, hombre?

—Y qué quiere que haga, señora. Por algún sitio tendremos que pasar.

Pero el público de la procesión en general era comprensivo, consciente de que había interrumpido el devenir de una calle muy concurrida. También los transeúntes eran pacientes, disfrutando en la calle de un pellizco de la música que eleva; del sudor y la transpiración del encaje que, frescos, nos ennoblece; de las súbitas ráfagas de brisa templada, las gotas de humedad viajando, vivificantes, desde los brotes de los árboles mientras atardecía. Yo, con mi funda de guitarra a la espalda y haciendo rodar la bicicleta de la mano, seguía la hilera, caminando junto al bordillo en paralelo a los hombres de la capa y a las mujeres, jóvenes y maduras, de mantillas blancas o negras, con sus cuidados vestidos de calle, sus peinetas antiguas, sus medias de lencería fina y sus faldas sastres. Toda la sofisticación del bordado transparente inventado por la humanidad, puesta al servicio de

1. Villiers de L'Isle Adam, *La tortura de la esperanza*.

367

aclamar a la divinidad. La fila india de los peatones que intentábamos pasar se compactaba a veces y nos acercábamos unos a otros. Delante de mí iba una muchacha baja y delgada hablando por su teléfono móvil. Caminando detrás de ella, se escuchaba con claridad su conversación:

–Mira, ésta es una cosa que has de hacer convencida. Si tú no estás a gusto, déjalo.

Pensé que parecían estar hablando de alguna relación y seguí la conversación de un modo casual pero alerta.

–Si lo entiendo. Es más normal de lo que te piensas. Oye, yo te he metido ahí, pero soy la primera en decirte que si no estás a gusto, si ves que te afecta, es mejor dejarlo.

Un estrechamiento de la acera unos metros por delante, que aglomeraba a público y viandantes, hizo que la fila se compactara y me acerqué más a ella. Casi choco con su espalda. Tuve que desplazar la bici lateralmente y, entonces, oí perfectamente más información.

–Yo me considero una actriz. Una actriz porno. Para mí es un trabajo. Lo vivo así. Lo tengo muy claro. Es una cosa muy personal, cada uno lo lleva a su manera. Yo pongo distancia, lo veo como una especialidad, pero tú, si hay algo que te tiene inquieta, ya te digo, déjalo y no le des más vueltas.

(Estoy seguro de haberlo escrito ya, pero ella volvió a decirlo y yo soy respetuoso con las decisiones de mis protagonistas. El arte, pienso, debe testimoniar la realidad para no convertirse en una torpe forma de onanismo, ya que las hay mejores.)[1] No podía oír lo que le contestaba su interlocutora, pero debía de hablar muy deprisa, debía de estar excitada, dado el acopio de energía que parecía hacer la muchacha cada vez que, después de escucharla un rato, hablaba para interrumpirla. Daba la sensación de que cortara un hilo de palabras a las que no había mucho que añadir. Era una muchacha pequeña, bajita pero muy bien proporcionada, delgada y poca cosa. Tenía el pelo moreno, cortado en media melena. Las puntas del cabello no le tocaban

---

1. Fogwill, *Muchacha punk.*

los hombros. Llevaba un vestido color burdeos que le sentaba bien, ceñido pero nada provocativo. Desprendía un aire atractivo de modesta elegancia. Hablaba con concentración pero también con desenvoltura. No parecía preocuparle lo que tenía alrededor, ni que la pudieran oír o se espiara lo que decía.

¿Sabes? Por un momento, lo extraño de la situación (estar escuchando las confidencias de una actriz porno en medio de una procesión católica, como un alienígena que de golpe se ha visto incrustado en ella) me llenó de sensualidad. El acceso a la intimidad carnal de aquella pequeña hembra contrastado con el panorama de las mantillas de encaje negro sobre los altos tocados de las señoras, las pantorrillas envueltas en finas medias, los zapatos de tacón alto, los caballeros cuidadosamente peinados envueltos en sus capas blancas, las cruces rojas, la ignorancia de toda esa ropa, rozando la piel, acerca de lo que ocupa el cerebro unos metros más allá de donde rezaban, me pareció el escaparate más sanguíneo, obsceno y porno de lo que es realmente el género humano. Supongo que no sé ver las cosas de otra manera, debe de ser por como funciona mi mente, el contraste, el humor de lo que somos, una vitalidad inmensa de caos, intenciones y obsesiones contradictorias, donde hay sitio para todo el mundo, donde mercadean todos los pensamientos. Quizá por eso tengo tendencia a inventar ese interlocutor que no ha aparecido, inventar con las palabras que dice los oídos que tendrían que oírlas.[1] No pude menos que dejar de fijarme en las ventajas, sobre todo de cara al plano de las películas en las que participaba, de lo pequeña que era la muchacha. Me refiero a que, al estar perfecta y bellamente proporcionada aunque fuera diminuta, eso provocaría que colocando la cámara de la manera adecuada –sin ningún otro objeto de referencia en el plano– la herramienta del coprotagonista, por mucho que fuera de dotación estándar, siempre parecería gigantesca.

–¿Y no intentaste algo para entablar conversación con ella? –dijo Cárdenas.

1. Carmen Martín Gaite, *La búsqueda del interlocutor*.

–Pues claro que no.

–Tú eres gilipollas.

–No. Calla. Luego iba a una reunión de amigos en casa de la hija de un pintor y llevaba prisa.

–Pues haber establecido contacto y la invitabas a algo unos días después.

–Venga. Como te puedes imaginar, uno no está muy centrado mientras camina paralelo a una procesión católica con una bici en la mano, una guitarra en la espalda y escuchando delante los secretos de una minúscula trabajadora del porno. Si hubiera empezado a dar detalles de su oficio, me habría estallado la cabeza. Llámame idiota –lo hizo–, pero lo que más me impresionó fue su ponderación, la naturalidad perfectamente equilibrada con que hablaba de su trabajo. No era la mujer más bella del mundo; era bonita sin llegar a resultar un espectáculo como para tirar cohetes, sin ornamentos, con el arreglo sencillo de una belleza que acaba de ser arrancada al sueño.[1] Su vestido no era ni caro ni barato pero sí funcional y resplandeciente, y, como caminaba pegado a su espalda, pude notar su fragancia; olía a limpio, olía bien. No pude verle los ojos más que de perfil, cuando giraba la cabeza, pero no había una mirada de frialdad práctica cuando hablaba de esas cosas, sino que *se preocupaba*. La única pupila que pude verle de medio lado era oscura y suave; transmitía sentido práctico, cariño y una idea tranquila pero clara de lo que hay que hacer. Como un comandante que quiere a sus tropas. En dos palabras: transmitía HUMANIDAD, no sé si me explico. Por un momento pensé que era práctica, vivaz, espabilada: la camarada perfecta. Alguien con quien, teniendo esa asertividad, compartirías sin dudar esfuerzos, quehaceres y trabajos, buenos y malos ratos.

–Y no le pediste el teléfono –dijo Cárdenas.

–¿No te das cuenta? En aquel momento concreto, habría compartido mi vida con esa pequeña hembra y, a la vez, habría escogido de concubinas (complacientes y de mutuo acuerdo) a

1. Jean Racine, *Britannicus*.

todas las bellezas, jóvenes y maduras, que no habían dudado en arreglarse con sus blondas y sus trajes para la procesión. Entonces fue cuando me di cuenta con más claridad que nunca, querido, de que yo no tengo encaje en este mundo. Nunca podré entenderme con mis semejantes.

–¿Y la chica?

Le expliqué cómo, cuando superamos la procesión, un poco más adelante, cerca de la plaza de Oriente, en cuanto se aclaró la multitud, giró a la derecha bruscamente y desapareció.

–A ti no te gusta la gente, compañero, pero estás buscando novia a la desesperada. Pensé que habías tenido bastante con un matrimonio.

Le conté lo que me había pasado pocas horas antes con Gracia. Cárdenas me miró en silencio, como si me atravesara con la mirada y se preguntara algo sobre mi persona. A veces me parecía que me miraba como si yo fuera un cretino que nunca iba a entender nada, y otras me parecía que lo hacía como buscando algo dentro de mí; como si pensara cuánto cuesta comprender en la vida los intrincados esquemas de los que cada cosa –incluso una simple postal– puede formar parte, y la temeridad que significa desdeñar algo por poco importante.[1]

11

A partir de las seis y media de la tarde, a finales de marzo, en el cruce de varios bulevares madrileños, un aire de pobreza tercermundista se mezclaba con otro de modernidad. Allí donde confluían las calles de Goya y Alcalá, la temperatura era templada, primaveral, y, a esa hora, la luz del atardecer aún era clarísima. Empezaba a anochecer una hora más tarde, a las siete o siete y media. La temperatura provocaba que los clientes –ansiosos ya de verano– llenaran por primera vez aquel año las terrazas. Las noches, a lo largo de la semana, empezaban a ani-

1. Graham Greene, *Nuestro hombre en La Habana.*

marse a partir del jueves. Un viernes, pues, en aquella zona, el tráfico era intenso con detención de los vehículos al borde de la acera para recoger peatones. Algunos conductores conducían despacio, incluso hablando a veces entre ellos. Otros pasaban a toda velocidad. Las iglesias quedaban oscurecidas por los faros de los coches. Descapotables caros, berlinas elegantes, utilitarios modestos, deportivos proletarios, motocicletas y, de pronto, el golpe de efecto de un Ferrari o algún dispendio sensacional que, tarde o temprano, una patrulla de motoristas de la policía paraba en una esquina para pedirle la documentación a su conductor.

El mundo cambiaba muy deprisa; en ese lugar, a medio camino entre centauro y rueda, en ese embarcadero de asfalto, me recogió Cárdenas con su motocicleta nueva. Yo llevaba mi guitarra a la espalda y me preguntó dónde iba con eso. Le respondí que la llevaba a todas partes y me contestó que aquélla no era una de mis reuniones de artistas, que no me iba a subir a una mesa para cantar panfletos y que, en cuanto llegara, sería mejor que la dejara en el ropero. Por supuesto, no le hice caso y me reí de su moto nueva, que en el fondo no era otra cosa que un scooter de lujo. ¿No te das cuenta de que el intervalo que se nos ha concedido está disminuyendo día a día y que el desenlace está teniendo lugar? ¿Y no es cierto que para evitar esta noción nos sumergimos en la velocidad? De tanta prisa, de tanta impaciencia, nuestras máquinas son la consecuencia y no la causa. No contento con correr, prefieres motorizarte hasta la perdición.[1] ¿Es que no tienes coche? ¿Y qué pasa si se pone a llover? Sabía perfectamente que tenía un BMW nuevo, que las cosas le marchaban prósperamente y que no había aceptado el cargo de director general de cierta administración pública porque sabía que se rumoreaba sobre ciertos negocios de su pasado. A pesar de ello, su situación de influencia le rendía mucho.

Le había pedido a Adela, su querida Adi, que organizase una cena con varios amigos. Una cena a la que pudiéramos in-

1. E. M. Cioran, *La caída en el tiempo.*

vitar a Boris, Isma y Simó, con el objetivo de que éstos, a su vez, atrajeran hasta allí al viejo Ramón Medinas y al renuente Omar.

Vi a Ramón, me dijo Cárdenas, y le expliqué lo que me contaste de Omar, pero creo que duda de la veracidad de como se lo conté, así que será mejor que se lo repitas tú. A ti siempre te hace más caso. Junto con Adela te hemos preparado una sorpresa, ya verás.

Ella vivía en un chalet de Pozuelo, estaba divorciada, con un hijo ya mayor, y disponía de espacio de sobra. Entre los invitados se encontraban algunos periodistas, un psiquiatra socialista, un par de escritores de discursos para el partido conservador y dos o tres amigas de ella. Ramón pensaba que venía a una reunión de amigos más reducida. Si lo llego a saber, traigo a mi mujer, me dijo. Había engordado un poco y perdido algo de pelo, pero tenía un trato y un porte muy distinguidos. Mientras estábamos de pie cerca de la puerta con una copa en la mano, alguien me tapó los ojos desde atrás y supe de qué se trataba la sorpresa de Cárdenas. Una voz familiar me saludó a mis espaldas, pero lo primero que reconocí fue el tacto de las yemas de los dedos sobre el arco de mis cejas y unas feromonas conocidas veladas por el aroma de un perfume caro. Cárdenas, con la colaboración de Boris, había conseguido que Isma y Simó trajeran a Amelia a pasar unos días a Madrid. Acababa de dejar atrás un nuevo divorcio y su número de ex maridos ascendía ya a una cifra astronómica. Lograba que sus antiguos esposos nunca hablaran de su ex mujer porque temían hablar de ella delante de alguien que la conociera mejor que ellos mismos.[1] En cinco minutos estaba torturando con bromas a Ramón, quien se ponía de color grana, junto al grupo que debatía animadamente en torno al bufé frío. Para ella, la concurrencia era mucho más estimulante de lo que había presenciado en los últimos tiempos. Los escritores políticos estaban muy interesados en oír las opiniones de Simó sobre Cataluña. El contraste de las risas

1. Montesquieu, *Cartas persas*.

de Amelia a las afirmaciones de éste nos llegaba desde lejos. Isma interrogaba a los profesionales para conocer los entresijos del trabajo de escribir discursos, supongo que como posible salida laboral. Cárdenas, con sus afirmaciones heterodoxas, también conseguía brillar. Así que, de una manera natural, cuando nos dispersamos con el segundo plato del bufé en la mano, terminamos los elementos más aburridos, Ramón, yo y Boris (el escritor, el músico y el registrador de la propiedad), sentados en la escalera que llevaba al piso superior y viendo a la gente a través de la barandilla. La manera de sacarnos de encima a Boris para poder estar a solas fue bromear con él sobre el adjetivo *infecundo*. Boris nos sorprendió diciendo que pensaba ponerle remedio pronto. Seguro que ya no os acordáis de Moisés, nos dijo. Ramón asintió con la cabeza. Ahora está bastante olvidado y ya no se oye hablar tanto de él, pero no ha dejado de hacer cosas: guiones para concursos de televisión y cosas así. Quiere dirigir su primer largometraje y me estoy planteando ayudarle a conseguir el dinero. Tengo un amigo productor que sabe de qué va la cosa.

Le preguntamos, por tanto, si había visto a Moisés hacía poco y nos dijo que no, pero que su amigo le tenía al corriente de todo y pensaba verlo pronto. Lo digo en broma, pero ya comprendéis que lo pienso en serio y lo veo en serio,[1] nos aseguró. Como aguantaba poco la bebida, tuvo que abandonarnos tras la segunda copa para visitar el baño. Ramón y yo aprovechamos para cambiar de lugar y quedarnos un rato a solas. Me pidió que le hablara de Omar y le conté lo que sabía y lo que había visto.

¿Y qué enfermedad tiene?, me dijo. Algo del hígado o el páncreas, no sé bien, le contesté yo. ¿Se va a morir?, preguntó. Le dije que por la actitud nada urgente de sus parientes no lo parecía, más bien sonaba como si se estuviera recuperando. Lo que no sabía es qué tipo de lío sentimental lo había hundido (porque estaba seguro de que eso era lo que le había pasado) y

1. Gabriel Ferrater, *Carta a Jaime Gil de Biedma del 13 de octubre de 1959.*

374

si ello había tenido algo que ver con la enfermedad. Tengo muchos amigos de nuestra época infectados de sida, dijo Ramón. Con las mejoras de la epidemiología ahora se puede sobrevivir. Hasta el noventa y seis caían como moscas, una simple infección dérmica se complicaba y se te llevaba por delante. Podríamos quedar con él por si necesita algo, dijo a la ligera.

Le contesté que no me parecía que fuera sida y cambié de tema para preguntarle por su carrera de escritor que por fin parecía arrancar. ¿Cómo se sentía siendo por fin un nombre reconocido? Me contestó que ganaba más con las colaboraciones en los suplementos dominicales que con sus libros y que en las fotos salía siempre con cara de gilipollas. Pero es lo que hay, me dijo, sin que pudiera saber si se refería a su cara, a las ventas o a ambas cosas. A pesar de ello, había sido asediado algunas veces por mujeres muy atractivas, bellezas morbosas de fama, y había sucumbido. Me pidió que por favor le guardara el secreto, se sentía muy mal por ello y amaba a su esposa. Con toda su bondad, no vendría a ser más que un holgazán tierno.[1] Creo que me lo contaba sólo porque pensaba que mi biografía de discjockey y rock simplificaba la explicación de esas tentaciones. Si se prestaba la debida atención, si se sabía mirar, uno se daba cuenta de que Ramón iba a estar rodeado de muchas tentaciones en sus próximos pasos porque había adquirido –voluntariamente o no– cierto porte aplomado, lo que las hembras de nuestra edad o un poco más jóvenes entendían como interesante. Su indiferencia intelectual le añadía una pincelada de virilidad. Le dije que me habían hablado muy bien de sus libros. Me contestó que no era más que un autor de libros elegantes. Verás, me confió, cuando pienso, veo en mi mente relaciones entre los hechos, entre el tiempo y los seres vivos que me parecen absolutamente geniales; cuando las paso al papel se quedan en simples acertijos elegantes y, si las intento explicar de viva voz, entonces sencillamente todo lo que digo me suena como el parloteo inconexo de un niño. Me confió que, al final, todo se

---

1. Kant, *Lo bello y lo sublime.*

reducía a tener una buena historia y un protagonista cautivador. No atractivo, decía, ni tampoco agradable, sino sencillamente cautivador.

12

Ya se habrán dado cuenta de que, como protagonista y narrador, yo soy una figura desastrosa: escasamente cautivador y torpe para la expresión. Debido a ello, desconfío del valor de este libro. Tomad un mapa y traducidlo en prosa: veréis como se va haciendo más complicado y exige cada vez más tiempo procesar la información que se sacaría de un diagrama de manera más fácil. Al final resulta una forma nada efectiva de comunicar información útil.[1] Mi lucha con las palabras es insólitamente dolorosa porque descubro que, a veces, modelo un montón de escombros con las manos y aparece una construcción que me deslumbra; otras, en cambio, dedico todo mi tiempo y energía a apilar los ladrillos de las palabras de la forma que parece más racional sin ningún resultado. En ambos casos, ignoro por qué ha sucedido así; lo único que he aprendido es que ninguna cosa verdadera puede decirse sin palabras hechas a su medida, sean éstas propias o ajenas. Esos fenómenos me resultan inexplicables, como la misma línea indetectable y quebrada de los sucesos de la vida. Precisamente, de esa manera ondulante o quebrada en que suceden las cosas, como reclamado por un conjuro motivado por hablar tanto de él, Omar reapareció por fin en un congreso de antigüedades en el Hotel Velázquez; un evento al que también debía acudir Amelia por causas de liquidación de una herencia. Cuando hablamos por teléfono, ella insistió en que yo debía acudir a encontrarme con el viejo canalla.

—Nunca te veo, últimamente.

—Eso tendremos que solucionarlo.

—¿Te sigue sentando tan bien la cazadora de cuero?

1. Stewart Home, *Acabemos con la luz de la luna.*

–Amelia, que estoy hecho un carcamal.

Le expliqué que ahora tenía lo que casi se podía llamar una relación estable. Una especie de pareja en la que ambos entrábamos y salíamos según el ritmo de nuestras sincronías y nuestros enfados. Ella conocía lejanamente a Gracia porque ambas tenían amigos comunes en Barcelona y a veces habían coincidido en algún acontecimiento social. Cuidado, es peligrosa, me advirtió; aunque no aclaró a qué tipo de peligro se refería porque volvimos al tema de Omar.

–He oído decir que las cosas no le van nada bien.

Bajo compromiso de confidencia le conté todo lo que sabía.

–Cuesta creerlo, ¿verdad?

–Claro, claro, me imagino.

Amelia, buen soldado, aprovechó aquellos días para congregar, un jueves por la mañana en la feria de anticuarios del Hotel Velázquez, a todos los viejos amigos que andaban en aquel momento por Madrid: Boris, Isma, Ramón, Simó, yo..., incluso consiguió que apareciera Moisés. Nos dijo que era *inexcusabilísimo* que acudiéramos. Le encantaban los superlativos; era una manera de dar carácter monumental a sus afirmaciones y, en caso de no haber ideas, servían para prolongar las frases.[1] De los que estaban en la capital sólo Cárdenas no pudo venir, y de la parte de Barcelona faltaron Ander, Dani Masem y Sebas la Histérica, a quienes ni siquiera se intentó localizar. El evento era muy adecuado porque era brillante, pintoresco y llamativo aunque indescifrable si no eras un experto en el tema. Omar, que no había sido puesto sobre aviso, llegó al lugar y, por supuesto, sospechó de la concentración de amistades escolares, pero no comentó nada al respecto. Apareció con gafas de sol y no se las quitó en ningún momento, ni siquiera bajo los techos y las arañas de los salones del hotel. Tenía el pelo tan fino como de joven, aunque todavía más escaso y oscurecido; hubiera apostado, esta vez sí, a que se teñía. Estaba muy delgado y sus reconocibles mofletes de sapo se hundían en las mejillas, pero no parecía tener

1. Machado de Assis, *El señor Casmurro*.

mala salud pues se movía con agilidad y energía nerviosa. Daba la sensación de que su delgadez correspondiera más bien a algún tipo de ascesis. Vestía ropa modesta, de sport, bien arreglada pero vieja. Se diría que escogía el estilo deportivo para disimular con el *denim* el desgaste de la ropa. Lo que más impresionaba, por contraste con los tiempos pasados, era su retraimiento, como si hubiera perdido cualquier tipo de aplomo, y también lo poco que hablaba, mirando constantemente a la lejanía como si buscara localizar algo en alguna esquina del techo. Prácticamente casi no conversó con nadie de una manera extensa. Intenté emocionarle recordando las excursiones a La Hune o L'Écume des Pages, pero parecía que se le hubieran borrado de la memoria. Solamente se detuvo un poco prolongadamente con Ramón, aunque fríamente, o al menos eso parecía desde lejos. Con los demás fue correcto y atento aunque distanciado, como queriendo difuminarse y desaparecer en el gris dorado de las paredes. Cuando empezaron las subastas que debía atender, fue como si el hecho de que lo reclamaran supusiera un alivio para él. Únicamente con Amelia, sospechosa ante todo de cosmopolitismo (palabra que mata en más de un país),[1] esbozó una sonrisa y fue cálido al despedirse.

Esa noche, en su habitación de hotel, ella me dijo que al despedirse le había dado una dirección de mail para mí, porque había visto a Paco en Venecia y pensaba que me podía interesar saber su paradero. Pregunté por qué no se había atrevido a decírmelo él mismo, pero ella no sabía. Eran demasiados sobresaltos para una noche, porque además Amelia me acababa de comunicar con su habitual desenvoltura que, lo sentía, pero que por supuesto pensaba contarle a todo el mundo lo que acabábamos de hacer. Para eso se hacían estas cosas, cariño.

Por correo electrónico, Omar era seco, mondo, diáfano, pero enormemente preciso en sus frases, de una exactitud que intimidaba. Por lo menos, había energía en esa concentración gramatical, y, con bastante más astucia que en la subasta, me de-

1. René Étiemble, *Literatura comparada.*

diqué a tirar con mucho cuidado de ese hilo casi imperceptible. Poco a poco, con el paso de las semanas y algunos cruces de mensajes, primorosamente escritos por mi parte, Omar se fue abriendo lentamente, como el cachorro herido y hambriento de las fábulas. No me contó intimidades, ni recordamos los paseos parisinos en busca de libros, pero al menos pudimos hablar de su salud (que no peligraba) y me dio todos los detalles de cómo se vio con Paco en la librería Aqua Alta de Venecia. Omar estaba pasando uno de sus momentos más bajos cuando se encontraron y Paco fue muy amable con él, según me informó. Lo encontró muy cambiado. No parecía infeliz pero –escribió textualmente– «no quisiera para mí esa vida que lleva, entre la alegría y la inmundicia, como si el Grande Canale fuera el Ganges». Tan poco sensible como era a la individualidad de los momentos sucumbía, en cambio, a la de los lugares de una manera espontánea.[1] Me contó cuál había sido la causa de que Paco fuera repudiado por su familia, con la cual conservaba las mínimas relaciones. Todo había tenido que ver con la desaparición completa, de un día para otro, de la formidable biblioteca que se había conservado, transmitida durante generaciones, en la casa familiar. En la época de su más aguda adicción a la heroína, Paco la había vendido completa a un librero de viejo en ausencia de los demás. En mi juventud, los desconcertados herederos de fortunas familiares eran muchachos sin norte, ciclotímicos, muchas veces emotivos –más o menos torturados– y en general mal colocados con respecto a cualquier realidad por haber sido educados en y para un mundo que ya no existía. Pero ahora, como recordaba Omar, existía un nuevo figurante en esas situaciones y eran las herederas, primogénitas o hermanas pequeñas que durante ese proceso de cambio habían alcanzado su emancipación. Fueron ellas las menos duras para perseguirle, pero también quienes menos perdonaron a Paco. Lo que en otras épocas sin duda habría estado pleno de sabor y picardía en palabras de Omar, lo veía escrito ahora rodeado de un aura –y una sintaxis–

1. Gérard Genette, *Figuras III.*

trágica. Cuanto más avanzaba nuestra correspondencia, más vitalidad tomaba la prosa de Omar, y pensé que eso era bueno. Cuando agotamos el tema de Paco, le pedí incluso consejo sobre dudas que tenía en proyectos artísticos que estaba poniendo en marcha y me dio opiniones muy acertadas. Al cabo de unos meses de cruzarnos correos casi me atrevía a afirmar que parecía bastante restablecido, aunque fue imposible conseguir que se comprometiera a una cita conmigo o con nadie.

13

Por esos días, un cambio de moda –hijo de la pura fatiga, la casualidad y el aburrimiento– hizo que una cierta cantidad de popularidad, arrojada en forma de lastre desde la nave del sistema cultural, cayera de nuevo sobre mí y sobre los temas que trataba en mis pequeñas invenciones. Otra vez fue una simple y pequeña canción la que dio pie al proceso; una sencilla melodía que tuvo un éxito popular inesperado. Los publicistas buscaban un estribillo para un anuncio y les presté una parodia de las melodías comerciales firmada con seudónimo. Por su propia desfachatez, vibraba de energía y tuvo un éxito arrollador. Quise entonces, tomando como modelo a Ramón, aprovechar aquel impulso y los réditos económicos que me proporcionó para dedicar todo mi tiempo a comprobar mis capacidades para escribir. Contaba a mi favor con el poder del hábito, gracias al cual la idea más simple, si no es familiar, tarda tanto tiempo en ser comprendida como la más complicada.[1] Con el elevado éxito de aquella pequeña pieza que oportunamente había puesto en mi mano bastante dinero me podría permitir escribir lo que quisiera, sin tener que pensar en sus posibilidades comerciales. Usando mi otra firma conocida –la de artista contemporáneo– estaba a mi alcance conseguir la publicación de mis textos aunque fuera de manera minoritaria. Con-

1. John Stuart Mill, *Del gobierno representativo*.

cebí entonces, con la complicidad de Ramón, un iluso proyecto mediante el que limpiaríamos el suelo lingüístico de nuestro siglo; intentaríamos librarlo de todos los cachivaches que lo ensuciaban, señalando su presencia: frases hechas, locuciones modernas, clichés ridículos, innobles lugares comunes, errores de traducción, malas interpretaciones, expresiones de plástico, apelaciones sintéticas y adjetivos de poliestireno. Una tarea evidentemente superior a cualquier fuerza que ahora me parece una ingenuidad haber pensado siquiera que podía llevarse a cabo. Al principio lo intentamos fundando una pequeña editorial y probando a escribir algunas cosas a dos manos, pero Ramón estaba mucho más ocupado que yo y pronto tuvo que dejarlo. Me animé a seguir solo y, en un trimestre, ya tenía una buena colección de escritos, aparte de una selección de manuscritos ajenos. Lo cierto es que los mejor acogidos fueron mis textos, y durante dos años me encontré en una curiosa situación: vivía de dos personalidades artísticas complementarias; de una parte, el autor que conseguía melodías de éxito masivo, y de la otra, el artista contemporáneo que escribía textos extravagantes que la crítica consideraba aves extrañas. El único que estaba en el secreto de las dos identidades era Ramón Medinas. Lo último que yo deseaba era que nadie pudiera relacionar los textos ensimismados que me gustaba escribir con el autor de «Pechitos y pichitas» o «¿Gusta pezón, caballero?».[1]

Al cabo de un tiempo, fue inevitable que todo trascendiera y la prensa se mostró muy interesada. Acerté en explicarlo con ironía y, dado que el factor de burla era uno de los pocos nortes que quedaba en el panorama cultural, todavía conseguí salvar bastante bien la situación. Mi posición económica mejoró aún más y pedían mi participación tanto en programas de alta cultura como en concursos televisivos de bajos instintos. Todos estos sucesos encadenados me provocaron un momento de perplejidad, de levantar la cabeza mirando melancólicamente a la lejanía. Por un momento, tuve la idea de administrar bien

1. Guillermo Sheridan, *El encarguito*.

aquellos ingresos, exprimirlos hasta el día en que me muriera, negarme a entrar de nuevo en la pelea, perder la noción del mundo y de la Historia, de los días y de las noches, y encerrarme para siempre en la casa de la costa catalana, envejeciendo frente a la redundancia del mismo mar de todos los años. Llegué a hacer las estimaciones necesarias para la viabilidad de ese proyecto y jugué con la idea de proponerle a Gracia venirse conmigo a ese exilio, pero la verdad es que no la imaginaba renunciando a su vida social; la relación atravesaba entonces precisamente uno de sus momentos de enfriamiento y, dado su carácter desconfiado, era probable que interpretara la invitación a compartir mis cosas como un intento de instalarme en las suyas. Estudié todas las diferentes posibilidades, incluso la de volver a Nueva York o instalarme en el golfo de México. Extraña existencia la mía y la de los hombres andariegos. En una época, todo son acontecimientos; en otra, todo son comentarios a los hechos pasados.[1]

Y luego, cuando tenía todas las alternativas diseñadas, todo atentamente examinado y todos los posibles futuros calculados para prepararme diferentes caminos sin ondulaciones hasta el deterioro final, entonces, digo, pensé, lisa, llana y tranquilamente, que ya tenía suficiente y decidí quedarme en Madrid sin una expectativa muy clara. Todo el mundo parecía recibirme agradablemente en esa ciudad. Incluso en las épocas en que había sido pobre, la vida a mi alrededor había sido dura pero dulce. Había vuelto a vivir con lo estrictamente necesario, sin nada suntuario o complicado. Me había demostrado que, amarrado a mi vocación, podía vivir cuerdo con un simple par de vaqueros y dos compras de comida bimensuales en las baratas grandes superficies. Era un vivir de presupuesto contado pero con una grandiosa libertad de contemplación, sin grandes gastos ni obligaciones, con la administración del tiempo a mi completa disposición. Toda la pereza contemplativa que sentía para las cosas cotidianas de la vida se convertía en laboriosidad

1. Pío Baroja, *Las inquietudes de Shanti Andía.*

para mis juegos artísticos; sin embargo, después de experimentar esa maravillosa soberanía irremediable, sentí una necesidad de respirar hondo y hacer una cosa que también me gustaba mucho. Entré en un viejo establecimiento que conocía y abrieron ante mí el gran y apaisado libro. En un probador, tan grande como la sala de confidencias de un palacio, me tomaron las medidas. El estambre azul se ceñía a mi cuerpo con ligereza y el viejo sastre (con un notable constipado) marcaba la tela sobre mis hombros mientras yo oía su respiración. Salí de la tienda y luego compré dos corbatas delicadas en una tienda de la calle Ortega y Gasset. En una mesa baja tenían una foto dedicada de un antiguo premio Nobel de Literatura. Les pregunté por qué y me dijeron que se había vestido allí durante muchos años. A mí, que no soy supersticioso, me pareció un buen augurio.

14

Nos acercábamos a final de año y los calores se adentraban hasta avanzado noviembre como sucede a menudo en Madrid. Una noche en que Cárdenas invitó a varios amigos a casa de Adi, llegó de pronto el frío. La invitación me convenía porque necesitaba a alguien que me hablara y al que no tuviera que responderle.[1] Me puse el chaleco sobre la camisa antes de salir de casa y reconocí la suavidad de las prendas nuevas. Escogí cuidadosamente una de las corbatas recién compradas y recuerdo que el antropoide que me devolvió el espejo ya anunciaba mi conversión al mono encorvado que sería en pocos años. Las señales aparecían por todas partes: pelos en el interior de las orejas, pelos asomando por las ventanillas de la nariz, en la espalda, en lugares en los que nunca antes habían aparecido. Vellosidades ensortijadas y absurdas, de color parduzco, en lugares inesperados, con unos rizos tozudos y esponjosos como nunca lo había sido la melena que siempre quise tener.

1. G. Apollinaire, *El bergantín holandés.*

La velada no era estrictamente una cena sino una copa después de cenar. Como yo no tenía coche, compartí el de Boris para llegar hasta allí. Los de la parte de Barcelona no venían aquella vez. Ramón tampoco. Estaba de viaje en una de sus conferencias o congresos literarios. Cuando aún no nos habíamos sentado en los sofás del salón, Cárdenas me señaló una morena bajita y curvilínea que estaba junto a la mesa de los vinos. Me dijo que había sido traductora al inglés de Ramón Medinas Bezós, y que ahora, curiosamente, era secretaria de la empresa para la que Cárdenas trabajaba. Una chica muy lista, afirmó admirativamente. Me cogió del brazo y me dijo que iba a presentármela. En cuanto cruzamos las primeras palabras supe que estaba perdido y todavía más cuando sacaron un postre dulce para acompañar los vinos y los dos nos echamos, golosos, encima de la misma porción entrechocando las cucharillas: un coco rallado en conserva, más otra conserva de piña rallada, unidos a la mitad de otra lata de leche condensada, y llega entonces el hada, es decir, la viejita Marie Brizard, para rociar con su anisete la crema olorosa. Al refrigerador. Se sirve cuando está bien fría. Luego la vamos saboreando recibiendo los elogios de los otros comensales que piden con insistencia el *bis*.[1]

Llegado el momento de retirarse todo el mundo, descubrí que Boris y su coche ya se habían marchado hacía mucho. Sí, ella tenía coche. No, ¿para qué iba a llamar a un taxi? Podía acercarme perfectamente hasta el centro de la ciudad.

En el trayecto de vuelta, comentamos lo que se había hablado en la velada. Se había reunido a un buen número de catalanes que trabajaban desde hacía tiempo en Madrid, todos inquietos por el auge del nacionalismo en nuestra región de origen. En función de lo conversado, llegamos a la conclusión de que todo se reducía al choque de dos burguesías, la que hacía sus negocios fuera y la que quería administrar y controlar el mercado local. Uno de los asistentes habló de una casa en Pals, en la Costa Brava, perteneciente a un empresario de la zona,

1. José Lezama Lima, *Paradiso*.

donde se reunía con frecuencia el pensamiento disidente. Desfilaban por allí ex políticos prominentes, catedráticos eméritos, figuras de la cultura o del mundo académico. Nos dijo que teníamos que hacer un esfuerzo y acudir ocasionalmente. Cárdenas se mostró activo con la idea, e insistió mucho en que estaría muy bien que yo también fuese a ellas; un entusiasmo donde era dable adivinar el deseo de nuevas aventuras adolescentes.

Contemplando los diversos aspectos del tema –mientras volvíamos a la ciudad y el limpiaparabrisas eliminaba las gotas que empezaban a caer delante de la visión de mi conductora– me di cuenta de que la persona que tenía al lado era muy valiosa. Poseía una gran facilidad imaginativa y sensorial, mezclada con una poderosa capacidad de análisis. Sólo existía una manera de averiguar si todo eso viajaba acompañado por el instinto. Era como si estuviera frente a aquella con la que había renovado tantas veces mi compromiso cuando no tenía ella ni siquiera noticia de mi existencia.

Catorce meses después, estábamos casados y descubríamos en el baño, sobre un trozo de cartón mojado, su primer embarazo. No acabamos de comprender el carácter transgresor del matrimonio, porque la palabra *matrimonio* designa a la vez el paso y el estado. Solemos olvidar el tránsito para considerar solamente el estado. Sin una secreta comprensión de los cuerpos, que sólo a la larga se establece, la unión es furtiva y superficial.[1] No se trató por tanto de que fuéramos arrebatados por ese designio, tan comentado, de hacer feliz al otro o de darle la vida que necesita, sino simplemente de que nos resultaba inimaginable una existencia sin tener al otro cerca, sin fusionarla de la manera más natural por mandato de la biología. Probablemente, de no desear tener hijos, no nos habríamos inclinado por el matrimonio, que era lisa y llanamente la solución más simple para la situación que experimentábamos.

De entre los amigos de los días escolares, sólo Ramón y Cárdenas vinieron a mi boda. Invité a Omar pero me dijo que

1. Georges Bataille, *El erotismo.*

no podía venir, sin darme más explicaciones. Los demás o tenían compromisos irrenunciables o habían pasado a la zona de oscuridad y estaban ilocalizables. Amelia envió un regalo de bodas fastuoso (unas sillas extravagantes que no supimos dónde meter). Gracia no comentó nada, mirando con ambigüedad todo matrimonio si no era ella la receptora de regalos. La primera vez que pasé un fin de semana lejos de mi esposa fue cuando, meses después, Cárdenas me llevó en su coche hasta una de aquellas reuniones de la casa de Pals.

El lugar había sido en su época un edificio de augustas y dominantes dimensiones y, aún ahora, cuando no era ya más que algo pintoresco, su fachada de columnas, oscurecida por verjas de hierro y mechones de follaje, poseía dignidad, placidez y evocaba una brisa de tranquilos fantasmas, como una fila de invitados que surgieran del guardarropa en un cabaret intangible y espectral. El aire húmedo, turgente, de la Costa Brava catalana resultaba ahora para mí pesado y difícil de introducir en los pulmones. Se negaba a bajar con facilidad hasta mi interior y empujar la corriente sanguínea, quizá porque llevaba mucho tiempo viviendo a mayor altura. Llegamos hasta allí en pocas horas porque Cárdenas quería probar su nuevo Mercedes plateado. Cuando ya nos acercábamos a destino, le dije que por qué no nos dejábamos caer antes por la vieja casa de los Valls aprovechando que el trayecto nos hacía pasar cerca. Le pareció buena idea. Nos preguntamos si la tieta Consol seguiría viva y dónde estaría en ese caso. Hacía años que no nos habíamos aproximado por la zona. Llegamos cuando empezaba a caer el sol y encontramos la casa cerrada y a oscuras. No pudimos pasar de la valla de entrada. Mientras Cárdenas aprovechaba la parada para aliviar la vejiga entre los pinos, sentí el duende y el genio de la casa pasándonos a ambos por encima de la cabeza. Lugar que ahora sobrevuela el polvo. Morada sin memoria.[1] Era ese buque, ese leviatán, ese cachorro de monstruo parido antiguamente en un parto doloroso, cuyos calambres y agonías llegaban

1. José Ángel Valente, *No amanece el cantor.*

hasta el tiempo actual después de haberlos sufrido antiquísimas y olvidadas civilizaciones. ¿Dónde estaría ahora durmiendo Paco Valls? ¿A pocos kilómetros de allí o al otro lado del continente? Pensé: hoy hablamos de él. ¿Dónde estarán todos los antiguos amigos, las viejas novias, los amantes infieles? Como reclamado por ese pensamiento, apareció Cárdenas volviendo de entre la maleza mientras se subía la bragueta. Tardamos menos de media hora en continuar hasta Pals y los faros alcanzaron las columnas de entrada cuando faltaba poco para la hora de la cena. La finca tenía un aire menos rural, menos premoderno que la de los Valls. Nos esperaban poco más de una docena de personas, entre jóvenes halcones conservadores, izquierdistas centrados que aún creían en el internacionalismo, periodistas estigmatizados laboralmente por el poder local y algún viejo antinacionalista. Había una mujer por cada tres o cuatro hombres. La comida, buena; los vinos, discretos. Lo mejor: los licores y los habanos. Un financiero muy viejo se mantuvo silencioso casi toda la noche, aunque debía de ser considerablemente rico y sabio, dado el trato que le dispensaban. A mí se me presentaba como «músico» y descubrí que todos esperaban de mí el punto de vista del mundo del arte. Cárdenas ejercía de provocador, mencionando en voz alta aquellas medidas extremas que nadie se atrevía a contemplar en la conversación. Bebimos y charlamos. Trabé conversación con una mujer encantadora, mayor, pequeña y rubia como una muñeca, que había tenido responsabilidades en antiguos ministerios de Cultura. Las voces de algunos, no el que menos Cárdenas, tomaban un tono ronco y desabrido después de los licores y el tabaco. Nada impide oír tanto como estar oyendo a la vez dos cosas, dos voces.[1] Polemistas natos, contraopinantes sistemáticos. Pero no todo se terminaba en estómagos dilatados sometidos a sobreesfuerzo y ojos vidriosos por los vapores de la digestión. En un rincón, un periodista y una empresaria de una fundación charlaban con una intimidad que hacía presagiar algo más que un entendimiento de amistad

---

1. Javier Marías, *Corazón tan blanco*.

o una connivencia política. Se habló de Isma, a quien todos parecían conocer bien, y de la última columna que había publicado (algo por lo visto muy audaz, en la línea del modo de pensar de Cárdenas). Cuando se hizo ya muy tarde, cuatro o cinco de los invitados se quedaron allí, entre ellos el periodista y su pareja, quienes al parecer tenían preparadas habitaciones. Nosotros llevamos en nuestro coche a la directora del área cultural de un banco de vuelta a Barcelona. Durante el trayecto, me preguntó cómo era lo que yo hacía y le dije que era una acción artística imparcial, pero no por ello neutra, orientada simplemente hacia la forma, si entendía bien lo que quería decir. Antes de terminar el viaje, me ofreció dar un curso sobre música y arte contemporáneo el semestre siguiente en una de sus fundaciones en Venecia. Para llenar el mundo basta a veces un solo pensamiento.[1] Pensé que podría intentar ver a Paco por primera vez después del susto del golfo de Sorrento. Puse como condición poder llevar a mis propios acompañantes y acepté.

15

La primera vez que pisé Venecia yo tenía pues ya más de cuarenta años, casi medio siglo de vida. Mi cuerpo aún se conservaba ágil, si bien era ya la agilidad noble y cautelosa del convaleciente. Venecia era el gran decorado de información visual que siempre había sido; el recuerdo constante de lo que supusieron técnica, moral y estéticamente las sucesivas civilizaciones humanas. Me hice acompañar por toda mi reciente familia y nos alojaron en el Gran Hotel, un lugar tranquilo, privilegiado y hermoso. Recuerdo que aquel viaje empezó de una manera irritante porque, unos días antes de partir, me salió un grano muy molesto, una pústula de grandes dimensiones, en la parte inferior de la barbilla cerca de la nuez. Al poco de llegar, y mientras esperaba en el comedor del hotel que el servicio de co-

1. Rosalía de Castro, *En las orillas del Sar*.

cinas calentara unos biberones para la cena de mi hijo, intenté hacer más breve la espera secuestrando con una conversación en mal italiano a un viejo camarero que montaba guardia junto a la caja. Su charla me convenía porque quería quitarle el moho a mi pronunciación italiana. Hablamos del establecimiento y de sus particularidades. Le invité a beber. Lo hacía a escondidas, pero era un buen bebedor: tranquilo y melancólico. Se bebe por la casa devastada, por el dolor de la vida, por la soledad en pareja y se bebe también, se brinda, por ti.[1]

Me contó una historia curiosa sobre la suite real. Allí, por lo visto. se había alojado Hitler cuando visitó Venecia en 1934. El camarero me contaba cómo sus compañeros más viejos le confiaron una imagen de Hitler muy diferente a la de aquel implacable caudillo, resolutivo hasta lo psicopático, que la Historia había registrado posteriormente. El jefe de los nazis alemanes llegó a Venecia con sombrero flexible y gabardina y un séquito moderado. Hacía poco más de un año que había ganado las elecciones en Alemania y llegado al poder. Era su primera salida al extranjero. Y esa primera salida fue para ir a ver a Mussolini. Éste, por su parte, llevaba doce años en el poder desde que en 1922 lo había conquistado de la habitual manera tonta en que solía conquistarse en el Mediterráneo por aquellas épocas. Había organizado una marcha sobre la principal ciudad con un ejército de matones con porra. Bastó que se pusiera de acuerdo con los rufianes de cada zona por la que pasaban, para que el rey de los italianos perdiera los nervios y el ejército no supiera qué hacer con todos aquellos patanes, incluidos los propios, y le entregara el poder. Mussolini fue a recoger a Hitler al aeropuerto con un gran despliegue de automóviles, movilizando masas de figurantes que les aplaudieran y rodeándose de todo un Estado Mayor de variopintos uniformes, primorosamente planchados, que parecía casi una corte. Un episodio bufonesco, una farsa de dioses.[2] El entorno del dictador italiano

1. Anna Ajmátova, *El último brindis.*
2. E. R. Curtius, *Literatura europea y Edad Media latina.*

estaba en su mejor momento estético, con vistosos uniformes y gorros militares de plumas futuristas. Montaba coreográficos desfiles y sus seguidores se creían guerreros sólo porque ametrallaban indígenas depauperados en continentes lejanos. Vivía en Villa Torloni, una residencia romana donde el dictador gustaba de hacerse el sibarita, el neoclásico y el esteta. La villa, curiosamente, era de estilo barroco.

Hitler, hasta el momento, sólo había disparado con los suyos a los techos de las cervecerías, pero pronto aprendería a ametrallar amigos en habitaciones de oscuros albergues. En la suite real, descubrió que se hallaba alojado a doscientos metros del lugar en que murió Richard Wagner, su adorado Richard Wagner. Desde los días en que pintaba acuarelas en su Viena natal, Adolf había querido ser artista o algo similar, tener el reconocimiento que su sensibilidad y genio creía merecer. Y ahora llegaba aquel italiano deforme, apoplético y de pecho abombado para poner en evidencia, con su capacidad de organizar vistosos desfiles coreográficos, lo que Adolf Hitler desnuda y verdaderamente era: un simple gilipollas con sombrero flexible y gabardina.

Adolf y Benito se habían llenado la boca con grandes y fachendosas afirmaciones nacionalistas: que si Francia era un pueblo devastado por el alcohol, la sífilis y el periodismo, que si los ingleses eran unos individuos con paraguas salidos del mundo obsoleto de la burguesía..., y ahora, a su llegada, probablemente se sentía arrugado como un perdedor, rodeado del estrés y la incertidumbre de las nuevas decisiones y encima llovía. El sombrero flexible que llevaba terminaba sucio y la gabardina con grandes manchas de humedad; Adolf, por lo visto, se sintió muy mal y al cocinero judío del Gran Hotel se le dio el fin de semana libre por si acaso. Por supuesto, toda la historia ilustraba a la perfección el ingrediente de tramoya teatral que todo totalitarismo conlleva y me pareció en sí una historia estupenda y fabulosa, pero no me creí ni un dato de ella. Demasiado perfecta, demasiado llena de divinos detalles, demasiado novelesca.

Al día siguiente, cuando bajaba de nuestra habitación para repetir la ceremonia de los biberones, me crucé en la puerta del restaurante con una cara conocida que también me miró interrogativamente por un segundo. Era el rubio Ander, convertido en flamante crítico de arte por un tiempo. Se había casado de rechazo, como reacción contra el cochino tiempo que había pasado en la universidad,[1] y lo había hecho con su novia alemana de siempre. Ahora, tras años de encierro monástico, se había lanzado con hambre de fiera a conquistar el orbe académico. Llegaba con una comisión gubernamental a una especie de feria que se hacía en la ciudad, no recuerdo si de cine, de arte contemporáneo o de ambas cosas a la vez. No teníamos tiempo para hablar y quedamos en vernos al día siguiente.

Nos citamos en los terrenos del antiguo Club de Golf del Lido y allí me comentó detalles de su trabajo y su estancia. Venía como asesor o comisario del pabellón español en aquel evento y había aprovechado para viajar un poco por el norte del país y recoger materiales para algo que quería escribir sobre Pasolini. Me confió que se hallaba en aquel momento ante un problema, porque una alta autoridad de una monarquía extranjera había decidido en el último momento apoyar con su presencia a la delegación española. Es decir que iban a venir al festival y no sabían dónde alojarlos, justo en un momento de apuro presupuestario. Él era bueno para recopilar datos académicos, pero estas cosas de organización y protocolo le complicaban mucho la vida. Le hablé de la suite real del Gran Hotel y su curiosa historia. Le invité a que preguntara por su precio, que quizá fuera ventajoso. Si, finalmente, no quedaba económicamente en buen lugar (fuera con sus jefes o con los invitados), siempre podía usar la peculiaridad histórica del lugar como coartada de su decisión. Los techos eran altos y adornados. Serviría. Me pidió si podía hacer yo la gestión con la dirección hasta que él encontrara un momento en su apretada agenda para acercarse a verlos y comprobar si el lugar cumplía los requisitos necesarios para estos casos. Hice lo que me decía porque me apeteció y porque, en esas épocas, parecía que más valía no con-

1. Ernest Hemingway, *Fiesta*.

tradecir en ningún sentido a Ander Bemisonza Oms, crecido de poder académico como estaba. No sé si finalmente el alojamiento se llevó a cabo para satisfacción de todas las partes o no, porque seguí viaje antes de que terminara todo el asunto. Pero recuerdo con mucho agrado las conversaciones que repetimos esos días en torno a una copa para disponerlo todo.

Ander llegaba al caer la noche, me agradecía y aprobaba lo que yo hubiera dispuesto en su ausencia, y para compensarme me ofrecía una cena tras otra, o bien en nuestro hotel, o bien en el Bauer, o en el Lido. En ellas, le conté la curiosa historia que contaba el camarero y aprovechamos las dos o tres que tuvieron lugar en mi hotel para sonsacarle más datos al viejo sirviente sobre el asunto que nos apasionaba. ¿Por qué llegó a Venecia Adolf Hitler con sombrero flexible y gabardina? ¿No previó acaso lo que le esperaba y cómo iba a sentirse? Las fotos que pudimos consultar por internet sobre esos días mostraban a un individuo realmente patético, de mostacho húmedo y mirada febril, casi llorosa e insegura. Parecía incluso enfermo. Se le veía ridículo y acomplejado al lado de Benito. ¿Fue ahí donde decidió que debía constituir para él una cuestión de amor propio ser más hijo de puta que nadie? ¿El momento en que cultivó la macabra fantasía de masacrar circuncidados en dosis masivas?[1] ¿Se decidió, entonces, en ese instante el futuro de Europa? ¿La democracia no es, en el fondo, nada más que alejar el gobierno de las manos de los psicópatas? ¿Cuántos psicópatas forman en un gobierno totalitario? Todas esas preguntas y el asunto en general terminaron convirtiéndose en una especie de chiste privado para nuestras cenas. Lo más chocante de todo es que la inofensiva manía (casi un guiño cómplice) que nos invadió esos días, mientras seguíamos con nuestras ocupaciones, de recopilar toda la información que pudiéramos sobre el asunto, puso de relieve que el relato del camarero era, punto por punto, históricamente verdadero y comprobable.

1. Joan Fuster, *Diccionario para ociosos.*

16

Ander se había convertido en un hombre grave y serio. Apenas había perdido pelo, pero su rubio impoluto se había oscurecido mucho. Con su seriedad técnica y con su altura, parecía algo así como un catalejo. Me di cuenta de que sólo se reía cuando estaba un poco ebrio, el resto del tiempo únicamente sonreía. Su sonrisa parecía más una puerta a la tristeza que otra cosa. Le dije que tenía la dirección de Paco Valls allí en Venecia, pero no pareció muy interesado en verlo. Según me dijo, en Barcelona se contaban de él historias tremendas. Ander, por esos días, practicaba una especie de conversación muerta en la que prefería que habláramos de cosas abstractas como las masas: su adulación, que da a los hombres la sensación de ser dioses y se sienten en medio de la gloria cuando, en realidad, se encuentran tan sólo en medio del simulacro de la autoglorificación. Le escuché meditativamente, mientras mi mano derecha se entretenía con el grano purulento.[1] Tras setenta años de escudarse en la masa, en el pueblo, en la nación y en todas esas excusas abstractas, llevábamos unos cuantos años buenos desde la caída del muro de Berlín, donde se recordaba que lo único constante en la historia humana era el individuo. Seguían existiendo tiranos, pero al menos se les podía llamar abiertamente hideputa si uno había tenido la precaución previa de colocarse al otro lado de tal o cual frontera y no verse obligado encima a llamarles benefactores.

En Venecia y en Florencia aquellos días, al verse constantemente rodeado de obras de arte absolutamente singulares −cada una de ellas con su porción de peculiaridad incluso en los ejemplos más adocenados−, Ander sintió una especie de rechazo al determinismo, quizá a causa de un amor similar al del artista por las inesperadas posibilidades del sujeto. En aquellos lugares ese innato componente maravilloso te saltaba a los sentidos desde cualquiera de las obras circundantes. La mano humana se

1. Ryunosuke Akutagawa, *Rashomon*.

hallaba por todas partes: en la realización del café que bebías, en la pasta cuidadosamente engrasada, en el humo seleccionado para ser humanizado por los bronquios después de envilecerlos.

Claramente, Ander se daba cuenta de haberse convertido en un pomposo humanista, bienintencionado pero pedante, quizá por su larga exposición durante años al sistema universitario. Tenía la fantasía de aprovechar aquellos viajes para profundizar en la figura de Pasolini, en su amistad con Moravia, en aquel ambiente de la poesía italiana hasta 1950 dominada por Montale y Ungaretti. Ander se animaba entonces explicando cómo aparecía Pasolini con su libro *Las cenizas de Gramsci,* procedente de una familia bien y tras la muerte extraña de su hermano Guido, decadente de izquierdas. Escribía *Poesía en forma de rosa,* escribía *Escritos corsarios* (títulos todos que a mí me parecían buenos). Entonces Ander empezaba a hablar de la obsesión de Pasolini por la libertad y los obstáculos que se encontró. Tenía el ideal gramsciano de hablar al pueblo, pero cuando él llega, el pueblo ya se ha convertido en masa (si es que alguna vez fue otra cosa) y en ese momento aún se nota más por los avances del consumismo. Pueblo, masa, consumismo: expresiones que, al oírselas a Ander, me daba cuenta de hasta qué punto habían envejecido y resultaban sórdidas.[1] Pero a él lo que le parecía muy importante era señalar que Gramsci era una figura antigua de los años veinte en ese momento, alguien que había propuesto una revisión crítica de toda la cultura italiana, que había hablado de un marxismo abierto y había pasado once años en prisión, pero ya con cierto aire rancio. La valentía de Pier Paolo era, para él, haber seguido esa temblorosa pista cuando, en realidad, lo que quería era retratar perdularios con el halo de Mizoguchi o Dreyer. Todo eso que Ander decía de Pasolini estaba muy bien, pero cuando yo le hablaba de Paco reaccionaba como una de esas señoras que se paran un momento a imaginarse, horrorizadas, que ese tierno y sensible indigente que tanto les gusta, es, en otra posible vida real, su marido. Quizá por eso, eludió

1. Denton Welch, *En la juventud está el placer.*

en conversaciones y citas cualquier posibilidad de tropezarse con él. Y lo más probable es que precisamente por eso mismo fue por lo que yo sí quise quedar con Paco.

Mi mujer gustaba de dar largos paseos al sol por los alrededores de San Marcos con el cochecito del niño y le propuse que invitáramos a Paco a desayunar con nosotros en Florian. En cuanto ella vio a mi amigo, comprendió que yo preferiría quedar a solas con él. Estaba físicamente bastante deteriorado. Continuaba siendo muy delgado y conservaba aún todo su pelo, pero en la parte superior de los párpados asomaba un inquietante color púrpura los días que estaba cansado. Se nos unió varias mañanas porque era una manera cómoda de conseguir un desayuno gratis. La placidez del carácter de mi esposa le hacía sentirse a gusto, en vista de lo cual y de su estado yo renovaba siempre la invitación para la jornada siguiente. La primera vez me preguntó, un poco incrédulo, si estaba seguro de que quería repetir, pero en las siguientes aceptó sin recelos. Mi mujer, que con la barriga de su segundo embarazo a cuestas era capaz de empujar el cochecito de nuestro primer hijo, nos instaba a que fuéramos a ver cosas y disfrutáramos del reencuentro, mientras ella descansaba de la obligación de hacer de turista. Coquetamente, puso la excusa de que le gustaba pasear a solas con los niños porque se imaginaba que desde las mirillas de la persiana de algunos de esos palacios la examinaba con gemelos de teatro un millonario «melancólico y taciturno».[1]

Cuando estuve a solas con Paco le pregunté cómo había escapado indemne del golfo de Sorrento. No me dio muchos detalles, pero durante los siguientes días fui poco a poco enterándome de que todo había salido bien. Tanto él como sus acompañantes salvaron la vida y andaban ahora diseminados por diversos países de Europa. Después de dos días de patearnos los bares de Venecia le dije que por qué no íbamos a su casa. ¿Te gustaría ver dónde vivo?, se sonrió. Le dije que sí y también sonreí, aunque creo que de otra manera. Accedió, si

1. Roberto Arlt, *Los siete locos*.

bien me avisó que la casa estaba en desorden. Pensé que quizá vivía en un barrio del que se avergonzaba, pero nos dirigimos hacia el Dorso Duro cruzando por el puente de la Academia. Giramos dos o tres esquinas y andamos cuatro calles hasta llegar a un portal. Repitió lo de que aquel día no había arreglado la casa como para recibir a nadie. Le dije que no importaba. Subimos por la escalera umbría de un edificio muy viejo pero que, por espacio y situación, no debía de ser tampoco muy barato. El apartamento era grande pero laberíntico, insondable. Un hedor a orina parecía que emanara de las paredes de una manera insoportable. El olor era tan penetrante que Paco tuvo que abrir las ventanas para airear un poco. La luz, al entrar, iluminó el apartamento y vi que gran parte del mobiliario y algunas zonas del salón estaban cubiertas con grandes plásticos no demasiado limpios. Cuando Paco apartó algunos de ellos, me di cuenta de que precisamente de esos grandes lienzos de plástico transparente emanaba el desagradable olor. El lugar podía haber sido una de esas piezas de hotel que se alquilan para una reunión o una despedida, para tomar unas copas y charlar o para una cita de amor. No parecía un lugar donde viviera alguien.[1] Fui al lavabo para aliviarme de las cervezas que habíamos tomado y lo encontré también envuelto en plásticos malolientes, incluso la ducha. Paco me dijo que esperara y se ocupó de retirar unos cuantos para que pudiera usar el inodoro.

–Ya te dije que no había tenido tiempo de arreglar la casa.

Le pregunté qué era todo aquello y si se trataba de alguna obra plástica: un proyecto de instalación para una galería alternativa, un provocador proyecto de *arte povera* o algo así. Aquel olor echaba para atrás y recordaba a las esquinas donde mean los perros.

–Aquí es donde traigo a mis clientes y les meo.

Pedí que me lo repitiera como si no hubiera oído, aunque la verdad es que le había entendido perfectamente, pero no sabía si hablaba en serio o en broma.

1. Raymond Chandler, *El largo adiós.*

–Les meo encima. Pagan muy bien. El problema son estos plásticos de mierda que huelen fatal. Hago que duren todo lo posible porque cuesta conseguirlos tan gruesos y en lienzos tan grandes. Por mucho que friegues no hay manera de quitarles el olor. Estoy buscando un apartamento con terraza. Con una terraza y una manguera me arreglaría mejor. Pero es difícil encontrar un buen apartamento con terraza en Venecia.

Durante un rato busqué con la mirada pistas o signos de que aquello fuera una broma pesada, pero todo era demasiado concreto y, a la vez, demasiado casual para estar programado. Cuando asumí por fin la realidad, pude digerirla y fui contagiado de la naturalidad con que lo explicaba el propio Paco, así que le pedí que me diera todos los detalles. Me explicó que, entre las muchas formas usuales de adquisición de ingresos que había venido practicando, la más decorosa era la de pedir prestado y no devolverlo. Hasta que un día, en una borrachera especialmente salvaje, le habían propuesto ese negocio tan extravagante y se corrió la voz en ciertos círculos. Su sorpresa fue descubrir que había gente que estaba dispuesta a pagar por ese dudoso privilegio: que se pusieran a caballo sobre su cara y aliviaran la vejiga, inundándoles de un líquido terriblemente inmundo.[1]

Le pregunté si también le meaban a él, pero me dijo que no con una sonrisa condescendiente de incredulidad. Me dijo que la mayoría de sus clientes eran hombres, aunque también había alguna mujer. Su favorita era una alemana diminuta de cierta edad. Era morena, de corta estatura, gordita, un poco ancha de caderas y con la piel muy blanca, con facciones a lo Marlene Dietrich: muy atractiva, me contó. Le gustaba tocarse mientras él le meaba (en cara y torso, sin quitarse ninguno de los dos la ropa) y a veces se sacaba los pechos en medio de la faena, dijo. Paco me contó cómo él a veces se cortaba porque ella llegaba algunos días con vestidos muy caros, pero ella decía que no se preocupara y que siguiera adelante. Si deja así los

1. Apuleyo, *El asno de oro*, I, 13.

plásticos imagínate cómo dejará la ropa cuando se seque, dijo. A ella, cuando se apartaba la falda para tocarse, nunca le había visto usar ropa interior y tenía un pubis muy pequeño pero muy bonito. A veces, viéndoselo, no había podido evitar tener una erección, aunque en general intentaba mirar al techo. En las ocasiones en que eso había sucedido, todo dependía del humor de ella; en general se lo tomaba como un contratiempo, pero raras veces se molestaba e incluso en alguna oportunidad la situación había terminado resolviéndose por el camino más previsible y ortodoxo. Le pregunté si tomaba precauciones, pero enseguida me di cuenta de la estupidez de mi pregunta. Molesto, le dije que prosiguiera; notaba cómo la pústula me rozaba dolorosamente contra el cuello de la camisa; aquella mañana la había rebanado al afeitarme, provocando un pequeño cataclismo de hemoglobina. Paco siguió explicando: pocos clientes se salían del guión como la alemana; por si los violentos tenía una pistola, aunque bien escondida. Nunca se había dado el caso de tener que enseñarla porque los habituales estaban muy controlados y eran una clientela heredada. No tenía idea de que las cosas funcionaran así y le pedí que me siguiera contando. Me dijo que las cosas no funcionaban ASÍ, que en su caso habían ido de esa manera pero, por lo que sabía, no había una manera concreta para estas cosas. Lo que sí había era mercado.

Cuando me marché, fui a recoger a mi mujer. Estaba comprando recuerdos en Il Papiro. Pensé si debía contarle lo que acababa de sucederme. Es demasiado fácil no saber.[1] La encontré sonriente y concentrada con el niño en el carrito, distraído por todo lo que veía a su alrededor, y con la otra criatura en su interior (mi familia en pack). La acompañé al hotel paseando por entre los canales al atardecer. Decidí que no, no iba a contárselo, tal vez sí más adelante, pero no aquella noche en que las criaturas respiraban dentro y fuera de ella.

1. Jorge Semprún, *El largo viaje.*

17

Inevitablemente, en las conversaciones de aquellos días entre Paco y yo fue imposible evitar que, tarde o temprano, volviéramos al tema de Gemma, la hermana muerta. Yo creo que temía ser considerado responsable porque, en cierto modo, él le había enseñado el uso de aquellas sustancias.

–Sí, es lo que pasaba con ella: parecía siempre inocente de lo que sucedía a su alrededor. Pero, según como, era peor que cualquiera de nosotros. Se encargaba de que todo el mundo estuviera bien enterado de lo que ella quería que conocieran. Parece mentira el tiempo que gastaba en esas maniobras. Ya se ocupaba de hacer correr la información que le interesaba.

Me preguntó si a mí no me había acosado y le contesté que no. Me contó que su hermana estaba sometida a frecuentes desequilibrios emocionales, a vaivenes hormonales, y que eran un infierno para ella misma, muy superior a cualquiera de los que nosotros hubiéramos podido conocer. Visto con la perspectiva del tiempo, se podía pensar que con el opio tuvo la muerte menos amarga posible; una manera de abandonarse mucho más suave que el tormento mental que tuvo que soportar toda su vida.

–No sé si deberíamos alegrarnos por eso –decía Paco–. Nuestro pensamiento no es más que una masa amorfa e indistinta.[1] Tú no sabes lo que es mirar al horror de frente, no cerrar los ojos para observar el vacío mientras caes envuelto en llamas y sabes que por mucho que luches no puedes detener, ni por un momento, la fuerza de la gravedad. Caer como ella en la vorágine del abismo mental con los ojos abiertos, sin cerrarlos ni siquiera un momento para parpadear. Tú siempre has tenido proyectos, y eso requiere, al menos como punto de partida, un componente de ilusiones.

Cuando le expliqué el episodio de las conversaciones con el camarero del hotel, él me contestó que a algo similar se refería

1. Ferdinand de Saussure, *Curso de lingüística general.*

cuando hablaba de su hermana y su familia, y quiso también contarme cómo, en la época en que vivía en Trieste, trabó amistad con un viejecito de una edad parecida a nuestro camarero, un borrachín que se ocupaba de los lavabos en el café donde él iba siempre. Por esa época, leía mucho y se pasaba tardes enteras con un libro en el café. Paco leía muy rápido y se despachaba los libros de dos en dos. De haber tenido una vida de longitud normal, estoy seguro de que habría leído el doble o más que cualquier ser humano normal. Tampoco sé si le habría servido de mucho. Bueno, pues el caso es que el viejo este había estado, cuarenta y cinco años atrás, trabajando de carpintero en Auschwitz (o en Buchenwald, Bergen-Belsen o Treblinka, no recuerdo). Lo que sí recuerdo es que era un campo de concentración donde gaseaban a los judíos y a todos aquellos que fueran una molestia, a aquellos que el régimen nazi tenía entre ceja y ceja. El viejo era un preso más, pero como era bueno en su oficio, los guardias le daban un trato especial, y mientras hubiera tenido dinero, creo que habría sido honrado,[1] contó Paco. En varias ocasiones, le obligaron a ayudar a los Kapos encargados de sacar los cadáveres de las cámaras de gas. Metían dentro a familias enteras, hijos con sus padres, etc. Lo que más le impresionó fue de qué manera se encontraban los cuerpos aplastados después de ser gaseados. Al ir a sacarlos, los encontraban como si fueran un bloque compacto de carne humana recién muerta. Se hallaban empotrados entre sí, unos cadáveres con otros, formando una masa de un gris azulado; un bloque todavía tibio en algunos puntos. Los Kapos le explicaron que es que no morían simplemente como pajarillos, adormilándose y perdiendo la conciencia a causa del gas zyclon B, sino que el gas era pesado y caía rápidamente al suelo, con lo que la zona de sombra, o de opresión, o de asfixia, no sé cuál será el nombre técnico para llamarla, subía progresivamente de abajo hacia arriba. A medida que la gente se iba asfixiando, perdía la noción de todo y, ya medio inconscientes y con los ojos cegados por el

1. Alfred Döblin, *Berlin Alexanderplatz.*

picor del gas, experimentaban un reflejo de buscar aire en la parte más alta de la sala. Se subían unos encima de otros, se encaramaban sobre los cadáveres de los que ya habían caído inconscientes, los pisoteaban y los aplastaban. Luchaban en los estertores por encaramarse encima de los demás, estuvieran vivos o muertos –según el tiempo desigual en que tardaran en morir, en que sus músculos desistieran–, y los desafortunados que habían quedado abajo resultaban machacados, desfigurados, triturados en grados desiguales.

Paco me dijo que el viejo se lo había contado con todo detalle más de una vez porque, al haber tenido que sacarlos en varias ocasiones, presenció innumerables veces los diferentes modos en que quedaban machacados y compactados los cuerpos de abajo. A la avanzada edad en que hacía el relato, todavía se emborrachaba ocasionalmente (debía de haber sido un tipo muy resistente, como muchos de los que sobrevivieron a los campos de concentración), y dado que a Paco le gustaba beber en silencio acompañado, presenciaba su obsesión a través de los nuevos detalles con que el viejo volvía una y otra vez sobre el tema.

A veces, la sangre caliente se mezclaba con hielo,[1] como cuando recordaba que los que llevaban la peor parte eran los niños. Al ser los más pequeños de talla y los más débiles, eran los primeros en ser aplastados. La variedad de descripciones de frágiles cráneos fracturados y pequeños cuerpos deformados, incrustados de diversas maneras en una masa carnal amorfa y gris, azulada y sin vida, era para él una pesadilla irracional recurrente. Hay que pensar que entraban en las duchas de gas niños de cinco años de la mano de sus padres, todos desnudos para el supuesto ritual higiénico. Lo que le impresionaba –hasta una parálisis de dolor mental– era el hecho de que los propios padres agonizantes, perdido el sentido de todo, cegados hasta lo irracional, por puro instinto o reflejo de supervivencia pudieran aplastar a su propio hijo, subirse encima de él, de su frágil cuerpo o del de otro, en una especie de ensoñación pesadillesca de

1. Alfred Tennyson, *The Deserted House.*

los últimos instantes, creyendo que un último aliento de aire o vida les podía librar de todo aquello y que tirando del brazo, queriendo defenderlo, sacarían de allí a su hijo, aunque lo único que les quedara en la mano en esos momentos fuera un brazo o una mano (pequeña, infantil) descoyuntados.

Paco decía que el viejo de Trieste debía de haber sido padre y algo no le había ido bien, dada la reiteración, exageración y obsesión con que volvía hasta el horror de la pérdida del sentido de todo, incluso del vínculo emocional más civilizado, el de la paternidad. Miedo del hijo, que sólo ve esa mirada reprobadora, que se ve condenado a tener padre, a tener esa mirada sobre sí y no sabe qué hacer para arrancársela.[1] Pero como yo puedo rememorar la visión transversal, transparente y en diagonal de mi amigo sobre las cosas, sé que lo que debía de convertirse en un paisaje de tortura en su mente era, atrapado en aquel momento en Trieste tal como estaba, la visión vívidamente recreada de volver a ser un niño de cinco años, de ser capaz de verlo todo todavía en esa escala. Entrar desnudo, con toda franqueza, viendo los badajos de los adultos colgando a tu alrededor (huecos, blandos, carnosos, grandes para ti), las matas de vello como selvas, las nalgas a la altura de tus narices, queriendo que el cariño salve la vergüenza y el espanto del inesperado culo peludo de tu propio padre. En medio de ese sudor, de ese impacto vulgar y borreguil, de ese suspense de terror doméstico, llega la oleada de la asfixia, la ceguera, el sueño y la pesadilla. No saber lo que pasa pero no querer que esté pasando. El pánico de grupo, los movimientos de la masa, los vaivenes convulsos. Algo gigantesco que te aplasta creando un protoplasma de carne amasada y astillas afiladas de hueso roto. Perder la mano de tu padre, el pecho de tu madre y dilatarse de horror y pánico las pupilas en un grito ciego hasta que estallan los globos oculares porque tu frágil cráneo de cinco años se está rompiendo y no sabes si es quien más quieres o un extraño esa oleada de carne ciega y moribunda que te está aplastando, disolviendo y convirtiendo en nada.

1. Marcos Ordóñez, *Una vuelta por el Rialto*.

Sí. Gemma tuvo una muerte dulce, según lo mires, decía. Un poco más de dolor sí que importa. En el momento de la muerte, en tu último momento, perder encima el único brillo de humanidad, la única chispa de genialidad que te queda. Convertirte en una bestia rabiosa, una máquina de carne que boquea y, aunque sea sin querer, destruye y mata. Que te arrebaten hasta eso, tu última dignidad, tu último brillo de resistencia, de libertad, de civilización y humanidad. Que te conviertan contra tu voluntad en una bestia ciega a la que sólo la vergüenza podría sobrevivirle.

El día que hablamos de todo eso, Paco había bebido en sueños y su cuerpo aún seguía bebiendo.[1] Al final del día, cuando nos separamos al atardecer, Paco me regaló una diminuta bolsita de heroína aun sabiendo que yo no consumía desde hacía años. Se desprendió de ella a pesar de que no debía de sobrarle el dinero. La examiné con cuidado encerrado en el lavabo de la habitación de mi hotel, cuando mi mujer y el niño ya estaban dormidos, y vi que debía de contener cosa de medio gramo. No sé por qué me la dio. No sé si pretendía que pasara un buen rato o que me matara, o simplemente no quería matarse él. A muchos, consumirla después de años de no hacerlo les había dado un buen susto. El cuerpo ya no era el mismo, había cambiado su nivel de tolerancia y, al calcular mal la dosis, palmaban inesperadamente por detención cardíaca. Al principio pensé, por supuesto, en no usarla. Estaba claro que necesitaba calmarme, pero la obtención de la calma se ve con más paciencia cuando te esperan en el futuro varios seres queridos con necesidad de ti. Luego, algo rudo, monótono, amargo y, sin embargo, a pesar de todo, con algo de nostalgia e incluso un poco de ensueño en la expresión me empujó. Algo que era más violento, que era grueso, primario y aventurero: las ganas de morder, de hacer un ademán definitivo, profundo e irremediable en cada gesto, importantísimo para el otro, llorado, gritado, agonizando de puro éxito en la tarea de sentirse viviendo.[2] Con mucha prudencia, separé una

1. Wordsworth y Coleridge, *Lyrical Ballads.*
2. Georges Simenon, *A la cita de los Terranovas.*

punta infinitesimal con el extremo de un cortaúñas que llevaba en mi neceser y la absorbí por la nariz. Creo que no me hizo ningún efecto, de puro prudente que fui; pero ésa fue la única manera de convencerme a mí mismo para dormir aquella noche.

18

Dos días después, Paco me presentó a uno de sus amigos en Venecia, Gregory Chambon, ilustrador y especialista en instrumentos antiguos de cuerda. Vivía en uno de los pocos palazzos de propiedad privada que quedaban habitados en la ciudad. Era de padre inglés y madre francesa, que era condesa de algo y se había casado con su padre en segundas nupcias. Visitamos su domicilio, todo de mármoles, yesos y escayolas; la casa era una verdadera pinacoteca con una biblioteca musical digna de un conservatorio. Sobre un aparador vi una foto campestre del propio Greg cuando debía de tener menos de diez años, llevado a hombros por el propio príncipe de Gales. Era condenadamente elegante y muy desenvuelto, siempre estaba riéndose y conservaba una belleza delgada y juvenil, a pesar de tener más de cuarenta años. Ni su pelo, corto y rubio, ni su abdomen parecían haber sido afectados por la edad. Se notaba que compartían una amistad muy estrecha, con un toque de compañerismo que tenía todo el color y el sabor de la homofilia diluida, pero nunca expresaron ninguna muestra de ternura física delante de mí. Sí tuve ocasión de ver cómo, cuando les resultaba conveniente hacerlo, trataban con los perdularios de la ciudad. Se miraban, se sopesaban, brotaba la complicidad y era casi como si se guiñaran el ojo navegando en un mar de sobrentendidos. Buceaban hasta el grado más bajo de la picaresca, donde, en los chulillos, parados en esa eterna edad del sur, encontraban una fabulación digna de Plauto.[1] Comenté a Paco cuánto le gustaría a mi mujer ver el palazzo de los Chambon por dentro y se en-

---

1. Pier Paolo Pasolini, *Larga carretera de arena.*

cargó de conseguir una cuidadora española de confianza para nuestro pequeño y de que Greg nos invitara a tomar un aperitivo a media tarde en su casa. A mi mujer le enamoró el jardín interior a la luz del atardecer y los balcones que daban al Gran Canal. Nuestro anfitrión fue muy amable con ella y le enseñó con todo detalle los tesoros de la casa. Al entrar en una habitación, pudimos presenciar el sorprendente espectáculo de sus padres, casi octogenarios, sentados en un sofá leyendo la misma partitura de orquesta, sin poner un disco ni nada parecido, en el más absoluto silencio. El padre seguía las líneas con el dedo y de vez en cuando se miraban entre ellos con aprobación saboreando algún pasaje notable. Greg iba a presentarnos pero le pedí que no les interrumpiera. Noté que ese detalle le gustó y detecté una mirada de orgullo en Paco. Luego, nosotros correspondimos invitándoles a cenar en el Hotel Bauer y perdiéndonos con ellos por las calles de Venecia tomando copas. De vez en cuando, Greg y Paco desaparecían juntos para ir al lavabo del local en que estuviéramos.

–Nunca se sabe si van a hacer una raya o es que son maricones –decía mi mujer, pero lo decía sin agresividad, con buen humor, totalmente seducida por la simpatía pindárica, la sensibilidad y la generosidad intelectual de Greg. Nos retiramos pronto dado que, aunque ya no se permitía fumar en los locales nocturnos, los ambientes cerrados fatigaban el embarazo de mi esposa.

Unos días más tarde le pregunté a Paco si se acostaba con él o era uno de sus clientes y se rió y dijo no a las dos cosas. Creo que lo único que sucedía es que compartían el mismo amor por el esteticismo, las buenas maneras y el refinado fervor humanístico que rodeaba a la familia del aristócrata. Ambos entendían la aristocracia como una decantación interior, a la que también suele ayudar mucho el ambiente.[1] Le pregunté a Paco si Greg estaba al corriente de los trabajos que hacía en su piso, y Paco se rió y me dijo que sí, que incluso lo había encontrado francamente divertido a pesar de que nunca colaboró.

1. Francisco Nieva, *Las cosas como fueron.*

Durante aquella temporada en Venecia, me pregunté si Paco hacía esos extravagantes trabajos caseros para pagarse la heroína, pero a lo largo de aquellos días pude comprobar que, en realidad, no estaba enganchado. Consumía ocasionalmente algunas drogas, con mucho cuidado y una minuciosa administración de sus fuerzas, porque se veía a simple vista que, sin estar enfermo, su estado basal era bastante bajo. Escribía para algunas revistas de música popular (casi fanzines) y también gastaba mucho tiempo entrando en diferentes blogs de temas variados, siempre minoritarios y extravagantes: desde literatura, rock, videojuegos o wargames. Me dijo que no hacía nada de provecho pero que era razonablemente feliz. Eso quería decir, para Paco, que cada día tenía un rato o experimentaba algún momento de felicidad completa.

No es tan fácil pervertirse; hay que poder hacerlo, hay que saber hacerlo, hay que tener el carácter y la astucia para saber ofrecerse, si quieres intentarlo. Paco no lo tenía, creo yo, pero tal vez me equivoque. Aquellos días me dio la sensación de que vivía centrado en su individualidad sin poder salir de ella; atrapado en ella porque ni el temperamento ni el entorno que siempre le rodeó le había permitido nunca vislumbrar otra salida. He de reconocer, sin embargo, que también me pareció modestamente feliz, aunque indudablemente sufría. Sufría por no tener voluntad, porque eran la vida y sus acontecimientos quienes le llevaban a remolque y nunca podía elegir. No le pregunté –ni me quiso hablar– de los momentos de miseria que pudieran acompañar esos momentos de comunión consigo mismo. Se había vuelto nervioso y emotivo, afectado en el hablar, teatral, pero su histrionismo era, en cierto modo, como una liberación. Se había librado de la esclavitud de la belleza, algo que muchos confunden con civilización. Ya no era encantador pero era verídico, verídico en su vileza, y quizá por eso exhalaba cierto aire de desenvoltura, de soberanía: algo parecido a la felicidad.

A pesar de ello, o precisamente a causa de ello, como le dije a Paco durante esos días mientras recordábamos a su hermana, si nuestras palabras fueran verdaderamente poderosas, despreciaríamos todos los temas para sólo cantarle a ella, para devolverle la vida en su sentido más amplio.

Allí en Venecia, un 15 de abril, después de una noche en la que la excitación de la lectura me había dejado insomne, vi un amanecer gris y tétrico con los tejados brillantes a causa de la lluvia. Acababa de gastar gran parte de las horas de oscuridad releyendo, estirado en el lecho, los diarios de Amiel, en los cuales una anotación, también del día 15 de abril, pero de 1867, datada en las siete de la mañana, usaba adjetivos similares para describir el cielo de ese amanecer pero al pie de los Alpes. El mismo día del calendario, doscientos años antes y un poco más al norte, el clima era el mismo que yo observaba. No me extraña que Amiel hablara del ruido de las gotas de su vida en el abismo devorante de la eternidad y que acto seguido, en una transición emocional típicamente humana, se preguntara: ¿dónde estarán los seres que amo?[1]

Yo no tenía que preguntármelo. Sólo necesitaba mirar el otro lado del lecho y la cuna portátil donde dormía el niño. Levantando la vista por la ventana, enfrente, veía las siluetas del Palazzo Contarini Polignac, el Palazzo Barbaro y más allá el Pisani Moretta, junto al Barbarigo della Terrazza. En su fachada de rojo crepitante se incrustaban medallones de mármol con motivos bizantinos. Venecia, el hundimiento de Venecia, había sido para siglos de artistas el símbolo, el santo y seña, del inevitable decaer de las cosas, del paso del tiempo. Asociaban la ciudad con el contraste entre la belleza y la inevitable muerte y decadencia. Pero lo cierto es que Venecia se hundía velozmente hasta 1983, cuando la prohibición de extraer agua de los acuíferos detuvo en gran manera el fenómeno. La broma, la gran broma, era la posibilidad de que, con el calentamiento del planeta y la inundación de los acuíferos, la isla volviera a subir (la teoría de Plank). Bajo la luz de esa posibilidad, la ciudad se convertía en una afirmación de vida bulliciosa, de la prodigalidad para

1. Amiel, *Diario íntimo*, 11 de enero de 1867.

todo –para destruir, para construir– del ser humano. La inevitable putrefacción como afirmación de vida: construir sabiendo que se hundirá, reconociendo que no sabemos cómo acabará, construir por pura vitalidad, por el placer de hacerlo. Eso es lo que había mantenido a la civilización en marcha a pesar de todas las derrotas. Las vicisitudes de la construcción y la necesidad de sortear los obstáculos y los desperfectos era lo que nos había hecho enfrentarnos a las preguntas. Los suelos torcidos, las puertas de Venecia que no encajaban en sus dinteles, eran la mejor demostración; el testimonio tangible. Uno imaginaba la ciudad, después de volver a subir, mucho más torcida todavía: torres inclinadas a un lado u otro, aceras y muelles como líneas quebradas, el musgo y las enredaderas creciendo entre las nuevas grietas, vociferando que valía la pena construir a pesar de las mentiras, porque el verdadero misterio –y parte del enigma del placer de hacerlo– residía en no saber adónde nos llevaría esa construcción.

Uno escribe para rescatar las palabras del tiempo gastado, pero hay un instante en que la línea recta escrita desciende a regiones no iluminadas por la conciencia, y revela paisajes donde la memoria sumergida se confunde con todos los sueños que no fueron recordados al despertar.[1] Sentado en el viejo escritorio de la habitación, escuchaba la respiración dormida de mis seres queridos y, a la una de la madrugada, una canoa automóvil descapotable cruzó el canal con música dance a todo volumen. Pero no se trataba únicamente de los que dormían a mi lado: estaba enamorado y con la minuciosidad y obsesión del amante seguía los pasos de aquellos a quienes quería. Lo hacía en charlas banales, llenas de diminutivos, a través del correo de mi ordenador portátil o del teléfono móvil. Como, en definitiva, la vida tiene que ser vivida y amada por sí misma, la aventura y el amor al juego pueden aparecer fácilmente como el símbolo más intensamente humano de la vida.[2]

1. Antonio Muñoz Molina, *Diario del Nautilus*.
2. Hannah Arendt, *Los orígenes del totalitarismo*.

Esa noche de contemplación insomne, observé cómo un gondolero, joven y con perilla, que vestía un forro polar azul, se acercaba al muelle al pie del hotel para comprobar si todo estaba correcto en su embarcación. Miraba con melancolía curiosa a los ocupantes de la canoa automóvil que seguía evolucionando por el canal con la música atronando la noche. Parecía como si estuviera pensando en insultarlos pero no acabara de decidirse. A la una y veinte, también vi pasar el último vaporetto. Luego, horas de aguas remansadas, hasta que apareció aquel gris sobre los tejados.

En pocos días, cumplida la tarea que me había llevado hasta allí, abandoné la ciudad sin poder despedirme de Ander. En cierto modo, Venecia ya estaba quemada para mí, a pesar de que me marché de la ciudad bajo un cielo azul celeste que llegaba al corazón y sin que ninguna historia terrible hubiera podido erosionar ni por un momento, más allá de una extraña curiosidad, la plenitud sosegada que me rodeaba.

19

Unos meses después, tuve la ocasión de viajar de nuevo con toda la familia a Ciudad de México para unas conferencias. Por aquellos días, una de mis exigencias para aceptar actuaciones, promociones, entrevistas o conferencias era que pudiera acudir con toda mi prole, de cuya novedad estaba disfrutando en todo momento. Nada más aterrizar en el D.F., después de que el gigantesco Airbus que nos contenía rozara las azoteas que rodeaban el aeropuerto y se posara sobre la pista con gran estruendo de tornillería, nos fue notificado que la noche anterior había habido un temblor de tierra, algo no infrecuente en el lugar. Cada vez que sucedía un nuevo episodio sismológico, todo el mundo comentaba que se estaba esperando el nuevo gran terremoto que, por estadística, ya tocaba. Mi esposa, al saberlo, entró en pánico, preocupada por la seguridad de los dos pequeños (la niña todavía un bebé) que viajaban con nosotros. En todas la mentes estaba el destrozo, la devastación del seísmo de 1984, que acabó con gran parte de la ciudad. Mientras esperaba el siguiente gran terremoto, la ciudad seguía creciendo. De nuevo, era otra versión de la vitalidad constructiva de Venecia, quizá de un modo más bravo y suicida. El doble filo de toda esa construcción se traslucía, mejor que en ningún otro sitio, en la capital mexicana, pero mi mujer no le veía maldita la gracia al asunto. Las ciudades parecen seguir su rumbo y es como si la voluntad de los hombres fuera incapaz de determinarlo. Es como el empeño de las ciudades de frontera de vez en cuando destruidas por la guerra. Afán de supervivencia similar al de las ciudades que a orillas de un río sufren periódicas inundaciones o la voluntad de las que crecen y crecen a la sombra de un amenazador volcán.[1]

En el D.F. actué en la Casa del Lago, en una serie de eventos organizados a medias con la UNAM. Una mezcla de pinchadiscos y conferencia literaria. Aproveché el viaje y lo completé con una pequeña actuación musical y recital poético en la librería El Péndulo. El humor serio, somardero, con retranca, de los mexicanos me gustaba y me recordaba el de los madrileños. Su vitalidad, resignación y valentía para construir una vez más sobre el firme fluido de una laguna era conmovedora e impresionante.

Con poco tiempo para descansar, casi sin transición, tres galerías emergentes de ese circuito me ofrecieron, cada una por su lado, viajar primero a Pekín y luego a Hong-Kong, durante varias semanas. Pekín te hacía sentirte como un rico provinciano de la riqueza. Era ininteligible y gigantesco. Hong-Kong, por su parte, había cambiado mucho y ya no era únicamente la bahía y los centenares de islitas de los alrededores, las montañas en forma de pan de azúcar, el nuevo aeródromo que avanzaba sobre un dique en medio del mar, los autobuses londinenses de dos pisos, las garitas como pagodas en que estaban encaramados los policemen en medio de los cruces, el ferry

1. Rafael Chirbes, *El viajero sedentario*.

que va de Kowloon a Victoria, los jinrikishes rojos de ruedas altas.[1]

Durante treinta meses, disfrutamos de ese régimen itinerante hasta que mi esposa, con la niña aún pequeña y el niño a punto de cumplir cuatro años, me dijo que ya había tenido suficiente y se negó a acompañarme en los siguientes desplazamientos. Aparentemente, todo se desarrolló de una manera acordada y lógica porque era lo más razonable, pero esa decisión fue la primera grieta de muchas otras que aparecerían entre nosotros en el futuro.

20

—Es un espectáculo hermoso, ¿verdad?

—Sí —dije.

Los Audi, los Mercedes, los Saab y los Volvo, los BMW y los Alfa Romeo se alineaban en el camino de entrada brillando relucientes, con reflejos que a veces eran cromados y otras veces de tinte oscuro. La exactitud de la pregunta me hizo sentirme un poco avergonzado, no por nada concreto, sino porque mis pensamientos parecieran tan fácilmente visibles. Estaba sentado en un banco que se hallaba en la entrada del jardín de la casa de Pals, apoyándome en un bastón. En uno de los viajes transatlánticos que había hecho, ya sin mi familia, para actuar en la Fashion Week de Nueva York, tropecé estúpidamente contra una de las patas de la cama al salir de la ducha en mi hotel y me rompí un dedo del pie. Los precios de la sanidad privada en aquel lugar eran desmesurados, te hacían pagar por todo. Las complicaciones de cara a la actuación, dada mi lesión, fueron además innumerables, pero el bastón, inesperado adminículo, fue al menos un éxito de imagen. Intentando comunicarme a través del océano, percibí que mis desvalidos problemas en aquel extremo del mundo no emocionaban particularmente a mi esposa, quien veía todo su tiempo ocupado por las minucias

---

1. Alain Robbe-Grillet, *La casa de citas.*

del crecimiento de los niños. Volví irritado y de muy mal humor y en una invitación a la casa de Pals encontré la excusa perfecta para retrasar unas horas mi vuelta.

En el jardín trasero de la casa, el sol, doblado cuidadosamente por los árboles como el muestrario de un equipaje sobre la pulida cama de un hotel de lujo, dibujaba manchas en las cuales se habían dispuesto, aquí y allá, una mesa con doce cubiertos, un matrimonio de hamacas, y la compañía de mimo de un tendal de ropa blanca al viento. Los cubiertos estaban gozando de un bronceado envidiable, los gorriones picoteaban las migas. Por la soledad del bosque montañoso que se veía a lo lejos (unos seis kilómetros de perspectiva abierta) se posó en un claro una mariposa anaranjada que iba a morir dentro de poco. Desde la distancia, me parecía que podía oírla claramente. Ella, allá. Lejos. Él la llama, la arma como un rompecabezas, la dibuja uniendo números.[1]

La voz que desde detrás se acercó a mí para hacerme la pregunta la conocía bien y le expliqué los curiosos pensamientos con los que había estado matando el tiempo.

–O sea que todo es un tema de sexualidad.

–Bueno, no es eso, pero sí. Supongo que se le puede llamar de una manera parecida.

–Ya, pero aquí no verás, no te diré los Ferrari y los Lamborghini, que ya han caído en un puro camino de simbología feroz y exhibicionismo grosero, sino el gozo de los Maserati, los Bentley y los Aston Martin, cuando la estética debió ser un placer limpio y sencillo.

En aquellos salones de la casa de Pals me había vuelto a reencontrar con Gracia, quien, después de hablar así, se sentó suavemente a mi lado en el banco. Su búsqueda constante de inconformismo –lacado con un aproximado barniz hippie– le proporcionaba en aquel medio un aspecto misterioso que reforzaba su atractivo. Yo, intentando protegerme a mi vez de la propia tendencia al desprendimiento de las cosas mundanas y de las pequeñas inclemencias físicas de la vejez que empezaba a

1. Severo Sarduy, *De donde son los cantantes*.

sentir, había encontrado un punto de apoyo en los placeres funcionales, en el confort; ese confort del disfrute de prendas confeccionadas laboriosamente, de muebles acogedores que murmuran toda una tradición, de máquinas de una precisión que contradicen inocentemente la habitual confusión humana, de jardines mejorados generación tras generación y vinos que, al deslizarse gaznate abajo, hacían fluir siglos de civilización por la garganta.

De una manera natural, la frecuentación de esas cosas me había llevado a hacer amistad con mucha gente que procedía de círculos conservadores o estaba emparentada con familiares o amigos de Gracia. No esperaba verla por allí, pero tampoco me extrañó que finalmente apareciera; si alguna vez Europa se hubiera vuelto bolchevique, la habríamos encontrado convertida en la novia de Stalin.[1]

En ese lugar de las afinidades personales, coincidimos y nos volvimos a encontrar de nuevo. Ella, a causa de cariños que encontraban sus raíces en la infancia y que le hacían sentirse segura más allá de cualquier divergencia de opiniones. Yo, a causa de inocentes aficiones comunes a muchos de sus miembros. Era una época de eufemismos en prensa y literatura. Se hablaba de tolerancia cero por miedo a citar la palabra intolerancia. Se usaban palabras largas y extensas, incluso a veces inventadas, en lugar de las viejas palabras de sentido recto. Se usaba climatología por clima, limitación por límite, normativa por norma, temática por tema, influenciar por influir, visionar por ver, etc. Se observaba en general la superstición popular de que las palabras más largas fueran más cultas o poderosas: la añeja confusión entre cantidad y calidad.

En cambio, en aquellos lugares, propiedad de los halcones, se postulaba como primera necesidad devolver a las palabras su significado recto y eso era agradable. Con ánimo provocador, se proponía a Occidente como vanguardia de libertades y grado más adelantado de civilización. El experimentalismo bonachón

1. Francis Scott Fitzgerald, *Suave es la noche.*

de moda pertenecía a una generación que había jugado cuando era joven con la idea de utopía de una manera cándida y comprensible. Los fariseos deseaban conservar los rasgos de experimentalismo como último recuerdo nostálgico ante la derrota de sus anhelos frente a la realidad. Contra esa opinión pública general, los allí reunidos abogaban por la abolición del eufemismo. Pasaban por derechistas y conspiradores, a pesar de ser en cuestiones políticas totalmente inofensivos. Cuánto se ha ahogado en esa casa y en este callejón.[1]

Para Gracia, en concreto, todo se reducía simplemente a que las águilas liberales iban ahora para arriba. Yo, con mi ridículo dedo roto, sentado en un banco de piedra del camino principal, jugaba sobre la gravilla haciendo dibujos con el bastón. Pasaba del 15 de marzo y se anunciaba abril con una primavera nada drástica, sin tendencia al cataclismo. Alguna ligera llovizna, un cielo aireado, nubes que pasaban rápidas y crepúsculos de azul almidonado o naranja impresionista. Luego, por un momento, el rojo y el fucsia perecederos. Oscurecía pronto. Las gotas sobre los coches oscuros y bruñidos por el viento eran de una sensualidad refrescante, una verdadera incitación a la oxigenación, a que la sangre acelerara su paso por las venas. Conversamos sobre el panorama que titilaba ante nuestros ojos y le conté cómo lo veía, aun sabiendo que al compartirlo con ella me adentraba en terreno pantanoso. Y es que ambos habíamos sentido desde muy jóvenes que el deseo humano era indiscriminado. Podía experimentarse por una Harley-Davidson plateada de 1.340 cc., por una pulida guitarra Grestch Country Classic de acabados dorados y barniz de nogal, por las olas calientes del Mediterráneo azul en verano o por las hembras de labio fresco, curva suave y lacrimal de cachorro. También por el brillo en los vasos del rojo vino de Borgoña, de reflejos sanguíneos. Ningún vino es tan terreno como ese rojo néctar de Borgoña. A la delicada luz de las velas y sobre el blanco reflejo de la nieve, tiene también el color de tierra, ese color púrpura y

1. Naguib Mahfuz, *El callejón de los milagros*.

oro oscuro de las colinas al ponerse el sol. Su respiración es profunda, olorosa de hierbas y hojas como la de una tarde de verano en Borgoña. Ningún vino es tan amigo de la noche; hasta su nombre, en algunos casos, es nocturno, profundo y brillante como una noche de verano. Brilla como sangre en el límite de la noche, como el fuego del ocaso sobre el borde del cristal del horizonte. Están en él las bestias salvajes ocultándose en la tierra al venir la noche. El jabalí, que se esconde con precipitado crujir de hojarasca, el faisán, que nada, con vuelo corto y silencioso, en la sombra que ya flota sobre los bosques y la agilísima liebre sobre el primer rayo de luna. El intenso perfume nos devuelve el recuerdo de las dormidas noches de verano sobre la tierra caliente todavía del ardoroso sol.[1]

Era reconfortante notar que estaban allí todas esas sensaciones; el tranquilizador contacto de esas realidades físicas bajo las yemas de los dedos, en el paladar, bajo la nariz, en la piel de la nuca. Pero toda esa ternura táctil, ese acopio de sensaciones conmovedoras, no podía conseguir (más que momentáneamente) ese delirio tranquilo, diáfano y desnudo de que es algo bueno estar vivo. El deseo une esto con aquello, pone en contacto cosas que entregan esquirlas de destellos mentales fulgurantes. Pero es demasiado sencillo, y pronto se agota, deducir la idea de lo bueno de simples conjunciones repetidas.

Probé con todos esos fenómenos al sentirme atraído por ellos y me fue bien, pues tuve suerte y todos me aceptaron plenamente. Dado que ninguna de esas degustaciones me ofreció resistencia, ni se puso fuera de mi alcance, ofreciéndome tantos momentos de satisfacción como disgustos —es decir, lo que yo buscaba: vida–, no vi razón para cambiar de gustos. Esa misma capacidad para adaptarse a la realidad y a las dinámicas del mundo observable vi reflejada, desde muy joven, en la pupila de mi padre. Decía con los ojos: me gusta la conversación, la bebida, pero decía también con el ceño: voy a sacrificarlo todo porque hay que progresar, hay que ganar dinero, hay que mejorar.

1. Curzio Malaparte, *Kaputt*.

415

Puesto que Gracia, a pesar de la complejidad de su mente, tenía una sencillez muy natural para este tipo de cosas, asintió a lo que yo decía, me llamó bestia que camina con bastón (chimpancé velludo, cercopiteco con papada) y me recordó que sería bueno reunirnos en el interior con Ramón, quién había acudido por primera vez a una de aquellas veladas y no se sentiría muy a gusto si lo dejábamos solo. Era como un anuncio por palabras: mujer soltera busca a un hombre que sepa cincuenta mil sinónimos inútiles.[1] Al levantarnos, después de conversar de todas estas cosas, nos cogimos de la mano durante una fracción de segundo, pero nos soltamos enseguida porque ella la tenía sudada y rígida.

21

Por la noche, dentro de la casa, un autor maduro que había conseguido fama allá en su juventud como escritor social (fama de la que vivía todavía, convertido en una gloria que tenía algo de bélica) le notificaba en voz baja a una belleza que, cuando quisiera acostarse con él, no tenía más que llamarle. Oscilando entre el pasmo y la paciencia, ella no devolvía palabra y le miraba con una mirada enigmática de pupila dilatada; él parecía creer que por deseo o miedo, cuando era fácil interpretar que prefería no oír. La belleza, aunque él no lo detectara −porque ella cuidaba su melena rubia con esmero para no desmerecer sus facciones de madonna del siglo XIII−, era en realidad lesbiana; lo más cercano en lo carnal a las líneas del vuelo de un pájaro envueltas en gasas y aromas. El escritor maduro, como nos chismorreaba Ramón, debía de pensar que todas las lesbianas son unas criaturas amorfas, vestidas como una versión seglar del Che Guevara. Por eso, sin saberlo, estaba haciendo el ridículo; algo que afirmaba no importarle pero que siempre había tratado de evitar con mucho cuidado. La muchacha se vestía así

1. Geoffrey F. Miller, *The Mating Mind*.

porque, como toda criatura sensata, pensaba que el cuerpo femenino siempre fue bello. El hombre que en sus novelas «atravesaba y ponía al descubierto con una lúcida y penetrante mirada los secretos ocultos de nuestro corrupto sistema social» (nota de solapa) se despedía con un último guiño de complicidad contenida que él consideraba una buena interpretación de un enigmático escéptico, atravesando el vestíbulo hacia el jardín y el ridículo por el camino más viejo y eficaz que la humanidad conoce, llevando todo el resentimiento de café malo y meretrices crueles que lo marcó en su juventud.[1]

Como en cualquier sitio donde se da la coquetería infantil del gusto por la conjura, lo que mandaba era la conversación. Gracia flotaba siempre por encima de la charla, evitándola, gozando del lugar y las gentes. Por mucho que los argumentos contradijeran con hechos irrebatibles sus esperanzas de experimentalismo, experimentalismo que se agudizaba precisamente en su época de declinar físico, no parecía detenerse demasiado en ello. Sencillamente, tenía olfato para detectar lo nuevo, lo que subía, y se encontraba a gusto cerca de la novedad; se sentía más viva. Nunca le vi un gesto de disgusto, por mucho que todo lo que allí se dijera contradijera y descalificara sus aficiones o vocaciones del momento.

–Todo eso del orientalismo es un invento del propio Occidente, querida. No existe un único Oriente, como tampoco existe un único Occidente. Son tus pasiones románticas. Hay que leer a Edward G. Said.

–Hay que volver a leer a Orwell. Sus libros de no ficción, especialmente. Eso es la realidad. Eso es la escritura. ¡Y en qué condiciones!

–Hay que leer a Steiner.

–Hay que leer a Pinker.

–Hay que leer a Pla.

–Lo juro sobre la cabeza de Shakespeare.

–Sobre la mano inservible de Cervantes.

1. Francisco Umbral, *Mortal y rosa*.

–Sobre el prepucio de Henry Miller.

–Y yo, sobre el músculo anal de Walt Whitman...

–Hay que leer a Sebald.

–Hay que leer al viejo Lacan.

–Hay que leer a Lynch.

–Hay que leer a...

Han existido hombres capaces de resistir a los más poderosos monarcas y de negarse a someterse ante ellos, pero ha habido pocos que resistieran a la multitud. Ha habido muy pocos que permanecieran solos ante las masas manipuladas, que se enfrentaran a su implacable frenesí sin armas y con los brazos cruzados atreviéndose a decir no cuando se les exigía un sí.[1]

Afuera, las hojas de otoño crujían suaves alrededor del estanque circular. Habían ya pasado muchos meses desde el inicio de este apartado, y Gracia y yo paseamos largamente por los jardines de aquella casa, en sucesivas visitas, durante la recuperación de mi pie. La fuente borboteaba blandamente y empezaba a aterirme. La luna quedaba tapada durante unos segundos por una nube que pasaba.

Por la mañana (y ahora nos veo como desde fuera, no sé por qué) desayunaron juntos, desnudos, sentados en el borde de la cama, uno junto al otro, acercándose la mesita con ruedas. Ella se incorporó un momento a oler las flores. Sorbieron el último trago de café –el más dulce– y dejaron las servilletas sobre el mantel para ir a la ducha. Una de ellas se deslizó cuando acababan de abandonar la habitación y cayó blandamente al suelo.

22

Gracia transitaba con facilidad del misticismo revolucionario a la ironía conservadora. Pudiera ser a causa de esa ironía, o quizá simplemente a causa de la presencia de ella, pero me encontraba cómodo entre aquel grupo de conservadores modera-

1. Georges Clemenceau, *Discurso ante el Senado.*

dos. Detectaba que habían descubierto, hasta las últimas consecuencias, que la vida es una cosa que, sucesivamente y por un período bastante breve, hemos recibido los seres humanos en depósito.[1] La transmitimos y hacemos transacciones diversas con ella, no las menos importantes a través de técnicas orales. Su fundamento puede fallarnos, pero es resucitable más allá, lejos de donde nos hallamos nosotros, tanto en el espacio como en el tiempo, de una manera parecida al dinero. Entendí entonces que fuera precisamente ese dinero lo que hacía girar sus conversaciones. Quien lo inventó (ese fluido de evaluación que se esfuma y siempre poseemos únicamente en depósito) difícilmente podía imaginar que inventaba un medio de transacción lo más parecido a la vida, sólo igualado en sus procesos por los recursos energéticos que alumbran nuestras ciudades. Durante algún tiempo, dejé de sentirme molesto porque en las conversaciones sólo se hablara en muchos casos de enfermedades, de relaciones de poder o de dinero. Para no sentirme incómodo, se trataba sólo de ver los proyectos e intenciones que latían detrás de ese fluido omnipresente.

Ramón era el que más incómodo se sentía con esos temas, al igual que Dani Masem, quien conseguimos en una ocasión que acudiera con Denia a una de esas citas de Pals. En esa única visita, ambos se sintieron muy fuera de lugar y nunca propusieron volver. Dani se quejó además de que todos los temas giraban en torno a lo mismo y se movían en un nivel que él desconocía. Ramón no le quitó la razón, y aunque prefería hablar siempre de libros, empezó a convertirse en un asiduo de aquellas vísperas. Se entendía bien con Gracia y finalmente se había convertido en el personaje que inconscientemente siempre había deseado interpretar: un seductor de perfil bajo, un fabricante de hechizos. Íntimamente, según nos confió, se consideraba a sí mismo sólo aquel escritor elegante, pero no se le veía infeliz por ello. El secreto de cualquier felicidad está en limitarse, decía en sus textos ya desde hacía muchos años, sin que na-

1. Francis Ponge, *Le parti pris des choses.*

die le escuchara. Está, decía, en conocer las propias limitaciones y deshacerse de las falsas ilusiones, de los delirios tan perjudiciales para la raza humana. Pero, y esto lo creo yo, lo decía con una sonrisa plácida y astuta justo antes de llevarse, sonrojándose como un niño, a una nueva señorita a la cama o dejar caer más tarde, ocasionalmente (cada vez más ocasionalmente), una frase escrita tan perfecta como un verso: compacta y diamantina, desnuda. Sufría, porque amaba a su mujer, pero cada vez que se alejaba de ella le costaba resistirse a todas las tentaciones que ahora en la madurez se ponían a su alcance como nunca había sucedido cuando era joven. No iba a permitir, por más bedel que fuera, apartarse a sí mismo de la hierba.[1] Como escritor y editor, viajaba mucho, mientras que su mujer seguía atada a un trabajo estable y mal remunerado. Ahora, al menos, él podía compensarle con unos ingresos crecientes de los muchos años de esfuerzo y apoyo, pero muchas veces habría deseado arrancarse los ojos. Y se confiaba a mí porque creía que yo comprendía sus padecimientos.

¿Cómo no iba a comprenderlos? Los ojos de Gemma eran verdes, moteados de color canela oscura. Se habían agrandado desde que era niña hasta la última vez que la vi. Los de Silvia eran del tono de la herrumbre; los de Amelia, azul claro desvaído, amarillento, casi verdoso; los de Paco, negros, que bajo cierta luz parecían de un azul muy oscuro casi tíntico y con destellos plata. Los de Gracia, ennegrecidos con los reflejos de ese pardo vulgar que se mezcla con el color de la mugre; los de Adi, marrones; los de Cárdenas, del color de la cólera. Los de mi morena esposa norteamericana eran castaños, con un reflejo verde que derivaba en sus manchas anaranjadas hacia un resultado de oro viejo, chispas de furor dorado que se reflejaban por contacto.

Gracia se movía en aquellos círculos con facilidad, hablando de un grupo a otro, y a veces perdíamos el contacto visual, pero tarde o temprano volvía al lugar donde estaba yo, buscan-

1. Virginia Woolf, *Una habitación propia.*

do la seguridad de un refugio o un oasis. Luego, se alejaba como obligándose a ello. Los ojos que entonces su propietaria no me dejaba ver ni espiar los conocía de memoria; con su charco central del color del óxido, la acuarela de miel verde-dorada que lo rodeaba y el delgado aro de azul malaquita que lo coronaba cerrando el círculo. Las pequeñas almohadillas de sus falanges. Las arrugas de cuando se ríe. Siempre me han conmovido las mujeres que, después de una noche de lujuria, se ponen las gafas de leer para buscar la ropa interior.[1]

Le pregunté a Ramón qué tal le sentaba sentirse un casanova tímido y maduro, centro de la atención de deseos ajenos por puro efecto secundario. Tú deberías saberlo mejor que nadie, me contestó, cuando jóvenes eras uno de los más atractivos junto con Paco Valls, todos envidiábamos mucho vuestra suerte. Me sorprendió la afirmación de mi viejo camarada porque jamás nadie me había dicho nada parecido. Pensé que, de ser así, me había pasado desapercibido y eso habría sido un buen lenitivo para la inseguridad que siempre me acompañó. Me lo decía, pues, cuando ya no podía servirme de nada. Me lo decía, además, el hombre de las fotos, al que había visto posando con una dejadez indiferente en los suplementos a color. El hombre reconocido como escritor, que había sido conquistado por mujeres famosas, jaleado por la crítica; el hombre de quien incluso se decía (falsamente) que iba a dirigir un film sobre uno de sus propios libros y que, al cabo, había escrito unas obras que él en la intimidad publicitaba como menores. Lo cierto es que, miradas con atención, uno se preguntaba si no estaban fabricadas de un chispeo intelectual imborrable, hecho para durar.

Me confió, y nunca pude saber si hablaba en serio o en broma, que a veces le atrapaba lo que él llamaba su «morbus melancolichi», un estado de una especie de melancolía no depresiva sino contemplativa, paralizante, entre abúlica y bobalicona, como si estuviera dormido cuando andaba despierto y no entendiera nada de lo que pasaba a su alrededor. No hacía otra

---

1. José Luis Alvite, *Almas del nueve largo*.

cosa entonces que mirar a la gente que pasaba, pero no para pensar nada sobre ellos, sino tan sólo saboreando de una manera boquiabierta y extraña sus colores, las voces y los sonidos que emitían, sin conseguir entender nada sobre esas personas. Podía pasarse días y semanas enteras así, me contó. Luego ese estado psicológico desaparecía tan inmotivadamente como había venido (¿la alimentación?, ¿un problema mental? ¿metabólico o hereditario?, ¿una cosa de biorritmos, si es que eso existía? No sabía). Lo sorprendente es que yo sabía de qué me hablaba. Siempre había sufrido algo similar, con la única diferencia de que no tenía el valor de Ramón para padecerlo en público y entonces me escondía. Me alojaba durante bastantes días en un hotel y observaba cómo caía la luz del sol, viendo cómo pasaba la gente, fijándome en sus conversaciones, en sus extraños grupos y sus vestimentas. Sin voluntad de comprender ni memorizar; más bien al contrario, como si la bondad vivificante tomara su energía de precisamente no entender nada. Yo, en verdad, no puedo vivir sinceramente. Bastante he probado los suplicios de la oscuridad, de la duda que vacila de acá para allá.[1] Podía pasarme así horas y horas, sin hacer nada, sin comprender nada, nada incluso de mí mismo, sólo maravillado por el extraño caos incomprensible de todo lo que me rodeaba, todo lo que pasaba bajo la ventana del hotel.

Esas temporadas habían quedado disimuladas siempre por la itinerancia de mi profesión. Hasta entonces había preferido atribuirlo a desahogos de tensión, celebrando en mi interior mi personalidad,[2] después de preparar un espectáculo, una performance, una gira o un nuevo disco. Pero ahora me daba cuenta de que no era así y que podía haberlo notado porque no coincidían necesariamente con fases agudas de trabajo. Supongo que eso hacía difícil el vivir conmigo, lo que podría explicar el proceso de separación de mi segunda esposa, mucho más doloroso

1. Edmund Husserl, *Apunte de su diario correspondiente al 25 de septiembre de 1906.*
2. Paul Léautaud, *Le petit ami.*

que en el caso de la primera, toda vez que ahora se hallaban dos hijos por medio.

23

En las reuniones del grupo de Pals fue donde poco a poco, a pequeños retazos, fui reuniendo la historia, siempre discretamente elidida, de la familia de Paco Valls. Hacía mucho tiempo que no sabía nada de él, así que fue una sorpresa oír su nombre, mencionado de casualidad, a raíz de un escándalo financiero que protagonizó su abuelo. Al principio, pensé que eran otros Valls que no tenían nada que ver con la familia de mi antiguo condiscípulo. Luego supe que no, y entendí entonces que aquel año incompleto que Paco y Cárdenas, expulsados de todos los lugares civilizados, pasaron en el mismo colegio católico que yo suponía algo así como un intersticio estelar por el cual —en situaciones sólo repetibles cada equis milenios— un sistema planetario cruza a través de otro y deja escapar un par de piedras fugaces.

El abuelo de Paco Valls era uno de los últimos patricios catalanes a la antigua usanza, si no el último representante de aquella burguesía aristocrática barcelonesa que hoy ya ha desaparecido. En su sistema nervioso se encontraban combinados genes de las familias más célebres de la historia industrial y financiera de Cataluña. Con ese pasado familiar, tenía tendencia a no querer ver que el éxito de su linaje se debía más al dinero que a la genética y que las recompensas materiales más elevadas dependían de mentiras e inmoralidades.[1] Sus hermanos y primos coleccionaban títulos nobiliarios otorgados por los reyes Alfonso XII y Alfonso XIII. Consciente de su papel, figuró en las filas de todos los foros a los que, en los últimos cien años, se asomó la burguesía catalana de todos los tipos, desde la más rancia hasta la compuesta por nuevos ricos que aspiraban a ennoblecerse. Debido a su mentalidad aperturista estuvo entre los

---

1. Eric J. Hobsbawm, *Industria e imperio.*

fundadores del Círculo de Economía y, gracias a su nacimiento, pisó desde muy joven las alfombras del Círculo del Liceo, el Real Club de Polo, el Círculo Ecuestre, la Cámara de Comercio y la Feria de Barcelona. Tradicionalmente, tras su obligada licenciatura en Derecho se sentó en los bancos de la escuela empresarial que tenía la Universidad de Navarra en la barcelonesa avenida Pearson.

Con los años y la paulatina desaparición de aquellos a los que por nacimiento pertenecía, el abuelo de Valls había llegado, para cierto estamento de la ciudad, a una identificación tan plena del burgués aristocrático que prácticamente se había convertido en un icono. En su leyenda se representaba, aunque fuera implícitamente, aquel momento de cambio de la historia última en que la alta burguesía barcelonesa se aproximó con cautela a los separatistas vencedores de las primeras elecciones democráticas siempre que éstos hicieran votos de moderación.

La formación de la leyenda tenía su explicación, y es que, al contrario que sus hermanos o primos, el abuelo de Valls no se limitó a gestionar y administrar el patrimonio de sus ancestros. Él, partiendo de esa base, desarrolló sus propios negocios y resultó tener instinto, imaginación y capacidad para ello, detectando plenamente que los próximos lugares donde se encontraba el gran dinero eran los negocios inmobiliarios y el desarrollo, todavía pendiente en nuestra península, de una racionalización agropecuaria. Acumuló una fortuna personal que se encontraba entre las diez más importantes del país y que, al brillo de su nombre en casi una decena de los principales consejos de administración de empresas del país, añadía la bruma épica y remota de ser biznieto lejano del primer conde de Güell, es decir, patricio de cuatro generaciones, de una legitimidad bendecida por la antigüedad de monarcas legendarios y de cuyo mecenazgo se podían ver grabados nombres emblemáticos en las piedras y el paisaje de la propia ciudad;[1] la ciudad que cada cual pisaba cada día.

1. Félix Martínez, *El clan de los mentirosos.*

424

Al principio, se me hizo muy difícil relacionar esa figura legendaria con mi amigo de la simple camiseta a rayas y la cazadora de cuero. Luego, a medida que fui avanzando en el conocimiento de la figura de su abuelo, no me fue difícil hacerlo. Paco Valls vestía bien, sin ostentación, pero lo hacía con materiales de buena calidad, muy escogidos. Su cazadora de cuero y su camiseta no tenían nada de particular –ni siquiera eran de ninguna marca bien promocionada–, pero de la misma manera que siempre prefería lo hecho a mano, también siempre conseguía un aire limpio e higiénico aunque hiciera días que no tocaba el agua. Podía ser a causa de su apostura, pero lo descarté cuando por fin conseguí alguna imagen de su abuelo. Se conservaba alto y delgado, rebasados ampliamente los setenta. Poseía una elegancia nunca desentonada, indicadora de que nunca se habría permitido presentarse en algún lugar vestido como un dandy. Esa flema procedía no sólo de lo que adquieres cuando creces entre familias que poseen amplias y antiguas bibliotecas heredadas, sino también de algo igualmente característico y heredado de los ancestros: una inexplicable cicatería. Del abuelo de Valls se contaba –lo supe más tarde– que, como muchos de sus antepasados promotores de la Exposición Universal de 1888 y miembros de las principales fortunas europeas, no iba a trabajar nunca en otro medio de transporte que no fuera el metro. Si, por alguna necesidad, se veía obligado a tomar un coche se subía por las paredes por tener que invertir más de una peseta en un gasto superfluo.

Esa tacañería –real o inventada– fue una de las razones que, a la larga, provocó el escándalo que llevó su nombre hasta los salones de Pals y mis oídos. Cuando se terminó la dictadura y el ministerio de Hacienda democrático empezó a hurgar en su bolsillo, a él le pareció una cosa inconcebible tener que pagar cantidades importantes de impuestos. Confundió la antigua, despreocupada e ineficiente administración pública con la nueva y pensó que sería posible burlarla con un sistema de facturaciones falsas. Su idea fija se realizó, pero no a causa de su fijeza, sino porque coincidía con la idea fija de la clase más numerosa de sus compatriotas,[1] algo muy común en nuestra región de origen. Acabó encontrándose a merced de un juez corrupto de la época de la transición y tuvo que soportar ser chantajeado por él. Cuando finalmente todo el caso terminó cayendo en manos de la prensa –por su propio peso, como caen los palos de un trampantojo podrido–, se convirtió en el centro de titulares por sus rasgos ejemplarizantes y novelescos. Se dictaron penas de cárcel y hubo que pagar grandes fianzas. Después de recurrir a todas las instancias posibles se dictó una sentencia definitiva al cabo de los años. El gigantesco retraso de los tribunales benefició al abuelo de Paco, quien no tuvo que pisar la cárcel por cuestiones de edad.

La novedad era que ahora se comentaba cómo uno de sus descendientes había escrito un libro en el que se retrataban las tres últimas generaciones del apellido (y a muchas de las familias de su medio) en una especie de novela en clave. Paco tenía seis hermanos, cuatro hembras y dos varones. Que yo supiera, entre los varones –ambos mayores que Paco– ninguno había mostrado afición a los libros. Podía darse la circunstancia de una afición secreta o una vocación tardía –no sería el primer caso–, pero las pocas veces que los vi, Domènec y Manel siempre me parecieron más interesados en las motos, los deportes y los negocios que en cualquier segregación cultural. Paco parecía ser, a todas luces, el pariente del que se hablaba. Aquellos salones, donde la tarifa de admisión era una lengua de víbora y un estilete medio oculto (una especie de matadero intelectual),[2] resultaban el lugar adecuado para averiguarlo.

Un crítico de Gerona, alcohólico y buen escritor, me lo confirmó. Corría por las editoriales un manuscrito que ya habían leído varios agentes y que, según se contaba, era de singular factura. Como lector de una editorial, el crítico había podido tener acceso a él todavía mecanografiado y había recomendado su publicación. Otra cosa será que me hagan caso, me advirtió,

1. Karl Marx, *El 18 Brumario.*
2. Groucho Marx, *Groucho y yo.*

pero el libro está bien, dijo, desfila un siglo de nuestra sociedad local y lo mejor es su textura verbal, las palabras con las que lo cuenta, un tejido lingüístico con vida propia como si sólo escribiera los días en que se encontraba en estado de gracia.

No, no había error posible. Se trataba de Paco. Tuve la confirmación en la siguiente visita a la casa de Pals, cuando un ex senador volvió a sacar el tema, malicioso, porque se había sabido que en el libro se deslizaban revelaciones familiares de varias tribus que le rozaban y se refirió al autor, al nieto del patriarca, como «el drogadicto».

24

Quien también por esas épocas reapareció de una manera inesperada en nuestras conversaciones (aunque esta vez únicamente en las de los que habíamos formado parte del grupo de lectura) fue Sebas Mendo Amorzín, más conocido como la Histérica. Había encontrado en los blogs del público joven un sector de lectores entre los que refugiarse, al desaparecer y quebrar, a causa del auge de internet, muchas de la publicaciones contraculturales y de música popular donde colaboraba. Esa juventud lo adoptaba como a una especie de mascota: el hombre que avanzaba hacia la vejez negándose a aceptar el sistema y que pese a su edad y deterioro aún mantenía un idealismo tamizado de humor despreciativo y vitriólico.[1] Para la ingenuidad y la dificultad expresiva de los más jóvenes, eso era de mucho efecto y sensación. Con algunos chavales formó un grupo de rock, ruidoso, ininteligible y caótico, que se beneficiaba de las rabiosas y enloquecidas escenas que Sebas montaba como vocalista. A pesar de que el rock ya había perdido la significación que había tenido veinticinco años antes, varios de los vídeos de sus canciones tuvieron una nutrida pandilla de seguidores en YouTube. Incluso un blog muy activo, donde los

1. Harpo Marx, *Harpo habla.*

participantes se insultaban de común unos a otros, acusándose de fascistas con una naturalidad y energía remarcables, se dedicó casi íntegramente durante un tiempo a seguir a la banda. Al fin y al cabo, un viejo rabioso al frente de un grupo de adolescentes (no menos rabiosos pero tímidos) era algo muy visual, y tuvieron incluso cierta repercusión como fenómeno extravagante en las noticias de los telediarios y los suplementos culturales. Su disco *Cómo no me convertí en John Lennon* fue el acontecimiento bohemio de aquella temporada. A esa aura de malditismo contribuyeron un par de relatos entre fantásticos y pornográficos que Sebas publicó en una colección de tapas negras. Los puso en la calle una editorial (también joven) que, entre el voluntarismo y la pobreza de ediciones mínimas, llenaba las tiendas de sucesivas antologías de cuentos.

Para nosotros, sus viejos camaradas, la novedad de los relatos era que Sebas, más allá de sus vociferaciones y gritos, conseguía, por fin, sobrecoger. En el primero de ellos, un varón joven, sano, de físico medio y bien dotado se reunía en una habitación a solas con una mujer para tener un encuentro carnal. Él había oído hablar de la vida oscura y desarreglada de ella, pero era hermosa y estaba casi desnuda. Sólo se había dejado puesto un minúsculo tanga color perla, un triángulo de tejido satinado. Mientras el joven se desnudaba para yacer, percibía, o creía percibir por un instante, que algo, una presencia, se movía bajo el pedazo de tela. Creía vislumbrarlo o le daba la sensación de percibirlo justo en aquellos momentos en que se daba la vuelta para doblar sus ropas, como si siempre sucediera ese movimiento a sus espaldas, o hubiera algo tras él que le acechara. Llegaba a creer que lo que le esperaba en el lecho era un transexual. Cuando, ya desnudo, se acercaba para los preliminares comprobaba que no había tal, no existían sorpresas en la superficie del pubis delicado, cubierto por el satén de su ropa interior. Pero, al dar inicio a las primeras caricias, siempre que enterraba la cara en el cuello de ella para besarla, notaba un movimiento oculto por aquella zona, bajo la sucinta ropa interior. La piel de su acompañante era finísima, su fragancia hacía pensar en cielos sin nubes, sus miembros eran alargados, pero el convencimiento siniestro de que algo con vida propia habitaba en el escondite que iba a descubrir dentro de poco, crecía por momentos. Con la mente desdoblada, el amante se iba concentrando en su tarea de caricias y, a la vez, con los párpados entrecerrados intentaba no perder de vista el último triángulo de ropa que les separaba de la desnudez total. Entonces, en una de estas maniobras, de reojo, veía –o creía ver claramente– cómo la tela que cubría el pubis de ella se tensaba por un momento, súbitamente, titilando con un pequeño empuje, como si algún miembro retráctil o un diminuto animal vivo hubiera asomado su cabeza, nervioso, voraz o asustado, para volverse rápidamente a su madriguera. No voy a desvelar el final de la historia para no estropearle el placer (o la pesadilla) al posible lector, pero lo cierto es que Sebas conseguía la angustia opresiva necesaria para hacernos olvidar que el amante sencillamente podía levantarse y marcharse de allí, fastidiado ante aquel tipo de bizarrías. Por primera vez en su vida Sebas –que siempre, al no tomarse a sí mismo con la suficiente tranquilidad, había deformado su ser interior–[1] conseguía por fin sobrecoger. No tanto por el enervante argumento como por la efectividad con la que estaba contado.

El segundo cuento era bastante más grotesco pero no dejaba de tener su gracia. Al fin y al cabo, hoy en día, la comicidad tiene que ser fina, tan fina que uno no la vea; y si resultara que, aun así, los espectadores la ven, no se complacerán en la obra en sí, sino en su propia astucia, que les habrá llevado a encontrar algo allí donde no hay nada que encontrar.[2] Ese segundo relato trataba de cómo, incitado por el auge de las películas de superhéroes, un ciudadano normal de clase media baja sentía el deseo de dedicar toda su vida a combatir el crimen y la corrupción. Con ese objetivo se sometía a diversas operaciones quirúrgicas de bajo presupuesto para conseguir superpode-

1. E. M. Forster, *Aspectos de la novela*.
2. Christian Dietrich Grabbe, *Don Juan y Fausto*.

res. Puesto que poseía cierta conciencia política, decidía que debía ser el primer superhéroe que no fuera reaccionario; su superioridad no podía ser un insulto a los demás por mucho que la usara para restablecer la justicia en este mundo. Después de varios intentos y operaciones, llegaba a la conclusión de que la única posibilidad de que sus superpoderes no fueran discriminatorios para nadie consistía en que todos ellos se concentraran en el esfínter anal. Con la colaboración de un cirujano expulsado de la carrera médica por visionario, el protagonista conseguía su objetivo, tras pasar varias veces por el quirófano. Por supuesto, ahorraré al lector los detalles más delirantes y escabrosos de las subsiguientes batallas contra unos estupefactos y casi siempre escandalizados supervillanos; y aunque el final es torpe y decepcionante (más que nada porque creo que ni el propio Sebas sabía cómo terminar esa parodia *pompier* que se le había ido de las manos), los involuntarios ecos cervantinos que se le escapaban y el extraño giro central del relato hacia un universo de caspa y preocupaciones mezquinas –también muy español– lo convertían en un cuento verdaderamente particular.

25

En los siguientes años, la vida de Sebas tuvo sucesivos tropezones narrativos parecidos a los de su producción literaria. El éxito de aquel año en que su grupo triunfó, aunque fuera por un momento, no se repitió en las temporadas siguientes. Intentó mantener cohesionada a la banda de una manera artificial, pero le resultó imposible. Era ya muy mayor, y las fuerzas y el entusiasmo le fallaban. Los adolescentes que al principio le acompañaban crecieron y desplazaron hacia otros terrenos los intereses y obligaciones de sus vidas. Intentó trabajar con músicos profesionales, pero como no sabía música no les podía explicar lo que quería. Se mantuvo un par de años haciendo actuaciones baratas, de ganancias miserables, por pequeños locales de provincias y un día supimos que, en una de ellas en Palma de Mallorca, tras la borrachera de todos los miembros del grupo después de la actuación, apostó a que era capaz de saltar hasta la piscina del hotel desde el balcón de la habitación en que se alojaban. Cayó con la peor fortuna, provocándose lesiones medulares irreversibles que le postraron en una silla de ruedas.

Me consta que ni siquiera eso se tomó como la tragedia definitiva. Según le contó a Simó –que como balear andaba esos días por allí con la familia y fue el único que acudió a visitarlo al hospital cuando se encontró con la noticia en un suelto de los periódicos isleños–, Sebas era perfectamente consciente del *cul de sac* al que había llegado su vida. Le dijo que, hasta entonces, no había podido o sabido burlar el propio temperamento y eso quería decir, en cierto modo, su propio destino. Ahora, su cuerpo, paralizado en gran parte, le brindaba un quiebro a esa situación. No sabía lo que haría, pero no le quedaba más remedio que aceptar que a partir de ese momento su vida sí sería verdaderamente diferente y no por propia voluntad, y que se guardara su compasión para las familias de las ballenas muertas a arponazos en el mar del Norte.[1] Simó dijo que él creía que decía todo eso para consolarse, porque en realidad tenía un aspecto lamentable y que inspiraba entre pena y asco. Pero yo llegué a creer que Simó se equivocaba.

Cuando se miraba al espejo, a Simó Aznar de Benmós le era más fácil que a los demás sentirse diferente, y no entendía las neurosis en que caía Sebas por huir de la uniformidad. Simó había sido siempre diferente a su círculo de habituales, no sólo por potencia económica (su familia balear era una de las mejor situadas de entre todas las de los alumnos de la clase, sólo superada por las de Cárdenas y Valls, a las que alcanzaría pronto), sino por su aspecto oblongo y sonrosado y unos ojos azules poco frecuentes en el territorio en que nacimos. Le resultaba incomprensible la necesidad de Sebas de diferenciarse y sus in-

1. Enrique Jardiel Poncela, *Pero... ¿hubo alguna vez once mil vírgenes?*

431

fantiles manías de vestirse oscuramente, de manera efectista. Él, en cambio, gustaba de vestir siempre en tonos claros y solazarse con fantasías consoladoras de raza aria.[1] Por vicisitudes familiares, había nacido en L'Alguer, donde aún se hablaba catalán fuera de la península. Podría haberse convertido en un prudente conservador regional de haber vuelto sus padres a las islas, pero el progreso de los negocios los llevó a Barcelona cuando tenía nueve años. Asilvestrado como venía, su inadaptación inicial y el descuido familiar le hicieron rebotar los dos primeros años de una institución educativa a otra. Todas eran escuelas de modernidad indudable y avanzados métodos pedagógicos, pero se revelaron inútiles para domesticarlo, hasta que recaló en nuestro colegio, que ni era moderno ni avanzado. Todo ese itinerario le cortó el contacto con las alumnas del Jesús María, del Sagrado Corazón o del Liceo Francés, lugares que deberían haber sido su hábitat natural desde buen principio. Debido a ello, sufrió una enorme soledad sexual en su primera adolescencia, que compensó con la fuerte fraternidad masculina de un pequeño grupo de catalanohablantes, quienes concentraban su concordancia común en una absoluta devoción por el Fútbol Club Barcelona. La soledad sexual aumentó en la segunda parte de su adolescencia porque, obviamente, la simple visión de aquella cuadrilla bebida espantaba a todo posible elemento femenino. Empezó a leer a Sven Hassel: afición a sensaciones sólo explicable como trivial afirmación de hombría. El resto de su cuadrilla resolvió esa carencia de una manera más física: practicaban el excursionismo los fines de semana con el objeto de camuflar su torpeza social bajo la nobleza aparente del agro.

Pero Simó odiaba la naturaleza y amaba la comida civilizada y los cócteles, la mantequilla a la temperatura de la sangre;[2] así que hasta ese camino le fue vedado. Se dejó bigote muy joven (porque endurecía su rostro suave e infantil), probó pronto

1. Elías Pérez Seltz, *Campesinos búlgaros huyendo de la vacuna.*
2. Dorothy Parker, *Una dama neoyorquina.*

su primera prostituta y leyó mucho. Se metió entre pecho y espalda casi toda la tradición literaria de lengua catalana en menos de dos años. Cuando ese objetivo estuvo cumplido, Simó era un hombre de una cultura vastísima (siempre mirada a través del prisma del nacionalismo regional), de un humor infantil, un genio sólido con un punto de mineralización fanática y la cabeza llena de pájaros, no siempre malas aves o aves de rapiña. Ése fue el Simó que apareció por las reuniones de lectura de nuestra juventud.

Cuando esas reuniones de lectura decayeron, la suerte puso en sus manos un libro de gastronomía. Eso le condujo hasta el final de su soledad y al tálamo. Con su hedonismo voraz, su carácter vital y su sensualidad casi íntegra, se apasionó por las cuestiones culinarias: manjares sofisticados, bebidas, postres, técnicas de fermentaciones, sustancias con be de bondad y cu de química. Descubrió un mundo de cultura que esta vez no podía verse constreñido por ningún nacionalismo. Para rematarlo, en unas jornadas de cata a ciegas, allí estaba ella. Nacionalista como él, de su misma talla, de la parte de la Vall d'en Bas, entre la plana de Vic y los volcanes de Gerona. La familia de negocios navieros de él casaba bien con la familia de créditos agrícolas de ella. Simó se casó feliz, enamorado, reverente como un caballero medieval. Fue un matrimonio incontestable y, sobre todo, fue la suya una pareja fuertemente enamorada.

Simó escribió poco, apenas nada, en su vida. Desde luego, nada por gusto o que no fuera por figurar, excepción hecha de aquella época en que se dejó exhalar algunos poemas (terribles hipidos) con el objetivo de integrarse y defender, en su opinión, la lengua catalana. Seguía segregando un nacionalismo casi xenófobo, y la política, cuando gana preeminencia en nuestras vidas, tiende a exteriorizar todas las dificultades de la existencia.[1] Por eso, en aquellos días de Pals, su mujer, Judith, sin decirle nada, había decidido que la situación laboral del matrimonio había llegado a un punto muerto. Los negocios familiares mar-

1. Ihab Hassan, *The Dismemberment of Orpheus.*

chaban bien, pero colocaran donde colocaran a Simó, no es que lo hiciera mal, sino que terminaba peleándose con todo el mundo. A veces tenía la razón, otras no, pero el hecho innegable es que siempre terminaba, por política o estética, enquistándose con alguien. Judith habló conmigo, que siempre le había caído bien, y con Isma, cuyo juicio respetaba mucho. Nos pidió opinión, preguntándonos si se nos ocurría alguna idea. Temía que aquello pudiera afectar a su estabilidad familiar y quería evitarlo porque seguía muy enamorada de su marido. Entre las variadas cosas que le propusimos y probó, la que funcionó inesperadamente fue que escribiera unas columnas semanales sobre economía en un periódico de la burguesía menestral regional. Ella consiguió vencer la pereza y el sentido del ridículo de Simó picándole su amor propio. Las columnas que empezó a entregar resultaron muy bien construidas y con un punto de vista audaz y original pero, a la vez, bien fundamentado. Como funcionaron, le pidieron más de otros lugares. En su madurez, llegó a tener una columna de humor propia en la contraportada de su diario favorito de provincias. Nada de lo que escribió estaba empujado por otra cosa que la vanidad y la voluntad de reforzar su papel social, pero en sus columnas sobre economía o comida siempre te encontrabas un juego mental, una paradoja sólida y observable —fuera sobre las leyes económicas o la vida humana— que ejercía de viga del texto y daba brillo y sentido a sus frases. La escritura, para él, fue una anécdota. Escribió poco y siempre mirando por encima del hombro esa tarea, sin darse cuenta de que, al orientarlo como lector hacia ciertos mundos, la escritura había tenido un peso decisivo en el rumbo de su biografía. Todo lo que de extraordinario y más poderoso se produce en nuestra existencia se logra sólo a través de la concentración interior, a través de una monotonía sublime, sagradamente emparentada con la locura.[1] Deseo fervientemente que alguna de esas columnas desacomplejadas hiciera germinar una semilla de duda (ignorada por todos) en algún joven economista o gastró-

1. Stefan Zweig, *Mendel, el de los libros.*

nomo que se planteara esas pseudociencias como algo humano y antidogmático en el futuro. Así, de una manera anónima e ignota, el ciclo de transmisión del conocimiento, inesperada e ineluctablemente, se habría cumplido.

26

Por esa época, en un lapso de tiempo de menos de mil días, vi morir a mis padres. Primero desapareció uno y poco más tarde le siguió el otro, incapaz sin su perpetuo acompañante de encontrar su sitio sobre la tierra. Para el reparto de la exigua herencia que dejaron, tuve que tratar bastante con mi hermano mayor, Jaume, quien me había ignorado prácticamente toda la vida y, en cambio ahora, parecía dedicarme una atención extraña, algo parecida a veces al resentimiento. No hubo problemas en el reparto de los bienes porque Jaume era escrupuloso en cuestiones económicas y todo fue correcto, pero en el trato dejaba deslizar siempre una suave reprobación de fondo, algo muy chocante. La sensualidad y el lujo apuntaban en los reproches que me hacía como los factores principales corruptores de mis costumbres. Pero, desde que había abandonado hacía muchos años la pequeña habitación rectangular con el mapa clavado en la pared, había conocido también que contra el lujo se hablaba desde hace más de tres mil años y sin embargo siempre había sido deseado. Cuando alguien se mostraba orgulloso de pasar con poco, lo que en general quería decir es que la vida seguía aunque no pudiera acceder a lo que le habría gustado.[1] Algo enormemente razonable que, desde mi punto de vista, a mis semejantes les costaba admitir. En los años que me tocó vivir, como en todas las épocas de rápidos cambios, el lujo resultó ser un concepto escurridizo, sujeto a constante evolución y, por ende, bastante relativo. El pollo en domingo, las naranjas en invierno, las flores y el chocolate,

1. Joseph L. Mankiewicz, *Mujeres en Venecia.*

una cloaca, el asfaltado de una calle, un refrigerador o la calefacción central pudieron pasar, en momentos diferentes, por representativos del lujo. Sólo la generalización de su uso les privó de ese valor.

Por mi parte, me costaba mucho separar, en mi mente enloquecida de poeta, lo indispensable de lo suntuario, y mi hermano me miraba con reproche cuando gastaba cien euros en una botella de Montrachet. Los comentarios que oía (siempre faltos de base) sobre mi estrenada situación de nuevo rico del pop no hacían otra cosa que aumentar la incertidumbre de mi estatus al respecto. Me di entonces cuenta de que el lujo lo que representaba principalmente, para el común de los mortales, era aquello que estaba reservado para unos pocos privilegiados. Cuando un lujo estaba al alcance de la mente filistea, necesariamente dejaba de percibirse como lujo.

El tiempo era el verdadero lujo: tiempo para descubrir, poco a poco, en qué región remota de Borgoña se hacía aquel vino blanco, saber su historia, sus métodos de fabricación, buscar la botella y la añada adecuadas, conocer qué escasos restaurantes lo tenían siempre en su carta y cuál de ellos tenía terraza al mar. Esperar entonces el día y la hora climáticamente adecuados y hacértelo servir, cuando soplaba la brisa del mar hacia tierra, acompañado de moluscos salvajes crecidos en la roca que sólo se daban en ciertas semanas del año. El único exceso era de tiempo. El sentido original, etimológico, de la palabra *lujo* era el de un exceso con relación a una norma de consumo establecida, y al fin y al cabo vivíamos en el mundo de «el tiempo es oro». Por tanto, puede que Jaume tuviera razón cuando me acusaba de estar instalado en un mundo de excesos, aunque por razones diferentes a las que él imaginaba y cargos muy distintos a aquellos de los que me acusaba. El verdadero lujo no era tanto ver lo que nadie ha visto todavía como, ante lo que todo el mundo ve, tener el tiempo para pensar lo que nadie ha pensado aún.[1]

A mi hermano Jaume, que me miraba escéptico cuando le

1. Arthur Schopenhauer, *Paralipómena*, 76.

contaba cómo a un exceso como ése seguía una larga y encapsulada conservación en la memoria, alargando el disfrute y la alegría del suceso, todo eso le parecían excusas verbales inventadas. Le contaba cómo hacía tiempo ya que había comprobado que era vano el intento de repetir a voluntad esos momentos. Era preferible conseguir uno –al precio que fuera– y atesorarlo durante años en la memoria, madre de los sentidos.

Tardé mucho en entender por qué mi hermano no me creía, a pesar de saber que me consideraba básicamente sincero. Su austeridad no procedía del desprendimiento o de la belleza de la utilidad (de donde provienen las mejores austeridades), sino de aquella barbarie social que desemboca en el resentimiento de los virtuosos. Creía, al modo de los viejos profetas, que la virtud resiste sin problemas la falta de bienestar y, sin saberlo, entendía el lujo como una amenaza para el orden social, aunque fuera al de los más inferiores de la escala. En cierto modo, lo creía así porque el lujo y su ostentación contribuyen a acelerar el proceso de transformación de las sociedades, y por eso Jaume lo combatía con tanta vehemencia. Sin saberlo, le animaban razones parecidas a aquellas por las que los Valls lo ocultaban discretamente, queriendo convertir su observación en un espectáculo inaccesible.

Cárdenas, que tenía todas las posibilidades de acercar a su mano casi todos los lujos menos el tiempo y la libertad de saborearlos, tenía una opinión muy concreta en ese sentido:

–Impuestos –decía–. Encamínalo hacia la recaudación de impuestos. Será feliz. Los que sienten así son los mejores para esa tarea. Disfrutan con su trabajo. El lujo es cosa de sociedades desiguales, y hasta la fecha no he conocido otras. Todos los humanos tenemos cierto grado de desigualdad hasta en lo más elemental, es inevitable. Para olvidarlo, nos acostumbramos antes a los impuestos que a las privaciones. Así, todos contentos. O todos igual de descontentos. No es lo mismo pero acaba resultando igual. En estos asuntos, nada de *«o follamos todos, o matamos a la puta»*. En caso contrario, perderemos la pista de aquello que tanto nos gusta, llamado fascinación.

Le contesté que a veces cuando hablaba no le entendía ni una sola palabra. Sólo años después, he llegado poco a poco a vislumbrar algo del significado, vital y desencajado, que daba a sus palabras.

27

Entre los efectos personales que tras el funeral de mi madre tuve que pasar a recoger por el hospital, se encontraba un grueso tomo de tapa dura al que había mantenido fidelidad hasta sus últimos días. Pertenecía a una colección de bestséllers históricos y estaba firmado por Omar Mesas Diez-Bonn. Pensé en lo poco que había hablado con mi madre últimamente y en la paradoja de que, sin saberlo ella, yo conociera de cerca al autor del último libro cuya lectura había dejado inacabada. Hacía tiempo que había visto ya de pasada en las librerías de los aeropuertos el nombre de mi antiguo camarada, que intentaba ganar algo de dinero vendiendo ese tipo de historias con adornos baratos y afectados que, si no lujosos o bellos en sí mismos, son síntoma de la propia estimación y heraldos de tiempos mejores.[1] Primero lo descubrí en ediciones secundarias que aspiraban a conquistar ese mercado concreto, luego progresivamente había tenido, por lo que se veía, bastante más éxito. Lo proclamaba la tapa dura, el grueso tomo, el troquelado dorado en las palabras del título. Había fracasado en todos los negocios cosmopolitas que había intentado y su segunda reinserción en el sector de las antigüedades se saldó con una nueva bancarrota que le provocó una breve crisis de alcoholismo. La propia necesidad económica le había llevado a buscar, como terapia de desintoxicación, cualquier trabajo que le pudiera proporcionar algún tipo de ingreso. Un amigo ofreció pagarle por artículos para una pequeña revista de curiosidades históricas, y una de sus series sobre grandes adúlteras de la Historia funcionó tan

1. Sidney Pollard, *A History of Labour in Sheffield*, p. 105.

bien que le propusieron pergeñar un cronicón de ficción. Que el que aún no entienda del rígido apetito, no me lea,[1] solía decir cuando me contaba cómo empezó esa tarea. Tras dos libros con portadas llamativas que se vendieron más de lo esperado en los kioscos de estaciones y aeropuertos, apareció un grupo editorial de peso ofreciéndole un buen adelanto si respetaba algunas reglas. Según me explicó, la primera exigencia era que el manuscrito debía tener por lo menos seiscientas páginas; el producto iba a ir dirigido a un lector que sólo leía tres libros al año y ése era su ritmo de lectura según calculaban los departamentos de mercado del grupo. El adelanto era lo bastante goloso para la mala racha continuada que llevaba Omar y no le costó dedicar cierto tiempo a hacer la prueba. Yo no seguía las listas de éxitos de ese tipo de lecturas y era un absoluto ignorante respecto de todo ese mundo; prefería leer libros de los que desgraciadamente se vendían muy pocos ejemplares. Así que fue el propio Omar quien hubo de explicarme que, con aquella carrera que había emprendido, al cabo de cinco libros había podido dar la entrada para una casa en las laderas que miraban a Barcelona y, éxito tras éxito de novela histórica y policíaca, amueblarla poco a poco con sus antigüedades favoritas y otros caprichos. La bautizó Villa Beluga y para decorarla escogió el estilo idílico-onírico, cosa que le hizo famoso en la comarca, en el ambiente literario local y en la prensa regional. La habilidad de Omar, su formación literaria e histórica, le permitía escribir con diferentes registros; como un Tristan Corbière pasado de anfetas, o un Charles Cros que se divirtiera vendiendo crecepelos, o como un Barbey d'Aurevilly o un Villiers de L'Isle-Adam reponiéndose de un infarto cerebral. Puesto que tenía olfato para las intrigas y los estereotipos que emocionan al público, sus libros tenían unas ventas constantes y la editorial apostaba por él como seguro generador de ingresos.

¿Qué te parece? A pesar de haber huido como un condenado, me persigue el oficio de escritor. Para halagarle le contesté

1. Nicolás Fernández de Moratín, *Arte de las putas*.

que eso también le había pasado a Rimbaud, pero me respondió con una pedorreta. Según me explicó, le habían insinuado incluso la posibilidad de ganar un famoso premio literario convocado (y dotado generosamente) por la propia editorial, pero no se mostró interesado en el asunto. Arrastraba una hepatitis crónica (del tipo C), resto de su época de desengaños amorosos y, según me contó, le habían descubierto recientemente un cáncer de piel que estaba tratándose. Nada de una gravedad definitiva, pero deterioros que le ayudaban a colocar en correcta perspectiva las cosas de la vida (es muy posible que estas frases no sean la transcripción de sus palabras, sino un extracto de alguno de los largos correos que intercambiamos). No deseaba prestigio ni que su nombre se viera relacionado a ningún plazo con las cosas que escribía, más allá del presente puramente alimenticio. Obtengo más prestigio sólo por la exquisita y extravagante decoración de mi casa que por los libros y tengo dinero para sobrevivir los próximos años, ésas fueron sus palabras.

De lo único que debía ocuparse era de que cada temporada –o cada dos, según sus necesidades económicas– estuviera lista para la imprenta una nueva entrega de los inverosímiles y discretamente glamourosos personajes que inventaba. Que estudien nuestros manuscritos, decía –creo que era una cita–, sólo aquellos a quienes invada el fuego sublime del amor.[1] Nunca quiso acercarse hasta las reuniones de la casa de Pals porque, dijo, la política le parecía una cosa muy desgraciada, pero me invitó unas cuantas veces a las fiestas que daba en su Villa Beluga. La última vez que estuve de visita la recuerdo como un espectáculo conmovedor, entre decoradores avanzados, actores teatrales y directores de escena. Se celebraba el hecho de que la intermediación del ahora célebre Omar había conseguido financiación para sacar adelante una publicación sobre cine moderno. La única persona presente del antiguo grupo de lectura era Moisés, quien finalmente parecía que iba a dirigir un largometraje sobre un guión propio. Le pregunté si después de todo Boris le había ayudado a

1. John Donne, *Valediction to His Book.*

recoger el dinero y me dijo que no veía a Boris desde hacía años y que jamás habían llegado a hablar de una cosa semejante.

En medio de un grupo de gays jóvenes, muy bellos, con la gracia epicena de los efebos, vi la calva de Omar, demacrado, irreconocible, delgado, cargado de hombros, paseando su cáncer en perpetua y última lucha contra el dolor, excitado por la medicación. Nuestro jovencísimo batracio del pasado se había convertido en un oráculo, se había ido despojando poco a poco de diversas capas, lustrando su piel, adquiriendo una pátina aniñada que lo había estilizado notablemente. Ese refinamiento se había sedimentado como dulzura sin perder agudeza y había ganado la partida del atractivo. A la vez, el obsesivo traductor de pequeñeces, de matices aparentemente despreciables, se había convertido en un guía, la opinión imprescindible, el veredicto definitivo para dilucidar situaciones artísticas ambiguas de las que en nuestro nuevo tiempo abundaban. La omnisciencia, eso sí, tiene su precio. Al mirar atrás, el crítico ve siempre la sombra de un eunuco.[1] Como cualquier oráculo, Omar inspiraba ahora algo de miedo. Incluso los que más le queríamos resultábamos intimidados por el inmenso e inesperado *tour de force* de su transformación minuciosa y constante, imperceptible pero implacable, constante, a través de los años. Luego, justo cuando se había completado el larguísimo periplo de esa transformación, la enfermedad le había alcanzado.

28

Pero ahora, de momento, hemos de dejar a Omar en su prisión laboral, allá en la capital mediterránea. Está bien ocupado y allí lo encontraremos cuando volvamos, si bien quizá un poco cambiado. Hemos de dejarlo para prestarle un poco de atención a Moisés Menz Nabodar, quien, con su ingenio, ha

1. George Steiner, *La cultura y lo humano.*

desempeñado hasta ahora un papel poco más que subsidiario en esta historia.

El pequeño Moisés había seguido escribiendo como humorista sus propios guiones y monólogos teatrales, sujeto a la fluctuante discontinuidad de ese negocio, con temporadas de prosperidad y otras de lampancia, pero había conseguido mantenerse más o menos a flote sin caer en una pobreza espantosa. Continuó usando el seudónimo de Simón Manos de Zebra que significaba ya poco para muy pocos, porque el momento de popularidad había pasado. Lo había seguido usando por miedo a los posibles chistes de mal gusto con su segundo apellido, posibilidad que le horrorizaba. Luego, le había cogido afición y lo había mantenido como nombre de batalla. Observé que conservaba las mismas manos, muy bien conformadas, que tenía de joven. Si esas manos parecían tan bellas era debido, sin duda, al movimiento delicado que las animaba de la muñeca a la punta de las uñas y también a la disposición sumamente estudiada de los propios dedos; sin embargo subsistía en mí una duda: ¿de dónde podía proceder ese brillo de la piel que parecía desprenderse de una fuente de irradiación interior?[1] Ese brillo liviano le seguía acompañando, y mientras observaba su irradiación, me confió que el teatro le rendía escasos ingresos, por lo que había trabajado escribiendo guiones para la radio, para la televisión, para el cine, para los espectáculos chistosos de otros humoristas. Vivió toda su existencia en un apartamento confortable de un par de habitaciones, en la madrileña calle Toledo. Durante la primera parte de su vida, rodeado de gentes con un sentido muy carnal de la vida, no se le conoció ninguna relación afectiva. Ya de jóvenes, habíamos concluido que era una especie de ser asexuado, inmune a la catarata hormonal que, de una manera refleja, nos empujaba a los demás más allá de nuestras bien planeadas razones. Cuando finalmente ingresó en el mundo del cine (mundillo siempre dado al chismorreo de una manera más ecuménica, menos endogámica), se supo de su

1. Junichiro Tanizaki, *El elogio de la sombra.*

primera relación: un hombre obeso, calvo, mayor que él, con la faz cubierta por una espesa barba, que sorprendió a todos sus conocidos.

El Moisés adulto era persona relajada que hablaba de las cosas del mundo con una seguridad individual desconocida en él hasta entonces. No había crecido más allá del metro sesenta y cinco, conservaba todo su pelo moreno (hubo un momento en que hasta se dejó patillas), pero el rictus y su ceño de cinismo jovial se habían suavizado. De joven, recuerdo que le molestaba el contacto físico con los demás. A duras penas soportaba la sensación de desagrado de su propio sudor, así que la idea de contacto físico con las secreciones y olores ajenos se le hacía inimaginable. Probó a besarse con alguna muchacha, y aunque la experiencia no le pareció tan desagradable como imaginaba, tampoco la encontró especialmente estimulante. Que tras esas sesiones de besos no volviera a suceder nada durante tiempo desconcertaba y alejaba a las muchachas. En realidad, no había probado el sexo lo bastante como para saber lo que le gustaba; así que se consideraba a sí mismo un bicho raro y, ante la duda y la incertidumbre, se quedaba muy quieto, encerrado en sí mismo.

Del desastre depende la buena suerte y en la buena suerte se oculta el desastre, ¿quién sabe dónde terminará?[1] Yo tenía la sensación como si pensarais de mí que debía ser un tipo agradable pero demasiado serio, me confió. Me sentía mirado como alguien con poca suerte con las damas, e incluso quizá imaginarais que era de la clase cuyo corazón siempre sangra de una manera civilizada por la chica equivocada. Tardó años en descubrir, con el progreso social del mundo gay, que lo que le atraía era un tipo de hombre mayor que él, lo que en el argot homosexual se conoce como *osos*, que, cuando éramos jóvenes, no estaba precisado ni definido con una designación concreta. Como no existía un paradigma aceptado para lo que yo sentía, no sabía lo que me pasaba y, desconcertado, decidí no tener relaciones, fue lo que me explicó. Y aquí se interrumpió como si

1. Lao-Tse, *Tao Te Ching*.

su pasión por contar le hubiera arrastrado demasiado lejos. ¿Te estoy aburriendo?, preguntó. ¿Te parece absurdo todo lo que te cuento? No, le respondí, me parece muy interesante. No te lo cuento para interesarte, me advirtió. Le contesté que me interesaba la sencilla confusión colectiva de la designación que, llegado el caso, podía decidir la vida de un hombre. Acababa de decir esa frase tan pomposa y ya me arrepentía, pensando que difícilmente podía servir para un amigo, pero Moisés sonrió y creo que fue la única vez que le vi hacerlo de una manera tan delicada y abierta, como si por primera vez fuéramos a serlo.

Ahora hace mucho tiempo que no lo veo, pero puedo imaginarlo siguiendo su vida de siempre. Dio el paso del guión a la dirección, pero la película pasó sin pena ni gloria y fue olvidada como tantas otras. El fracaso le impidió repetir el intento, pero a pesar de ello puedo visualizarlo envejeciendo tranquilamente al lado de su pareja, haciendo lo mismo de siempre, imparable, sin nunca demasiado éxito, pero inmune al desaliento. Asistiendo, desconocido, al desfallecimiento gradual de sus proyectos, al zozobrar lento de todo cuanto ha querido ser y nunca, sin embargo, desanimado de asistir a la vida.[1] Puedo imaginarlo incluso con una edad avanzada, como muchas veces sucede con esas biologías de ritmo cardíaco inalterable, con su pareja aún viva o no, diciendo mientras mira a la lejanía que la vida es una mierda pero diciéndolo con una dulzura tranquila, con un cariño tan pleno por las inesperadas posibilidades del ser humano, que su tono asertivo y nostálgico podría hasta pasar por el de una afirmación optimista.

29

Ocurre que, a veces, la conversación con la persona amada es perfectamente habitual pero más insulsa, como dejando presentir (o eso al menos parece retrospectivamente) una sombra

1. Fernando Pessoa, *Libro del desasosiego*.

de futura incomprensión y aislamiento. Cuando los amantes para evitar esa rutina se distancian prudentemente, todavía puede ser peor. Que no te importen las lenguas –basura, madre, vieja– que lastiman como látigos.[1] Ella me decía palabras propias de melodramas baratos. «Nunca has estado enamorado», afirmaba Gracia. Y también dijo otra vez: «Yo sé que no se puede amar a varias personas a la vez, que eso es imposible.» Esas frases, sin ella pretenderlo ni estar guiadas por ese propósito, me parecían de una perversidad infantil, animadas por las mismas intenciones que San Agustín atribuía a los niños. Eran reproches (falsos) que podían significar, a la luz de los hechos, nada más que la misma afirmación invertida, es decir, que estaba enamorado de todas, con lo cual el resultado sería el mismo, o bien que estaba enamorado de la idea misma del amor. En el fondo lo que las rabietas infantiles de Gracia transparentaban es que, a pesar de sus conductas y autoimposiciones, en la vida humana el uno es el único número, los demás son mera fracción o repetición. Sin ella saberlo, estaba hablando del motivo por el cual inventamos un día las matemáticas para explicar esas repeticiones que habíamos detectado en la naturaleza. El universo se compone de ceros y unos. El uno es la vida, la realidad, y el cero es la nada. El universo se compone de infinitas combinaciones diferentes de realidad y nada, números inacabables, cada uno con su secuencia particular. El tiempo, los sucesos, la memoria son esas secuencias interminables. Toda la información del mundo está en código binario entre la vida y la nada y nuestra moderna digitalización no ha sido otra cosa que poner al día el hecho de que los electrones se abran o cierren según decidamos. El Uno muestra el camino abierto, el Cero muestra al electrón el camino cerrado. Así uno y cero, cero y uno, en infinitas combinaciones de secuencias interminables cada cual de ellas, provocan un resultado. Pero al no existir una solución de continuidad tampoco es posible nunca una verdadera ruptura. Somos, en el fondo, sólo parte de un cuerpo inmenso, de un

1. Carlos Zanón, *Tictac, tictac*.

todo enorme que explica el recurrente espectáculo de la descorazonadora infidelidad; nunca nos habremos perdido o abandonado porque nunca nos hemos poseído. Como mucho, existe el acercamiento. Un acercamiento individual, único, porque no hay tiempo para más. Gracia había sido víctima de la fantasía de la separación y la existencia independiente. Sus alejamientos y sus acosos, cíclicos y arbitrarios, respondían a su furia por no haber encontrado en ningún lugar esa posesión que ansiaba. Pero ninguna cosa importante puede tener un origen arbitrario, y ella, al contrario que su amiga Amelia y al igual que muchas de las mujeres de su edad y país, estaba poco habituada a bromear con una cosa como la lujuria, que le parecía tan seria.

Un panorama como ése, ya de por sí complejo, Gracia lo complicó más con sus mentiras. Inesperadamente, quedó embarazada a causa de un desliz imprudente y, sin esperarlo en absoluto, descubrió sorprendida que deseaba tener la criatura. Yo no me veía como padre de nuevo y estaba además el enojoso tema de sus mentiras que convertía en un asunto de muy delicado tacto la tarea de atribuir el autor de la obra. No veía lugar en mi vida para una mujer que dispusiera de tres cerebros.[1] Pasamos unas semanas de tensiones y razones encontradas que ella torpemente sazonó con más mentiras puesto que, en realidad, al cabo de pocas semanas perdió el bebé por causas naturales (tenía treinta y ocho años) y me lo ocultó todo el tiempo que le fue posible. El distanciamiento fue inevitable. Yo me sentí manipulado y ella me cogió manía, culpándome como si la desaparición de su ilusión fuera a causa de que yo no hubiera deseado el niño. Un día, me anunció que rompía conmigo en medio de manifestaciones de gran hostilidad.

Transcurridos unos meses que pasé habituándome a la idea de soledad entendida ahora ya como vejez, pobreza, enfermedad y que nadie te cuide (aquello que precisamente nadie quiere), Gracia volvió a comunicarse conmigo, contrita, asegurando reconocer los errores que había cometido, pidiendo perdones y

1. Rodrigo Lira, *Angustioso caso de soltería.*

afirmando que cargaría con ellos toda la vida. Pero lo cierto es que, por más años que pasen, nadie ha sabido explicarme todavía satisfactoriamente lo que quiere decir la palabra *perdón,* además me había acostumbrado a tratar cuerpo a cuerpo con esa idea de la soledad y preferí no volver a verla.

Con todos los caprichos de la inexperiencia y las mentiras, jamás traicionó su índole aseñorada y sabía ser digna hasta en las mayores intimidades. Mi encono irascible, mi rencor perenne, el enojo que siento al recordarla, no alcanzaron a deslucir esa honestidad que, por fuerza, debo reconocerle y abonarle.[1] Supe luego que había sido vista más tarde rondando el domicilio que alquilé por esas épocas en Barcelona para las ocasiones en que debía preparar algún espectáculo y quería hacerlo cerca de mis hijos. Coincidió con una temporada en que tuve que estar fuera por diversos viajes, pero pude saber que, en mi ausencia, incluso había montado guardia delante de mi puerta.

Al volver a ese piso, tras uno de mis viajes, cuando todavía no había soltado bolsa y maleta, descubrí en el suelo, junto a la entrada, una nota que alguien había deslizado por debajo de la puerta. Era la letra de Gracia de los Ángeles cruzada por el dibujo de la huella de suciedad de mi propia bota. Puedo transcribirla sin ningún rubor:

No sé cómo se me ocurrió que era buena idea venir expresamente a tu puerta para verte. ¡Otro plan estúpido! Te llamo y no me coges el teléfono, ni respondes a los sms ni a los mails. Aquí sentada en la silla de tu portera rumana he pensado que igual ya no quieres saber nada de mí ni tratar conmigo. Lo entiendo. Me he cogido una habitación en esta misma calle. Tengo el tren de vuelta el miércoles por la mañana. Me gustaría volver a verte, pero si no te encuentro probablemente es porque no quieres que te encuentre ni verme más. Así lo haré si es tu deseo, aunque te he amado, te amo y te amaré siempre. Muchos besos. Cuídate y no cambies nunca.

1. José Eustasio Rivera, *La vorágine.*

La letra era la redondilla propia de Gracia de los Ángeles. He conservado en la transcripción la discutible gramática *«me he cogido una habitación»* y su particular modo de puntuar. Feliz, pude comprobar que ya había perdido la capacidad de hacerme daño y no por eso la quería menos. Fue entonces cuando la fiera empezó a despertar en mí, cuando por fin –pasados los cuarenta años– tomé posesión de la jungla que siempre me había pertenecido. Con ese perfil aguileño, envejecido, me encontró Cárdenas cuando vino a buscarme al piso de Madrid donde me había instalado durante algunas semanas. Se dio cuenta del cambio al primer golpe de vista, y –pude notarlo– nos sorprendimos mutuamente. Yo, porque lo hubiera detectado con tanta rapidez y sin necesidad de explicaciones. Él, porque no lo esperaba en mí y me rindió tributo. En cierto modo, era sorprendente cómo, después de tantos años, seguíamos en sincronía, como dos emisoras que emiten en la misma onda. Le dije que se viniera a comer a casa; con el mercado que me pilla tan lejos, los platos serán sencillos,[1] le dije.

–Te invito yo a comer en Arce –me contestó.

–¿Dónde? Déjame que lo apunte.

–No lo apuntes. Ya te llevaré.

En Arce –un comedor pequeño, a la sombra de la calle Figueroa– Cárdenas me puso al tanto de los últimos movimientos de su vida. Luego me preguntó qué tal me iba. Poco a poco, fue dando rodeos en la conversación hasta acercarse y hacerme hablar del tema que le interesaba.

–Así que enamorado de varias mujeres a la vez, ¿eh? ¿Te extraña? No vale la pena asustarse, ni sentirse culpable. Aunque yo te veo bastante tranquilo. El conflicto es la sal de la vida. Más de uno conozco que se ha consumido de psoriasis por las responsabilidades. Eso sí, lo que dice el más elemental sentido común es que, tarde o temprano, te verás obligado a elegir. La elección, de la misma manera que te follas a todas, puede terminar siendo que no tengas relación con ninguna y sigas amándolas. No te extrañes de nada.

1. Du Fu, *Llega una visita.*

–No lo veo factible. Ahí está la testosterona. No veo por qué machismo ha de sonar mal y feminismo bien. De la misma manera que ellas no han elegido el sentimiento histérico y verbal de la maternidad, no veo por qué es tan difícil entender que nuestra manera de expresar amor sea tanto a través de la camaradería como del sexo.

–Eso me ha gustado, camarada Sáenz Madero. Parece de un libro. ¿Qué te molesta entonces?

–No lo sé. El deseo de no hacer daño, de que no se sientan miserables porque a veces el canal de comunicación sea el cuerpo. Hay días así. Días bárbaros.

Dudé un momento y proseguí:

–En conciencia, me resulta fácil decir que las amo, pero pienso que me cuesta decidirme a hacerlo. Cuando sientes una tendencia tan fuerte como la que noto hacia mi trabajo siempre serás incapaz de entregar completamente tu mente o tu espíritu (como prefieras llamarlo) porque es el capital de tu tarea más íntima, y aunque quieras que no sea así, un fuerza instintiva lo necesita casi íntegro para sacarla a flote. Y lo más extraño de todo: el amor como contienda; darle una forma tal que el adversario se vea incapaz de no adoptarla.[1] Eso no significa que sea incapaz de amar. Me desazona sentir la convicción íntima, molesta, de que si alguien, con sólo tratarme, no entiende eso tan sencillo, en realidad, no puede quererme realmente. Cuando estoy con una o con otra, la conversación o cualquier proyecto que emprendamos juntos deriva, por mi carácter, hacia la contienda, hacia la interrogación perpetua. Empezamos a competir por ver qué es lo mejor, dónde está la razón, la opción más sana, la más inteligente o el mejor argumento. Pero verás, Cárdenas, he detectado que no soy yo únicamente quien compite, ellas también compiten entre sí a su manera.

–Eso me ha gustado también, camarada. Es muy sutil lo que dices. ¿Sabes que tengo una amiga que cree a pies juntillas que todos los problemas del mundo vienen a causa de la testos-

1. Tsun Zu, *El arte de la guerra*.

terona? Hibernada toda la legislatura de Margaret Thatcher, supongo.

»No, hasta las relaciones más amistosas son una especie de contienda. Si no queremos renunciar a todo lo que nos merece la pena de la vida, siempre necesitamos encontrarnos frente a frente con otra persona, mirarnos fijamente y experimentar lo que es la lucha tanto por amor como por lo que odias. Los placeres solitarios son pacíficos, pero no son los únicos constructivos. Muchos de los vínculos más duraderos entre los humanos se fundan y se desarrollan por medio de algún elemento competitivo. Siempre se necesitan, como mínimo, dos para una buena conversación. Lo sabía desde el colegio, lo sabía, pero contigo, como siempre discurres en secreto, no se puede centrar nada hasta que pasan muchos años. Esa extraña camaradería de soldados... Sáenz Madero, eres un luchador. Siempre, en estos sitios, hay un tapado. Un gladiador. Les va la lucha por la soberanía, es de temperamento. En ti, despista lo de artista. Y pase la rima porque he bebido demasiado. El escepticismo, el sentido común, en alguien que tiene los pies sólidamente asentados en tierra, es simplemente un instinto hacia la verdad.[1] Prepárate para la soledad, para sufrir, pero no te preocupes, tendrás grandes momentos de vida, de felicidad, de comunión y de miseria. ¿Qué más se puede pedir? Aprende, eso sí, a pararte a tiempo muchas veces y, sobre todo, nunca te creas (cuando los sientas) todas esas bobadas de sentimientos depredadores, ni que eres el rey de la selva. Ése es, en contra de lo que cree la facción más tonta de las feministas, el único efecto secundario de la testosterona que distorsiona: la euforia de la soberanía, por muy falsa y sólo aparente que sea.

Como siempre, no entendí muy bien el fondo de lo que me decía Cárdenas, pero ya habría aprendido a atesorar sus palabras y delirios para llevarlos conmigo y esperar a que un día, cómo sucedía a veces, bajo la luz de los hechos, tomaran algún sentido.

1. Max Jacob, *Las meditaciones de un judío converso.*

30

Si algo me había enseñado la experiencia de riqueza y pobreza consecutivas era que se puede prescindir de todo, excepto de comprender. Si se presta la debida atención, si se sabe mirar, no digo que se pueda obtener con facilidad una visión de conjunto sobre las cosas, pero sí al menos descubrir las grietas de los relatos precedentes; grietas y pasillos que llevan a nuevos caminos para intentar ese esfuerzo de comprensión.

Siguiendo esa difuminada intuición, decidí colaborar para mi siguiente proyecto con un cantaor de flamenco que aportara nuevas sonoridades a los textos y músicas de baile. La idea era llevarlo a una performance, solo, sentado en una silla bajo los focos para que improvisara con la voz sobre unas bases pregrabadas. Queríamos que cantara una versión dance de «La Marsellesa», el viejo himno del hombre libre que siempre hace dar un vuelco al corazón.[1] Los cantaores tradicionales no veían con seriedad este tipo de experimentos y además les provocaba una enorme pereza salirse de sus lugares de actuación habituales. Pero, buscando candidatos, dimos con el Niño Vicente, un cantaor sevillano, todavía joven, de voz poderosa y técnica muy tradicional, que no estaba pasando su mejor momento laboral y se avino a discutir el proyecto. Era un varón brioso, de pecho ancho, cuyo crecimiento se había detenido a la altura de los catorce años dejándole un físico muy extraño, entre niño y macho cabrío. Su voz, en cambio, no había dejado de desarrollarse. Acordamos una cita en su ciudad con el resto de mi equipo y mi nuevo mánager. Mediaba la tarde cuando, procedentes del aeropuerto, llegamos al barrio de Santa Cruz. El Niño Vicente, que no se distinguía por su puntualidad, nos hizo esperar y pudimos presenciar, desocupados, el crepúsculo sobre el barrio. Oler (mientras combatían los colores) era una dimensión ya añadida.[2] Pasear de noche por Sevilla, en mayo, cuando ha lle-

1. Mario Praz, *La casa de la vida.*
2. Alfredo Bryce Echenique, *Un mundo para Julius.*

gado ya la tibieza, pero no todavía los calores sofocantes, es como hacerlo por una Venecia de canales vacíos, en la cual se hubiera sustituido el agua por un aire importado y finísimo. Me traía recuerdos de otras noches, otras épocas, en las que beber, charlar, reír, conversar fumando, era algo hermoso. El Niño Vicente llegó tarde y con aliento alcohólico. Por las contradictorias explicaciones que dio de su retraso, se nos hizo evidente que se había entretenido en un barrio marginal aprovisionándose de estupefacientes. A pesar de esa nefasta primera impresión, pronto nos dimos cuenta de que, más allá de su juventud, su desorientación procedía, por encima de todo, de haber experimentado ya más sucesos de los que podía presenciar de una manera inteligible. Así que ignoré sus anécdotas traviesas y, dado que de mi oficio había aprendido la tenacidad, me dediqué a convencerlo, incluyendo para ello un considerable dispendio en copas y peregrinaciones por diversos bares, entre los que se hallaba uno muy singular en la calle Cabeza de San Pedro, adornado con hornacinas de espectaculares estatuas de Vírgenes lujosamente cubiertas con vestidos bordados, parecidas a las que aparecían en los cómics underground de Nazario, el artista barcelonés. Con cierto aplomo, me salí con la mía y conseguí que se comprometiera a ensayar con nosotros durante una semana.

La gloria y el encanto de Sevilla están en que, como si figurara en una especie de guía oculta, el lugar evita la principal clase de vulgaridad que es la de la belleza profesional. Es de ese tipo de ciudades (cuyo número sobre la faz de la tierra puede contarse probablemente con los dedos de una mano) en las cuales un poco de dejadez forma parte de su ingrediente característico y las realza. Dicen que el verdadero arte siempre es inesperado porque nunca se sabe a ciencia cierta el resultado (cuando se sabe, es sólo artesanía). Por eso la vida del artista de verdad es rica en incertidumbres y sobresaltos. Sevilla, en ese sentido, es una ciudad donde las cosas suceden de una manera inesperada, como en el arte, y, en tiempos de sugestión siempre efectista, estas se dan, cosa rara, de una manera siempre amable y refinada. En lo que a mí respecta, el trabajar además en una ciudad del sur en la cual no tenía amistades femeninas me descansaba de todas mis relaciones afectivas.

La única amiga que conocía relacionada lejanamente con Sevilla era la viajera Amelia. Pero en aquel momento estaba viviendo un apasionado romance con un diputado del Parlamento andaluz, lo que me permitía suponer que aunque apareciera por la ciudad me dejaría en paz. Sin embargo, se dejó ver con su nuevo vasallo en cuanto supo que yo andaba por la zona trabajando en un proyecto. Me invitaron a cenar en el Eslava. El diputado era un tipo afable que se veía un tanto intimidado por la desenvoltura de ella. Amelia me habló del libro de Paco, que, por lo visto, era la conversación de moda en Barcelona. Nuestros acreditados expertos en estar de vuelta antes de haber ido[1] lo comentaban en masa. Yo aún no lo había leído. Acababa de ser publicado y sabía que se habían hecho un par de presentaciones en ciudades importantes.

Así que está aquí, dije, ha vuelto de Italia. No sólo está aquí, puntualizó Amelia, sino que, por lo que sé, está AQUÍ. Entendí que se refería a Sevilla, y aunque eso pudiera parecer una de esas casualidades que ponen nerviosos a los críticos exigentes de novelas, comprendí que tenía cierta lógica. Por eso me había querido ver Amelia, al tener noticia de la coincidencia de los tres en la ciudad. Viniendo Paco de donde venía, era donde podía encontrarse más cómodo; además, si tenía dificultades económicas, los alrededores no eran de los lugares más caros para sobrevivir. Les pregunté si lo habían visto o conocían alguna manera de contactar con él. Si la tuviera ya estarías al corriente, dijo Amelia, ya sé lo amigos que erais.

Al día siguiente, como si charlara sobre banalidades, le di al Niño Vicente una descripción bastante concreta de mi amigo por si podía localizarlo en aquellos barrios donde hacía sus excursiones a por estupefacientes. Me aseguró que había visto a un catalán muy parecido en las tres mil viviendas. Decía que incluso había hablado con él y que le había preguntado si había escrito un libro.

1. José Luis Pinillos, *El corazón del laberinto*.

El Niño Vicente tenía mucha fantasía y una vez que lo hube mirado más de cerca y con algo más de detenimiento que cuando lo escogí, me entró miedo.[1] Decidí acompañarle en su siguiente visita a esas zonas por ver si había suerte, pero esa expedición, desgraciadamente, no llegó a celebrarse. Sucedió que empezó a machacarnos cada día con exigencias económicas por continuar el trabajo y nadie, por muy tenaz que sea, puede soportar eternamente las constantes demandas pecuniarias de un artista talentoso pero acomplejado por su físico. Hubo que pararle los pies y el Niño Vicente, convencido de que un chihuahua no se puede permitir el lujo de ser asertivo, reaccionó con violencia. Se suspendieron los ensayos y a continuación, casi sin transición, mientras estábamos convocando la reunión de producción para decidir el siguiente paso, escuchamos cómo la radio interrumpía su programación para notificar que un grupo terrorista había disparado contra un conocido diputado regional en los callejones traseros de la catedral sevillana. Sin apenas tiempo para hacerme a la idea, me vi al lado de Amelia, bañada en lágrimas, abrazándose a mí en urgencias (de una manera que, por cierto, me hacía sentirme muy violento) mientras esperábamos las noticias de los médicos.

31

Un hombre sonríe, y a veces sonreír también es, como veremos, el primer paso hacia la risa. Lo hace al encontrar a un viejo amigo en la calle o ante cualquier placer trivial, como oler un perfume agradable. Amelia no pudo haber adquirido esas expresiones por imitación, y sin embargo, cuando el parte médico le comunicó que su amante había sobrevivido a las heridas recibidas y se recuperaría, «rió y aplaudió, y el color subió a sus mejillas». En otras ocasiones se le había visto patear de alegría.[2]

1. P. Corneille, *Prólogo a Edipo. Œuvres*, VI, 126.
2. Charles Darwin, *La expresión de las emociones en los hombres y en los animales*.

Durante los días que montó guardia en la unidad de cuidados intensivos, me dediqué a hacerle compañía fielmente. Al fin y al cabo, hasta que no se le pasara la rabieta al Niño Vicente y las negociaciones con él llegaran a algún acuerdo económico, no tenía gran cosa en que ocuparme. Con todos estos trastornos inesperados, el tiempo se dilató, hasta agotar el presupuesto asignado para el proyecto sevillano. Tuve que dejar Sevilla sin saber más de Paco o, mejor dicho, de su posible sombra entrevista a través de la imaginación fantástica del cantaor.

Como en uno de esos sueños (o pesadillas) en que nuestra mente bracea impotente en el aire, mientras los miembros reposan quietos pero contraídos en el colchón, nuestros caminos se cruzaban sin llegar a coincidir. Su libro seguía su curso y, después de un par de presentaciones en las principales ciudades y alguna reseña desapasionada, la significación de la obra empezó a decaer. Una de las presentaciones se hizo en una librería de Madrid, con asistencia del autor, pero no tuve noticia porque en ese momento yo estaba en el hospital sevillano pendiente de Amelia. Cuando llegué a Madrid pregunté si se harían más presentaciones pero nadie fue capaz de darme respuesta. La propia editorial tenía a veces dificultades para localizarle y, según me confiaron, no ponían tampoco demasiadas ganas: Paco había sido denunciado en Italia por tener relaciones sexuales con una menor y lo reclamaban allí para un juicio (parecía una trampa de algún cliente insatisfecho). Otra demanda sin ninguna relevancia fue presentada en Barcelona, esta vez por difamación, a causa de la indignación que había provocado en un viejo burgués una mención en el libro a sus familiares. Los de la editorial no entraban a valorar el tema, pero se notaba que veían escasas posibilidades de promoción, justo cuando toda la edición ya estaba distribuida.

Amelia, de paso por Madrid volviendo de Sevilla hacia el norte, me informó de todo lo que había podido saber. Se ignoraba si el espectro que había visto el Niño Vicente en las tres mil viviendas era Paco, pero se sabía a ciencia cierta que había andado viviendo por los pueblos de alrededor de Sevilla. Se acompañaba de gente joven; músicos callejeros y jovencitas, en particular. El testimonio que más se le había podido acercar lo había hecho en una reunión de percusionistas aficionados que tocaron al aire libre una noche en la sevillana Alameda de Hércules. Había sido visto allí, bebiendo en las terrazas del paseo al lado de los músicos. Luego, su pista desaparecía y todo eran conjeturas.

Amelia había dejado a su Galahad restableciéndose en Marbella y estaba de paso, camino hacia sus negocios europeos. Me enseñó su última adquisición: un pequeño revólver plateado cuya licencia oficial le habían concedido al considerarse que, por cercanía al diputado, podía estar en la lista de objetivos terroristas (cosa harto improbable). Estaba emocionada como una niña con su bibelot y lo llevaba a todas partes en el bolso. El día que se marchó, fui a despedirla a la estación de Atocha; quería satisfacer por lo visto su instinto femenino y derrotarme en mi propio terreno.[1] Cuando, al caer la tarde, se preparó para subir al AVE hacia Barcelona, tomamos antes algo en la cafetería de la estación y después de dejarla en los controles de embarque, volví caminando hasta el centro cruzando los jardines del Retiro.

Conservaba en la memoria el recuerdo de paseos serenos, sosegados, por aquel mismo trayecto, en primaveras tiernas recién brotadas o en inviernos acogedores. El sol se marchaba por el horizonte y la luz iba desapareciendo, dejándole al ojo un murmullo de sombras por delante. La atmósfera calurosa de principios del verano me hacía sentirme cansado o quizá fuera simplemente que notaba la edad. Adiós, viejo primate polígamo, me había susurrado Amelia como despedida. Cuando joven, no hubiese dado un céntimo por una canción, a menos que el poeta la cantara de tal manera que pareciera tener en el cuarto de arriba una espada.[2] Yo iba elegantemente vestido (cierta coquetería me empujaba a acicalarme cuando la iba a ver, sobre todo si eran recibimientos o despedidas, un resto de antiguas actitudes) y la iba a echar de menos: su infidelidad noble y de cara, su

1. Yu Dafu, *La oveja descarriada*.
2. W. B. Yeats, *Todo puede tentarme*.

picardía. Pero aquella noche (porque ya entraba el crepúsculo) mi acicalamiento me hacía sentirme incómodo, quizá debido al calor. Cuando alcancé el centro del parque, la oscuridad ya era total. Se empezaban a encender los faroles decimonónicos, todavía con una luz indecisa. Los paseos de tierra estaban muy frecuentados. Las figuras con las que me cruzaba eran oscuras, silenciosas; misteriosas cuando paseaban solas y aún más enigmáticas en grupo o en pareja si me llegaban restos incomprensibles de sus conversaciones. Un peatón llevaba una gran bolsa de plástico impresa con la palabra Carrefour. Al otro lado del estanque, en el centro del parque, se había aposentado una congregación de jóvenes melenudos con tambores de diversos tamaños. Era una de esas reuniones callejeras de aficionados a la percusión. Se unían para tocar sin plan previo, a ciertas horas, especialmente al atardecer. Al ritmo que ponían en marcha los primeros en llegar, se añadían tambores de todos los tipos y tamaños traídos por los participantes. El sonsonete constante, hipnótico, de la percusión llegaba rebotando sobre las aguas del lago artificial; una murga obsesiva que interrumpía la paz nocturna con persistencia de insecto. Lo insidioso del ruido provocaba una sensación de calor, como un incendio sónico que avanzara desde más allá de la vegetación, contrastando unas sombras de jungla tétrica. Al calor le rodeaba un resplandor polvoriento que parecía crecer tras la línea de los troncos de los árboles. En su torno percutía incesantemente tal densificación de ondas sonoras, de ritmos musicales contrapuestos, formando bucles, remolinos, espirales, que parecían solidificarse en el aire.

Me alisé la corbata y estiré los puños de la camisa. Quise avanzar hacia la zona de silencio donde el jardín volvía a funcionar como protección de la selva (una jungla controlada, domesticada), pero recordé a Paco y cómo había sido visto en Sevilla en un cónclave de ese tipo y sentí la tentación de acercarme. Mientras pensaba en ello, me prometí conseguir un ejemplar de su libro en cuanto llegara a casa: Paco escribiendo, quién habría de decirlo. No me habló de que estuviera haciendo nada parecido cuando nos vimos en Venecia. Me resultaba estrambótico pensar en una escritura serena simultánea a las lluvias doradas de sus beneficiarios. Quizá no escribía ya por entonces y tenía el manuscrito acabado hacía tiempo. O quizá fue una efusión de escritura, toda de tirón, más tarde. No sabía si hablaría en el libro de su vida cotidiana y de cómo iba después a los lugares secretos para hacer excreta de las digestiones naturales.[1] Me habría gustado que me lo explicara en Sevilla, haberlo visto en una reunión como aquella de la alameda de Hércules. Supongo que por eso, finalmente, me acerqué hasta la fuente del ritmo que brotaba en el centro del parque. Noté que, pese a su jovialidad, había en los tambores una especie de frenesí de miseria. Como forzar las emociones para no mirar, para no ver, para olvidar. Había jóvenes con barba que sin duda se la dejaban con el objetivo de parecer más fieros, menos vulnerables. Había emigrantes mulatos, negros gigantescos, latinoamericanos delgados, con y sin bigote. Alguno llevaba melena a rastas y otros estaban rapados. Hombres y muchachas. Pendientes y tatuajes.

Se acercaba la hora de la cena y todo el mundo empezaba a sentir una punzada de ansiedad en la boca del estómago. El hambre, sumada a los tambores, producía un efecto de enervación un poco tétrico, ominoso. Me acerqué a refrescarme en uno de los pocos bares al aire libre que quedaban abiertos cerca de los percusionistas. Desde allí, me entretuve en contemplar todo ese panorama bajo el calor y la transpiración de los azulejos: las gotas condensadas brillando sobre el grifo de cerveza, los tamtam de la civilización, vaya. En cuanto me hube repuesto un poco, sentí la necesidad de alejarme de allí lo más rápidamente y ganar la zona de silencio de una manera enfermiza, rústica y miserable. A medida que dejaba atrás aquella estridencia caótica y sanguínea fui recobrando la serenidad, aunque aún permanecía dentro de mí un punto de inquietud que, molesto, no conseguía eliminar del todo. Era como sentirse rodeado por una barbarie que asustaba y también atraía, como afirmación de vida. ¿Qué vamos a hacer con este mundo?

1. François Rabelais, *Gargantúa*.

¿Qué vida podremos aún vivir cuando todo ha sido transformado en ficción?[1]

Pero entonces un transeúnte salido de no sé dónde, una de aquellas figuras oscuras con las que me cruzaba al pasar por las zonas en penumbra, se dirigió hacia mí hablándome. Me puse en guardia como si se tratara de un asaltante, pero enseguida ubiqué a la figura como un conocido (apenas un saludado) con el que había charlado alguna vez en una reunión informal. Un encuentro muy inoportuno. Por aquellos días, tras la ruptura con Gracia, había tenido noticias de ella. Nos llamamos apenas un par de veces por teléfono, como amigos, y me contó que tras interrumpir nuestras relaciones estaba saliendo, simplemente para rellenar su cama, con aquel pigmeo intelectual que se encontraba ahora ante mí. Intercambiamos cortesías. A pesar de que apenas me conocía y poco podía saber de mí, el enano me trataba con una confianza embarazosa. Le castigué con esa simpatía compasiva, con su pequeño punto helado, que se le otorga al rival sin posibilidades. Puede que la cosa hubiera quedado ahí, en un simple trasvase social de comentarios convencionales, de no ser porque, mostrándose sorprendido por la elegancia y solemnidad de mi atuendo, al botarate no se le ocurrió otra cosa que intentar una frase de cortesía que incluía el adjetivo *agraciado*. Le respondí con cajas destempladas diciéndole que era un imbécil y que no pretendiera hacer muestras de ingenio ante mí. Acto seguido me dediqué a humillarle echándole en cara su ignorancia y falta de tacto. Feo, eso era lo que era: feo e inferior a ella.[2] Si no hubiera sido una cosa imposible, le habría retado a duelo.

Él me contestó (con toda la razón del mundo) que a qué venía aquello (ni yo mismo lo sabía) y que ese comportamiento de gorila matón no es lo que esperaba de mí.

—Tú no estás en situación de esperar nada de mí. No te metas con el antropoide que llevo dentro. A mí me gusta. ¿A ti

1. Camille de Toledo, *En época de monstruos y catástrofes*.
2. Pola Oloxiarac, *Condiciones para la revolución*.

no? Yo le tengo mucha simpatía. Si quieres te lo presento. –Y acto seguido me dediqué a zarandearlo.

Evidentemente, había medido mal mis fuerzas porque el pigmeo me dio una paliza de muerte. Era rápido, ágil y más certero y robusto de lo que a mí me había parecido. Mi intento de lanzarlo al suelo fue un fracaso y, en cambio, recibí tres golpes que hicieron estallar una nube de relámpagos entre mis cejas y mis dientes con sonido de cartílago masacrado. Perdí la noción del suelo y del cielo y, mientras intentaba contraatacar zafiamente, caí fracturándome alguna extremidad menor contra un bordillo. Al principio, mi contrincante se interesó por mi estado e intentó calmarme, pero la aparición de una patrulla de la guardia urbana, alertada por los asustados paseantes, demostró que efectivamente era un enano moral, porque salió huyendo mientras yo me levantaba del suelo, maldiciendo mi suerte. Gruesos gotarrones de sangre espesa caían espaciados de mi nariz sobre el polvo y el impecable cuello de la camisa, arruinándolo.

32

Aunque son un tema recurrente en las obras literarias de ficción de muchas tradiciones, los duelos dramáticos a muerte para obtener la mano de una dama suelen escasear entre los seres humanos.[1] Al tener conocimiento del episodio, Amelia puso a mi disposición un céntrico apartamento de su propiedad (junto a dos médicos de su confianza y una asistenta) para que pudiera recuperarme de mis estúpidas fracturas. El piso se encontraba humillantemente cerca del lugar de los hechos. Yo había hecho una tontería y lo sabía. En aquel momento, vivía solo, de alquiler en Madrid, mientras mi segunda ex esposa ocupaba la casa de la Costa Brava con los niños. Tenía, además, a mi disposición el estudio alquilado para asuntos de trabajo en

---

1. Denis Dutton, *El instinto del arte*.

Barcelona, pero era evidente que no podía valerme por mí mismo en caso de accidente. Por tanto, mi ex sacudió la cabeza cuando se enteró y me dijo que no se extrañaba de mis chiquilladas, pero que les mantuviera al margen de mis líos. Finalmente, vino a visitarme casi al final del período de convalecencia, con una sonrisa de reprimenda e incapaz de ocultar la vertiente cómica del asunto. Criticó el gusto para la decoración de Amelia y no se cruzaron por pelos, dado que la propietaria caía por allí de vez en cuando para supervisarme. Gracia, por su parte, me riñó terriblemente. Luego supe que, meses después, abandonó al pigmeo. Antes de eso, ya se habían intercambiado excusas y yo reconocí que había sido malo. Hubo disculpas mutuas y no se cruzaron denuncias. Mi mujer me preguntó cómo habría explicado una cosa así a nuestros dos hijos y le di la razón. Amelia pasó por el lugar cuatro o cinco veces, pendiente también de su otro convaleciente malagueño. Me trajo un batín de seda, la noticia de que iba a casarse con su diputado —una vez que éste se hubiera divorciado de su primera esposa— y un ejemplar del libro de Paco a cuya lectura dediqué los días de mi convalecencia.

El libro había sido comenzado, decía la crítica, un 24 de mayo, también conocido en el Mediterráneo como día de las flores, en plena primavera. Aseguraban que el autor consumía entonces dos paquetes al día de tabaco, así como una media de medio litro diario de alcohol de diversas clases, lo cual, si bien no eran cantidades escandalosas, eran más de lo que a la larga podía soportar su salud ya seriamente deteriorada. A pesar de ello, toda la primera parte del libro transmitía una vitalidad, una capacidad de saborear los pequeños deleites de la vida y una alegría de existir prácticamente irresistibles. Agregaba a lo inteligible de «lo real» la cola fantasmática que siempre tiene «la realidad».[1]

En la obra, describía su pequeño país, el cantón regional del que provenía toda su familia, y cómo habían conseguido

1. Roland Barthes, *El placer del texto*.

aquel espejismo de situación dominante que el autor detectaba en los delirantes sueños de sus paisanos y familiares. La ética él sabía que les importaba poco. A vueltas sobre eso, había escrito en el libro un montón de chistes y paradojas geopolíticas, a veces sutiles, a veces chocarreras, de voluntario mal gusto, que podían aplicarse a cualquier sociedad civilizada. No eran las menos aquellas que trataban sobre el asunto de la «endogamia favorable».

Dividía la política en conspiración y gestión. La primera devoraba a la segunda hasta casi no dejarle ni tiempo ni espacio. A todas luces, Lucas Moloc (Lluc Moloch, el *deus ex machina,* el caudillo totémico que condicionaba las biografías de todos aquellos personajes imaginarios y luchaba por reescribir la historia a su gusto) quedaba retratado como un manipulador propagandístico cuya ambición enloquecida provenía de las frustraciones infantiles que le habían convertido en un obseso del manejo de información. Lo dibujaba como un aspirante a artista que había volcado toda su sensibilidad y percepción en rendir culto al enriquecimiento ilícito de sus familiares y a todos aquellos que él, paranoicamente, elegía a ratos como fieles y amigos. La obsesión, retratada con detalle, pasaba por encima de lo que se entendía hace milenios como caridad, compasión y más cercanamente derechos humanos o civilización. En su mundo, no había prueba, ni verdad, sin dinero: el más rico tenía más oportunidades de tener razón.[1]

El libro era una celebración en sus primeras dos terceras partes; fiesta que, poco a poco, debido a un río subterráneo de detalles dispuestos con habilidad, dejaba un pastoso sabor de boca intelectual y depositaba la sombra de una duda (por usar la fórmula habitual de los melodramas cinematográficos) en la parte oscura del cerebro del lector. Una duda indecible, indecibilidad que era lo mejor del libro.

En cierto modo, Paco había por fin averiguado cómo dar sentido a su desorientación y conseguir con ella una jugada

1. Jean-François Lyotard, *La condición postmoderna.*

trascendente. Su alma, su espíritu (entendiendo como tal ese precipitado neurobiológico de imágenes que el cerebro atesora al final de una vida) estuvo siempre en excesivo desorden. Supo muy pronto que luchar contra ese desorden y contra los condicionantes de su nacimiento le iba a consumir gran parte de su existencia. Y él necesitaba la mayor parte del tiempo para llegar a construirse como su mente imaginaba que podía hacerse: con la música interna que había dicho Baudelaire, con la valentía y el placer que recordaba Bolaño. No creo que nunca quisiera ser escritor, sólo quería vengarse.

Obviamente, un libro cuya viga central está basada precisamente en lo que existe pero no se puede decir es o bien una obra de arte sutilísima o bien un fracaso absoluto. En tal incertidumbre enigmática, de saber si sería una cosa u otra, mantenía el texto al lector durante doscientas cincuenta páginas, y entonces, a esa altura, se daba cuenta de que ya no importaba. Detectaba que, disimulada tras las palabras, la tarea maravillosa había sido completada. Era una gran jugada, una trampa que atrapaba. El tipo de estratagema que sólo podía haberse practicado en la tradición natal en que Paco había crecido. Una tradición que desconocía la ironía sutil, que tenía un eco de patio de vecinos, de conversación de lavanderas, de porteras. Una tradición que había conseguido disfrazar de cultura una tendencia autóctona del país: la chabacanería.[1]

La versión alemana del libro, gracias a los contactos de Gregory Chambon, se había puesto a la venta antes de que salieran a la luz los líos judiciales que esperaban al autor. Apareció antes que la versión castellana. A la versión castellana le siguieron la italiana y la portuguesa, ya en pequeñas editoriales independientes. En el momento de escribir estas líneas se preparan las versiones inglesa y francesa, que por lo visto sólo interesan ya a editoriales marginales, casi insignificantes. La versión catalana no tiene fecha y, por lo que sé, no la tendrá nunca. De hecho, el manuscrito estaba listo mucho antes, pero el editor qui-

1. Terenci Moix, *El sexe dels àngels*.

so que lo leyeran antes todos aquellos que, deformados, aparecían en sus páginas, fuera bajo una u otra de sus máscaras. Pude leerlo, mucho después, en el manuscrito original en catalán, cosa que se me hizo extraña porque Paco Valls y yo hablábamos en castellano. Siempre fui un buen lector en catalán, pero en este caso tardaba en arrancar y a veces me sorprendía peleándome con la lengua. En el texto aparecía la voz reconocible de Paco, pero el cuerpo a cuerpo con la lengua que no había sido la de nuestra complicidad me producía una extraña combinación de distancia y cercanía. Era como leer en un idioma extranjero. Uno se esfuerza todo lo posible en profundizar en el texto, pero no consigue hacerlo suyo; sigue siendo extraño, lo mismo que la lengua en que está escrito.

Tiempo más tarde lo releí por tercera vez y descubrí que esa distancia no está en el idioma, sino en el libro mismo. No invita al lector a identificarse con nada, ni con su tiempo, ni con su generación, ni con una situación, ni con un personaje. Hay siempre un espíritu de adhesión incompleta a las figuras que retrata, incluido el propio narrador en primera persona. Un narrador que se descubre a sí mismo voluntariamente como nada de fiar. Pero eso no es un defecto, sino precisamente su gran, maravillosa, nobilísima tarea. Es lo que intelectualmente, a partir de algún punto de la narración, hace que la mente remonte el vuelo.

La crítica, unánimemente, estuvo de su lado. Incluso la crítica catalanista –que aún no le ha perdonado– adoptó una actitud respetuosa y reverencial, decidiendo seguramente que, al fin y al cabo, ahora ya no podía hacerles daño. El libro fue un éxito incontestable de críticas y también un fracaso de ventas absoluto; el mayor que tuvieron todas las editoriales que lo publicaron.

Podríamos especular sobre que fue un conjunto de factores de aquel momento sociológico lo que lo alejó del público. Podríamos decir que fue una resistencia psicológica inesperada, si bien comprensible, por parte del lector medio frente a lo que se decía en el texto. Podríamos argumentar que fue una mala jugada del destino el momento externo poco favorable en que el manuscrito hubo de ser recibido por los lectores. Podríamos decir muchas cosas, pero a veces cuando se quiere ser exacto no se puede ser elegante. Si hablas alto nunca digas yo.[1] Para entendernos, lo mejor sería decir que no se comió una mierda.

Fue un éxito de crítica.

No lo quiso leer nadie.

1. Enrique Vila-Matas, *Historia abreviada de la literatura portátil.*

Cuarta parte

La nada siempre tiene prisa

Ven... Yo te voy a enseñar
lo que es vida interior.[1]

1

*Ahora que pretendo reconstruir un mundo, suena una música
de Bach (aria, suite n.º 3, do mayor) que yo no había previsto pero
sí buscado. En ese mismo momento, Denia —que es una muchacha
muy hermosa, una porcelana fisiológica de miembros diminutos—
está tomando, una detrás de otra, las ochenta pastillas de barbitú-
rico que, poco a poco, ha ido hurtando a la vigilancia ambulatoria
del tratamiento de desintoxicación. Yo no sabía que Denia tenía
sida hace tiempo. Últimamente se le había manifestado con violencia y la habían derrumbado las habituales enfermedades parásitas
que lo anuncian. Guardaba esa provisión de pastillas tranquilizantes que había reunido, poco a poco, sisándolas como una ardilla
mes a mes, de las que le recetaba su médico y decidió tomárselas de
golpe. Programó la canción que quería que se escuchase en su entie-
rro. Ha cesado una fiebre terrenal.[2] Eso sucedió aquí, en la puerta
de al lado, como quien dice. La chica era una verdadera muñeca.*
*Oscuridad tan amada. Horror: querido vecino. Nuestro viejo
y ya —a estas alturas— entrañable y saludado vecino. El motor del
vértigo que acompaña y nutre nuestros mejores y peores momentos.
Sería demasiado cómodo no ponerle nombre, no desmenuzarlo,*

1. Frase del loco Charlie en *Barton Fink*, de los hermanos Coen.
2. Franz Kafka, *Cuadernos en octavo*.

con la excusa –oh, poesía– de lo inefable, lo indefinible, lo inexplicable o lo sublime. ¿Qué sería de nuestras vidas humanas sin ese fabuloso miedo?

Como, afortunadamente, he sido un músico sin gramática ni sintaxis, puedo poner en sonido el latido emocional que provocan los miembros diminutos y deliciosos. Y luego, en ese lugar donde al final nos encontramos todos, en ese foro donde a los humanos la biología nos ha propuesto una eterna cita a ciegas (por supuesto, me refiero al lenguaje), en ese lugar, digo, veo –y sería una cobardía no decirlo– cómo los intestinos minúsculos y acariciables serán sajados por el bisturí del forense para levantar acta de cómo y cuándo actuó el veneno.

Entonces, amigos, queridos compañeros, id de mi parte a los barrios viejos. Donde se encuentran las chicas calientes, el vino fresco y los hombres ardiendo. Decid adiós a los amantes fieles. Sentad el vértigo al otro lado de la mesa e invitadle a tomar algo. Y hablad con él, por lo que más queráis. No le interrumpáis, sed buenos oyentes y dejad que hable durante toda la noche y los sucesivos días hasta el final de los tiempos. Él lo tiene peor: es y será –lo sabe bien– únicamente miedo. Y nosotros –no nos quejemos– somos, de un modo ocasional pero repetidas veces, la llama breve de la vitalidad del deseo. Escucharé atentamente. No me voy a quejar. Me conformaría con mucho menos.

Recibí esta carta de Cárdenas unos días después de saber que Denia había muerto. La encontré entre la correspondencia que me esperaba tras un viaje por provincias. Ignoro por qué prefirió escribirla de su puño y letra sin usar el correo electrónico. Parecía, desde luego, muy afectado. No creo que estuviera borracho cuando la escribió, aunque pudiera dar esa impresión. Creo que, por un momento, después de aquel día escolar cuando cantaba «Gloria» de los Them en las escaleras del colegio, se permitió volver a tener visiones: la única invención, la única renovación que existe en la manera de contar.[1]

1. Marcel Proust, *À la recherche du temps perdu (La prisonnière).*

470

2

Dani Masem –que había sido su novio– me dio todos los detalles con mucha más concisión y valor, mientras tragaba saliva. A él, Denia se lo había hecho pasar muy mal. No había, en contra de lo que pudiera pensarse, ni un ápice de rencor o revancha en lo que me contó. Los primeros años habían tenido una relación entregada, en cierta medida virtual al estar basada en simples acopios de ternura carnal. Pero, como muchas veces sucede, lo que había crecido sobre terreno pantanoso ensanchó sus bases y encontraron entre ellos más afinidades y coincidencias de las que esperaban. Aparte de compartir un exacto encaje físico, ambos eran moralmente de una pieza, si bien cada uno a su manera. En el caso de Dani, sus objetivos debían ser siempre verídicos; era incapaz de perder tiempo con el rodeo, con la celada, con la estrategia prudente y cautelosa. Incluso para mentir (exagerar, decían en su medio publicitario) debía hacerlo de una manera directa; tenía dificultades para las verdades a medias, esas verdades que al fin y al cabo son otra forma de mentiras: mentiras que deben llevar en su seno un porcentaje de algo veraz para confundir.

La integridad de Denia provenía de otro tipo de germinación. En su caso, lo que la caracterizaba era una incapacidad para cualquier maniobra imprescindible de distracción, la imposibilidad de cualquier espejismo de encubrimiento. A largo plazo, nunca podía convivir de una manera continuada con el disimulo. Una especie de impaciencia moral le hacía imposible tener que preocuparse de mantener de una manera constante las apariencias. Otras personas más mezquinas podían ser cuidadosas y hasta capaces de disfrutar con las maquinarias engañosas de sus embustes y trampantojos. Quizá eso les hacía sentirse más inteligentes de lo que dictaban sus complejos, no sé. Pero Denia no. Era apasionada. ¿Cómo iba a ser firme?[1] Cuando se veía atrapada en una situación de ese tipo, la obligación de fingir la sumía en un estado de ansiedad y tortuoso malestar interno.

1. Confucio, *Lun Yu*.

De haberse mantenido eternamente la relación en su estado inicial, quizá no habrían aparecido problemas, o al menos no tan profundos como los que aparecieron. Pero, al cabo de tres o cuatro años, Denia le comunicó un deseo urgente de tener hijos. Dani cuenta que todavía no sabe por qué: según él, eran jóvenes y tenían mucho tiempo por delante antes de pensar en cosas así. Pero vio cómo ella progresivamente iba obsesionándose con esa idea fija –de la que Dani no quería ni oír hablar–, hasta el punto de que cualquier disensión o diferencia la veía a través de ese prisma.

Entonces sucedió lo que no es infrecuente en las víctimas de una obsesión; sus renglones se torcieron de una manera absurda, casi infantil: se convirtieron en unas sinuosidades que podían haberse reconducido con cierta soltura, pero que finalmente provocaron encadenamientos de circunstancias desgraciadas. En un primer escalón ella empezó a mentir (por fanatismo, por cobardía, por estupidez, ¿quién sabe?), sin advertir que con ello iba en contra de su propio temperamento. A continuación, le comunicó a Dani que si no quería tener un hijo, se embarazaría por su cuenta en una clínica de reproducción asistida. Él lo consideró improbable, porque el tratamiento era muy caro. Su prudencia y paciencia, ella las interpretó como indiferencia y rechazo. Un día, por sorpresa, Denia llegó con la noticia de que la habían inseminado y estaba embarazada. Discutieron por ello. Decidieron tomarse un par de semanas de separación y reflexión. Después, pasada esa quincena de oscuridad, ella apareció para hacerle saber que había perdido el niño. Nunca llegué a averiguar, me dijo Dani, si fue realmente verdad lo de su embarazo. Todo sucedió muy rápido y nunca me dejó ver ningún informe médico, ni certificación concluyente que avalara su relato. Tampoco se lo pedí. Lo cierto es que ya había empezado a mentir tiempo antes e incluso había falsificado algún documento de una manera infantil y chapucera.

La mentira, el saberse ni creída ni no creída, la incertidumbre de convertirse en un ser indigno de confianza, la hizo entrar en un laberinto de paranoia. Desconfiaba de verdades evidentes y le pasaban desapercibidos los embustes más obvios. Por su parte, mentía con frialdad pero sin naturalidad, y eso hacía que se delatara fácilmente, decepción que más la hería cuanto más ocultaba a todos el efecto que le había producido.[1] Llegó un momento en que su propia falta de credibilidad le resultó insoportable. En cierto modo fue víctima de su propia integridad, entendida no como moralidad o inmoralidad, decía Dani, sino en su sentido más lato, como algo que no es fragmentable o separable, algo que es de una pieza. Dani afirmaba que nunca como en esa época se había dado cuenta de con qué fuerza la mente humana se puede convertir para uno mismo en su propio infierno.

De los alcaloides estimulantes que consumía con Dani y sus amigos pasó a los calmantes para apaciguar su ansiedad, su miedo al descrédito entre los que más quería, su sensación de estar atrapada por las situaciones que ella misma había creado. Al poco tiempo estaba enganchada y empezó a mantener unas relaciones muy dudosas con gañanes que la abastecían y que provocaron muchas situaciones anómalas.

3

Ah (pronúnciese sin énfasis, sin teatralidad; como una inspiración, apenas un suspiro; si se quiere, con cierto cansancio amable, nunca derrotado), por ese encadenamiento de circunstancias absurdas murió Denia, braceando como don Quijote contra los molinos de viento que aparecían en su mente como gigantes. Se habló de ella como víctima de neurosis, pero nadie menos neurótico que don Quijote. Es equilibrado y dulce como un niño. Sólo que al revés. Sería neurótico si oscilara entre creer que son molinos de viento u otra cosa. Y sería más neurótico aún si tuviera miedo de esa oscilación. Me gusta mucho cuando sale por vez primera de su casa, al alba, y ve qué fácil es pasar del deseo a la

---

1. Lev Tolstói, *Guerra y paz.*

acción.[1] Al igual que en tantas ocasiones en las que la realidad sigue los patrones de las fantasías que uno presencia (obtenidas de la propia vida), la muerte de Denia siguió paso a paso el guión de una obra escrita en 1969, pocos años después de que ella naciera, cuando todavía era una niña ignorante. Sabemos que es una narración que Denia jamás leyó, porque apenas leía libros. La idea obviamente no la copió de ninguna parte, sino que surgió claramente, de una manera espontánea, al contacto con la medicación y la enfermedad. Tampoco somos tan originales los seres humanos. Tras su desaparición Dani cambió de trabajo y se especializó en temas de comunicación y asesoría de imagen.

—¿Sabes? —me dijo, años después, cuando ya era capaz de hablar de la muerte de Denia—. No creo que me vuelva a enamorar nunca. Soy viejo. Viviré bien, pero no creo que me recupere... Las ilusiones, me refiero...

—¿Sigues tomando farlopa?

—No. Ya no bebo. No fumo. No tomo drogas. Está bien. Me encuentro en forma. Mejor de lo habitual para mi edad. Pero me arrastro, Simón; estoy hecho un gusano.

4

Decadencia es una palabra de muy ambiguo significado. *Muerte* no. *Muerte* es una palabra muy concreta, ceñida a hecho. Muchos de los escritores que admiré de joven habían entregado lo mejor de sus obras —lo mejor de sí mismos— a una edad muy concreta. Luego, aunque mantuvieron un tono siempre edificante, emplearon su senectud en difundir esos momentos irrepetibles, y defenderlos. Gracias a ese trabajo tuvieron probablemente el eco y la difusión que se merecían. Alguno de ellos no llegó a verlo, pero en general todos pudieron experimentar el fenómeno, la recepción que en mayor o menor grado esperaban. Pudieron ver, desde fuera y en ojos de otros, el mo-

1. Alejandra Pizarnik, *Diarios,* 20 de febrero de 1959.

saico al fin completo de su propia personalidad. En el tiempo del que hablo, salvo casos excepcionales, nadie tuvo tiempo de presenciar ni su propio triunfo (hablo del triunfo verdadero de la construcción personal) ni su propia decadencia, porque nadie se tomaba ya en serio aquellas palabras decimonónicas. No sé si con eso habíamos ganado algo o perdíamos más.

En este libro, en estas vidas, difícilmente puede haber ganadores, tampoco perdedores absolutos. Hay personas que valoran más la contemplación y la lectura. Otras entienden que una vida buena debe incluir la religión y las actividades, mientras que a los de más allá les parece que no pueden faltar cerveza y pizza a espuertas.[1] Precisamente por ello, tampoco será posible una derrota total. Porque no se puede perder del todo cuando se tienen amigos de todos los siglos que hablan por uno desde los libros. Los hay con túnica, otros con levita, otros que visten gorguera y calzas o fuman tabaco de Virginia y cargan sus pistolas y su rifle. Podemos acercarnos a sus quehaceres gracias al fenómeno de la lectura. El mito de la telepatía existe de una manera obvia, mucho más allá de lo que afirman los estafadores de telemadrugada. Está ahí, delante de nuestros ojos, desde hace siglos. Así, lo que se crea en una mente humana se traslada para recrearse en la mente de un semejante. Sólo hay que leer despacio, con calma y sensibilidad, triturando las palabras y oliéndolas desmenuzadas en el cuenco de la mano: saboreando su aroma y el cómo y el porqué de que el autor las haya puesto ahí. Cada una de ellas.

La búsqueda por tanto de emoción, de momentos ajenos de inspiración, supimos ya por entonces de una manera definitiva que se llevaría a cabo, como siempre, en cajones extraños, en rincones polvorientos, en nichos digitales olvidados de discográficas perdidas, en editoriales minúsculas y desconocidas. A veces, un espécimen especialmente astuto se infiltraba en la industria y conseguía provocar algún sobresalto desde dentro, pero en general lo verdadero y la producción industrial raramente se entendían. Les animaban intenciones y esclavitudes totalmente diferentes.

1. Michael P. Lynch, *La importancia de la verdad.*

Una tarde en Barcelona, visitando librerías, di un paseo por las salas de La Central y el semisótano de Laie. Mirando las novedades de libros seleccionadas sobre las mesas me di cuenta de que habían cambiado imperceptiblemente en los últimos tiempos: palabras de una misma hermandad, más allá de sus diferencias geográficas. Al filo del cambio de siglo, la época del misántropo local daba la impresión de que había terminado. El contraataque particularista de esos oscuros poderes en los siguientes años sería implacable, cruel, inevitable; pero, mientras tanto, qué bien se respiraba por un momento. Eran nombres para mí desconocidos, nombres caprichosos, muy jóvenes, como se podía comprobar por las fotos en las portadas y solapas. Cada deseo te tienta, cada desgracia te llama,[1] pero todos huían de aquel testimonio de moho, caspa, polvo y moscas en cuya práctica habían incurrido hasta las vanguardias en los últimos cien años. Los olores de mugre, axila y olla al fuego que rodean cualquier comunidad no es lo único que envuelve a sus seres humanos. La escritura quería dejar de ser eso para poder seguir siendo sangre y mierda. Y en torno a ella, por supuesto, las moscas de siempre. Aunque ahora se detectaba también que el verde de las moscas que acudían a esas heces seguía siendo brillante, de un fascinante color esmeralda —como probablemente siempre había sido—, pero esta vez existía propósito de consignarlo. ¿En qué momento de nuestras infancias fuimos sorprendidos por ese brillo diamantino cuando explorábamos una defecación silvestre bajo un árbol del campo? Sobre las mesas se veían nombres de entomólogos de un lado y otro del Atlántico: catalanes, mexicanos, castellanos, norteamericanos, italianos, argentinos, chilenos.

La vida de todos los días se produce por la suma de todas las decisiones equivocadas superpuestas a las correctas. La suma de las equivocadas produce a veces pánico, y el humano, que no tiene nervios de acero, se pregunta: ¿quién ha urdido esta conspiración? Para no sentirse responsable de la parte que le toca en la suma de todos los errores, hay que inventar un enemigo que haya

1. Josep Carner, *Arbres*.

conspirado. Como nos sentimos culpables inventamos que existen muchas conspiraciones y para desbaratar todas las imaginarias terminamos organizando nuestra propia conspiración.[1] Pero en este libro, en estas vidas, no habrá organización predeterminada ni conjuras posibles, porque al filo del cambio de siglo, en otros libros, en otras vidas, de nuevo la escritura en español había vuelto a ser salvada por un puñado de latinoamericanos; por una mezcla de diferentes ingredientes, llegados en el último momento, justo cuando creíamos –ellos y nosotros– que ya no podíamos más y que íbamos a desistir tanto de la lucha como del esfuerzo: firmar al pie de lo que nos obligaran y buscar un rincón tranquilo donde morir con cierto confort, al abrigo del dolor físico.

5

Fue por esa época cuando Cárdenas cayó en desgracia. Nunca se supo muy bien por qué. Tengo entendido que sufrió un importante revés económico, una concatenación de decisiones equivocadas, muchas de las cuales no dependieron tanto de que él pudiera elegir sino de la combinación y secuencia temporal de los reveses, frente a los cuales siempre estaba en la peor posición para poder tomar las decisiones adecuadas. Por lo visto, se conjuntaron varios factores: la desaparición biológica de algunos tratantes en los que podía confiar, una recesión en ese momento de vulnerabilidad que en otro momento no hubiera sido grave; un poco más tarde, un cambio tecnológico en el sector en el que tenía el grueso de sus intereses y varios contratiempos combinados de tal manera que se supo que estaba pasando serios problemas. Nunca fue visto en público más nervioso, dubitativo o vulnerable de lo habitual, pero se le veía poco. Se sabía que estaba trabajando mucho, que algo sucedía. De golpe se supo que andaba al borde de la bancarrota y que tenía mucho tiempo libre. Se le volvió a ver por los lugares que frecuentaba, pero, curiosamente,

1. Umberto Eco, *El péndulo de Foucault.*

sólo en algunos de ellos que parecía seleccionar por algún oscuro y enigmático motivo. Discurría a gran velocidad, activo como siempre, vital y pantagruélico, siempre con proyectos entre manos. Hablaba de ellos caprichosamente sin un nexo en común entre sus planes más que su placer o simpatía personales, confirmando su método a la vez que desmentía la conclusión.[1] Muchas de sus ideas parecían incluso difícilmente viables o de dudosa rentabilidad. Se hacía difícil llegar a saber si lo eran, porque no se detenía demasiado en ningún lugar. Durante esa época fue raro verlo quieto, en reposo. Era difícil tener un momento sosegado con él, a solas como antaño. Desaparecieron también las charlas, breves pero intensas, que habíamos tenido siempre sobre libros.

Quien sí empezó por entonces a ocuparse obsesivamente por letra y lecturas fue Sebas Mendo Amorzín, aprovechando el espacio que le ofrecían las nuevas tecnologías. Lo hizo con el mismo entusiasmo frenético con que había hecho siempre todas las cosas desde que lo conocíamos. La Histérica invadió nuestros correos electrónicos (el mío, el de Cárdenas, el de Omar, el de Isma...) con una especie de blog en el que se hablaba de escritores y obras. Nos enviaba correos, notificaciones de eventos, invitaciones para presentaciones. Los participantes de su bitácora digital debían de ser muy jóvenes o, por lo menos, más jóvenes que él. Colgaban críticas de las obras actuales y semblanzas de escritores oscuros y olvidados. Tenían preferencia por toda biografía extravagante: fundadores de escuelas lingüísticas de seguidor único, movimientos que proponían escribir poemas con las propias heces, guerrilleros políticos de los setenta que habían publicado algún ensayo sociológico como si verdaderamente creyeran en ello.

Conversaban mucho por mail: hablaban de literatura, de viajes, de fotografía, de arte contemporáneo, de música rock y de música clásica (más que nada, ópera). Discutían también de cine y de arquitectura. Hablaban siempre en el plural «nosotros», sin prestar atención al viejo adagio según el cual decir

1. Guy Debord, *La sociedad del espectáculo*.

nosotros queriendo decir yo es una de las humillaciones más escogidas.[1] Hablaban de todo, también de política. Eran voluntaristas y la mayoría simpatizaba con los movimientos alternativos, pero podías entrar en aquel foro evitando los temas que te parecieran inocuos y al menos los insultos no estaban tan bien vistos como en otros. Toda esa aceleración nerviosa de Sebas redundó en toneladas de letra escrita y en una actitud intelectual incendiaria. No pasaba día sin que uno o varios de los antiguos amigos –a veces todos– nos encontráramos un mensaje de él en nuestro correo electrónico. Eran mensajes exhortándonos a cosas y acciones: leer tal libro, no perderse tal o cual noticia, libro, film o concierto, copiar y leer un artículo de actualidad, difundir la nueva norma aprobada por el Parlamento Europeo al respecto de cualquier tema, etcétera. Además nos pedía que le contestáramos, escribiendo nuestra opinión o, al menos, una valoración. Al cabo de un tiempo de una práctica tan invasiva le tuvimos que advertir suavemente. Le llamé y le pregunté a qué venía aquel acoso constante de nuestras direcciones de correos y toda esa insistencia. Con tacto, sondeé si se encontraba bien, si salía con su silla de ruedas y si mantenía contacto con algún cuidador de los servicios sociales del barrio; alguien que le hiciera notar que tenía más autonomía de la que podía imaginar.

Me dijo, fingiendo una sorpresa que no sentía o tal vez un poco extrañado de verdad, que no estaba ni blindado, ni solo, ni absolutamente inmovilizado o incomunicado, que ya hacía esas cosas que yo decía (no sabía cuántas), pero que no se trataba de eso. Será muy difícil que en el futuro, me dijo, alguien se pueda imaginar el pánico al vacío que ha desatado en algunos sectores la llegada de las nuevas tecnologías digitales. Los discursos apocalípticos sobre cambios proliferan, sin que nadie parezca darse cuenta de que todo sigue pasando por la palabra escrita: si no estás alfabetizado te quedas fuera.

Le pregunté si le gustaría que pasara a verlo la próxima vez que visitara Barcelona. Me dijo que si lo hacía, pensaba disfru-

1. Theodor W. Adorno, *Minima moralia.*

tar la visita porque sabía que no volvería. Todos vienen una vez y luego no vuelven, me dijo; los mejores de esta clase no son sino sombra.[1] Ya sé que contemplarme así es demasiado violento para la gente, aún más para los viejos amigos que me han visto sobre mis dos piernas. No saben bien qué hacer o qué decir. Pero lo entiendo y no veo problema; hay que comprender la psicología humana y siempre hay soluciones para ella. Por eso conservo el blog; una rara mala conciencia obliga a visitarlo y dejar algo por escrito de vez en cuando.

¿Qué me contó Sebas de su vida actual? Habló de la extraña tranquilidad en que vivía y yo pensé que si la llamaba *extraña* es porque no debía de estar en el fondo tan tranquilo, porque en caso contrario sería una tranquilidad esperada, lógica y aceptada, que le pasaría desapercibida y no la sentiría como rara. En el fondo, creo que seguía ardiendo bajo un fuego de inquietud, sólo que ahora se trataba más de un roer constante y decidido que de un vociferar nervioso e instintivo. Cuando lo visité, lo encontré instalado de una manera decente en una planta baja que le habían ayudado a conseguir las instituciones públicas. Habló mucho de los foros, de los blogs, de la red, de ordenadores (portátiles y de mesa) y de programas informáticos. Y habló también de libros y de escritura. Casi todos sus libros los compraba ya en formato electrónico y los leía en un iPad de un encendido color rojo. Me habló también de la Roca, poniendo el artículo delante del apellido, tal como se hacía en el castellano hablado en Cataluña.

6

Roca era el apellido de una muchacha que sufría obesidad mórbida y que colaboraba en la bitácora con una prosa ralentizada: una lectora contumaz y una sensibilidad sensata, ponderada, casi fría; como si la lentitud y concentración que necesitaba para desplazar su cuerpo se le contagiaran a la respiración men-

---

1. G. Chaucer, *Cuentos de Canterbury.*

tal. Tuve noticia de ello cuando, un día, escribí un comentario en el blog de Sebas sobre que muchos sabíamos lo que era pasar los días de adolescente en una habitación de un pequeño barrio, llena de libros, de papeles, de aficiones; una habitación umbría que huele a guarida y humanidad solitaria; sin sexo, sin opresión ni caricias, ni respiración súbita que expanda los pulmones con ternura. No hay aire. Tienes que sorber el mismo aire que sale de tu boca, deteniéndolo con las manos antes de que se vaya. Lo sientes ir y venir, cada vez menos; hasta que se hace tan delgado que se filtra entre tus dedos para siempre. Digo para siempre.[1]

Entonces me escribió ella y me contó muy suavemente que desde que era adolescente sufría de obesidad mórbida por un problema metabólico. Pesaba más de cien kilos y sólo media uno setenta y cinco. Era una persona muy inteligente y muy valiente. Me dijo que, a causa de su problema médico, había tenido que darle muchas vueltas al problema de la importancia de la belleza. Su voz, su aspecto la alejaban de ese campo de batalla donde se resuelve la sangre, el sexo, la carne y el amor y, de una manera inmediata, la soledad. ¿Cómo entonces escribir, después, del infinito?[2] Pero donde no hay atractivo exterior, decía, donde no hay hechizo biológico, se muestra la importancia del lenguaje en la vida humana, ya que se puede hechizar también verbalmente. Al fin y al cabo, las emociones no pueden mostrarse más que epidérmicamente; para describir toda su complejidad, han de expresarse con palabras. Por eso, me dijo, los humanos han intentado siempre construir belleza, la minucia estética. Porque esa minucia estética, natural, inesperada, cuando es biológicamente casual, verdadera, sigue sin poder comprarse o venderse. Su capacidad para crearla, su genio o su talento siguen sin poder adquirirse en el mercado. No puede construirse, fabricarse o planearse a voluntad. Aparece o no. Se da o no se da, por un millardo de pequeñas casualidades y decisiones. Es imposible asegurarse de que tantas decisiones vayan a

1. Juan Rulfo, *Pedro Páramo*.
2. César Vallejo, *Poemas humanos*.

ser las correctas. La cirugía lo intenta y le salen simulacros que sólo dan el pego en las fotos. Los hechizos de la imagen también lo intentan y sólo consiguen sucedáneos. La genética, incluso, probará suerte y le sucederá lo mismo, decía. Por eso, el arte continuará siempre, bajo una forma u otra, y los humanos intentarán eternamente hacer, crear o poseer belleza.

A Sebas esas argumentaciones de Roca, que se desenroscaban lentamente desde su mente como desperezándose, le habían interesado mucho, y puesto que vivían en la misma ciudad, había querido conocerla. Ella se resistió como gato panza arriba porque, aunque ocultaba su vergüenza, era reacia a los primeros contactos visuales por causa de su físico. Pero, después de cruzarse entre ellos muchos argumentos sobre la virtualidad de las amistades en la red, Sebas la convenció, por el antiguo y venerable método de reírse de sí mismo y de su aspecto, de que de ningún modo podía ser peor que el suyo: en silla de ruedas, desfigurado por el accidente y con el hiperdesarrollo de las zonas que aún le funcionaban; despreocupado además de cortarse el pelo, vestido sólo con *tee-shirts* y no muy cuidadoso con su higiene corporal: un regalo de los dioses. Mi amistad con la Roca, me confió Sebas, me ha enseñado a romper la obligación de convertir la vida y las costumbres en una serie de procesos automáticos; cosa que no habría sucedido de no haberme yo aplastado el trasero.

Raramente quedaban con los demás participantes del blog, aunque no era tampoco una decisión consciente, ni una regla o un precepto y a veces hacían excepciones. Lo cierto es que, con su ansia comunicativa, lo que Sebas consiguió fue irse embarcando en una especie de tarea de beneficencia cotidiana. Se preocupaba de todos, como lo haría una vieja tía solterona a la que, por cierto, fisonómicamente cada día se iba pareciendo más. Fue el primero en avisar sobre el alcoholismo pertinaz en que se estaba deslizando Dani Masem Bozornés. En nuestra juventud, aprendimos las tres razones principales de la embriaguez: la lucha contra el tiempo, la lucha contra el dolor o la lucha contra el miedo. Se bebe como una manera de alargar el momento dichoso, con el sol por testigo cayendo al mar tras las montañas hechas de silencio en las que habita el buitre y la ruidosa máquina socava.[1] Se bebe también como una manera de evadirse de la desolación de las propias ilusiones perdidas, sea por efecto de la pérdida de la inocencia, de la fantasía o de la imaginación; es decir, para evitar el peso opresor de las responsabilidades, la losa del aburrimiento, el dolor de la pérdida. En última instancia, se bebe en algunos casos para probarnos el valor y la medida de las propias fuerzas ante nosotros mismos y ante los demás. De los tres motivos, el último es probablemente el más adocenado.

Dani era lo bastante inteligente como para saber que la manera más práctica de no empeorar una tragedia es llevar la vida sana de un novicio. Esa templanza duró por lo visto sólo cierto tiempo. No fue un lapso breve (meses, casi años), pero, tras ese período, un día Sebas dio la voz de alarma sobre la dipsomanía de nuestro viejo camarada. Quizá fuera que nunca pudo borrar de su mente a Denia, quizá fue que el mundo se le había quedado pequeño (durante un tiempo, jugó al trotamundos motorizado con sponsors, agencias publicitarias y revistas). Quizá el planeta se le quedó pequeño y echó de menos el mundo desaparecido que le había unido a ella. Quizá, para no asumir sus propias tragedias personales, prefirió ir a ver las que tenían lugar lejos de su casa.[2] No pudimos saberlo, lo cierto es que, según contó Sebas, siempre que recalaba por Barcelona se le veía embriagado. Sebas se tomó como una cruzada personal ayudarle a superarlo. Con una atención constante y una compañía casi belicópata, diseñó una red de diálogo por la red en la que, aparte de mucha otra gente, consiguió que colaboráramos casi todos los viejos amigos y que sirvió de refuerzo a Dani para dejar atrás esa mala racha.

Nuestros ocasionales mensajes cruzados, si algo permitían entrever, era en casi todos los casos un cálido cariño por el pasado, pero también un cierto cansancio de la escritura. En general, se notaba una desconfianza sobre que sirviera para algo o para alumbrar alguna verdad. La única verdad que parecía im-

1. Aníbal Núñez, *Alzado de la ruina.*
2. Salvador Sostres, *Viatge de noces.*

ponerse era la de la ciencia, la de la tecnología. Sebas se rebelaba apasionadamente contra eso, pero no podía evitar que pareciera que lo hacía por interés propio, para mantener ilusiones que necesitaba ahora más que nunca. Rabioso, nos insultaba a veces bromeando con un humor desagradable, provocativo y faltón que gustaba a sus contertulios más jóvenes pero que estuvo a punto de hacer que sus viejos amigos abandonaran los comentarios y lo olvidaran. A Ander le llamaba Ander Graun; un chiste fácil que afortunadamente al protagonista hasta le hizo gracia. Pero el peligro, la fragilidad del borde, estaba claramente en sus letras. Lo salvaba muchas veces un giro de sagacidad (los años le habían dado finalmente un destello de agudeza a su rabia), como cuando dijo que si creíamos que sólo la ciencia alumbraba verdades, por qué estábamos allí escribiendo en lugar de estar en un laboratorio investigando. Decía que la obra del poeta o del novelista no es tan diferente de la del científico. El artista introduce una ficción, pero ésta no es arbitraria; exhibe afinidades a las que la mente otorga una cierta aprobación al calificarla de bella, que si no es exactamente lo mismo que decir que la síntesis es verdadera, es algo del mismo tipo general.[1]

Hasta Omar se rindió ese día escribiendo un breve mensaje que, en términos de esgrima, reconocía que había hecho diana. La polémica ya degeneraba hacia una de esas reyertas de reproches que liquidan las conversaciones cuando intervino Roca con una suavidad terminante, cocinada a fuego lento en el horno de su cariño hacia la Histérica. Habla la Roca:

–Yo podría estar desolada por toda la literatura que admiro, incluida la pequeña escritura que nosotros practicamos, y transigir con que sólo la ciencia dice la verdad. Pero la manada de resentidos contra el valor estético del arte aumentará cada día en las instituciones y entre los gestores productivos, y vendrán buscando su venganza en los próximos tiempos. Así que sospecho como demasiado fácil conformarme tristemente con que la escritura dé sólo una visión estética de la vida. Porque la vida

1. Charles S. Peirce, *Collected Papers*.

que veo alrededor nunca es tan fácil. Lo que veo es que la escritura pasa, al igual que la ciencia, por la prueba de la verdad, de lo real, en la medida en que alude a la realidad y a esa prueba ha de someterse, por mucho que lo que proponga a veces sean realidades estrictamente mentales.

A estas alturas de su mensaje, había captado ya la atención de sus lectores, pero ella prosiguió:

–Es lo mismo que los falsificadores. Una falsificación de moneda o un Rembrandt falso son artesanías y no arte, porque su autor ya conocía cómo debía ser el resultado final cuando emprendió la obra. Pero ni el arte ni la vida saben cuál será el resultado final cuando empiezan. Yo cuando escribo no sé nunca cuál será el resultado final. ¿Vosotros sí? Me parece que no voy a tener más remedio que conseguir un lápiz menos grueso. No acabo de arreglármelas con éste, que se pone a escribir toda clase de cosas que no responden a mi intención.[1]

Ahí hubo una pausa de varios minutos (en las bitácoras puede verse en qué hora ha sido hecha cada entrada) durante la cual los que estábamos conectados simplemente asentimos. Alguno hizo una entrada breve, escueta, sin afeites, en la que le daba la razón. Se la entregaba (creo que fue Simó) pelada, sin corteza. Después de esos breves minutos, Roca sólo escribió otra entrada, contundente y rabiosa, como si fuera el propio Sebas:

–Gritad con orgullo: «¡Somos escritores!»

En el mundo de la técnica, seguíamos haciendo nuestro trabajo con las viejas y antiquísimas palabras. A nuestro alrededor, las computadoras portátiles y los pequeños teléfonos eran capaces de dar órdenes. Podían comprar, vender y calcular plusvalías en microsegundos. Los cocineros tenían hornos de inducción con pulsos eléctricos de alta densidad de campo. Los músicos tenían programas informáticos que podían cuantizar cada una de las notas que acababan de emitir y los arquitectos, grúas que podían suspender al milímetro cúpulas tan grandes como una aldea. Pero nosotros nos veíamos obligados a seguir

1. Lewis Carroll, *Alicia a través del espejo.*

trabajando con las mismas viejas palabras. No importaba el idioma –que nunca importa y es lo más fungible de cualquier escritura–; importaba lo que es común a todas las literaturas: aquellos pequeños grupos de sonidos con significado, la pauta sensitiva y lógica que desplegaba en nuestras mentes la unión del ritmo y el significado de la frase, la polifonía del párrafo.

Por siglos que pasaran, sabíamos que arquitectos, cocineros, músicos y técnicos administrativos nunca usarían sus grúas, sus *caviar aux blinis*, sus secuenciadores rítmicos o sus programas de cálculo para explicarse con detalle ante la persona amada o decir a sus hijos que se mantuvieran alejados del fuego. No había nuevos materiales sintéticos para nuestras letras, ni revoluciones industriales para los significados. Sólo teníamos las mismas palabras que usa todo el mundo cada día para insultar, rezar, maldecir, halagar o engañar. Por ser un material al alcance de todo el mundo creían que podían profanarlas, violarlas, ensuciarlas y opinar con dejadez sobre lo que cualquiera hiciera con ellas. Si el material era tan vulgar, común y añejo, las construcciones que se levantaban con ellas no debían de ser gran cosa, pensaban. Jamás hubieran tenido la misma pretensión ante una cúpula geodésica o una armonía de séptima aumentada. Ahí se permitían sólo dos opciones: o la fascinación boquiabierta o la huida repleta de ignorancia, miedo y asco. Y por eso, finalmente, para llevar a buen puerto el trabajo, sólo teníamos las viejas, preciosas y precisas palabras. Las mismas que usabas a diario para pedir perdón al cielo, arrepentirte de toda una vida o decir: «Métemela.»

7

El 16 de abril del año 2008 fue miércoles, y cerca del mediodía el tráfico en Madrid estaba colapsado. Empezaba la novena legislatura desde que la democracia se había restablecido en el país durante el siglo XX y, como cada vez que eso sucedía, el viejo rey demócrata se desplazaba desde su palacio al centro de la ciudad para abrir las sesiones. El resultado era que toda la circulación rodada del centro en siete kilómetros a la redonda quedaba trastornada por las medidas de seguridad. La frecuente detención del tráfico para permitir el paso de convoyes, ora policía, ora un importante consejero, ora una figura venerable y aristocrática, en medio de fuertes medidas de seguridad, convertía el tránsito en una serie de incidencias y la habitual monotonía en una especie de festivo. La poesía existía en todas las cosas, en lo feo, en lo hermoso, en lo repugnante; lo difícil era saberla descubrir.[1] Se trataba de un día laborable, y yo, que tenía que tomar un avión, estaba detenido y atrapado en un embotellamiento.

Contradiciendo el pronóstico del tiempo, brillaba un sol luminoso y la temperatura era primaveral; los pólenes flotaban en la atmósfera diáfana y un ligero frescor, trémulo, daba una fragancia de aire rosa. Cuando por fin alcancé el aeropuerto, fui a sentarme a resguardo en la sala de espera y saqué mi ordenador portátil. Al conectarlo apareció, como salvapantallas, la imagen de mi hija menor asomada al Sena desde el Pont Neuf. La foto era de una calidad excepcional. Las pequeñas olas del río que pasaban a sus pies podían casi tocarse y eran de un relieve exactísimo. La niña sonreía, pícara y enigmática pero, sobre todo, llena de feliz entusiasmo. La foto la había sacado yo mismo con una cámara de bolsillo durante las últimas vacaciones de Pascua. Recordé cuántas veces de joven había pasado por aquel mismo lugar, pero sobre todo, y lo más importante, cuántas veces había pagado, había trabajado, ahorrado y sacrificado cosas importantes para mí por emprender el viaje. Ni por un momento pensé en hacer un justiprecio sobre si aquellos esfuerzos habían valido la pena. Eso hubiera sido tarea vana. Lo importante era notar, con toda la fuerza del presente y casi carnalmente, la tozudez, el instinto con que se habían dado. Por aquello que he llegado a probar del deseo, doy la razón a quienes son partidarios del fuego.[2] Llevado de la nostalgia, dirigí ese sentimiento hacia otras zonas de la epidermis y llamé al Ampur-

1. Federico García Lorca, *Impresiones y paisajes.*
2. Robert Frost, *Fuego y hielo.*

dán desde mi teléfono móvil para oír la voz de la misma criatura que salía en pantalla y saber, por un rito monótono puramente doméstico y repetitivo, cómo se encontraba.

Mi segunda esposa y yo, tras la separación, conservábamos una relación desconfiada, cálida y comprensiva, que se mantenía dentro de sus fronteras a base de ejercicios de congelación voluntaria. Complejidades y contradicciones matrimoniales, supongo. La conversación fue pues técnica y desapegada, si bien placentera y llena de bondades sensuales hasta que el brillo cascabel de la voz infantil se puso al aparato para contar algunas preocupaciones propias sobre hormigas y muñecos.

Durante todo lo que le quede de vida, el autor de estas notas siempre se sorprenderá de la facilidad con que al hombre del siglo XXI le fue permitido tocar un botón y estar, de diversas maneras, más cerca de la gente que quería. Cuando surgía un problema o una discusión, con rapidez se activaban sus archivos y le servían –no siempre– las palabras de aquel que dijo aquello y cuándo y dónde. Pero de lo que exponía nada era suyo, como su vida, que sentía como propia y la tenía, no obstante, en usufructo. Utilizaba a los otros. Mejor dicho: le utilizaban los otros cual vehículo de opiniones antiguas, repetidas por las generaciones anteriores, que asimismo expusieron lo aprendido.[1] Recordará su torpeza eléctrica al principio de su vida y la veneración con que abrió la funda, a los veinte años, de una compra que suponía un considerable esfuerzo económico: una guitarra eléctrica, aquel su primer cachivache que se ayudaba de las fuerzas del electrón abierto y el electrón cerrado. En algún lugar de su cerebro, en algún receptor olvidado y polvoriento de una neurona, al final de un pasillo cerebral que ya no transita nadie, quedaba todavía un resto (intacto y listo para ser de nuevo iluminado) del olor exacto a novedad, a perfume artificial de material sintético con que estaba forrado el interior de aquella funda de guitarra. Fue su primera herramienta que ponía en sus manos esa corriente salvaje que la haría pasar de un siglo a otro. Ese mismo fluido que ahora le permitía comunicarse.

1. José María Fonollosa, *Passeig de Picasso. Ciudad del hombre. Barcelona.*

Precisamente, por esos días, murió Omar de una manera bastante absurda. En una fase delicada de su inflamación crónica de hígado, se empeñó en no abandonar un proyecto de viaje a África con un grupo de amigos. Volvió maravillado. Considerándola una de sus últimas escapadas, subió a las cumbres más altas, se expuso imprudentemente a las picaduras de los mosquitos y bebió, sin tomar ninguna precaución, de manantiales cristalinos en las más altas montañas; un agua cristalina y pura, el agua de la infancia. Se entregó a una morbosa vanidad que ardía en llamas más y más altas.[1] Pocos días después de la vuelta, cuando se encontraba descansando pacíficamente en su casa de vacaciones, tuvo que ser ingresado con diarrea y hemorragias múltiples. Se halló en su cuerpo un cultivo bacteriano especialmente agresivo. Murió repentinamente, después de una agonía muy rápida y feroz, solo, sin familia, en la unidad de cuidados intensivos del Hospital Virgen de la Victoria, cerca de donde solía pasar los veranos.

Puesto que, a causa de su enfermedad crónica, entraba dentro de sus previsiones la posibilidad de un empeoramiento y una agonía dolorosa, Omar había dedicado una buena porción de tiempo a redactar unas minuciosas instrucciones que su secretario y último amigo tenía que cumplir en caso de fallecimiento. Su funeral tenía una larga lista de invitados a los que se les enviaba una tarjeta acompañada de una lista de quienes acudirían que debía funcionar como cebo. Se exigía etiqueta. Sabemos que el hombre, por miedo o por respeto, siempre ha enterrado a sus muertos,[2] pero estuve pensando si acudir o disculparme elegantemente de hacer el ridículo alquilando un esmoquin. Finalmente fui porque me llamó Moisés, que también estaba en la lista. Después de la indiferencia con que había pasado su película, había vuelto a los escenarios con sus monólogos humorísticos. Estaba en la ciudad, y su gira se había detenido porque, saltando sobre el escenario, su rodilla, que los últimos años ya estaba envejecida

1. Yukio Mishima, *Confesiones de una máscara.*
2. W. H. Auden, *Arqueología.*

489

y soportaba cierto sobrepeso, no aguantó y se produjo la rotura de la articulación, cediendo blandamente ligamento y hueso.

Villa Beluga tenía un aspecto descuidado. Muy pronto, apenas cincuenta y dos horas después de haber fallecido su dueño, los cortinajes de terciopelo color burdeos que tanto le gustaban (y que tanto le habían costado) ya parecían ajados. En los últimos meses, ansioso de vivir, Omar no se había ocupado demasiado del lugar que habitaba, que no podía evitar ver ya como algo virtual. A pesar de los esfuerzos de su secretario venezolano, lo cierto es que la casa había estado muy dejada. En un jarrón de porcelana china del siglo XVI estaban depositadas sus cenizas, porque, para él, la incineración era la única manera de ocupar un espacio decoroso en un banquete funerario en el que el homenajeado estuviera ausente. Cárdenas no estuvo entre los invitados. Nunca le cayó simpático ni intimaron, y Omar le llamaba «el chuloputas». En la lista figuraban muchas mujeres pero se presentaron pocas, entre ellas alguna antigua prostituta. Plata inglesa del siglo XVIII, un camafeo del siglo V antes de Cristo, vajilla de Sèvres, un bol de fruta de vermeil, jarrones de Delft. En una de las salas, me senté un rato al lado de una fulana mellada (antigua amiga de Cárdenas), compartiendo con ella el banco de un piano al que le faltaban algunas cuerdas y el esmalte de una tecla; una extraña simetría. En algún momento, alguien nos reunió en la sala de estar y se dijeron unas palabras: ... *contra lo que digan, murió hoy en esta ciudad en agonía wagneriana. No hubo secuestro sexual.*[1] Las cenizas se perdieron en el tumulto de la última juerga. No se sabe cómo, pero lo cierto es que las cenizas se perdieron.

8

Así, como narrador, me dirigí, probablemente, hacia mi último combate. Formé al lado de los que habían perdido casi to-

1. Guillermo Cabrera Infante, *Tres tristes tigres.*

490

das las batallas pero que quizá se habían ganado a sí mismos. Ya quedaban pocos y estaban envejecidos por el desgaste; médulas que han gloriosamente ardido[1] por los constantes sobresaltos y la resistencia. A pesar de ello, se dirigían una y otra vez hacia la que podía ser en cualquier momento su última lucha. Un combate del cual conocían que, en caso de tropezarse al fin con él, difícilmente ganarían. Pero lo aceptaban de la misma manera que se asume algo tan abstracto como el futuro; algo que, por lo visto, es la única posibilidad y el único camino para, a través de aceptar con resignación esa abstracción, no fallarse a uno mismo.

Ahora, convertido en un pobre primate hirsuto y cetrino de posaderas velludas, moreno, peludo, fofo y lleno de vida (de cejas pobladas y bolsas bajo los ojos), era cuando me sentía más heroico que nunca. Sin afectaciones, sin grandilocuencias. Heroico aunque fuera simplemente para luchar y vencer obstinadamente al montón de minúsculos obstáculos de la vida cotidiana: la moneda que se desliza a un rincón, aquella luz del baño que hemos olvidado encendida cuando ya estamos en la cama y cuyo recuerdo no nos permitirá dormir en toda la noche, etc. Toda aquella monotonía y aquel cansancio, aquella dificultad para agacharse y que las bisagras de la espalda respondieran sin una queja tal como recordábamos que lo hacían antaño. Durante varios días, demostré que a mi avanzada edad todavía podía descargar mi fisiología dos veces en una mañana. Con el cuerpo propio de un saco de patatas y transformado por el tiempo en un antropoide panzudo, simiesco, con un traje ligero de verano que me venía grande y la espalda encorvada por el peso de los libros, descubrí que mi recuento sobre el erotismo se había convertido en un relato sobre la gracia del temperamento individual, sus sutiles relaciones y su similitud de objetivos en torno al fracaso humano.

En cierto modo, llevábamos años preparándonos para ello. Escribir es un oficio extraño donde se sabe la mitad y la mitad

---

1. Francisco de Quevedo, *Amor constante más allá de la muerte.*

restante se sospecha.[1] Crecimos entre historias de halos trágicos, de gente cuya única victoria había sido vencer en la derrota. Puede que eso sea lo único que le está permitido al ser humano: llegar de una forma más o menos digna al último combate. Ver que es el último acto pero, a pesar de ello, no huir de la propia suerte. Llegados a ese punto, como dicen que a veces sucede en los relatos homéricos o en la epopeya moderna de conquistas de la civilización, quizá nos fuera dado presenciar un hecho curioso: que a nuestro paso, mientras nos dirigíamos a ese último encuentro, los campos, yermos y marchitos por todo un siglo de crímenes, destrucción y abusos, florecieran de nuevo. Lo que hace que el placer de lo bello sea insaciable es la imagen de un mundo anterior.[2]

A ese florecimiento, acudían los jóvenes atraídos por la fragancia y el resplandor que desprendía. Pero a nosotros se nos hacía tarde para disfrutar del paisaje y avisarles de las trampas del espectáculo. En según qué momentos, esos mismos jóvenes reían y nos escarnecían porque para ellos resultábamos sin duda unas figuras umbrías, tristes y grisáceas, que desfilaban por la lejanía; no allí mismo, no allí delante de ellos, donde los prados frescos y nuevos dejaban atrás el páramo reciente. Nuestro paso tenía la lentitud prudente y abnegada del avance de un sonámbulo, con lo cual, en la distancia, supongo que debíamos de parecer realmente envejecidos, grotescos y tristes. De lejos, veíamos el frescor de su juventud, la petulancia de su ignorancia a veces. Detectábamos perfectamente la rijosidad en alguno que sabíamos condenado de antemano y, encima el pobre, absolutamente ignorante de ello. Pero no podíamos abandonar la tarea (era nuestro último combate al fin y al cabo) y no nos quedaba más remedio que verles de lejos para no impedir que los campos, por poco que fuera, siguieran floreciendo y expandiéndose. Porque algún día, cuando las guerras tengan una de sus cíclicas pausas, los libros podrán ser escritos de nuevo. Serán escritos

1. Griselda Gambaro, *Escritos inocentes.*
2. Walter Benjamin, *Iluminaciones II.*

allí, entre las tinieblas y las palabras tenebrosas, desde las soledades de haber perdido ya a todos los muertos, desde el dolor físico de los cuerpos que se vienen abajo, mientras intercambiamos noticias de los últimos pesares propios. Allí, en la zona de sombra, donde la lluvia cae, gota a gota, eternamente.

9

Y entonces hay que prepararse para cerrar el libro e ir a la cama. Todas esas pequeñas y enojosas maniobras preparatorias: apagar las luces, desatarse los zapatos, lavarse los dientes, despojarse de la ropa interior, comprobar que se encuentra a mano el bote de pastillas, etc. A solas, con la mirada de niño perplejo en la oscuridad y las manos agarradas fuertemente al embozo o melancólicamente entrelazadas bajo la nuca, uno ve deslizarse ante sus ojos una cinta de recuerdos viejísimos y casi olvidados que ya no sabe si fidedignos o alterados por los propios deseos. Siempre que descifro una de esas notas mentales me quedo asombrado de que una estela ya hace tiempo extinguida en el aire o en el agua pueda seguir siendo visible aquí, en el papel.[1] A esas edades, llega un día en que coincide un simple cambio de estación, un aviso en el aire sobre el cambio de clima, que nos trae una sensación finalista, de camino recorrido. Un sentimiento inquietante, fatigado, como si la siguiente estación fuera a ser, esta vez, un obstáculo insalvable. Como si ya nunca más, por el simple hecho de nacer hombre, se pudiera volver a tener la opción de meterse entre los muslos de una bailarina. Tal sensación llegó aquel año al final de un invierno excepcionalmente ventoso, y mi familia se dio cuenta de que yo estaba particularmente agitado e insoportable.

Ese día, mi ex mujer y yo encendimos un hermoso fuego en la chimenea de casa. Pasamos los ciento veinte minutos que siguen a la medianoche hablando de narraciones y comida. De-

1. W. G. Sebald, *Los anillos de Saturno.*

jamos de alimentar el fuego y, poco a poco, se fue apagando. Los niños dormían en el piso de arriba. En el hogar quedó una deposición de brillantes brasas –una montaña carmesí– que irradiaba mensajes de calor, nubes anaranjadas. La fuerza de sus ondas nos llegaba amortiguada pero constante, invencible. Nuestra casa era conocida por sus corrientes de aire, sus brisas fantasmas. La inaptitud para las pequeñas manualidades prácticas la pagábamos en problemas de aislamiento. Con todo, la casa era confortable. Cada pequeño soplo de aire que llegaba hasta el montón de cenizas hacía crecer su fulgor de una manera intensa y llenaba por oleadas la habitación. Luego, venía un pequeño momento de paz, de combustión en reposo, de respiración de animal tranquilo. La recompensa del arte no es la fama ni el éxito, sino la embriaguez: he aquí por qué tantos pésimos artistas no consiguen dejarlo.[1] Lo más probable es que nuestro desorden casi ornitológico sea sólo eso. Un fuego que se enciende, brilla y calienta un momento entre estallidos y fachendería para luego reposar en una montaña fatigada de brasas, como la risa cascabel de un niño.

La brasa, tozuda, resiste muchos años. Cualquier leve soplo la reanima, la hace decir –orgullosa– que cuesta vencerla, que persiste, que por sus arterias de rubí aún corre vida. Dado que el universo está lleno de gélidas y caóticas corrientes de aire, la llama de conflicto y vida anunciará luchadora que no vale la pena apagarla. Pero al final, lentamente, la limitación de las materias primas y el desgaste de los elementos harán su trabajo. Es muy difícil que alguien pueda registrar, y ni siquiera recordar, los sucesivos milenios de brasas vencidas al filo de la madrugada. El polvo que verá la nueva luz del sol será la única prueba. Desde el suelo de las cuevas cuaternarias hasta la alfombra frente a nuestra chimenea.

Cuando ella, finalmente, subió al dormitorio todavía me quedé un rato escribiendo. Me dolía la cabeza y me hería la luz. Por tanto, apagué las lámparas y terminé el trabajo, con el do-

1. Cyril Connolly, *La sepultura sin sosiego.*

lor atravesándome las sienes como una saeta roja a la luz cercana y amortiguada de una vela: un método que usaba muchas veces para relajarme y conseguir llegar hasta el final. Una vez recogidas las cuartillas, me senté en el sofá frente a la mesa y me fumé un cigarrillo. La noche era negra como la boca de un lobo y la vela sobre la mesa el único punto de luz que iluminaba la casa hasta la vecindad más próxima de farolas. La vela se estaba consumiendo y por su pie metálico largos chorretones de cera amenazaban con manchar la mesa. Quise moverme para defenderla pero no pude. La luz temblorosa y amortiguada junto con la fatiga me tenían como hipnotizado. Y entonces vi a todos los escritores a través de los siglos pegados a una llama como aquélla. Todos trazando signos y rayas, haciéndoseles tarde, cayendo la noche, bajo la misma luz de una vela. Intentando que entraran en sus libros, con trazos y rayas, la vida, el mundo, sus mentiras y también la propia escritura. No literatura sino escritura. Diciendo que un poco más de dolor SÍ que importa (con mayúsculas). Pues, realmente, de alguna manera todos esos libros han surgido de espíritus humanos, de alguna forma son la imagen de un alma, la sombra de un temperamento; de alguna manera será posible escucharlos, podrá creerse algo de ellos. Podrá escuchárselos con la dolorosa tensión con que el prisionero oye en su celda una llamada apenas audible, tan débil que cree a veces que es tan sólo el pálpito de sus sienes, Y, sin embargo, no está sólo en sus venas. Está también fuera de él. Existe.[1] Recordé entonces un día que, en uno de mis viajes, tomaba notas en el Museo Británico frente a la vitrina de la piedra Rosetta cuando el cristal reflejó mi cuaderno de notas y pude ver, unos junto a otros, los mismos grupos de signos y rayas –que para mí significaban algo en mi cuaderno– reflejados al lado de los similares que habían grabado otros hombres, hacía muchos siglos, sobre roca. Sentado en el salón de mi casa, recordando en la penumbra ese momento de constatación, vi desfilar entonces a toda una familia de espectros vesti-

1. Hugo von Hofmannsthal, *La mesa de los libros.*

dos según las diversas modas de la historia. Los vi claramente
–lo juro– a la luz de la vela y supe muchos de sus nombres.
Nunca he hablado con ellos ni los he tocado, pero sé su historia
y sé sus nombres: son un hecho. En los signos, los trazos y sus
líneas tengo el testimonio tangible. Y probablemente escribo
–me dije– simplemente por el placer de escribir y para demos-
trarme a mí mismo que soy valiente. Como tantos. O para de-
mostrarnos a nosotros mismos que hemos existido, que no hemos sido un sueño.

10

Ahora, escuchad. Sois buenos lectores. Os voy a pedir un
esfuerzo más. Cuando pienso en mi vocación, no tengo miedo
a la vida.[1] Un día de no hace mucho nos llegó a todos un mensaje de Sebas. Quería vernos para comentarnos un asunto importante. Al principio no le hicimos mucho caso, pero su insistencia y su negativa constante a comentar el asunto por mail o
teléfono, que nos pareció enigmática para su carácter, consiguió que algunos de nosotros combináramos nuestras agendas
para hacerle una visita en Barcelona. Simó e Isma eran de los
que menos caso hacían a los mensajes de Sebas y lo trataban
con cierta condescendencia, pero Isma –ignoro por qué extraña
razón– sí apareció esta vez. Ramón quería venir pero unas jornadas universitarias en Hispanoamérica se prolongaron más de
lo esperado y no pudo llegar a tiempo. Cárdenas, ocupado en
algo que ahora he olvidado, fue de los que menos se interesó
por el asunto y ni siquiera contestó. Omar ya no estaba. A
Dani, que andaba aún recuperándose y rehaciendo su vida, dijo
el propio Sebas que era mejor dejarle tranquilo. Ander prometió que vendría, pero se disculpó en el último momento.
Quedamos en la terraza del café Zurich de la plaza de Cataluña y allí nos reunimos finalmente Isma, Moisés –que estaba

1. Antón Chéjov, *La gaviota*.

en la ciudad actuando en un pequeño local–, el propio Sebas, a quien acompañó desde su barrio Roca empujando su silla, y Boris y yo, que nos pusimos de acuerdo y vinimos desde Madrid en primera en el mismo AVE. Los dos viajamos de muy buen humor, disfrutando del mismo whisky y los frutos secos, picados por saber cuál sería el misterio de la Histérica. La verdad es que por esa época nos aburríamos bastante y cualquier episodio estrafalario nos sacaba de nuestras rutinas con alegría. En su vivificante neutralidad, Boris era muy buen compañero de viaje y parecíamos dos granujas divirtiéndose en un viaje de fin de curso. Nos retrasamos en el hotel haciendo la inscripción de entrada y llegamos los últimos a la terraza del Zurich. En cuanto me senté junto a mis antiguos amigos, una lejana voz en mi interior me dijo repetidas veces que algo iba mal, muy mal. Sebas esta vez hablaba muy tranquilo, casi solemne, y fue muy rápidamente al centro del asunto, creo que en homenaje a Isma, porque éste solía funcionar así. Nos dijo que había hablado con Paco y que éste le había pedido ayuda. De hecho, nos dijo, le había pedido ayuda de todos nosotros. A veces, las letras se vuelven dientes y, entre las letras, se ven pedazos de carne humana.[1] ¿Qué tipo de ayuda?, le preguntamos, ¿Ayuda económica? No, no era eso, nos dijo Sebas, enarcando las cejas y humedeciéndose los labios. Paco está muy mal, muy enfermo, no se ha cuidado nada y tenía que llegar un día u otro el momento en que pasara lo que está pasando. La diabetes que ha sufrido desde joven le ha contenido un poco pero no demasiado. Si bebes, fumas y has tomado drogas en ciertas épocas de tu vida como ha hecho él, eso tarde o temprano te pasa factura. Isma asintió con un belfo senequista. ¿Qué quieres decir, que se muere? ¿Que está desahuciado y va a ser muy rápido?, preguntamos. Bueno, dijo Sebas muy tenso, tiene problemas de macrocirculación sanguínea que le están dando algunas dificultades renales, según me contó, pero lo peor es que, al no irrigar bien el sistema circulatorio, van a tener que practicarle algunas

1. Josep Maria de Sagarra, *Las dos ventanas*.

amputaciones para que no haya necrosis. Sebas tragó saliva y siguió. También tiene problemas de microcirculación y le han diagnosticado que se va a quedar ciego en poco menos de unos meses, anunció. ¿Entonces no se va a morir?, preguntó Boris, mientras yo imaginaba el dolor del que fue el bello cuerpo de Paco, amputado. Bueno, dijo Sebas muy lento y muy rígido, vocalizando con sumo cuidado para que no hubiera equívocos, eso depende de nosotros. ¿Perdón?, preguntamos, de viva voz o con la mirada, todos los presentes menos la Roca. Sebas se explicó: Paco se había puesto en contacto con él porque no quería pasar por todo aquello, quería abreviar el camino de propia mano, pero en parte le faltaba valor, en parte le horrorizaban el vértigo, la tristeza y la sordidez de lo que sucedería después: cosas como su situación nerviosa en el momento definitivo o la reacción de su cuerpo en los últimos instantes, cómo encontrarían su cadáver, las preguntas que se harían y de qué manera ninguna quedaría clara; aducía un montón de razones pero lo que estaba pidiendo en definitiva es que le ayudáramos a morir.

Su vida había sido el poema que le hubiera gustado escribir, pero no habría podido a la vez vivirlo y escribirlo.[1] Lo que quería era no doblegar la testuz, ni el proyecto interior, ni la conciencia a cambio de lo que parece heroísmo y no es sino librea de lacayo. No podía pedir ayuda a su familia, no tenía a nadie cercano en aquel momento. Se confiaba a nosotros, a sus antiguos camaradas, para que le proporcionáramos algún tipo de eutanasia.

—Pero eso es una tontería —dijo Isma—, sabe de drogas más que ninguno de nosotros. Puede conseguir cuando quiera heroína o pastillas para sí mismo y autoadministrarse una sobredosis a solas. No nos necesita. Eso es sólo miedo, lógico por otra parte, y probablemente lo que de verdad hay que proporcionarle es un buen psicólogo que le ayude a pasar estos últimos días que serán, desde luego, muy difíciles para él.

Sebas nos dio más detalles: todo lo que decía Isma era cierto, pero Paco era muy cabezota. Estaba viviendo en Barcelona,

1. H. D. Thoreau, *My Life*.

en el extrarradio, en un piso muy modesto. Hablaba con él casi cada día y contaba que no hacía más que informarse sobre diferentes planes posibles de suicidio, cuyos avances en esos estudios le detallaba a Sebas minuciosamente. Prefería las sustancias y los fármacos que llevan a un sueño inducido del que no te despiertas nunca, pero no quería administrárselos a solas por la angustia de la soledad de la última espera. Si tenía que pasar por esos segundos enloquecedores, decía, prefería entonces algo más brusco aunque fuera más sucio. No nos pedía que lo matáramos, decía Sebas, sino que le ayudáramos a morir, a escribir la última línea. Seguro que el propio Paco conseguiría todo lo necesario si sabía que velaríamos esos últimos momentos.

Isma pegó un resoplido y volvió a repetir lo de la ayuda terapéutica y el especialista psiquiátrico. Se notó que no iba a repetirlo muchas más veces, porque a todas luces se estaba impacientando. Habló también de las consecuencias jurídicas y fue muy terminante y claro. En su tono de voz había algo neutro pero también una violencia que provocaba la sensación de que estaba echándole una buena bronca a Sebas. Éste, en cambio, estaba muy rígido, pero esta vez no parecía nervioso ni intimidado. Moisés, fríamente, dijo que Isma tenía razón y añadió, no sé bien para quién en concreto, que a ninguno se nos ocurriera hacer el imbécil. Lo prometimos. Todos convinimos en que todo el asunto era una locura y la reunión se disolvió muy rápido de una manera desalentadora. Boris estaba asustado y su buen humor se había evaporado. En los siguientes días no nos vimos; la palabra de honor que les había dado (porque así interpreté yo mi sumisa conducta)[1] me quitó las ganas. Aproveché para acercarme al Ampurdán a ver a mi esposa y a los niños y él prefirió visitar algunos parientes que aún le quedaban en Barcelona.

Antes de separarnos en la terraza del Zurich me acerqué a Roca, quien no había dicho nada, y aprovechando que se había puesto de pie y apartado un poco para abrirle camino entre las

---

1. Jonathan Swift, *Viajes de Gulliver*.

mesas a la silla de ruedas de Sebas, le pregunté qué opinaba ella de todo aquello. Su respuesta, lo juro, me dejó helado. Dijo que a ella le daba la sensación de que Paco se saldría con la suya y que de nosotros sólo dependía, al fin y al cabo, que su muerte fuera más o menos desgraciada. Si no se le ayuda, lo hará en cualquier momento por el peor de los caminos y, tal y como están ahora su mente y sus nervios, no me extrañaría que, por pura incapacidad, se acumularan los detalles morbosos. Le pregunté si cuando hablaba de ayudarle se refería a ayudarle a morir o ayudarle a encontrar un terapeuta. Qué mala baba, dijo ella. Es una pregunta sin maldad, dije yo. Es que no es asunto de chanza dar muerte a un ser humano,[1] contestó ella. Luego, nos disolvimos pacíficamente. La Roca ayudó a Sebas a salir de la maraña de sillas y mesas metálicas de la terraza y cada uno se fue a sus obligaciones sin demasiadas ganas de hablar.

Intencionadamente, evité entrar en el blog, consultar internet e incluso poner al día mi correo electrónico en los días que siguieron. No volví oír hablar del asunto hasta seis semanas más tarde. Esa temporada intermedia la pasé en el Ampurdán. En los últimos tiempos, hacía largas visitas a mi ex esposa y mis dos hijos en la casa de la costa, donde vivían. Por comodidad y confianza, puesto que mi ex no había vuelto a vivir con nadie, me instalaba con ellos durante esas estancias. Tampoco ni siquiera nos habíamos molestado en tramitar todo el papeleo del divorcio. Por mi parte, conservaba también el pequeño piso alquilado en Madrid para cuestiones de trabajo. Debería haber vuelto a la capital antes de dos semanas por asuntos profesionales, pero lo cierto es que, todavía no sé por qué (aunque probablemente fue porque podía permitírmelo), dejé pasar esas semanas y me quedé en la casa del Ampurdán.

Una mañana, después de una llamada previa de móvil a muy temprana hora, Cárdenas se presentó allí con un nuevo Mercedes, esta vez negro. Venía a buscarme. Sabía dónde estaba la casa y cómo encontrarme. Yo también sabía a lo que posi-

---

1. María de Francia, *Los Lais*.

blemente venía y me asusté, pero cuando dijo que nos íbamos, no fui capaz de llevarle la contraria. Le dije si quería dejar su equipaje en la casa, pero me dijo que no iba a quedarse, ni tampoco a volver y que incluso no hacía falta que cogiera yo ningún equipaje. Los niños se acababan de levantar y estaban desayunando, todavía soñolientos, en la cocina. Cárdenas asomó la cabeza un momento, vio a los niños y sonrió a mi esposa, pero no quiso entrar. Me esperó de pie al lado del coche mirando el paisaje. Mi esposa me despidió sin pedir más explicaciones y me dijo que no me metiera en líos. Nos saludó con la mano desde la puerta de la cocina y aunque no le dijo nada a Cárdenas, tampoco diría yo que lo mirara mal o sin simpatía. Simplemente no se acercaron el uno al otro y se saludaron desde lejos, como si estuvieran cada uno a un lado de un río caudaloso, o bien separados por un abismo profundísimo.

Tomamos el camino de Barcelona y Cárdenas me hizo saber que me había reservado una habitación en su mismo hotel y otra para Ramón, que llegaría esa misma noche o a primera hora del día siguiente. Me contó cómo Paco, después de fracasar con nosotros, lo había intentado con ellos por el mismo camino de intermediación de Sebas y Roca. Ramón, enfrascado como había estado en sus viajes por el cono sur, no se había enterado más que de retazos del asunto hasta ayer mismo. Pero él, en las tres últimas semanas había podido hablar con Paco varias veces por teléfono y luego, en los últimos días, lo había visto repetidamente y habían pasado largos ratos juntos. ¿Has hecho algo?, le dije, temeroso. Qué coño voy a hacer, me dijo bruscamente, y a mí se me acalambró el estómago porque el tono con que lo dijo lo explicaba todo y, para mí de una forma inconsciente, explicaba también las cosas que iban a suceder en las próximas horas. Si me hubiera hallado en un interior doméstico del tipo corriente, me habría arrepentido instantáneamente de mi indiscreción y habría dado media vuelta.[1] Por la ventanilla del coche se veía a nuestra izquierda el mar del mes de marzo. Dos palmeras que

1. G. K. Chesterton, *La hostería volante*.

cortaban perpendicularmente el horizonte quedaron atrás. La autopista pasó por un pequeño viaducto entre dos colinas verdes. Sólo entonces me di cuenta de que el Mercedes era descapotable, aunque la capota estaba puesta y no me había apercibido de ella porque no era de tela, sino sólida y telescópica. También vi entonces que no era exactamente negro sino azul muy oscuro. Las cosas debían de estar mejorando para Cárdenas. O quizá todo lo contrario y era su última apuesta desesperada. El clima no invitaba a bajar la capota. Mejor así. Con la protección de esa intimidad, Cárdenas fue poco a poco desgranando detalles de las recientes conversaciones con Paco. Seguía queriendo convencernos, casi suplicaba, que actuáramos como sus cómplices y habían hablado mucho de ello. Cárdenas no era un chiquillo y sabía cómo darle la vuelta a esa complicidad para que no le manipulara y convencerle de lo contrario, pero Paco no cejaba.

A Paco le da miedo intentarlo solo y que algo salga mal, me contó Cárdenas, que todo se convierta en un pequeño aquelarre sórdido de sangre y mierda. Pregunté qué podía importar eso, pero para él, a quien no le quedaba nada, me confió Cárdenas, por lo visto era importante. Recordamos la muerte del poeta Gabriel Ferrater, a quien los tres habíamos leído de jóvenes. Se suicidó y se relacionó el terrible atrezo de su suicidio, la bolsa hermética y la botella de ginebra o el gesto estatutario de cubrirse con la sábana (como así cuentan que fue), con una última voluntad de menosprecio de las legalidades estéticas de la sociedad en que vivía, de la sociedad de consumo, dijo algún joven sociólogo, haciendo simbolismo de la espantosa bolsa de plástico con la que se asfixió. Eso es totalmente inverosímil. Detestaba la sociología como falsa ciencia y a los sociólogos y psicólogos como gremio de pedantes analfabetos, no tenía nada en contra de las fealdades del mundo contemporáneo y se encontró muy cómodo en él.[1] Yo creo que a Paco le preocupa que suceda algo similar y quiere evitarlo, de la misma manera que desea escapar de la agonía.

1. Carlos Barral, *Cuando las horas veloces*.

Cárdenas sólo me pidió que le acompañara en la comida y en la cena de esa jornada, hasta que llegara el día siguiente y viera a Ramón o a Paco. Luego, me dejaría marchar tranquilamente para que volviera a mi pequeña masía si así lo deseaba. En caso de que necesitara algún producto de aseo o una prenda, lo compraríamos. Él corría con todos los gastos, dijo, como si fuera un mafioso de película de bajo presupuesto, uno de esos gángsters tristes que salen, ya condenados de antemano, en los telefilms estereotipados. Cuando llegamos a Barcelona, dejamos el coche en el parking del hotel, que estaba en la Gran Vía. Acompañé a Cárdenas en la comida y luego también en la cena y bebimos durante todo el día. Lo hicimos pausadamente, sin emborracharnos. Tampoco nos alejamos demasiado del hotel. Finalmente recibimos un mensaje de Ramón anunciando que no llegaría esa noche sino al día siguiente. Cárdenas dijo en algún momento que lo que Paco quería, en el fondo, era sólo que montáramos guardia, que fuéramos los guardianes de su soledad final. Y que, al igual que muchos pensaban que no podía pedirnos una cosa así, él pensaba que no podíamos negarle algo que se agarrara bien en este mundo resbaladizo.[1]

Al día siguiente, llegó Ramón. Yo me levanté tarde y no lo vi hasta la hora de comer, cuando nos sentamos en un bar de barrio, a doce o quince paradas de metro del hotel, un lugar que además de restaurante era panadería, una sala amplia que hacía esquina con mostradores en la entrada y grandes lunas de cristal que daban a una calle por donde se veían pasar autobuses. Las mesas tenían un rectángulo de papel en lugar de mantel, con los cubiertos colocados encima. Estaba limpio y era luminoso, y comimos un menú de diez euros. Estando alojados los tres en el mismo hotel no comprendía muy bien por qué habíamos quedado allí, tan lejos. Por las cristaleras veía un paisaje urbano que me resultaba a la vez extraño y profundamente familiar. La mayoría de los peatones que pasaban eran viejos, gente de la tercera edad.

1. Herman Melville, *Moby Dick*.

503

Ramón comió ensalada y pescado acompañado con hortalizas y patatas. Cárdenas pidió un plato único de carne y yo una crema de verduras y unos raviolis que se quedaron casi todos en el plato. Sentía el estómago hinchado y la garganta estrecha. Estaba asustado. Todo me daba miedo. Me daba miedo la fijeza de la mirada de Cárdenas, una inmovilidad taciturna de pupilas que se rompía bruscamente a veces y pasaba al extremo contrario. También unos silencios, inhabituales en él, que no auguraban nada bueno: algo bravío e incontrolable que me asustaba, y que entonces pensé que siempre había estado allí, aunque probablemente yo nunca había querido verlo. Ahora ya no pienso así.

Ramón, con un gesto amargo en los labios y en la nuez, diseccionaba su pescado como un cirujano. Separaba cuidadosamente la carne de las espinas. Con la vista fija en el plato, la cabeza torcida, como absorto en su tarea, preguntó:

—¿Por qué nosotros?

Cárdenas guardó silencio, lo cual quiere decir que no quiso responder o no supo, y yo, sencillamente, no tenía ni la más remota idea de qué contestar. Supongo que Ramón se refería al temible atrevimiento de la entrega de un momento que toda una edad de prudencia no puede retractar.[1]

—Pienso que ni siquiera debería estar aquí —siguió Ramón—. También pensé que debía llegar, protestar, imponer el sentido común y obligaros a que se olvidara toda esta tontería; reñiros seriamente, como si tratara con chiquillos, y preguntar a qué venía toda esta demencia. Y ahora no puedo.

Le pregunté por qué y Cárdenas se adelantó a la respuesta, volviéndose hacia mí tan tajante que me sobresaltó:

—Porque lo ha visto —dijo.

Ramón había llegado a la ciudad al despuntar el alba. La única opción para llegar, desde una feria literaria donde se hallaba, había sido un avión muy madrugador. Desconcertado y enfadado por el propio asunto y porque se hubiera pensado en

1. T. S. Eliot, *The Waste Land*.

él para una cosa que le parecía un delirio, se presentó en la habitación de Cárdenas y prácticamente lo sacó de la cama por las solapas del pijama. Éste, viéndose obligado a sentarse frente a un desayuno mucho antes de lo esperado y con toda la mañana por delante, tuvo una repentina inspiración y le hizo abandonar la mesa de la cafetería para traerlo hasta el barrio donde ahora nos encontrábamos. Lo llevó en metro, parada por parada, yo creo que con la intención de que se pusiera en la piel de Paco y la vida que llevaba; el camino que seguían cada día sus pasos.

El barrio estaba al final de una de las líneas de metro de Barcelona, en la última parada. Había sido antiguamente un pequeño pueblo de los que rodeaban la ciudad. Se detectaban los vestigios del viejo centro urbano en el mismo lugar en que ahora se levantaba la boca de metro. Se emergía en medio de una pequeña plaza de edificios bajos y antiguos que debían de datar de finales del XIX y principios del XX. Cuatro o cinco de estas edificaciones se combinaban con otros edificios más modernos, construidos aprovechando avaramente el espacio. Bastaba andar doscientos metros por las callejuelas adyacentes para comprobar cómo en los últimos cincuenta años había crecido, en torno a aquel viejo núcleo, una extensión con forma de colmena de nuevas construcciones que, a través de largas calles, habían enlazado con la ciudad sin dejar un palmo de espacio libre. El aire afrancesado de pueblo viejo se perdía a continuación entre calles y más calles de aceras de dos metros de anchura, con la impronta y los materiales de las últimas décadas; la apoteosis de la caja de zapatos, la derrota definitiva de la curva y el dibujo, más la uniformidad de hogares, locales comerciales, escaparates y paradas de autobús, todas exactas unas a otras. Del error con que los ojos conocen nace la falsa idea de la línea recta y todo el engaño cronológico del mundo.[1]

Aún no habían dado las nueve y media cuando Cárdenas salió por esa boca de metro acompañando a su amigo, le guió hasta una esquina, miró primero dentro de una cafetería, volvió

1. Ramón María del Valle-Inclán, *La lámpara maravillosa*.

a salir, cruzó la calle para comprar un periódico que entregó a Ramón y le dijo que esperarían en un banco público. Pasados veinte o treinta minutos, cuando precisamente Ramón había podido por fin concentrarse en descifrar las líneas de los titulares ante el mutismo de Cárdenas, éste, que no perdía de vista las aceras que llevaban al bar, le apretó el antebrazo y le hizo levantarse para que lo siguiera.

Cruzaron la calle y llegaron hasta la puerta del bar. Cárdenas le hizo mirar dentro y Ramón tardó un poco en entender qué era lo que quería que viera, pero al cabo comprendió. En la tercera mesa a la derecha, contando desde la entrada, la camarera le traía un café con leche a Paco, quien debía de hacer poco que acababa de sentarse, porque estaba pasando la primera página del ejemplar del periódico del bar. Para leerlo, entrecerraba los párpados y arrugaba el entrecejo hasta que sus ojos se convertían en dos pequeñas líneas horizontales. Llevaba el pelo corto y tenía signos de calvicie en la parte superior del cráneo. Ramón me contó que lo que más le impresionó fue la anormal hinchazón del abdomen que abultaba la camiseta negra y el contraste, la desproporción casi monstruosa, con unas piernas muy delgadas que provocaban grandes bolsas en sus vaqueros. Cárdenas, tanto si lo había previsto como si había obrado por impulso, tenía que haber sabido que la reacción de Ramón no podía ser otra que la que fue. Dejándolo en la puerta, bajó los tres escalones de entrada al bar y, con el paso de un hipnotizado o un sonámbulo, fue hasta la mesa de Paco y se sentó frente a él.

Según el relato de Cárdenas, la expresión de Paco al verlo fue de verdadera sorpresa pero a la vez de una sorpresa inexorable, inevitable, como esperada. Un sonrisa triste y emocionada, como de triunfo. Parecía que encontrara aquello que todo poeta anhela: el olvido del vivir tempestuoso, el dulce coloquio con los amigos.[1] Cárdenas se quedó en la acera y no pudo oír lo que hablaban, pero decía que componían una extraña estampa

1. Aleksandr Pushkin, *Eugenio Oneguin.*

en la mesa estrecha de dos plazas. Paco, con sus jeans abombados, su calzado deportivo sucio, su camiseta desbocada, y Ramón con su chaleco y su traje gris, un poco gastado pero aún elegante, con una corbata al cuello que seguramente había anudado cuando aún no había salido el sol, frente al espejo, todavía en otra ciudad. No sabe cuánto tiempo emplearon en hablar pero, llegado el momento de separarse, Paco se levantó para despedirse sin acompañarlo hasta la puerta. Cárdenas, por su parte, tampoco traspasó el umbral del establecimiento. Él y Ramón aún tuvieron tiempo de volver al centro antes de las doce de la mañana, esta vez en taxi. En la parte de atrás del vehículo hablaron de banalidades: sobre el tráfico, la distancia al núcleo antiguo de la ciudad, sobre los edificios y el crecimiento urbano, hasta que se les acabaron los temas de ese jaez y Ramón, tras un rato de silencio, lloró quedamente. Cuenta Cárdenas que le dijo, quizá como excusa, que ahora que se hacía mayor cada vez lloraba más.

Fue por todo esto que supe más tarde por lo que en aquel momento, mientras comíamos los tres después del silencio provocado por las últimas palabras de nuestro amigo –que aprovechó para terminar de despachar su churrasco–, el viejo farsante volvió a parecer que reaccionaba según su carácter sanguíneo habitual. Apartó el plato a un lado de un manotazo y dijo cosas incomprensibles como que no podíamos defraudar a nuestro viejo camarada, que había momentos en la vida de todos en que nunca se sabía lo que podía ser; que si estábamos allí, si habíamos venido, era por algo, aunque no entendiéramos nada y no supiéramos exactamente qué era ese algo. Luego, se echó hacia atrás con una expresión muscular relajada, hasta cómica, y chasqueó la lengua, cogiendo un mondadientes del cuenco de plástico que se hallaba sobre la mesa. Emplea siempre el mondadientes, que tiene setenta y dos cualidades, decía.[1] Pero parecía estar pensando en otra cosa, en algo que estuviera muy lejos (en el espacio o en el tiempo) y las pupilas se le movían a gran

1. Anónimo, *Las mil y una noches.*

velocidad, imperceptiblemente pero hiperactivas, de una manera muy diferente a como solía moverlas él.

En el silencio que siguió a su discurso, miré al exterior por la cristalera, creo que porque no sabía adónde mirar y no quería cruzar la vista con la de mis amigos. Ramón estaba como derramado en su silla, los brazos sobre el vientre, mirando ausente su plato, con la barbilla apuntando el pecho. Al otro lado del gran ventanal, vi pasar un autobús por el asfalto y, en dirección contraria, deslizándose junto al cristal, pasó caminando lentamente y con dificultades un viejo. No era un anciano, sino un viejo, un jubilado que podía haber sido un obrero, un dependiente o un propietario de un pequeño comercio. Caminaba sin encorvarse, muy tieso, pero daba la sensación de que tenía que hacer un gran esfuerzo para mantener esa posición, como si le costara andar y sólo lo consiguiera mediante un lento y minucioso estudio de sus propios movimientos. Tenía el pelo gris y a través de él se le veía el cráneo color marrón porque la cabellera ya era escasa. Sus ojos eran también grises; pude verlos con detalle porque tardó mucho en pasar de un lado a otro de mi campo de visión a través de la cristalera. La mirada le brillaba mortecina con un punto de fiebre. Tenía la mandíbula afilada y le vibraba un poco como anunciando algún pequeño contratiempo neurobiológico. Empleó tanto tiempo en cubrir toda la longitud del ventanal porque andaba renqueando con gran esfuerzo, como si acabara de aprender a caminar y estuviera dando sus primeros pasos (dicen que el viejo es niño dos veces).[1] A través del pelo cano se le veían unas cuantas manchas o equimosis sobre la piel del cráneo. Si me acuerdo de tantos detalles es porque todos mis radares, mis receptores sensoriales, estaban alerta imprimiendo en la conciencia recuerdos extraños, amplificados. Y entonces, no sé por qué, pensé en un relato releído en las épocas en que repasé los clásicos del romanticismo en nuestro país. Era un cuento de esos que nos hacían leer en el colegio, no recuerdo si de Béc-

1. William Shakespeare, *Hamlet.*

quer o de Espronceda, no tengo el libro a mano ni ganas de averiguarlo en la red. Trataba de un músico que quería escribir la obra total, absoluta, los sonidos inexpresados que oía en su mente. Un día, de viaje, pasando por una aldea, oía hablar de una leyenda sobre una música maravillosa que sonaba misteriosamente una vez al año en una ermita de los alrededores; nadie sabía de dónde venía. Iba acompañada, por lo que se contaba, de hechos sobrenaturales y eso hacía que los lugareños, asustados, se mantuvieran alejados del fenómeno. La música, según los rumores, era algo así como un himno inefable de difuntos y resurrectos; unos sonidos de una expresividad colosal cuya veracidad el protagonista sentía la necesidad de comprobar. En la fecha señalada, se acercaba solo a la ermita y descubría que era un sepulcro de eclesiásticos de a pie, quizá muertos en circunstancias traumáticas. A las doce de la noche se empezaban a oír sonidos musicales, armonías que brotaban de lugares inconcretos, la música crecía, IBA TOMANDO CUERPO, y el protagonista era incapaz de localizar la parte del edificio de donde surgía. Cuando, finalmente, la música crecía hasta su punto más intenso, los frailes se levantaban como zombis de sus tumbas y la carne empezaba a acudir a sus esqueletos, a reconstruirse, lo cual hacía que el protagonista, a continuación, enloqueciera. Al día siguiente, como sucede siempre en esos cuentos, creo que lo encontraban desquiciado, vagando por los alrededores.

Fue una extraña sinapsis, un arco voltaico en mi cerebro, lo que hizo que las minúsculas erosiones dérmicas del jubilado me llevaran al cuento del miserere y que esa corriente de pensamiento lo llevara a él, a mí y a toda la humanidad de una manera sólida hacia esos motivos, como ríos de lava que salen de volcanes. Del recuerdo arrancará siempre lo que el hombre haga de positivo.[1] Como siempre, me asusté de mi propia imaginación, de la situación que se estaba produciendo y del cráneo del jubilado, tan cerca, tan verdadero al otro lado del cristal, tan

1. Josep Pla, *Humor honesto y vago.*

feo y tan corriente como un puto autobús de barrio, como una nevera por detrás, como un coche por debajo, y pase el chiste verbal e histérico.

Cuando atardecía, fuimos hacia una zona ajardinada cercana. No era un parque, no era un jardín, era apenas un chaflán rodeado de asfalto sin aceras, pero tenía un seto, algún árbol y bancos. Allí nos esperaba Sebas con Roca y Moisés Menz Nabodar. Moisés se había olido que se tramaba algo y había presionado a Sebas. La Histérica, que estaba en relativo contacto con Cárdenas aquellos días, llegado a aquel punto decisivo, no podía quedarse quieto en casa y eso explicaba la presencia de Roca, que había venido para ayudarle a desplazarse. Moisés había hablado con Isma, Simó y Ander y traía instrucciones muy concretas. Que no se nos ocurriera colaborar en aquella locura o habría consecuencias legales, que nos fuéramos a casa y dejáramos de enredar. Paco debía decidir por sí mismo. Cárdenas no dijo nada y simplemente le miró de una manera vacía. Su tez no tenía color en los sitios donde se le veía la cara: era blanca, mas no del color blanco de cualquier otro hombre, sino de un blanco que ponía enfermo a uno, un color blanco que llenaba de temblores.[1] Ramón le dio la razón a Moisés, pero se enfrentó a él con sentimientos y emociones. El tono de la conversación subió bastante, pero de una manera inútil. Todas aquellas escenas ruidosas que yo había presenciado volvieron a reproducirse.[2] Lo único que saqué en claro, por lo que decían, es que desde el lugar donde estábamos se veía la ventana del piso de Paco. Pero no pude enterarme de cuál era ni quise preguntarlo. Imaginé que tal vez, detrás de unos visillos, Paco nos estaba viendo discutir desde un piso a cierta altura. Moisés tenía que irse para llegar a su función vespertina, pero dejó muy clara la posición que le traía hasta allí: cualquier necrológica inesperada tendría su respuesta en acciones legales, eso era a lo que nos arriesgábamos y lo que, vía telefónica, le habían encargado transmitir tanto

1. Mark Twain, *Huckleberry Finn*.
2. Chateaubriand, *Memorias de ultratumba*.

Isma, como Simó, como Ander. Luego, cruzó la calle en diagonal sin respetar el paso de peatones y paró a un taxi que venía en dirección contraria. Iba muy irritado, como si aquel asunto le hubiera envuelto de una manera viscosa contra su voluntad. Cárdenas, que seguía muy callado y lento, dijo que lo dejáramos, que todo había terminado y que acompañáramos a Sebas hasta el metro. Ramón parecía también desinflado, agotado, como si hubiera vaciado todos sus argumentos y su decisión. Guiamos a Sebas y Roca hasta el ascensor de la parada de metro habilitada para minusválidos y nos despedimos allí. Nos prometimos estar en contacto y luego Cárdenas me dijo que si tomaba el primer tren todavía podía llegar a tiempo esa misma noche para estar con mi familia. En caso de que prefiriese quedarme, no había problema: la habitación corría de su cuenta y él y Ramón irían a cenar a algún buen sitio. Les dije que prefería volver a casa cuanto antes y me despedí apresuradamente para salir en busca de un taxi. Los dejé allí, mientras Sebas y su amiga ingresaban en las profundidades con su artefacto de ruedas y mecanotubo. Cárdenas y Ramón, tan disímiles físicamente, encarnaban para mi ojo la expresión visual más clara de lo irremediable.

¿Y qué fue de Paco?, preguntó mi mujer mucho tiempo después.

11

Sólo entonces, sin querer, empecé a contar y surgió lo que no conté a nadie y que venía a continuación del punto donde terminaba mi relato. Y es que algo se movía visiblemente por encima de los invisibles pensamientos del lector y el narrador.[1] Cuando dije a mis amigos que iba a coger un taxi, les mentí y, en realidad, volví al parterre desde donde se veía la ventana del domicilio de Paco. Quería averiguar qué rectángulo de luz era

1. James Joyce, *Ulises.*

exactamente el suyo y saber dónde vivía. No tenía una idea muy clara de lo que iba a hacer, o de lo que quería hacer, o de lo que sería mejor hacer. La oscuridad del lugar se añadió a la de mi propia mente, y por un momento ambas fueron invadidas por un revoloteo de brillantes motas ópticas que aparecían y desaparecían ante mis ojos. Giraban como libélulas a mi alrededor convirtiéndose en rostros y voces de viejos amigos y colegas del barrio, gente que ya hacía muchos años que había olvidado. Cuando conseguí calmarme, pensé en fijarme en los portales para ver si de alguno de ellos salía mi amigo o, más directamente, curiosear en los nombres de los buzones para despejar mis dudas. No fue necesario. Al poco, vi avanzar por la acera de enfrente a dos figuras familiares, Ramón y Cárdenas, y presencié desde lejos cómo se introducían, decididos y sin dudar, en un portal del otro lado de la calle. No tuve tiempo de cruzar y hacerles notar mi presencia.

El edificio en que entraron era barato y feo; las luces del hueco de su escalera podían verse desde la calle. Se apagaban automáticamente al poco rato de haber entrado un vecino. En el lapso de tiempo que siguió, entraron espaciadamente varios inquilinos –uno de ellos era una chica joven muy bonita, vestida con un lujo pobre y hortera– ninguno de los cuales parecía ir a casa de mi amigo. Cuando me cansé de esperar (había pasado cerca de media hora) me decidí a cruzar, mirar los buzones y con esa información plantearme llamar al interfono, aunque me acobardaba la posibilidad de interrumpir algo. El portal estaba cerrado y los buzones dentro, pero un vecino despreocupado me dejó pasar y pude mirarlos a mi gusto sin encontrar ningún nombre conocido. Subí a alguno de los pisos y me paré a escuchar en los rellanos, que estaban desiertos, volví a salir a la acera sintiéndome estúpido y cobarde, y fue justo entonces cuando salieron Cárdenas y Ramón. En el momento en que abandonaban el ascensor, se iluminó el vestíbulo del edificio; entonces yo me di cuenta desde el otro lado de la puerta de que eran ellos y se dieron de bruces conmigo nada más traspasar el portal. Mientras fuera materialmente posible, todos conseguíamos fallar.[1] Creo que ya me habían visto desde dentro, nada más salir del ascensor. Ramón estaba demacrado y se descompuso al encontrarse frente a frente conmigo. Cárdenas en cambio no se extrañó de que estuviera allí, como si de antemano contara con ello.

Antes de que yo llegara a preguntar nada me dijo que teníamos que conseguir un taxi para Ramón porque no se encontraba muy bien. Espero que aguante sin vomitar hasta que llegue al hotel, dijo en cuanto lo facturamos en el primer taxi libre que pasó. Luego, rotundo y rápido, casi sin transición, se encaró conmigo.

Mírame, aquí me tienes, dijo. Yo no supe qué decir, ni por qué me decía eso. Tiró de mí con fuerza y suavidad, agarrándome entre el codo y el hombro de mi brazo derecho, y me hizo caminar, avanzando con lentitud pero seguridad, acera adelante, mientras seguía hablando.

¿Sabes?, continuó, me he acordado hoy de una cosa que leíamos de jóvenes. Hablaba de cómo un tipo buscaba la llave de un antiguo festín, que disfrutaba de joven, para ver si así recobraba el apetito. Recordaba que en otro tiempo su vida era un banquete donde corrían todos los vinos, donde se abrían todos los corazones, hasta que una noche sentó a la Belleza en sus rodillas y la encontró amarga y la injurió. La caridad era esa llave, decía finalmente. ¡Esta inspiración prueba que he soñado! «Seguirás siendo una hiena, etc.»[2]

–Habéis vuelto –le interrumpí, y sonreí en muestra de buena voluntad, pero era una risa nerviosa porque notaba claramente toda la tensión contenida que llevaba mi amigo bullendo dentro de sí.

Nunca comentemos nada, dijo. Cuanto menos sepan, cuanto menos sepa nadie, mejor. Se trata de gente básicamente honrada a las que un juramento para la verdad podía vincular inesperadamente, por lo tanto lo mejor es que puedan permitirse no

1. George Orwell, *Homenaje a Cataluña*.
2. Arthur Rimbaud, *Una temporada en el infierno*.

faltar a ella cuando digan que no saben nada. Lo cual no quiere decir que no habrían podido saber si hubieran querido. Pero ya verás como, a pesar de las amenazas, ninguno querrá hacerlo. Podía imaginarlo llamando a la puerta y entrando en el piso de Paco. Podía imaginar también a Ramón entrando al principio, pero lo imaginaba, no sé por qué, saliendo al rellano o a la habitación de al lado en cualquier momento que tuviera que ser definitivo. Cárdenas se llevaba bien con lo inexorable, Ramón no.

—¿Lo habéis...? ¿Le has...?

—Camarada Sáenz Madero. No sé si me has entendido. Estas cosas son muy complicadas, pero aquí no ha ocurrido nada.

Dejó pasar un silencio amplio, tan resignado, tan lento, tan sin tensión y desahogado que me hizo pensar en la monotonía de lo que no se puede evitar. Como si supiera lo que estaba cavilando, al fin añadió:

—Oye, siempre he explicado bien las cosas, he sido un narrador convincente. ¿Voy a tener que darte una hostia esta vez para que me creas?

Ésa es la pregunta, colocada de una manera maligna, sagaz e intencionada, que dejó voluntariamente planeando sobre su propia narración. Lo hizo llegando hasta el fondo, con una mirada de ave sin conciencia, de ave enloquecida. Concretamente, de ave rapaz. Lo miré bien para saber si bromeaba o no. Dudé, pero me dio un poco de miedo y decidí que lo primero. Me reí. Por supuesto, yo sabía perfectamente que no iba a pegarme. Agredirme, empujarme, puede; pero en todo caso una agresión torpe e inofensiva. Le habrían fallado las fuerzas y la convicción. La única convicción que le acompañaba era la de haber bebido muerte y eso le liberaba espiritualmente de cualquier ley moral.[1]

Ahora, continuó, esto es una obra inacabada. Así que vete a la estación, vuelve a tu ciudad y mantente alejado de los abogados, los millonarios, los periodistas y los investigadores. Lee tus libros, olvídalo todo y mira salir y ponerse el sol circular-

1. Thomas Mann, *Richard Wagner y la música*.

mente cada día. No digas a nadie el ridículo metafísico que hemos hecho. Claro, contesté, y me fui bastante espantado porque siempre he sido cobarde y nunca me ha parecido tan grave como para tener que ocultarlo. Él dijo que era una obra inacabada, pero yo sé, o imagino, aunque lo quiero saber de alguna manera, íntimamente, que cuando me marché, si es que no lo habían hecho ya antes, subió allá arriba y le ayudó a morir. Cuando pienso en lo amigos que eran, lo amigos que fuimos, me asusto todavía mucho más y, si estoy a solas, casi me pongo de rodillas e intento practicar una plegaria en un idioma y una religión química que aún no he aprendido. La oración, que no me pertenece, es tanto por los míos como por la humanidad. Lo que vino después no tuvo ninguna importancia. La Historia y la escritura olvidaron a Paco y es uno de esos casos en que, cuando alguien se acuerda raramente de él, no se sabe exactamente si aún vive o murió hace tiempo. He llegado a sospechar que su cuerpo no fue identificado, o también he pensado en la posibilidad de que alguien muy astuto retrasara tanto la identificación que, cuando ésta se hiciera, no interesara ya a ningún periódico. O que, finalmente, no hubiera sido necesaria ninguna identificación en absoluto. Nunca he vuelto a tener noticia de él. Nunca he hablado con mis amigos del tema; en los últimos tiempos los he visto poquísimo. Cárdenas, a causa de su trabajo, tuvo asuntos económicos que le llevaron a declarar ante un juzgado, pero tengo entendido que salió con bien y ahora las cosas le marchan aceptablemente. A Ramón lo vi una vez en Madrid, pero no sabíamos qué decirnos. Enmudecimos los dos y sé que a la larga volveremos a hablar con normalidad, pero también que tendrá que pasar algo de tiempo antes de eso. La poesía se ha portado bien, nosotros nos hemos portado terriblemente mal.[1]

Llegados a estas últimas páginas, no me importa reconocer que mi intento de comprensión ha fracasado. Se harán cargo de que, una vez dicho lo que he visto sobre el fracaso, no por ello

1. Nicanor Parra, *La poesía terminó conmigo.*

voy a dejar de silbar, acariciar a los niños y encontrar simpáticos a los perros que mueven la cola. Mi objetivo era conseguir hacerles entrar por los medios que fueran (valían incluso los torcidos) en la mente de algunos de mis amigos y creo que eso, más mal que bien, lo he conseguido. Supongo que a estas alturas ya se habrán dado cuenta de por qué la palabra *ladino* es la única que sólo se repite en el primer y último capítulo de este libro. El intento era poner sus ojos en los míos: allí donde nunca estuvieron. Los notarios le llaman a eso levantar acta, pero de la prosa notarial sólo me interesan las intenciones, no los adjetivos. Y son los adjetivos los que dejan la huella que creo merecían los habitantes de estas páginas: cosas tan leves pero concretas como la curva perfecta del vuelo de un pájaro, ese tipo de cosas casi intangibles que existen por un momento con toda la fuerza de un peso cósmico y luego, inexplicablemente, desaparecen para siempre.

12

En mi calidad de viajante de la escritura puedo decir que cuando todo está por suceder, cuando el futuro –aunque le neguemos la posibilidad de existir– tiene el rostro de un desconocido, resulta muy difícil saber qué es relevante y qué no. No tenemos idea de los signos a los que deberíamos estar atentos. La Historia (que, a semejanza de cierto director cinematográfico, procede por imágenes discontinuas)[1] hace que ahora todo parezca muy fácil y muy lógico, de un orden y una causalidad resplandecientes, pero un destino en formación no se comporta de esa manera. Las pistas no son visibles, sino que se identifican y comprenden muchos años después, entre el catálogo de los sucesos, aunque siempre hubieran estado ahí a la vista.

Y ahora estoy yo aquí, a la vista.

Escribo confinado entre las cuatro paredes de una habitación rural, con pocos pero doctos libros juntos, a no demasia-

1. Jorge Luis Borges, *Historia universal de la infamia*.

dos kilómetros de donde Montaigne pensaba sus libros y aún a menos distancia de donde corríamos por el campo Paco, Cárdenas, Gemma y los demás en los días de la juventud. La madre de mis hijos me alimenta y yo escribo. Anteayer se desencadenó una gigantesca tormenta que todavía dura y que es algo muy habitual por aquí a finales de septiembre. Se ha inundado alguna carretera, han caído varios árboles y los bomberos de la localidad (equipo simpático y bien dotado) han tenido que hacer varias intervenciones bajo la incansable cortina de agua. Sentado en este lugar del Ampurdán, mientras una horrorosa tramontana sacude los árboles y vuelan las hojas secas, pienso en los vientos huracanados de ciento cincuenta kilómetros por hora que a veces en invierno sacuden las costas del norte, donde nació mi padre. Mírame, aquí me tienes y ahora sabrás que todo este libro no es más que una larguísima conversación para ti. He construido una obra, diversos personajes de uso público, he tenido varios hijos y estoy enamorado todavía, aunque sé que eso es ridículo. Si me preguntas si la vida es bella u horrorosa te diré que no lo sé. Todavía a estas alturas no se sabe cómo se acabará el mundo, ni cuánto va a durar. A pesar de los avances científicos, todavía nadie sabe cómo serán nuestros hijos cuando sean mayores, ni tampoco si los que nos quieren nos querrán del modo en que queremos ser queridos.

Después de tantos años de preferir escribir canciones a aquello que escribían mis colegas, me he sentado en medio de la tormenta para ponerme a redactar el libro que cuenta esta historia. Debe consistir en poner todo un mundo en movimiento, pero nadie garantiza que sea lo que aquí está escrito. La verdadera ejecución de mi teoría novelística sólo podría cumplirse escribiendo la novela de varias personas que se juntan para leer una novela.[1] Podrán decirme que me escondo en los pliegues del lenguaje y yo diré que por supuesto. Quizá es porque necesitaba cambiar o porque un día, sin más, me abandonaron aquellas musiquillas que enloquecían mis oídos y mis percepciones.

1. Macedonio Fernández, *Museo de la Novela de la Eterna*.

Los maniquís pintados que me puse a fabricar tenían una inesperada elasticidad, si bien nunca tendría la osadía de responder yo por ellos de su perfecto funcionamiento. Todo el caso es el de un hombre obsesionado por una canción, que anda siempre buscando las notas sueltas de una olvidada melodía: la nota del ruiseñor devorador del tiempo, pero sólo los niños la oyen bien. Ahora se escuchan afuera los truenos y me llega la luz frigorífica y espectral de los relámpagos. Para escribir aforismos, crónicas, reportajes se necesita a alguien fundamentalmente valiente, que mire a los hombres con tanta curiosidad como para querer relatar su funcionamiento, pero que no los ame demasiado para que no lo seduzcan con sus engaños y sombras chinescas. Para narrar, en cambio, para crear la representación, hace falta, por desgracia, amarlos de una manera ingenua y patética. Pero conocer y amar a alguien es indudablemente el camino que profundiza en una única sabiduría, concreta pero abisal.

Dentro de muchos, muchísimos años, seguirán existiendo tempestades como éstas y se seguirá oyendo el trueno en la lejanía. Cuando descargue sobre nuestras cabezas será una de las pocas razones para entender por qué existen todavía personas temerosas de Dios. Pero los pantalones que enseñan la marca de ropa interior por la parte posterior de la espalda, las boquillas extralargas, los programas de televisión y los coches que aceleran de cero a cien en trece segundos pasarán a la zona de sombra de la insignificancia. Catacrac (Patatrás, que dirían los franceses), otro árbol que cae segado por la tormenta. ¿Cómo pude pensar alguna vez que la vida iba a ser permanente y tranquila?[1]

1. Auberon Waugh, *Country Topics*.

ÍNDICE